ŒUVRES

DE

VOLTAIRE.

TOME XII.

DE L'IMPRIMERIE DE FIRMIN DIDOT FRÈRES,
RUE JACOB, N° 24.

OEUVRES
DE
VOLTAIRE

AVEC

PRÉFACES, AVERTISSEMENTS,
NOTES, ETC.

PAR M. BEUCHOT.

TOME XII.

POÉSIES. — TOME I.

A PARIS,

CHEZ LEFÈVRE, LIBRAIRE,
RUE DE L'ÉPERON, N° 6.

FIRMIN DIDOT FRÈRES, LIBRAIRES,
RUE JACOB, N° 24.

M DCCC XXXIII.

PRÉFACE
DU NOUVEL ÉDITEUR.

Les petits poëmes, et autres poésies de Voltaire, forment les tomes XII, XIII, et XIV de cette édition.

Le tome XII comprend la *Bastille*;

La *Police sous Louis XIV*, (qui n'est peut-être pas de Voltaire);

L'*Épître à Uranie*, et quelques autres pièces;

Les sept *Discours sur l'Homme*;

Le *Poëme de Fontenoy*;

La Loi naturelle;

Le Désastre de Lisbonne;

Le *Précis de l'Ecclésiaste*;

Le *Précis du Cantique des Cantiques*;

La Guerre civile de Genève;

Jean qui pleure et qui rit;

Le Temple du Goût;

Le *Voyage à Berlin*;

Les *Odes*;

Les *Stances*.

Le tome XIII contient les *Épîtres* et les *Traductions et Imitations en vers* de divers auteurs.

C'est dans le tome XIV que sont les *Contes en vers*, les *Satires*, et les *Poésies mêlées*.

Pour les volumes XIII et XIV, c'est en tête de chacune de leurs sous-divisions que j'ai placé les explications générales que j'avais à donner.

Lorsqu'en 1823 je publiai, chez M. Didot aîné, une édition des *Poésies* de Voltaire, en cinq volumes in-8°, j'avais réuni les nombreux morceaux en vers disséminés soit dans la Correspondance, soit dans d'autres ouvrages en prose de Voltaire. Leur absence était une lacune dans une édition séparée des poésies de l'auteur.

Dans une édition complète des OEuvres, ce sont les doubles emplois qu'il faut éviter autant que possible. Je n'ai donc pas compris, parmi les Poëmes, le *Discours prononcé avant la première représentation d'Éryphile*, et qui est en tête de cette tragédie, tome III, pages 3-5.

Une autre raison m'a fait supprimer les 63 vers donnés jusqu'à ce jour comme étant de Voltaire, sur les *Campagnes d'Italie*, en 1733 et 1734. Ce n'était que des lambeaux d'un poëme en 510 vers, adressé par Gentil Bernard à madame la duchesse de Gontaut, et qui est dans les OEuvres de Bernard.

Je n'ai pas osé supprimer la pièce *Sur la Police sous Louis XIV*, parcequ'il est permis, sur ce sujet, de conserver des doutes (voyez page 7).

Dans quelques éditions récentes, le nombre des pièces intitulées STANCES s'élève à plus de cinquante. Je n'en donne que trente-huit ; encore y a-t-il deux doubles emplois (les numéros VIII et X, voyez pages 518 et 521). Les Stances à madame du Châtelet, envoyées dans une lettre à Cideville, du 11 juillet 1741, y sont imprimées (voyez t. LIV, p. 376) telles qu'elles existaient alors. L'auteur les a depuis corrigées et augmentées. Les Stances au roi de Prusse sont déja rapportées dans les *Mémoires pour servir à la Vie de M. de Voltaire*, tome XL, page 77. Ces deux doubles emplois étaient nécessaires. On en trouvera quelques autres dans les tomes XIII et XIV, mais en petit nombre.

Voici au reste l'indication des lettres où se trouvent les stances que je n'ai pas répétées ; je les désigne ici par leur premier vers.

Que devient, mon cher Cideville.
(Lettre à Cideville, 20 septembre 1735.)

Tandis qu'aux fanges du Parnasse.
(A Tressan, 21 octobre 1736.)
O nouvelle effroyable! ô tristesse profonde!
(A Frédéric, 26 février 1739.)
Ombre aimable, charmant espoir!
(Au même, 26 octobre 1740.)
Vous en souviendrez-vous, grand homme que vous êtes?
(Au même, 31 décembre 1740.)
Je croyais autrefois que nous n'avions qu'une ame.
(Au même, 5 mai 1741.)
Vous dont le précoce génie.
(Au même, 3 août 1741.)
Quels talents divers elle allie!
(A Des Issarts, 19 février 1750.)
Brisons ma lyre et ma trompette.
(A Cideville, 19 février 1756.)
Qui les a faits ces vers doux et coulants.
(A madame Du Bocage, 2 février 1759.)
En tout pays on se pique.
(A Albergati, 19 juin 1760.)
Que je suis touché! que j'aspire!
(A Charles-Théodore, 14 avril 1761.)
Est-ce une fille? est-ce un garçon?
(Au même, 9 juin 1761.)
Pourquoi, généreux prince.
(A Christian VII, 3 février 1767.)
C'en est trop d'avoir tout ce feu.
(A Frédéric, 9 mars 1770.)
Lattaignant chanta les belles.
(A Lattaignant, 16 mai 1778.)

Quant aux stances intitulées, les *Pour*, les *Que*, les *Qui*, les *Quoi*, les *Oui*, les *Non*, je les ai laissées, avec les autres Pompignades, dans les *Poésies mêlées*, tome XIV.

Les notes ont été l'objet d'une attention particulière. Ce travail sur les notes, tout indifférent qu'il doit être pour un grand nombre de lecteurs, n'est pourtant pas sans utilité. Les éditeurs de Kehl avaient eu le projet de distinguer par des lettrines les notes de Voltaire; mais ils ne l'ont pas toujours fait. Il est des notes d'éditeurs qui ont des lettrines, et des notes de Voltaire qui ont des chiffres. Cette disposition jette dans l'incertitude le lecteur, qui ne peut pas toujours reconnaître l'ongle du lion. De là peuvent résulter quelques inconvénients. J'en cite un exemple, pages 480-81.

J'ai regardé, en général (voyez une exception p. 52), comme étant de Voltaire, toutes les notes qui sont dans des éditions données de son vivant. Les millésimes mis à la fin des notes indiquent l'année de l'édition où je crois qu'elles ont paru pour la première fois.

Les dépouillements qu'il m'a fallu faire m'ont fait apercevoir quelques omissions ou suppressions que j'ai réparées. La plus importante est, sans contredit, celle des pages 161-164. La note n'avait que deux lignes dans les éditions de 1756; et elle n'a pas plus d'étendue dans les éditions données jusqu'à ce jour des OEuvres de Voltaire. Elle finissait au mot *besoin*, ainsi que l'indique le millésime 1756 mis immédiatement après ce mot. Une très grande addition, qui a quarante fois plus d'étendue, fut faite en 1773, mais ne fut pas reproduite dans l'édition de 1775, laquelle a servi de copie pour les éditions de Kehl.

La note de la page 155 avait aussi été omise jusqu'à présent.

Les notes sans signature, et qui sont indiquées par des lettrines, sont de Voltaire; elles sont au bas du texte. Les notes d'éditeurs ont été placées à la fin de chaque pièce.

Les notes signées d'un K sont des éditeurs de Kehl, MM. Condorcet et Decroix; il est impossible de faire rigoureusement la part de chacun.

Les additions que j'ai faites à diverses de ces notes en sont séparées par un —, et sont, comme mes notes, signées de l'initiale de mon nom. BEUCHOT.

POËMES.

LA BASTILLE.
1717[1].

Or ce fut donc par un matin, sans faute,
En beau printemps[2], un jour de Pentecôte,
Qu'un bruit étrange en sursaut m'éveilla.
Un mien valet, qui du soir était ivre :
« Maître, dit-il, le Saint-Esprit est là ;
C'est lui sans doute, et j'ai lu dans mon livre
Qu'avec vacarme il entre chez les gens. »
Et moi de dire alors entre mes dents :
« Gentil puîné de l'essence suprême,
Beau Paraclet, soyez le bienvenu ;
N'êtes-vous pas celui qui fait qu'on aime ? »
En achevant ce discours ingénu,
Je vois paraître au bout[3] de ma ruelle,
Non un pigeon, non une colombelle,
De l'Esprit saint oiseau tendre et fidèle,
Mais vingt corbeaux de rapine affamés,
Monstres crochus que l'enfer a formés.
L'un près de moi s'approche en sycophante :
Un maintien doux, une démarche lente,
Un ton cafard, un compliment flatteur,
Cachent le fiel qui lui ronge le cœur.
« Mon fils, dit-il, la cour sait vos mérites ;
On prise fort les bons mots que vous dites,
Vos petits vers, et vos galants écrits ;
Et, comme ici tout travail a[4] son prix,
Le roi, mon fils, plein de reconnaissance,

Veut de vos soins vous donner récompense,
Et vous accorde, en dépit des rivaux,
Un logement dans un de ses châteaux.
Les [5] gens de bien qui sont à votre porte
Avec respect [6] vous serviront d'escorte;
Et moi, mon fils, je viens de par le roi
Pour m'acquitter de mon petit emploi [7].
« Trigaud [8], lui dis-je, à moi point ne s'adresse
Ce beau début; c'est me jouer d'un tour :
Je ne suis point rimeur suivant la cour;
Je ne connais roi, prince, ni princesse;
Et, si tout bas je forme des souhaits,
C'est que d'iceux ne sois connu jamais.
Je les respecte, ils sont dieux sur la terre;
Mais ne les faut de trop près regarder :
Sage mortel doit toujours se garder
De ces gens-là qui portent le tonnerre.
Partant, vilain, retournez vers le roi;
Dites-lui fort que je le remercie
De son logis; c'est trop d'honneur pour moi;
Il ne me faut tant de cérémonie :
Je suis content de mon bouge; et les dieux
Dans mon taudis m'ont fait un sort tranquille;
Mes biens sont purs, mon sommeil est facile,
J'ai le repos; les rois n'ont rien de mieux. »
J'eus beau prêcher, et j'eus beau m'en défendre [9],
Tous ces messieurs, d'un air doux et bénin,
Obligeamment me prirent par la main :
« Allons, mon fils, marchons. » Fallut se rendre,
Fallut partir. Je fus bientôt conduit
En coche clos vers le royal réduit

Que près Saint-Paul ont vu bâtir nos pères
Par Charles cinq. O gens de bien, mes frères,
Que Dieu vous gard' d'un pareil logement!
J'arrive enfin dans mon appartement.
Certain croquant avec douce manière
Du nouveau gîte exaltait les beautés,
Perfections, aises, commodités.
« Jamais Phébus, dit-il, dans sa carrière,
De ses rayons n'y porta la lumière [10] :
Voyez ces murs de dix pieds d'épaisseur,
Vous y serez avec plus de fraîcheur. »
Puis me fesant admirer la clôture,
Triple la porte et triple la serrure,
Grilles, verroux, barreaux de tout côté,
« C'est, me dit-il, pour votre sûreté. »
 Midi sonnant, un chaudeau l'on m'apporte ;
La chère n'est délicate ni forte :
De ce beau mets je n'étais point tenté ;
Mais on me dit : « C'est pour votre santé ;
Mangez en paix, ici rien ne vous presse. »
 Me voici donc en ce lieu de détresse,
Embastillé, logé fort à l'étroit,
Ne dormant point, buvant chaud, mangeant froid,
Trahi de tous, même de ma maîtresse [11].
O Marc-René [12], que Caton le censeur
Jadis dans Rome eût pris pour successeur,
O Marc-René, de qui la faveur grande
Fait ici-bas tant de gens murmurer [13],
Vos beaux avis m'ont fait claquemurer :
Que quelque jour le bon Dieu vous le rende !

FIN DE LA BASTILLE.

NOTES ET VARIANTES
DE LA BASTILLE.

¹ Les *Mémoires de la Bastille* disent que Voltaire fut mis à la Bastille le 17 mai 1717 : c'était le lendemain de la Pentecôte. Les *Mémoires de Dangeau* parlent de cet événement, à la date du 19 mai 1717, comme d'un fait récent, mais dont ils ne donnent pas le jour. Un registre manuscrit que j'ai vu, et qu'on m'a dit être l'original, porte au 16 mai l'entrée de Voltaire à la Bastille; ce qui est d'accord avec le texte même de sa pièce. Ces témoignages ne laissent aucun doute sur l'année. Voltaire indique lui-même, dans sa pièce, le jour où l'on vint l'arrêter. On a dit que ce fut parcequ'on le soupçonna d'être auteur de vers satiriques intitulés *Les J'ai vu*. — On peut voir cette pièce parmi les *Pièces justificatives* de la *Vie de Voltaire*, tome I de la présente édition. B.

² « En beau matin. »
³ « Auprès. »
⁴ « Vaut. »
⁵ « Ces gens de bien. »
⁶ « Benoitement. »
⁷ L'Intimé, dans *les Plaideurs*, acte II, scène 4, dit :
   Je m'acquitte assez bien de mon petit emploi.   B.

⁸ Des versions portent : « Truand »; d'autres : « Faquin. » B.

9   J'eus beau parler et j'eus beau me défendre,
    Tous ces messieurs, d'un air doux et badin,
    Obligeamment, etc.

10   N'y fit briller sa trop vive lumière.

11   Sans passe-temps, sans amis, sans maîtresse.

12 Marc-René de Voyer d'Argenson, alors lieutenant de police. M. de Voltaire ne parle point ici de M. d'Argenson du même ton que dans *le Siècle de Louis XIV*, ou dans le petit poëme sur *la Police*. Mais M. d'Argenson fut plus haï qu'estimé tant qu'il vécut : après sa mort, on lui a rendu justice, et même plus que justice. K. — C'est au chapitre XXIX du *Siècle de Louis XIV* (voyez tome XX, page 247) que Voltaire fait l'éloge de Marc-René d'Argenson. *La Police sous Louis XIV* est la pièce de vers qui suit. B.

13   Fait ici-bas gens de bien murmurer.

LA POLICE
SOUS LOUIS XIV.

Le grand art de régner est le premier des arts.
Il ne se borne point aux fatigues de Mars;
Il n'est point renfermé dans le soin politique
D'abaisser la fierté d'un voisin tyrannique,
Ou d'ébranler l'Europe, ou d'y donner la loi :
Le devoir d'un monarque est de régner chez soi,
D'y former un état redoutable et tranquille,
De rendre heureux son peuple en le rendant docile.
C'est ainsi que Louis sut passer autrefois
Des tentes de Bellone au temple de nos lois.
Il montait sur un trône environné d'abîmes,
De débris, de tombeaux, de meurtres et de crimes,
Au milieu des flambeaux de nos divisions,
Aux cris de la Discorde, au bruit des factions.
Il parut; il fut sage, et l'état fut paisible.
La Discorde à son joug soumit sa tête horrible,
Et la confusion fit silence à sa voix.
Tout prit un nouveau cours, tout rentra dans ses droits;
Le magistrat fut juste, et l'Église fut sainte;
Paris vit prospérer dans son heureuse enceinte
Des citoyens soumis, au travail assidus,
Qui respectaient les grands, et ne les craignaient plus.

La règle, avec la paix, sous des abris tranquilles
Aux arts encouragés assura des asiles;
L'orphelin fut nourri, le vagabond fixé;
Le pauvre, oisif et lâche, au travail fut forcé;
Et l'heureuse industrie, amenant l'abondance,
Appela l'étranger qui méconnut la France,
L'étranger étonné, qui, prompt à s'irriter,
Fut jaloux de Louis, et ne put l'imiter.
Ainsi quand du Très-Haut la parole féconde
Des horreurs du chaos eut fait naître le monde,
Il en fixa la borne; il plaça dans leurs rangs
Ces trésors de lumière et ces globes errants;
De l'immense Saturne il ralentit la course,
Fit dans un cercle étroit rouler le char de l'Ourse,
De la lune à la terre assura les secours,
Distingua les climats, et mesura les jours.
Il dit à l'Océan : « Que ton orgueil s'abaisse,
Que l'astre de la nuit te soulève et t'affaisse; »
Il dit aux flancs du Nord : « Enfantez les Autans; »
Aux eaux du ciel : « Tombez, fertilisez les champs;
Et que, tantôt liquide et tantôt endurcie,
L'onde revole au ciel en vapeurs obscurcie. »
Il dit, et tout fut fait : et, dès ces premiers temps,
Toujours indestructible en ses grands changements,
La nature entretient, à son maître fidèle,
D'éléments opposés la concorde éternelle.
Si l'on peut comparer aux chefs-d'œuvre divins
Les faibles monuments des efforts des humains,
Sous un roi bienfesant parcourons cette ville,
Obéissante, heureuse, agissante, tranquille.

Quelle ame incessamment conduit ce vaste corps?
Quelle invisible main préside à ces ressorts?
Quel sage a su plier à nos communs services
Nos besoins, nos plaisirs, nos vertus et nos vices?
Pourquoi ce peuple immense avec sécurité
Vit-il sans prévoyance et sans calamité?
L'astre du jour à peine a fini sa carrière,
De cent mille fanaux l'éclatante lumière
Dans ce grand labyrinthe avec ordre me luit,
Et forme un jour de fête au milieu de la nuit.
L'aurore ouvre les cieux, le besoin se réveille,
Il appelle à grands cris le travail qui sommeille;
Vertumne, avec Pomone, apporte, au point du jour,
Les fruits prématurés hâtés par leur amour.
Ces rivages pompeux qui resserrent ces ondes
Sont couverts en tout temps des trésors des deux mondes.
Ici l'or qu'on filait s'étend sous le marteau;
La main de l'artisan lui donne un prix nouveau.
La vanité des grands, le luxe, la mollesse,
Nourrissent des petits l'infatigable adresse.
Je vois tous les talents, par l'espoir animés,
Noblement soutenus, sagement réprimés :
L'un de l'autre jaloux, empressés à se nuire,
L'intérêt les fit naître, il pourrait les détruire;
Un sage les modère, et de leurs factions
Fait au bonheur public servir les passions.
Mais ce n'est pas assez qu'un sage soit utile :
Le magistrat français doit penser en édile;
Il doit lever les yeux vers ces nobles Romains
Que le ciel fit en tout l'exemple des humains.

C'était peu de tracer de leurs mains triomphantes
Du Tibre au Pont-Euxin ces routes étonnantes,
De transporter les flots des fleuves captivés
Sur cent arcs triomphaux jusqu'au ciel élevés;
Rome, en grands monuments de tous côtés féconde,
Donna des lois, des arts, et des fêtes au monde :
L'univers, enchaîné dans un heureux loisir,
Admira les Romains jusqu'au sein du plaisir.
Paris ne cède point à l'antique Italie;
Chaque jour nous rassemble au temple du génie,
A ces palais des arts, à ces jeux enchanteurs,
A ces combats d'esprit qui polissent les mœurs :
Pompe digne d'Athène, où tout un peuple abonde;
École des plaisirs, des vertus et du monde.
Plus loin la presse roule, et notre œil étonné
Y voit un plomb mobile en lettres façonné,
Mieux que chez les Chinois, sur des feuilles légères
Tracer un monument d'immortels caractères.
Protégez tous ces arts, ô vous, soutiens des lois,
Ministres, confidents ou précepteurs des rois!
Méritez que vos noms soient écrits dans l'histoire
Par la main des talents, organes de la gloire.
Colbert et Richelieu, les palmes dans les mains,
De l'immortalité vous montrent les chemins.
Regardez auprès d'eux ce vigilant génie,
Successeur généreux[2] du prudent La Reynie,
A qui Paris doit tout, et qui laisse aujourd'hui,
Pour le bien des Français, deux fils dignes de lui.
Ma voix vous nommerait, vous dont la vigilance
Étend des soins nouveaux sur cette ville immense,

Si vos jours, consacrés au maintien de nos lois,
Vous laissaient un moment pour entendre ma voix ;
J'oserais, emporté par une heureuse ivresse,
De mon roi bienfesant célébrer la sagesse :
Mais l'éloge est pour lui, malgré son bruit flatteur,
La seule vérité qui déplaise à son cœur.

FIN DE LA POLICE SOUS LOUIS XIV.

NOTES
DE LA POLICE SOUS LOUIS XIV.

[1] On croit que cette pièce a concouru pour le prix de l'académie française. K. — Ce sont les éditeurs de Kehl qui, les premiers, ont admis cette pièce dans les *OEuvres de Voltaire*. Elle avait été imprimée dans *le Mercure* de décembre 1744 (pages 55-59). Dans une lettre anonyme qui la précède, elle est donnée comme ayant été composée deux ans auparavant *par un jeune homme qui donnait les plus belles espérances... et qui est mort il y a quelques mois*. C'est désigner Lamare, mort en 1742 ; voyez ma note, tome LII, page 143. Il parait donc que Lamare est le véritable auteur de *la Police sous Louis XIV*. Malgré les antécédents, je ne l'aurais pas conservée dans les *OEuvres de Voltaire*, si ce n'était quelque renvoi à cette pièce qui existe dans un des volumes déjà imprimés. Cependant *la Police sous Louis XIV* ne fait point partie des œuvres diverses de Lamare, 1763, in-12. B.

[2] Marc-René de Voyer de Paulmy, marquis d'Argenson, né à Venise le 4 novembre 1652, lieutenant général de police le 29 janvier 1697, installé le 8 février ; garde des sceaux le 28 janvier 1718 ; mort le 8 mai 1721. Ses deux fils furent amis de Voltaire et ministres ; voyez tome LIII, page 113 ; et LIV, 540. B.

LE POUR
ET LE CONTRE.

AVERTISSEMENT
DES ÉDITEURS DE L'ÉDITION DE KEHL.

Ce petit poëme est un des premiers ouvrages où M. de Voltaire ait fait connaître ouvertement ses opinions sur la religion et la morale. Nous ignorons quelle est la femme [1] à qui l'auteur l'avait adressé. Il est du temps de sa jeunesse, et antérieur à ses querelles avec J.-B. Rousseau, qui parle de cet ouvrage comme d'une des raisons qui l'ont éloigné de M. de Voltaire; délicatesse bien singulière dans l'auteur de tant d'épigrammes où la religion est tournée en ridicule. Rousseau croyait apparemment qu'il n'y avait de scandale que dans les raisonnements philosophiques; et que, pourvu qu'un conte irréligieux fût obscène, la foi de l'auteur était à l'abri de tout reproche.

Au reste, cet ouvrage a le mérite singulier de renfermer dans quelques pages, et en très beaux vers, les objections les plus fortes contre la religion chrétienne, les réponses que font à ces objections les dévots persuadés et les dévots politiques, et enfin le plus sage conseil qu'on puisse donner à un homme raisonnable qui ne veut connaître sur ces objets que ce qui est nécessaire pour se bien conduire. La fameuse profession de foi du vicaire savoyard [2] n'est presque qu'un commentaire éloquent de cette épître, et de quelques morceaux du poëme de *la Loi naturelle*.

[1] C'était madame de Rupelmonde; voyez une des notes sur la pièce. B.
[2] Dans le troisième livre de l'*Émile* de J.-J. Rousseau. B.

LE POUR ET LE CONTRE[a].

A MADAME DE RUPELMONDE[1].

1722.

Tu veux donc, belle Uranie[2],
Qu'érigé par ton ordre en Lucrèce nouveau,
Devant toi, d'une main hardie,
Aux superstitions j'arrache le bandeau[3];
Que j'expose à tes yeux le dangereux tableau
Des mensonges sacrés dont la terre est remplie,

---

[a] On a attribué cet ouvrage à l'abbé de Chaulieu, parcequ'il y a en effet quelque ressemblance entre cette pièce et celle du *Déiste*, qui commence par ces mots :

> J'ai vu de près le Styx, j'ai vu les Euménides.
> Déjà venaient frapper mes oreilles timides
> Les affreux cris du chien de l'empire des morts. (1775.)

— Intitulée d'abord *Épître à Julie*, cette pièce doit être de 1722, époque du voyage de Voltaire à Bruxelles et en Hollande avec madame de Rupelmonde. J.-B. Rousseau, à qui Voltaire la récita, dit, dans une lettre du 22 mai 1736, en avoir été scandalisé au point d'interrompre l'auteur qui lui en fesait la lecture. A en croire Rousseau, ce fut l'origine de la brouille entre les deux poëtes. Voltaire lui donne une autre cause. Il raconte (voyez tome XLVIII, page 329) que Rousseau lui ayant montré son *Ode à la Postérité :* « Mon ami, dit Voltaire, voilà une lettre qui ne sera « jamais reçue à son adresse. »

L'*Épître à Uranie* fut imprimée, pour la première fois, dix ans après avoir été composée. Tanevot fit alors paraître quelques vers intitulés *A l'auteur de l'Épître à Uranie*. Ils sont précédés d'une lettre à l'abbé Bignon, du 8 mars 1732.

C'est en 1772 que l'*Épître à Uranie* a été admise, pour la première fois, dans les OEuvres de Voltaire (tome XII des *Nouveaux Mélanges*, pages 309-313). Elle fut reproduite, en 1775, dans le t. XVII, p. 239-243, mais sous ce titre : *le Pour et le Contre*.

Cependant je dois dire que dans une édition de 1764, qui porte l'adresse

Et que ma philosophie[4]
T'apprenne à mépriser les horreurs du tombeau
Et les terreurs de l'autre vie.
Ne crois point qu'enivré des erreurs de mes sens,
De ma religion blasphémateur profane,
Je veuille avec dépit dans mes égarements
Détruire en libertin la loi qui les condamne.
Viens, pénètre avec moi, d'un pas respectueux[5],
Les profondeurs du sanctuaire
Du Dieu qu'on nous annonce, et qu'on cache à nos yeux.
Je veux aimer ce Dieu, je cherche en lui mon père :
On me montre un tyran que nous devons haïr.
Il créa des humains à lui-même semblables,
Afin de les mieux avilir;
Il nous donna des cœurs coupables,
Pour avoir droit de nous punir;
Il nous fit aimer le plaisir,
Pour nous mieux tourmenter par des maux effroyables,
Qu'un miracle éternel empêche de finir.
Il venait de créer un homme à son image,
On l'en voit soudain repentir,

d'Amsterdam (que je crois de Rouen), on a imprimé au tome XIII l'*Épitre à Uranie*. Mais Voltaire était entièrement étranger à cette édition, mauvaise et curieuse tout à la fois.

Outre la pièce de Tanevot, qui est dans les *Poésies diverses* de cet auteur, il a paru : I. *la Religion défendue, poëme contre l'Épître à Uranie*, 1733, in-8°; l'auteur est Fr.-Michel-Chrétien Deschamps, né près de Troyes en 1683, mort le 10 novembre 1747. II. *l'Anti-Uranie, ou le Déisme comparé au christianisme, épîtres à M. de Voltaire, suivies de réflexions critiques sur plusieurs ouvrages de ce célèbre auteur*, par le P. B. C. (le P. Bonhomme, cordelier), 1763, in-8° de 127 pages. J.-C. Courtalon-Delaistre est auteur de l'*Épître à l'auteur de l'Anti-Uranie*, Troyes, 1765, in-8°.

J'ai suivi, pour le texte, les éditions de Kehl, qui avaient reproduit le texte de 1775; mais j'ai recueilli les variantes de 1772, etc. B.

Comme si l'ouvrier n'avait pas dû sentir
    Les défauts de son propre ouvrage [6].
Aveugle en ses bienfaits, aveugle en son courroux,
A peine il nous fit naître, il va nous perdre tous.
Il ordonne à la mer de submerger le monde,
Ce monde qu'en six jours il forma du néant.
Peut-être qu'on verra sa sagesse profonde
Faire un autre univers plus pur, plus innocent :
    Non; il tire de la poussière
    Une race d'affreux brigands,
D'esclaves sans honneur, et de cruels tyrans,
    Plus méchante que la première.
Que fera-t-il enfin, quels foudres dévorants
Vont sur ces malheureux lancer ses mains sévères?
Va-t-il dans le chaos plonger les éléments?
Écoutez; ô prodige! ô tendresse! ô mystères!
    Il venait de noyer les pères,
    Il va mourir pour les enfants.

Il est un peuple obscur, imbécile, volage,
Amateur insensé des superstitions,
Vaincu par ses voisins, rampant dans l'esclavage,
Et l'éternel mépris des autres nations :
Le fils de Dieu, Dieu même, oubliant sa puissance,
Se fait concitoyen de ce peuple odieux;
Dans les flancs d'une Juive il vient prendre naissance [7];
Il rampe sous sa mère, il souffre sous ses yeux
    Les infirmités de l'enfance.
Long-temps, vil ouvrier, le rabot à la main,
Ses beaux jours sont perdus dans ce lâche exercice;
Il prêche enfin trois ans le peuple iduméen [8],

Et périt du dernier supplice.
Son sang du moins, le sang d'un Dieu mourant pour nous
N'était-il pas d'un prix assez noble, assez rare,
  Pour suffire à parer les coups
  Que l'enfer jaloux nous prépare?
Quoi! Dieu voulut mourir pour le salut de tous,
  Et son trépas est inutile!
Quoi! l'on me vantera sa clémence facile,
Quand remontant au ciel il reprend son courroux [9],
Quand sa main nous replonge aux éternels abîmes,
Et quand, par sa fureur [10] effaçant ses bienfaits,
Ayant versé son sang pour expier nos crimes,
Il nous punit de ceux que nous n'avons point faits!
Ce Dieu poursuit encore, aveugle en sa colère,
Sur ses derniers enfants l'erreur d'un premier père;
Il en demande compte à cent peuples divers
  Assis dans la nuit du mensonge [11];
  Il punit au fond des enfers
L'ignorance invincible où lui-même il les plonge,
Lui qui veut éclairer et sauver l'univers!
  Amérique, vastes contrées,
Peuples que Dieu fit naître aux portes du soleil,
  Vous, nations hyperborées,
Que l'erreur entretient dans un si long sommeil [12],
Serez-vous pour jamais à sa fureur livrées
  Pour n'avoir pas su qu'autrefois,
Dans un autre hémisphère, au fond de la Syrie,
Le fils d'un charpentier, enfanté par Marie,
Renié par Céphas, expira sur la croix?
Je ne reconnais point à cette indigne image
  Le Dieu que je dois adorer:

Je croirais le déshonorer
Par une telle insulte et par un tel hommage [13].

Entends, Dieu que j'implore, entends du haut des cieux
      Une voix plaintive et sincère [14].
Mon incrédulité ne doit pas te déplaire;
      Mon cœur est ouvert à tes yeux [15] :
L'insensé te blasphème, et moi, je te révère;
Je ne suis pas chrétien; mais c'est pour t'aimer mieux.

Cependant quel objet se présente à ma vue!
Le voilà, c'est le Christ, puissant et glorieux.
      Auprès de lui dans une nue
L'étendard de sa mort, la croix brille à mes yeux.
Sous ses pieds triomphants la mort est abattue;
Des portes de l'enfer il sort victorieux :
Son règne est annoncé par la voix des oracles;
Son trône est cimenté par le sang des martyrs;
Tous les pas de ses saints sont autant de miracles;
Il leur promet des biens plus grands que leurs desirs;
Ses exemples sont saints, sa morale est divine;
Il console en secret les cœurs qu'il illumine;
Dans les plus grands malheurs il leur offre un appui;
Et si sur l'imposture il fonde sa doctrine,
C'est un bonheur encor d'être trompé par lui.

Entre ces deux portraits, incertaine Uranie,
C'est à toi de chercher l'obscure vérité,
A toi, que la nature honora d'un génie
      Qui seul égale ta beauté.
Songe que du Très-Haut la sagesse éternelle

A gravé de sa main dans le fond de ton cœur
　　　La religion naturelle;
Crois que de ton esprit la naïve candeur [16]
Ne sera point l'objet de sa haine immortelle;
Crois que devant son trône, en tout temps, en tous lieux,
　　　Le cœur du juste est précieux;
Crois qu'un bonze modeste, un dervis charitable,
　　　Trouvent plutôt grace à ses yeux
　　　Qu'un janséniste impitoyable,
　　　Ou qu'un pontife ambitieux [17].
Eh! qu'importe en effet sous quel titre on l'implore?
Tout hommage est reçu, mais aucun ne l'honore.
Un Dieu n'a pas besoin de nos soins assidus:
Si l'on peut l'offenser, c'est par des injustices [18];
　　　Il nous juge sur nos vertus,
　　　Et non pas sur nos sacrifices.

FIN DU POUR ET DU CONTRE.

NOTES ET VARIANTES

DE

LE POUR ET LE CONTRE.

[1] Madame de Rupelmonde, fille du maréchal d'Alègre, à une ame pleine de candeur et un penchant extrême pour la tendresse joignait, dit Duvernet, une grande incertitude sur ce qu'elle devait croire. Pendant le voyage qu'elle fit en Hollande, en 1722, elle déposait dans le sein de Voltaire ses doutes et ses perplexités. Dans la vue de fixer son esprit incertain, Voltaire fit ce poëme, dont le but est de montrer que pour plaire à Dieu, indépendamment de toute croyance, il suffit d'avoir des vertus. — Marie-Mar-

guerite-Élisabeth d'Alègre, fille du maréchal de ce nom, mariée en 1705 à Maximilien-Philippe-Joseph de Récourt, comte de Rupelmonde, tué à Villa-Viciosa en 1710, perdit son fils dans la guerre de 1748 (voyez tome XXXIX, page 40), et mourut à Bercy le 31 mai 1752. Elle fut inhumée dans l'église paroissiale de Conflans. B.

2 Tu veux donc, charmante Uranie.

3 A la religion j'arrache le bandeau.

4 Et qu'enfin ma philosophie.

5 Examinateur scrupuleux
De ce redoutable mystère,
Je prétends pénétrer d'un pas respectueux
Au plus profond du sanctuaire
D'un Dieu mort sur la croix que l'Europe révère.
L'horreur d'une effroyable nuit
Semble cacher son temple à mon œil téméraire :
Mais la raison qui m'y conduit
Fait marcher devant moi le flambeau qui m'éclaire.
Les prêtres de ce temple, avec un front sévère,
M'offrent d'abord un dieu que je devrais haïr,
Un dieu qui nous forma pour être misérables,
Qui nous donna des cœurs coupables
Pour avoir droit de nous punir;
Qui nous créa d'abord à lui-même semblables
Afin de nous mieux avilir,
Et nous faire à jamais sentir
Des tourments plus insupportables.
Sa main créait à peine un homme à son image;
On l'en voit soudain repentir.

6 Le défaut de son propre ouvrage
Et sagement le prévenir.
Bientôt sa fureur meurtrière
Du monde épouvanté détruit les fondements,
Dans un déluge d'eau détruit en même temps
Les sacriléges habitants
Qui remplissaient la terre entière
De leurs honteux déréglements.
Sans doute on le verra, par d'heureux changements,
Sous un ciel épuré redonner la lumière
A de nouveaux humains, à des cœurs innocents,

De sa lente sagesse aimables monuments.
Non, il tire de la poussière
Un nouveau peuple de Titans,
Une race livrée à ses emportements,
Plus coupable que la première.
Que fera-t-il? quels foudres éclatants, etc.

7 ....Il veut prendre naissance.

8 Il prêche enfin le peuple iduméen.

9 Quand remontant aux cieux il reprend son courroux.

10 Et quand par ses fureurs.

11 Assis dans la nuit du mensonge
De ces obscurités où lui-même les plonge.

12 Vous que l'erreur nourrit dans un profond sommeil,
Vous serez donc un jour à sa fureur livrées,
Pour n'avoir pas su qu'autrefois
Sous un autre hémisphère, aux plaines iduméees,
Le fils d'un charpentier expira sur la croix.
Non, je ne connais point à cette indigne image.

13 Par un si criminel hommage.

14 Ma voix pitoyable et sincère.

15 Mon cœur est ouvert à tes yeux :
On te fait un tyran, je cherche en toi mon père :
Je ne suis pas chrétien, mais c'est pour t'aimer mieux.
Ciel! ô ciel! quel objet vient de frapper ma vue!
Je reconnais le Christ puissant et glorieux.
Auprès de lui, dans une nue,
Sa croix se présente à mes yeux;
Sous ses pieds triomphants, etc.

16 Crois que ta bonne foi, ta bonté, ta douceur
Ne sont pas les objets de sa haine immortelle.

17 Ou qu'un prélat ambitieux.

18 ....C'est par nos injustices.

APOLOGIE DE LA FABLE[1].

Savante antiquité, beauté toujours nouvelle,
Monument du génie, heureuses fictions,
    Environnez-moi des rayons
    De votre lumière immortelle :
Vous savez animer l'air, la terre, et les mers;
    Vous embellissez l'univers.
Cet arbre à tête longue, aux rameaux toujours verts,
    C'est Atys aimé de Cybèle;
La précoce hyacinthe est le tendre mignon
Que sur ces prés fleuris caressait Apollon.
Flore, avec le Zéphyr, a peint ces jeunes roses
    De l'éclat de leur vermillon.
Des baisers de Pomone on voit dans ce vallon
Les fleurs de mes pêchers nouvellement écloses.
Ces montagnes, ces bois qui bordent l'horizon,
    Sont couverts de métamorphoses :
Ce cerf aux pieds légers est le jeune Actéon :
Du chantre de la nuit j'entends la voix touchante;
    C'est la fille de Pandion,
    C'est Philomèle gémissante.
Si le soleil se couche, il dort avec Téthis[2];
Si je vois de Vénus la planète brillante,
C'est Vénus que je vois dans les bras d'Adonis.
Ce pôle me présente Andromède et Persée;
Leurs amours immortels échauffent de leurs feux

Les éternels frimas de la zone glacée.
Tout l'Olympe est peuplé de héros amoureux.
Admirables tableaux ! séduisante magie !
Qu'Hésiode me plaît dans sa théologie[3]
Quand il me peint l'Amour débrouillant le chaos,
S'élançant dans les airs, et planant sur les flots !
Vantez-nous maintenant, bienheureux légendaires,
Le porc de saint Antoine et le chien de saint Roch,
  Vos reliques, vos scapulaires,
Et la guimpe d'Ursule, et la crasse du froc;
Mettez la *Fleur des saints*[4] à côté d'un Homère :
Il ment, mais en grand homme; il ment, mais il sait plaire;
  Sottement vous avez menti ;
  Par lui l'esprit humain s'éclaire ;
Et, si l'on vous croyait, il serait abruti.
On chérira toujours les erreurs de la Grèce;
  Toujours Ovide charmera.
Si nos peuples nouveaux sont chrétiens à la messe,
  Ils sont païens à l'opéra.
L'almanach est païen, nous comptons nos journées
Par le seul nom des dieux que Rome avait connus;
C'est Mars et Jupiter, c'est Saturne et Vénus,
Qui président au temps, qui font nos destinées.
Ce mélange est impur, on a tort ; mais enfin
Nous ressemblons assez à l'abbé Pellegrin,
« Le matin catholique, et le soir idolâtre,
« Déjeunant de l'autel, et soupant du théâtre[5]. »

FIN DE L'APOLOGIE DE LA FABLE.

NOTES

DE L'APOLOGIE DE LA FABLE.

¹ C'est dans un *Supplément* au tome II des *Nouveaux Mélanges*, qui est de 1765, que *l'Apologie de la fable* a été imprimée, pour la première fois, parmi les OEuvres de Voltaire. Je n'ai aucune donnée sur l'époque de sa composition. Voltaire reproduisit ces vers, en 1771, dans ses *Questions sur l'Encyclopédie*, ainsi que je l'ai dit tome XXIX, page 305. B.

² Voyez, sur ce mot, la note de M. Ravenel, t. XI, p. 156. B.

³ Voyez *la Théogonie* d'Hésiode, vers 120. B.

⁴ Sur *la Fleur des saints*, voyez mes notes, tome XXIX, page 33; et XXXIII, 473. B.

⁵ Ces deux vers se trouvent dans l'épitaphe de l'abbé Pellegrin, imprimée sous le nom de Des Sandrais Sebire. On les croit cependant d'un poëte fort peu connu, nommé Remi. Dans les *Jugements sur quelques ouvrages nouveaux*, IX, p. 212, on dit que ces deux vers sont de Rousseau. — L'abbé Pellegrin n'est mort qu'en 1745; et dès 1716 les vers qui le concernent étaient connus. B.

DIVERTISSEMENT[1]

MIS EN MUSIQUE

Pour une fête donnée par M. André à madame la maréchale de Villars.

RÉCITATIF.

Quel éclat vient frapper mes yeux?
Est-ce Mars et Vénus qui viennent en ces lieux?
Les Graces et Bellone y marchent sur leur trace;
C'est ce héros semblable au dieu de Thrace;
C'est lui dont l'heureuse audace
Arracha le tonnerre à l'aigle des Césars[2],
Brisa les plus fermes remparts,
Rassura nos états, et fit trembler la terre;
C'est lui qui, répandant la crainte et les bienfaits,
A mêlé sur son front l'olive de la paix
Aux lauriers sanglants de la guerre.

UNE VOIX SEULE.
AIR.

Voici cet objet charmant
Qui ternirait l'éclat de la fille de l'onde.
Entre elle et son époux le destin tout puissant
Semble avoir partagé la conquête du monde:
L'un a dompté les plus fameux vainqueurs,
Et l'autre a soumis tous les cœurs.

DUO.

Que les fleurs parent nos têtes:

Que les plus aimables fêtes
Soient l'ornement de leur cour.
Fuyez, nuit obscure;
Que les feux de l'amour
Allument dans ce séjour
Une clarté plus pure
Que le flambeau du jour.

UNE VOIX SEULE.
AIR.

Régnez, Nymphe charmante,
Régnez parmi les ris;
Ne voyez point avec mépris
L'hommage que l'on vous présente :
Vos attraits en font tout le prix.
De vos yeux l'aimable pouvoir
De la paix de nos cœurs a troublé l'innocence :
Nous vous aimons sans espérance;
Nous jouissons du moins du bonheur de vous voir;
C'est notre unique récompense.

DEUX VOIX.

Régnez, Nymphe charmante,
Régnez parmi les ris;
Ne voyez point avec mépris
L'hommage que l'on vous présente :
Vos attraits en font tout le prix.

FIN DU DIVERTISSEMENT.

NOTE ET VARIANTE

DU DIVERTISSEMENT.

1 Je ne connais pas de ce *Divertissement* d'impression antérieure à celle qui fait partie des éditions de Kehl. Je ne sais si ce M. André, pour qui Voltaire composa ce *Divertissement*, est le même qui, en 1741, lui fit un procès; voyez les lettres 1685 et 1700. La pièce doit être environ de 1720. B.

2 On lit dans *la Henriade*, chant VII, vers 395-396 :

> Regardez dans Denain l'audacieux Villars
> Disputant le tonnerre à l'aigle des Césars.   B.

LA MORT
DE MLLE LECOUVREUR [1],
CÉLÈBRE ACTRICE.

1730.

Que vois-je? quel objet! Quoi! ces lèvres charmantes,
Quoi! ces yeux d'où partaient ces flammes éloquentes,
Éprouvent du trépas les livides horreurs!
Muses, Graces, Amours, dont elle fut l'image,
O mes dieux et les siens, secourez votre ouvrage!
Que vois-je? c'en est fait, je t'embrasse, et tu meurs!
Tu meurs; on sait déja cette affreuse nouvelle;
Tous les cœurs sont émus de ma douleur mortelle.
J'entends de tous côtés les beaux-arts éperdus
S'écrier en pleurant: « Melpomène n'est plus! »
    Que direz-vous, race future [2],
Lorsque vous apprendrez la flétrissante injure
Qu'à ces arts désolés font des hommes cruels [3]?
    Ils privent de la sépulture
Celle qui dans la Grèce aurait eu des autels.
Quand elle était au monde, ils soupiraient pour elle;
Je les ai vus soumis, autour d'elle empressés:
Sitôt qu'elle n'est plus, elle est donc criminelle!
Elle a charmé le monde, et vous l'en punissez!
Non, ces bords désormais ne seront plus profanes [4];

Ils contiennent ta cendre ; et ce triste tombeau,
Honoré par nos chants, consacré par tes mânes,
    Est pour nous un temple nouveau !
Voilà mon Saint-Denys ; oui, c'est là que j'adore
Tes talents, ton esprit, tes graces, tes appas :
Je les aimai vivants, je les encense encore
    Malgré les horreurs du trépas,
    Malgré l'erreur et les ingrats,
Que seuls de ce tombeau l'opprobre déshonore.
Ah ! verrai-je toujours ma faible nation,
Incertaine en ses vœux, flétrir ce qu'elle admire;
Nos mœurs avec nos lois toujours se contredire;
Et le Français volage endormi sous l'empire
    De la superstition?
    Quoi! n'est-ce donc qu'en Angleterre
    Que les mortels osent penser?
O rivale d'Athène, ô Londre! heureuse terre!
Ainsi que les tyrans vous avez su chasser
Les préjugés honteux qui vous livraient la guerre.
C'est là qu'on sait tout dire, et tout récompenser;
Nul art n'est méprisé, tout succès a sa gloire;
Le vainqueur de Tallard, le fils de la victoire,
Le sublime Dryden, et le sage Addison,
Et la charmante Ophils[5], et l'immortel Newton,
    Ont part au temple de mémoire :
Et Lecouvreur à Londre aurait eu des tombeaux
Parmi les beaux-esprits, les rois, et les héros.
Quiconque a des talents à Londre est un grand homme[6].
    L'abondance et la liberté
Ont, après deux mille ans, chez vous ressuscité
    L'esprit de la Grèce et de Rome.

Des lauriers d'Apollon dans nos stériles champs
La feuille négligée est-elle donc flétrie?
Dieux! pourquoi mon pays n'est-il plus la patrie
    Et de la gloire et des talents?

FIN DE LA MORT DE LECOUVREUR.

NOTES ET VARIANTES

DE LA MORT DE Mlle LECOUVREUR.

1 Mademoiselle Lecouvreur mourut le 20 mars 1730. Voltaire mit beaucoup de réserve à donner des copies de ces vers, si l'on en juge par sa lettre à Thieriot, du 1er mai 1731 (voyez tome LI, page 211). Frédéric, alors prince royal de Prusse, les mit en musique; voyez sa lettre du 26 janvier 1738 (tome LIII, page 26). B.

2 Malherbe commence son ode *Sur l'attentat commis en la personne de Henri-le-Grand le 19 décembre 1605*, par ces vers:

    Que direz-vous, races futures,
    Si quelquefois un vrai discours
    Vous récite les aventures
    De nos abominables jours?   B.

3 Dans les premières éditions, on lisait:

    Qu'à ces arts désolés font des prêtres cruels:
        Un objet digne des autels
        Est privé de la sépulture!
    Et dans un champ profane on jette à l'aventure
    De ce corps si chéri les restes immortels?
    Non, ces bords désormais, etc.

4 Voyez, tome XXXVII, pages 95-96, ma note sur le lieu de la sépulture de mademoiselle Lecouvreur. B.

5 Anne Oldfield ou Oldfields, illustre actrice anglaise, morte le 23 octobre 1730, fut enterrée à l'abbaye de Westminster. B.

⁶ Après ce vers,

Quiconque a des talents à Londre est un grand homme,

on lisait ceux-ci :

Le génie étonnant de la Grèce et de Rome,
Enfant de l'abondance et de la liberté,
Semble, après deux mille ans, chez eux ressuscité.
O toi, jeune Sallé, fille de Terpsichore,
Qu'on insulte à Paris, mais que tout Londre honore,
Dans tes nouveaux succès, reçois avec mes vœux
Les applaudissements d'un peuple respectable,
De ce peuple puissant, fier, libre, généreux,
Aux malheureux propice, aux beaux-arts favorable.
Des lauriers d'Apollon, etc.

Mademoiselle Sallé, célèbre danseuse de l'opéra de Paris, était alors en Angleterre. K.

LE TEMPLE DE L'AMITIÉ[1].

1732.

Au fond d'un bois à la paix consacré,
Séjour heureux, de la cour ignoré,
S'élève un temple, où l'art et ses prestiges[2]
N'étalent point l'orgueil de leurs prodiges,
Où rien ne trompe et n'éblouit les yeux,
Où tout est vrai, simple, et fait pour les dieux.
De bons Gaulois de leurs mains le fondèrent;
A l'Amitié leurs cœurs le dédièrent.
Las! ils pensaient, dans leur crédulité,
Que par leur race il serait fréquenté.
En vieux langage on voit sur la façade
Les noms sacrés d'Oreste et de Pylade,
Le médaillon du bon Pirithoüs,
Du sage Achate et du tendre Nisus,
Tous grands héros, tous amis véritables:
Ces noms sont beaux, mais ils sont dans les fables.
Les doctes sœurs ne chantent qu'en ces lieux[3],
Car on les siffle au superbe empyrée.
On n'y voit point Mars et sa Cythérée,
Car la discorde est toujours avec eux:
L'Amitié vit avec très peu de dieux.
A ses côtés sa fidèle interprète,
La Vérité, charitable et discrète,
Toujours utile à qui veut l'écouter,
Attend en vain qu'on l'ose consulter:

Nul ne l'approche, et chacun la regrette.
Par contenance un livre est dans ses mains,
Où sont écrits les bienfaits des humains,
Doux monuments d'estime et de tendresse,
Donnés sans faste, acceptés sans bassesse,
Du protecteur noblement oubliés [4],
Du protégé sans regret publiés.
C'est des vertus l'histoire la plus pure :
L'histoire est courte, et le livre est réduit
A deux feuillets de gothique écriture,
Qu'on n'entend plus, et que le temps détruit.

Or des humains quelle est donc la manie?
Toute amitié de leur cœur est bannie [5],
Et cependant on les entend toujours
De ce beau nom décorer leurs discours.
Ses ennemis ne jurent que par elle;
En la fuyant chacun s'y dit fidèle;
Ainsi qu'on voit, devers l'état romain [6],
Des indévots chapelet à la main.

De leurs propos la déesse en colère
Voulut enfin que ses mignons chéris,
Si contents d'elle et si sûrs de lui plaire,
Vinssent la voir en son sacré pourpris,
Fixa le jour, et promit un beau prix
Pour chaque couple au cœur noble, sincère,
Tendre comme elle, et digne d'être admis,
S'il se pouvait, au rang des vrais amis.

Au jour nommé, viennent d'un vol rapide
Tous nos Français, que la nouveauté guide:
Un peuple immense inonde le parvis.
Le temple s'ouvre: on vit d'abord paraître

Deux courtisans par l'intérêt unis [7];
Par l'amitié tous deux ils croyaient l'être.
Vint un courrier, qui dit qu'auprès du maître
Vaquait alors un beau poste d'honneur,
Un noble emploi de valet grand-seigneur.
Nos deux amis poliment se quittèrent,
Déesse, et prix, et temple, abandonnèrent,
Chacun des deux en son ame jurant
D'anéantir son très cher concurrent.

Quatre dévots, à la mine discrète,
Dos en arcade, et missel à la main,
Unis en Dieu de charité parfaite,
Et tout brûlants de l'amour du prochain,
Psalmodiaient et bâillaient en chemin [8].
L'un, riche abbé, prélat à l'œil lubrique [9],
Au menton triple, au col apoplectique,
Porc engraissé des dîmes de Sion,
Oppressé fut d'une indigestion.
On confessa mon vieux ladre au plus vite;
D'huile il fut oint, aspergé d'eau bénite,
Dûment lesté par le curé du lieu,
Pour son voyage au pays du bon Dieu.
Ses trois amis gaîment lui marmottèrent
Un *oremus*, en leur cœur convoitèrent
Son bénéfice, et vers la cour trottèrent;
Puis chacun d'eux, dévotement rival,
En se jurant fraternité sincère,
Les yeux baissés va [10] chez le cardinal [a]
De jansénisme accuser son confrère.

Gais et brillants, après un long repas,

---
[a] Le cardinal de Fleury (1775).

Deux jeunes gens, se tenant sous les bras,
Lisant tout haut des lettres de leurs belles,
D'un air galant leur figure étalaient [11],
Et, détonnant quelques chansons nouvelles,
Ainsi qu'au bal à l'autel ils allaient [12] :
Nos étourdis pour rien s'y querellèrent,
De l'Amitié l'autel ensanglantèrent ;
Et le moins fou laissa, tout éperdu,
Son tendre ami sur la place étendu.

Plus loin venaient, d'un air de complaisance [13],
Lise et Chloé, qui, dès leur tendre enfance,
Se confiaient leurs plaisirs, leurs humeurs,
Et tous ces riens qui remplissent leurs cœurs,
Se caressant, se parlant sans rien dire,
Et sans sujet toujours prêtes à rire :
Mais toutes deux avaient le même amant [14] ;
A son nom seul, ô merveille soudaine !
Lise et Chloé prirent tout doucement
Le grand chemin du temple de la Haine.

Enfin Zaïre y parut à son tour [15]
Avec ces yeux où languit la mollesse,
Où le plaisir brille avec la tendresse.
« Ah ! que d'ennui, dit-elle, en ce séjour !
Que fait ici cette triste déesse ?
Tout y languit ; je n'y vois point l'Amour. »
Elle sortit ; vingt rivaux la suivirent ;
Sur le chemin vingt beautés en gémirent.
Dieu sait alors où ma Zaïre alla.

De l'Amitié le prix fut laissé là ;
Et la déesse en tous lieux célébrée,
Jamais connue et toujours desirée,

Gela de froid sur ses sacrés autels :
J'en suis fâché pour les pauvres mortels.

ENVOI.

Mon cœur, ami charmant et sage,
Au vôtre n'était point lié
Lorsque j'ai dit qu'à l'Amitié
Nul mortel ne rendait hommage.
Elle a maintenant à sa cour
Deux cœurs dignes du premier âge :
Hélas! le véritable amour
En a-t-il beaucoup davantage?

FIN DU TEMPLE DE L'AMITIÉ.

NOTES ET VARIANTES

DU TEMPLE DE L'AMITIÉ.

¹ Ce poëme est, depuis 1739, admis dans les *OEuvres de Voltaire*; il est au tome IV de l'édition de 1738-39. B.

2   S'élève un temple où l'art par ses prestiges
     N'étale point l'orgueil de ses prodiges.

3   La déité de cet obscur séjour,
    Reine sans faste et femme sans intrigue,
    Divinité sans prêtres et sans brigue,
    Est peu fêtée au milieu de sa cour.
      A ses côtés, etc.

4   Du bienfaiteur noblement oubliés,
    Par son ami sans regret publiés.

5   A l'amitié nul d'eux ne sacrifie.

6   Froid par dégoût, amant par vanité,
    Chacun prétend en être bien traité.
      De leurs propos, etc.

7	Deux courtisans flatteurs d'un commun maître;
	Par l'intérêt depuis long-temps unis,
	* Par l'amitié tous deux ils croyaient l'être.
	Vint un courrier, qui leur dit qu'à l'instant
	Auprès du prince un poste était vacant.
	Nos deux amis, etc.
8	Psalmodiaient en bâillant en chemin.
9	L'un, riche abbé, prélat à l'œil oblique,
	* Au menton triple, au col apoplectique,
	L'estomac plein d'un pâté d'esturgeon,
	Fut pris en bref d'une indigestion.
	Ses trois amis au temple le laissèrent,
	Le bénéfice en leur cœur dévorèrent;
	Et le trio, dévotement rival, etc.

Autre version :

    * Au menton triple, au col apoplectique,
    Sur le chemin de Conflans à Gaillon *,
    Fut pris en bref d'une indigestion.

10	Les yeux baissés, courut au cardinal.
11	Dansants, sifflants, leur figure étalaient.
12	Près de l'autel ensemble ils accouraient.
	Nos étourdis pour rien se querellèrent,
	Flamberge au vent, dans le temple escrimèrent;
	* Et le moins fou, etc.
13	* Plus loin venaient, d'un air de complaisance,
	Nonchalamment clochant sur leurs patins,
	* Lise et Chloé, qui, dès leur tendre enfance,
	Se confiaient tous leurs petits desseins,
	* Se caressant, etc.
14	Elles s'aimaient, hélas! si tendrement!
	Nos deux beautés en public s'embrassèrent :
	Un jeune amant passa dans le moment,
	Lise et Chloé pour lui se décoiffèrent.
	* Enfin, etc.

* Maisons de campagne des archevêques de Paris et de Rouen. Ces deux prélats étaient alors des gourmands célèbres. K. — L'archevêque de Paris, en 1732, était Charles-Gaspard-Guillaume de Vintimille, mort en 1746, dans sa 91ᵉ année. L'archevêque de Rouen était Louis de La Vergne de Tressan. B.

Une autre édition porte :

   Mais Richelieu passa dans le moment,
   Lise et Chloé, etc.

15   Enfin Thémire à son tour y parut,
   * Avec ces yeux où languit la mollesse,
   * Où le plaisir brille avec la tendresse;
   Mais l'Amitié soudain la reconnut.
   « Allez, allez, vous vous trompez, dit-elle;
   Ce n'est pas moi qu'il vous faut aujourd'hui :
   C'était l'Amour que vous cherchiez, ma belle;
   Gardez-vous bien de me prendre pour lui. »
   L'autre deux fois ne se le fit redire;
   Le dieu d'amour est celui de Thémire.
   Elle partit, aucun ne demeura.
   * De l'Amitié, etc.

DISCOURS
EN VERS
SUR L'HOMME.

AVERTISSEMENT[1].

Les trois premiers sont de l'année 1734; les quatre derniers sont de l'année 1737.

Le premier prouve l'égalité des conditions, c'est-à-dire qu'il y a dans chaque profession une mesure de biens et de maux qui les rend toutes égales;

Le second, que l'homme est libre, et qu'ainsi c'est à lui à faire son bonheur;

Le troisième, que le plus grand obstacle au bonheur est l'envie;

[1] Si cet *Avertissement* n'est pas de plusieurs mains, il est du moins de divers temps (de 1745 à 1752). Ce fut en 1745, dans le tome VI des *OEuvres de Voltaire*, que les six premiers discours furent recueillis. On trouve, à leur suite, *Ce que c'est que la vertu, discours en vers;* mais il n'est pas donné comme *septième*. Dans les éditions de 1742, 1746, 1748, 1751, le septième discours est séparé des autres. L'édition de Dresde, 1752, sept volumes in-12, est la première qui les donne tous à la suite les uns des autres.

Malgré ce qui est dit dans l'*Avertissement*, on ne trouve dans la correspondance de Voltaire trace de ces discours, qui étaient d'abord intitulés *Épîtres*, qu'au commencement de 1738. Les deux premières furent envoyées à Frédéric le 23 janvier; il y en avait alors quatre de faites. Cependant la troisième ne fut envoyée que le 8 mars; la quatrième, en avril.

Les deux premières furent imprimées sous le titre de *Épîtres sur le Bonheur*, Paris, Prault, 1738, in-8°. Chacune a sa pagination séparée et son approbation du censeur, datée du 1er mars. L'approbation de la troisième est du 28 avril. Ces trois épîtres furent réimprimées en Hollande avec le nom de l'auteur; ce qui le contraria beaucoup (voyez t. LIII, p. 168). La quatrième épître, aussi imprimée séparément, porte une approbation de Crébillon, datée du 2 août 1738.

La cinquième épître doit être de juin 1738 (voyez t. LIII, p. 175); la sixième, du mois de juillet (voyez *id.*, p. 219).

Ce qui forme aujourd'hui le septième discours était composé dès juin 1738 (voyez tome LIII, pages 142-143), si toutefois la lettre de Frédéric n'est pas altérée ou mal classée. B.

Le quatrième, que, pour être heureux, il faut être modéré en tout;

Le cinquième, que le plaisir vient de Dieu;

Le sixième, que le bonheur parfait ne peut être le partage de l'homme en ce monde, et que l'homme n'a point à se plaindre de son état;

Le septième, que la vertu consiste à faire du bien à ses semblables, et non pas dans de vaines pratiques de mortification.

PREMIER DISCOURS.

DE L'ÉGALITÉ DES CONDITIONS.

Tu vois, sage Ariston, d'un œil d'indifférence [1]
La grandeur tyrannique et la fière opulence;
Tes yeux d'un faux éclat ne sont point abusés.
Ce monde est un grand bal, où des fous déguisés,
Sous les risibles noms d'Éminence et d'Altesse,
Pensent enfler leur être et hausser leur bassesse.
En vain des vanités l'appareil nous surprend :
Les mortels sont égaux [2]; leur masque est différent.
Nos cinq sens imparfaits, donnés par la nature,
De nos biens, de nos maux sont la seule mesure.
Les rois en ont-ils six? et leur ame et leur corps
Sont-ils d'une autre espèce, ont-ils d'autres ressorts?
C'est du même limon que tous ont pris naissance;
Dans la même faiblesse ils traînent leur enfance;
Et le riche et le pauvre, et le faible et le fort,
Vont tous également des douleurs à la mort.
  « Eh quoi! me dira-t-on, quelle erreur est la vôtre!
N'est-il aucun état plus fortuné qu'un autre?
Le ciel a-t-il rangé les mortels au niveau?
La femme d'un commis courbé sur son bureau
Vaut-elle une princesse auprès du trône assise?
N'est-il pas plus plaisant pour tout homme d'église
D'orner son front tondu d'un chapeau rouge ou vert

Que d'aller, d'un vil froc obscurément couvert,
Recevoir à genoux, après laude ou matine,
De son prieur cloîtré vingt coups de discipline?
Sous un triple mortier n'est-on pas plus heureux [3]
Qu'un clerc enseveli dans un greffe poudreux? »
Non : Dieu serait injuste; et la sage nature
Dans ses dons partagés garde plus de mesure.
Pense-t-on qu'ici-bas son aveugle faveur [4]
Au char de la fortune attache le bonheur?
Un jeune colonel a souvent l'impudence
De passer en plaisirs un maréchal de France.
« Être heureux comme un roi, » dit le peuple hébêté :
Hélas! pour le bonheur que fait la majesté?
En vain sur ses grandeurs un monarque s'appuie;
Il gémit quelquefois, et bien souvent s'ennuie.
Son favori sur moi jette à peine un coup d'œil.
Animal composé de bassesse et d'orgueil,
Accablé de dégoûts, en inspirant l'envie,
Tour-à-tour on t'encense et l'on te calomnie.
Parle; qu'as-tu gagné dans la chambre du roi?
Un peu plus de flatteurs et d'ennemis que moi.

 Sur les énormes tours de notre Observatoire,
Un jour, en consultant leur céleste grimoire,
Des enfants d'Uranie un essaim curieux,
D'un tube de cent pieds braqué contre les cieux,
Observait les secrets du monde planétaire.
Un rustre s'écria : « Ces sorciers ont beau faire,
Les astres sont pour nous aussi bien que pour eux. »
On en peut dire autant du secret d'être heureux;
Le simple, l'ignorant, pourvu d'un instinct sage,
En est tout aussi près au fond de son village

Que le fat important qui pense le tenir,
Et le triste savant qui croit le définir.
 On dit qu'avant la boîte apportée à Pandore
Nous étions tous égaux : nous le sommes encore.
Avoir les mêmes droits à la félicité,
C'est pour nous la parfaite et seule égalité.
Vois-tu dans ces vallons ces esclaves champêtres
Qui creusent ces rochers, qui vont fendre ces hêtres,
Qui détournent ces eaux, qui, la bêche à la main,
Fertilisent la terre en déchirant son sein?
Ils ne sont point formés sur le brillant modèle
De ces pasteurs galants qu'a chantés Fontenelle :
Ce n'est point Timarette et le tendre Tyrcis,
De roses couronnés, sous des myrtes assis,
Entrelaçant leurs noms sur l'écorce des chênes,
Vantant avec esprit leurs plaisirs et leurs peines;
C'est Pierrot, c'est Colin, dont le bras vigoureux
Soulève un char tremblant dans un fossé bourbeux.
Perrette au point du jour est aux champs la première.
Je les vois, haletants et couverts de poussière,
Braver, dans ces travaux chaque jour répétés,
Et le froid des hivers, et le feu des étés.
Ils chantent cependant; leur voix fausse et rustique
Gaîment de Pellegrin[a] détonne un vieux cantique[5].

[a] L'abbé Pellegrin a fait des cantiques de dévotion sur des airs du Pont-Neuf; c'est là qu'on trouve, à ce qu'on dit,

Quand on a perdu Jésus-Christ,
Adieu paniers, vendanges sont faites.

Ces cantiques ont été chantés à la campagne et dans des couvents de province (1752). — Plusieurs cantiques de Pellegrin sont sur l'air : *Adieu paniers, vendanges sont faites;* mais je n'en ai vu aucun qui contienne ces paroles. B.

La paix, le doux sommeil, la force, la santé,
Sont le fruit de leur peine et de leur pauvreté.
Si Colin voit Paris, ce fracas de merveilles,
Sans rien dire à son cœur, assourdit ses oreilles :
Il ne desire point ces plaisirs turbulents ;
Il ne les conçoit pas ; il regrette ses champs ;
Dans ces champs fortunés l'amour même l'appelle [6] ;
Et tandis que Damis, courant de belle en belle,
Sous des lambris dorés, et vernis par Martin [a],
Des intrigues du temps composant son destin,
Dupé par sa maîtresse et haï par sa femme,
Prodigue à vingt beautés ses chansons et sa flamme,
Quitte Églé qui l'aimait pour Chloris qui le fuit,
Et prend pour volupté le scandale et le bruit,
Colin, plus vigoureux, et pourtant plus fidèle,
Revole vers Lisette en la saison nouvelle ;
Il vient, après trois mois de regrets et d'ennui,
Lui présenter des dons aussi simples que lui.
Il n'a point à donner ces riches bagatelles
Qu'Hébert [b] vend à crédit pour tromper tant de belles :
Sans tous ces riens brillants il peut toucher un cœur ;
Il n'en a pas besoin : c'est le fard du bonheur.

L'aigle fier et rapide, aux ailes étendues,
Suit l'objet de sa flamme élancé dans les nues ;
Dans l'ombre des vallons le taureau bondissant
Cherche en paix sa génisse, et plaît en mugissant ;
Au retour du printemps la douce Philomèle

[a] Fameux vernisseur (1756).
[b] Fameux marchand de curiosités à Paris. Il avait beaucoup de goût, et cela seul lui avait procuré une grande fortune (1752). — Voltaire a cité aussi Hébert dans *la Prude*, acte I, scène 4 ; voyez t. V, p. 377. B.

Attendrit par ses chants sa compagne fidèle ;
Et du sein des buissons le moucheron léger
Se mêle en bourdonnant aux insectes de l'air.
De son être content, qui d'entre eux s'inquiète
S'il est quelque autre espèce ou plus ou moins parfaite ?
Eh ! qu'importe à mon sort, à mes plaisirs présents,
Qu'il soit d'autres heureux, qu'il soit des biens plus grands ?

« Mais quoi ! cet indigent, ce mortel famélique,
Cet objet dégoûtant de la pitié publique,
D'un cadavre vivant traînant le reste affreux,
Respirant pour souffrir, est-il un homme heureux ? »
Non, sans doute ; et Thamas qu'un esclave détrône,
Ce vizir déposé, ce grand qu'on emprisonne,
Ont-ils des jours sereins quand ils sont dans les fers ?
Tout état a ses maux, tout homme a ses revers [7].
Moins hardi dans la paix, plus actif dans la guerre,
Charle [8] aurait sous ses lois retenu l'Angleterre ;
Dufresny [a], moins prodigue, et docile au bon sens,
N'eût point dans la misère avili ses talents.
Tout est égal enfin : la cour a ses fatigues,
L'Église a ses combats, la guerre a ses intrigues [9] :
Le mérite modeste est souvent obscurci ;
Le malheur est partout, mais le bonheur aussi.
Ce n'est point la grandeur, ce n'est point la bassesse,
Le bien, la pauvreté, l'âge mûr, la jeunesse,
Qui fait ou l'infortune ou la félicité [10].

Jadis le pauvre Irus, honteux et rebuté,

---

[a] Louis XIV disait : « Il y a deux hommes que je ne pourrai jamais enrichir, Dufresny et Bontemps. » Dufresny mourut dans la misère, après avoir dissipé de grandes richesses ; il a laissé de jolies comédies.

Contemplant de Crésus l'orgueilleuse opulence,
Murmurait hautement contre la Providence:
« Que d'honneurs! disait-il, que d'éclat! que de bien!
Que Crésus est heureux! il a tout, et moi rien. »
Comme il disait ces mots, une armée en furie
Attaque en son palais le tyran de Carie :
De ses vils courtisans il est abandonné;
Il fuit, on le poursuit; il est pris, enchaîné;
On pille ses trésors, on ravit ses maîtresses.
Il pleure : il aperçoit, au fort de ses détresses,
Irus, le pauvre Irus, qui, parmi tant d'horreurs,
Sans songer aux vaincus, boit avec les vainqueurs.
« O Jupiter! dit-il, ô sort inexorable!
Irus est trop heureux, je suis seul misérable. »
Ils se trompaient tous deux; et nous nous trompons tous.
Ah! du destin d'autrui ne soyons point jaloux;
Gardons-nous de l'éclat qu'un faux dehors imprime.
Tous les cœurs sont cachés; tout homme est un abîme.
La joie est passagère, et le rire est trompeur [11].
Hélas! où donc chercher, où trouver le bonheur?
En tous lieux, en tous temps, dans toute la nature,
Nulle part tout entier, partout avec mesure,
Et partout passager, hors dans son seul auteur.
Il est semblable au feu dont la douce chaleur
Dans chaque autre élément en secret s'insinue,
Descend dans les rochers, s'élève dans la nue,
Va rougir le corail dans le sable des mers,
Et vit dans les glaçons qu'ont durcis les hivers [12].

    Le ciel, en nous formant, mélangea notre vie
De desirs, de dégoûts, de raison, de folie,

De moments de plaisirs, et de jours de tourments :
De notre être imparfait voilà les éléments ;
Ils composent tout l'homme, ils forment son essence ;
Et Dieu nous pesa tous dans la même balance [13].

FIN DU PREMIER DISCOURS.

NOTES ET VARIANTES

DU PREMIER DISCOURS.

[1] Ce ne fut qu'en 1738 que ce discours parut la première fois imprimé à Paris, ainsi que le second et le troisième, sous le titre général d'*Épîtres sur le Bonheur*. Le commencement du premier discours a été plusieurs fois refondu. Voici les différentes leçons jusqu'à l'édition de 1757 exclusivement.

PREMIÈRE LEÇON.

Eh bien, jeune Hermotime, en province élevé,
Avec un cœur tout neuf à Paris arrivé,
Tu ne sais pas encor quel parti tu dois suivre ?
Tu voudrais des leçons sur le grand art de vivre ;
Il faut prendre un état. Incertain dans tes vœux,
Tu veux choisir, dis-tu, le sort le plus heureux :
Mais ce sort, quel est-il ? tu ne sais. Tu peux être
Magistrat, financier, courtisan, guerrier, prêtre.
Ton goût doit décider ; ce n'est pas ton emploi
Qui doit te rendre heureux, ce bonheur est dans toi.
Les états sont égaux, mais les hommes diffèrent.
Où l'imprudent périt, les habiles prospèrent.
Le bonheur est le port où tendent les humains ;
Les écueils sont fréquents, les vents sont incertains.
Le ciel, pour aborder cette rive étrangère,
Accorde à tout mortel une barque légère :
Ainsi que les secours les dangers sont égaux.
Qu'importe, quand l'orage a soulevé les flots,

> Que ta poupe soit peinte, et que ton mât déploie
> Une voile de pourpre et des câbles de soie?
> Le vent est sans respect, il renverse à la fois
> Les bateaux des pêcheurs et les barques des rois.
> Si quelque heureux pilote, échappé de l'orage,
> Près du port arrivé, gagne au moins le rivage,
> Son vaisseau, plus heureux, n'était pas mieux construit;
> Mais le pilote est sage, et Dieu l'avait conduit.
>   « Eh quoi! me dites-vous, etc.

SECONDE LEÇON.

> Ami, dont la vertu toujours facile et pure
> A suivi par raison l'instinct de la nature,
> Qui sais à ton état conformer tes desirs,
> Satisfait sans fortune et sage en tes plaisirs,
> Heureux qui, comme toi, docile à son génie,
> Dirige prudemment la course de sa vie!
> Son cœur n'entend jamais la voix du repentir;
> Enfermé dans sa sphère, il n'en veut point sortir.
> Les états sont égaux, etc..................
> ....
> Une voile de pourpre et des câbles de soie?
> L'art du pilote est tout; et pour dompter les vents
> Il faut la main du sage, et non des ornements.
>   « Eh quoi! me dira-t-on, etc.

(1748, in-4°, tome I). — Quoique cette note ait paru dans une édition du vivant de l'auteur, je la crois d'un éditeur. Voilà pourquoi je lui ai laissé un chiffre arabe. B.

² Voltaire a dit dans *Mahomet,* acte I, scène 4 :

> Les mortels sont égaux ; ce n'est pas la naissance,
> C'est la seule vertu qui fait la différence.

On lit dans l'*Épître au peuple*, par Thomas:

> Les mortels sont égaux ; la vertu fait le rang,
> Et l'homme le plus juste est toujours le plus grand.   B.

3   Ce Bernard tant fêté n'est-il pas plus heureux ?

Samuel Bernard; voyez la note, tome LII, page 310. B.

4   PREMIÈRE LEÇON.

> Il serait beau vraiment que sa triste faveur
> Eût au grade, en ce monde, attaché le bonheur!
> Jamais un colonel n'aura donc l'impudence

D'égaler en plaisir un maréchal de France!
L'empereur est toujours, graces à ses honneurs,
Plus fortuné lui seul que les sept électeurs!
Et le cœur d'un sujet se gardera bien d'être
Aussi tendre, aussi gai que celui de son maître!
Non, n'accusons point Dieu de cette absurdité;
Pour les cœurs qu'il a faits il a trop de bonté.
Tous sont heureux par lui, tous au moins peuvent l'être:
En leur donnant la vie, il leur doit le bien-être;
Il veut, en les rangeant sous différentes lois,
En faire autant d'heureux, non pas autant de rois.
Le casque, le mortier, la barrette, la mitre,
A la félicité n'apportent aucun titre;
Et ce Bernard qu'on vante est heureux en effet,
Non par le bien qu'il a, mais par le bien qu'il fait.
* On dit qu'avant la boîte, etc.

SECONDE LEÇON.

Plus fortuné lui seul que les sept électeurs!
Et le roi des Romains serait un téméraire
De prétendre un moment au bonheur du saint-père!
Crois-moi, Dieu d'un autre œil voit les faibles humains,
Nés du même limon façonné par ses mains.
Admirons de ses dons le différent partage;
Chacun de ses enfants reçut un héritage.
Le terrain le moins vaste a sa fécondité,
Et l'ingrat qui se plaint est seul déshérité.
Possédons sans fierté, subissons sans murmure
Le sort que nous a fait l'auteur de la nature;
Dieu, qui nous a rangés sous différentes lois,
Peut faire autant d'heureux, non pas autant de rois.
  On dit qu'avant la boîte, etc.

5 Bertin a dit depuis, livre III, élégie 5:

Tout un peuple courbé qui s'empresse à l'ouvrage,
Et détonne gaiment de rustiques chansons.

6 * Dans ses champs fortunés l'amour même l'appelle,
L'amour, ce dieu des cieux, cette flamme éternelle
Qui peuple les forêts, les ondes et les airs,
Qui va d'un pôle à l'autre animer l'univers.
Ses traits, toujours lancés des mains de la nature,
Souffrent les ornements, mais plaisent sans parure;
Un éclat étranger est le fard du bonheur;

  Tu n'en as pas besoin, tu peux donner ton cœur
  Sans tous ces riens brillants, ces nobles bagatelles
6   * Qu'Hébert vend à crédit pour tromper tant de belles.
  L'amour n'a pas toujours un tranquille destin.
  * Sous les lambris dorés et vernis par Martin.

7   * Tout état a *ses maux, tout homme ses revers:*
  Concini moins altier, plus fidèle à ses maîtres,
  N'aurait point de son sang apaisé nos ancêtres;
  Et Dufresny, plus sage et moins dissipateur,
  Ne fût pas mort de faim, digne mort d'un auteur.

8 Charles Ier.

9   ....Le mérite a ses brigues.

10   * Qui fait ou l'infortune ou la félicité?
  « Où donc trouver, dis-tu, cet être si vanté,
  Fugitif, inconnu, qu'on croit imaginaire? »
  Où? chez toi, dans ton cœur, et dans ton caractère.
  Quel que soit ton état, quel que soit ton destin,
  Sois sage, il te suffit, ton bonheur est certain.

11 Dans son *Précis de l'Ecclésiaste*, Voltaire a dit:
  Votre bruit m'importune, et le rire est trompeur.   B.

12   Et vit dans les glaçons qu'ont durcis les hivers.
  Mortel, en quelque état que le ciel t'ait fait naître,
  Sois soumis, sois content, et rends grace à ton maître.

13 « Quelque différence qui paraisse entre les fortunes, il y a une certaine compensation de biens et de maux qui les rend égales. » *Réflexions morales de La Rochefoucauld*, édition du Louvre, n° 52.

Suivant M. Rousseau, on doit mettre une grande différence entre les maux des dernières classes de la société et ceux qui affligent les premières, parceque, dit-il, les maux du peuple sont l'effet de la mauvaise constitution de la société; les grands, au contraire, ne sont malheureux que par leur faute.

1° Cette observation n'est pas vraie rigoureusement. Ce n'est pas absolument par sa faute que tel riche, tel grand, étant né un sot, et ayant reçu une mauvaise éducation, passe tristement sa vie dans l'ennui et le dégoût. Ce n'est point par sa faute qu'Ivan fut assassiné après avoir été en prison toute sa vie. Est-ce par sa faute que le Masque de fer fut mis à la Bastille? que les fils du comte d'Armagnac, arrosés du sang de leur père, passèrent toute leur jeunesse dans un cachot fait en forme de hotte? D'un autre côté, parmi les hommes qui souffrent les maux de la pauvreté, un grand nombre n'aurait-il pas évité ses malheurs par plus d'activité pour le travail, plus d'économie, plus de prévoyance? Il est très rare dans tous les états d'être uniquement malheureux par sa faute, ou de l'être sans y avoir contribué : le hasard et la mauvaise conduite entrent à-la-fois dans presque tous les malheurs des hommes.

2° Ce n'est pas de la cause des maux des différents états que parle M. de Voltaire; c'est d'une sorte d'équilibre entre les maux et les biens, qui rend ces états presque égaux. Cette manière de voir les états de la vie est consolante pour le peuple; elle conduit même à une conséquence très utile. Si les biens et les maux des différentes conditions forment entre ces conditions une sorte de balance; si l'ennui qui poursuit les riches, si les dangers qui environnent les grands, sont un équivalent des maux auxquels la misère condamne le peuple, tous gagneront à une plus grande égalité : les uns y trouveront plus d'aisance, les autres plus de sûreté. Ne serait-il pas utile de persuader aux hommes que l'intérêt des différentes classes de la société n'est point de se séparer, mais de se rapprocher; qu'elles doivent chercher non à s'opprimer, mais à s'unir, parceque aucune classe ne peut augmenter son bonheur aux dépens d'une autre, mais seulement en fesant des sacrifices au bonheur commun?

Il était naturel que deux hommes dont l'un croyait que la société et les lumières corrompent l'homme, tandis que l'autre voyait dans les progrès des lumières une source de perfections pour la société et de bonheur pour l'espèce humaine, fussent presque toujours d'avis contraire. Mais qui des deux a été le plus utile aux hommes? celui sans doute dont l'opinion était la plus conforme à la vérité. K.

DEUXIÈME DISCOURS.

DE LA LIBERTÉ.

On entend par ce mot Liberté le pouvoir de faire ce qu'on veut. Il n'y a et ne peut y avoir d'autre liberté. C'est pourquoi Locke l'a si bien définie Puissance.

Dans le cours de nos ans, étroit et court passage,
Si le bonheur qu'on cherche est le prix du vrai sage,
Qui pourra me donner ce trésor précieux ?
Dépend-il de moi-même ? est-ce un présent des cieux ?
Est-il comme l'esprit, la beauté, la naissance,
Partage indépendant de l'humaine prudence ?
Suis-je libre en effet ? ou mon ame et mon corps
Sont-ils d'un autre agent les aveugles ressorts ?
Enfin ma volonté, qui me meut, qui m'entraîne,
Dans le palais de l'ame est-elle esclave ou reine ?
Obscurément plongé dans ce doute cruel,
Mes yeux, chargés de pleurs, se tournaient vers le ciel,
Lorsqu'un de ces esprits que le souverain Être
Plaça près de son trône, et fit pour le connaître,
Qui respirent dans lui, qui brûlent de ses feux,
Descendit jusqu'à moi de la voûte des cieux [1] ;
Car on voit quelquefois ces fils de la lumière
Éclairer d'un mondain l'ame simple et grossière,
Et fuir obstinément tout docteur orgueilleux
Qui dans sa chaire assis pense être au-dessus d'eux,

Et, le cerveau troublé des vapeurs d'un système,
Prend ces brouillards épais pour le jour du ciel même.
 « Écoute, me dit-il, prompt à me consoler,
Ce que tu peux entendre et qu'on peut révéler.
J'ai pitié de ton trouble; et ton ame sincère,
Puisqu'elle sait douter, mérite qu'on l'éclaire.
Oui, l'homme sur la terre est libre ainsi que moi :
C'est le plus beau présent de notre commun roi.
La liberté, qu'il donne à tout être qui pense,
Fait des moindres esprits et la vie et l'essence.
Qui conçoit, veut, agit, est libre en agissant :
C'est l'attribut divin de l'Être tout puissant ;
Il en fait un partage à ses enfants qu'il aime ;
Nous sommes ses enfants, des ombres de lui-même.
Il conçut, il voulut, et l'univers naquit :
Ainsi, lorsque tu veux, la matière obéit.
Souverain sur la terre, et roi par la pensée,
Tu veux, et sous tes mains la nature est forcée.
Tu commandes aux mers, au souffle des zéphyrs,
A ta propre pensée, et même à tes desirs.
Ah! sans la liberté, que seraient donc nos ames?
Mobiles agités par d'invisibles flammes,
Nos vœux, nos actions, nos plaisirs, nos dégoûts,
De notre être, en un mot, rien ne serait à nous :
D'un artisan suprême impuissantes machines,
Automates pensants, mus par des mains divines,
Nous serions à jamais de mensonge occupés,
Vils instruments d'un Dieu qui nous aurait trompés.
Comment, sans liberté, serions-nous ses images?
Que lui reviendrait-il de ces brutes ouvrages?
On ne peut donc lui plaire, on ne peut l'offenser ;

Il n'a rien à punir, rien à récompenser.
Dans les cieux, sur la terre il n'est plus de justice.
Pucelle est sans vertu ª, Desfontaines sans vice ² :
Le destin nous entraîne à nos affreux penchants,
Et ce chaos du monde est fait pour les méchants.
L'oppresseur insolent, l'usurpateur avare,
Cartouche, Miriwits ³, ou tel autre barbare,
Plus coupable enfin qu'eux, le calomniateur
Dira : « Je n'ai rien fait, Dieu seul en est l'auteur ;
« Ce n'est pas moi, c'est lui qui manque à ma parole,
« Qui frappe par mes mains, pille, brûle, viole. »
C'est ainsi que le Dieu de justice et de paix
Serait l'auteur du trouble et le dieu des forfaits.
Les tristes partisans de ce dogme effroyable

ª L'abbé Pucelle, célèbre conseiller au parlement. L'abbé Desfontaines, homme souvent repris de justice, qui tenait une boutique ouverte où il vendait des louanges et des satires (1748). — L'abbé Pucelle était neveu de M. de Catinat. Sa mère accordait à son frère aîné une préférence que les premières années de la jeunesse du cadet semblaient excuser, et qui cependant était la seule cause de ces erreurs, dans un homme qui était né avec un caractère très ferme et une ame ardente. Elle le déshérita ; il n'avait encore aucun état, quoiqu'il eût été tonsuré dans son enfance. Son frère vint le trouver quelques jours après, lui remit la fortune dont sa mère l'avait privé, et lui annonça en même temps qu'il avait acheté pour lui une charge de conseiller-clerc au parlement de Paris, et obtenu sa nomination à une abbaye, en ajoutant qu'il ne lui demandait d'autres preuves de reconnaissance que d'oublier l'injustice de sa mère. Le frère de l'abbé Pucelle mourut, peu de temps après, premier président du parlement de Grenoble.

Le conseiller au parlement de Paris se fit une grande réputation par son intégrité, par le courage avec lequel il défendait la liberté des citoyens contre les prétentions de la cour de Rome et du clergé. Comme le jansénisme était alors le prétexte de ses entreprises, les Parisiens le prirent pour un janséniste : mais sa véritable religion était l'amour des lois et la haine de la tyrannie sacerdotale ; il n'en eut jamais d'autre. K.

Diraient-ils rien de plus s'ils adoraient le diable ? »
　J'étais à ce discours tel qu'un homme enivré
Qui s'éveille en sursaut, d'un grand jour éclairé,
Et dont la clignotante et débile paupière
Lui laisse encore à peine entrevoir la lumière.
J'osai répondre enfin d'une timide voix :
« Interprète sacré des éternelles lois,
Pourquoi, si l'homme est libre, a-t-il tant de faiblesse ?
Que lui sert le flambeau de sa vaine sagesse ?
Il le suit, il s'égare ; et, toujours combattu,
Il embrasse le crime en aimant la vertu.
Pourquoi ce roi du monde, et si libre, et si sage,
Subit-il si souvent un si dur esclavage ? »
　L'esprit consolateur à ces mots répondit :
« Quelle douleur injuste accable ton esprit ?
La liberté, dis-tu, t'est quelquefois ravie :
Dieu te la devait-il immuable, infinie,
Égale en tout état, en tout temps, en tout lieu ?
Tes destins sont d'un homme, et tes vœux sont d'un Dieu.
Quoi ! dans cet océan cet atome qui nage
Dira : « L'immensité doit être mon partage. »
Non ; tout est faible en toi, changeant et limité,
Ta force, ton esprit, tes talents, ta beauté.
La nature en tout sens a des bornes prescrites ;
Et le pouvoir humain serait seul sans limites !
Mais, dis-moi, quand ton cœur, formé de passions,
Se rend malgré lui-même à leurs impressions,
Qu'il sent dans ses combats sa liberté vaincue,
Tu l'avais donc en toi, puisque tu l'as perdue.
Une fièvre brûlante, attaquant tes ressorts,
Vient à pas inégaux miner ton faible corps :

Mais quoi! par ce danger répandu sur ta vie
Ta santé pour jamais n'est point anéantie;
On te voit revenir des portes de la mort
Plus ferme, plus content, plus tempérant, plus fort.
Connais mieux l'heureux don que ton chagrin réclame:
La liberté dans l'homme est la santé de l'ame.
On la perd quelquefois; la soif de la grandeur,
La colère, l'orgueil, un amour suborneur,
D'un desir curieux les trompeuses saillies,
Hélas! combien le cœur a-t-il de maladies!
Mais contre leurs assauts tu seras raffermi:
Prends ce livre sensé, consulte cet ami
(Un ami, don du ciel, est le vrai bien du sage);
Voilà l'Helvétius, le Silva, le Vernage[a],
Que le Dieu des humains, prompt à les secourir,
Daigne leur envoyer sur le point de périr.
Est-il un seul mortel de qui l'ame insensée,
Quand il est en péril, ait une autre pensée?
Vois de la liberté cet ennemi mutin,
Aveugle partisan d'un aveugle destin:
Entends comme il consulte, approuve, délibère;
Entends de quel reproche il couvre un adversaire;
Vois comment d'un rival il cherche à se venger,
Comme il punit son fils, et le veut corriger.
Il le croyait donc libre? Oui, sans doute, et lui-même
Dément à chaque pas son funeste système;
Il mentait à son cœur en voulant expliquer
Ce dogme absurde à croire, absurde à pratiquer:
Il reconnaît en lui le sentiment qu'il brave;
Il agit comme libre, et parle comme esclave.

[a] Fameux médecins de Paris (1748).

« Sûr de ta liberté, rapporte à son auteur
Ce don que sa bonté te fit pour ton bonheur.
Commande à ta raison d'éviter ces querelles [5],
Des tyrans de l'esprit disputes immortelles;
Ferme en tes sentiments et simple dans ton cœur,
Aime la vérité, mais pardonne à l'erreur;
Fuis les emportements d'un zèle atrabilaire;
Ce mortel qui s'égare est un homme, est ton frère:
Sois sage pour toi seul, compatissant pour lui;
Fais ton bonheur enfin par le bonheur d'autrui. »
   Ainsi parlait la voix de ce sage suprême.
Ses discours m'élevaient au-dessus de moi-même:
J'allais lui demander, indiscret dans mes vœux,
Des secrets réservés pour les peuples des cieux;
Ce que c'est que l'esprit, l'espace, la matière,
L'éternité, le temps, le ressort, la lumière:
Étranges questions, qui confondent souvent
Le profond s'Gravesande[a] et le subtil Mairan[b],
Et qu'expliquait en vain dans ses doctes chimères
L'auteur des tourbillons que l'on ne croit plus guères.
Mais déjà, s'échappant à mon œil enchanté,
Il volait au séjour où luit la vérité.
Il n'était pas vers moi descendu pour m'apprendre
Les secrets du Très-Haut que je ne puis comprendre;
Mes yeux d'un plus grand jour auraient été blessés [6]:
Il m'a dit: « Sois heureux! » il m'en a dit assez.

[a] M. s'Gravesande, professeur à Leyde, le premier qui ait enseigné en Hollande les découvertes de Newton (1748).

[b] M. Dortous de Mairan, secrétaire de l'académie des sciences de Paris (1748).

FIN DU DEUXIÈME DISCOURS.

NOTES ET VARIANTES

DU DEUXIÈME DISCOURS.

1   * Descendit jusqu'à moi de la voûte des cieux.
Tel du sein du soleil un torrent de lumière
Part, arrive à l'instant, et couvre l'hémisphère.
Il avait pris un corps, ainsi que l'un d'entre eux,
Que nos pères ont vu, dans des jours ténébreux,
Sous les traits de Newton, sous ceux de Galilée,
Apporter la lumière à la terre aveuglée.
     * Écoute, me dit-il, etc.

2 On lisait dans les premières éditions jusqu'à 1746 inclus :
Caton fut sans vertu, Catilina sans vice.

3 Voyez tome XVIII, pages 442, 445; et XXV, 368. B.

4 Traduction de ce vers d'Ovide (*Metam.*, II, 56) :
Sors tua mortalis, non est mortale quod optas.

5   Épargne à ta raison ces disputes frivoles,
Ce poison de l'esprit né du sein des écoles.

6   Et s'il a daigné dire à mes vœux empressés
Le secret d'être heureux, il en a dit assez.

TROISIÈME DISCOURS.
DE L'ENVIE.

Si l'homme est créé libre, il doit se gouverner;
Si l'homme a des tyrans, il les doit détrôner.
On ne le sait que trop, ces tyrans sont les vices.
Le plus cruel de tous dans ses sombres caprices,
Le plus lâche à-la-fois et le plus acharné,
Qui plonge au fond du cœur un trait empoisonné,
Ce bourreau de l'esprit, quel est-il? c'est l'envie.
L'orgueil lui donna l'être au sein de la folie;
Rien ne peut l'adoucir, rien ne peut l'éclairer[1] :
Quoique enfant de l'orgueil, il craint de se montrer.
Le mérite étranger est un poids qui l'accable:
Semblable à ce géant si connu dans la fable,
Triste ennemi des dieux, par les dieux écrasé,
Lançant en vain les feux dont il est embrasé;
Il blasphème, il s'agite en sa prison profonde;
Il croit pouvoir donner des secousses au monde;
Il fait trembler l'Etna dont il est oppressé :
L'Etna sur lui retombe, il en est terrassé[2].

J'ai vu des courtisans, ivres de fausse gloire,
Détester dans Villars l'éclat de la victoire.
Ils haïssaient le bras qui fesait leur appui;
Il combattait pour eux, ils parlaient contre lui.
Ce héros eut raison quand, cherchant les batailles,
Il disait à Louis: « Je ne crains que Versailles;

Contre vos ennemis je marche sans effroi :
Défendez-moi des miens; ils sont près de mon roi. »
 Cœurs jaloux! à quels maux êtes-vous donc en proie?
Vos chagrins sont formés de la publique joie[3].
Convives dégoûtés, l'aliment le plus doux,
Aigri par votre bile, est un poison pour vous.
O vous qui de l'honneur entrez dans la carrière,
Cette route à vous seul appartient-elle entière?
N'y pouvez-vous souffrir les pas d'un concurrent?
Voulez-vous ressembler à ces rois d'Orient,
Qui, de l'Asie esclave oppresseurs arbitraires,
Pensent ne bien régner qu'en étranglant leurs frères?
 Lorsqu'aux jeux du théâtre, écueil de tant d'esprits,
Une affiche nouvelle entraîne tout Paris;
Quand Dufresne et Gaussin[a], d'une voix attendrie,
Font parler Orosmane, Alzire, Zénobie,
Le spectateur content, qu'un beau trait vient saisir,
Laisse couler des pleurs, enfants de son plaisir :
Rufus désespéré, que ce plaisir outrage,
Pleure aussi dans un coin; mais ses pleurs sont de rage.
 Hé bien! pauvre affligé, si ce fragile honneur,
Si ce bonheur d'un autre a déchiré ton cœur,
Mets du moins à profit le chagrin qui t'anime;
Mérite un tel succès, compose, efface, lime.
Le public applaudit aux vers du *Glorieux*[4],
Est-ce un affront pour toi? courage, écris, fais mieux :
Mais garde-toi surtout, si tu crains les critiques,
D'envoyer à Paris tes *Aïeux chimériques*[b] :

---

[a] Dufresne, célèbre acteur de Paris. Mademoiselle Gaussin, actrice pleine de graces, qui joua Zaïre (1748).

[b] Mauvaise comédie de Rousseau, qui n'a pu être jouée (1748).

Ne fais plus grimacer tes odieux portraits
Sous des crayons grossiers pillés chez Rabelais.

Tôt ou tard on condamne un rimeur satirique
Dont la moderne muse emprunte un air gothique,
Et, dans un vers forcé que surcharge un vieux mot,
Couvre son peu d'esprit des phrases de Marot[a] :
Ce jargon dans un conte est encor supportable;
Mais le vrai veut un air, un ton plus respectable.
Si tu veux, faux dévot, séduire un sot lecteur,
Au miel d'un froid sermon mêle un peu moins d'aigreur;
Que ton jaloux orgueil parle un plus doux langage;
Singe de la vertu, masque mieux ton visage.
La gloire d'un rival s'obstine à t'outrager;
C'est en le surpassant que tu dois t'en venger;
Érige un monument plus haut que son trophée :
Mais pour siffler Rameau, l'on doit être un Orphée.
Qu'un petit monstre noir, peint de rouge et de blanc[5],
Se garde de railler ou Vénus ou Rohan;
On ne s'embellit point en blâmant sa rivale.

Qu'a servi contre Bayle une infame cabale?
Par le fougueux Jurieu[b] Bayle persécuté

---

[a] Il est à remarquer que M. de Voltaire s'est toujours élevé contre ce mélange de l'ancienne langue et de la nouvelle. Cette bigarrure est non seulement ridicule, mais elle jetterait dans l'erreur les étrangers qui apprennent le français (1752). — Voyez aussi les variantes du septième discours. B.

[b] Jurieu était un ministre protestant qui s'acharna contre Bayle et contre le bon sens : il écrivit en fou ; et il fit le prophète ; il prédit que le royaume de France éprouverait des révolutions qui ne sont jamais arrivées. Quant à Bayle, on sait que c'est un des plus grands hommes que la France ait produits. Le parlement de Toulouse lui a fait un honneur unique en fesant valoir son testament, qui devait être annulé comme celui d'un réfugié,

Sera des bons esprits à jamais respecté;
Et le nom de Jurieu, son rival fanatique,
N'est aujourd'hui connu que par l'horreur publique.
　Souvent dans ses chagrins un misérable auteur
Descend au rôle affreux de calomniateur :
Au lever de Séjan, chez Nestor, chez Narcisse,
Il distille à longs traits son absurde malice.
Pour lui tout est scandale, et tout impiété :
Assurer que ce globe, en sa course emporté,
S'élève à l'équateur, en tournant sur lui-même,
C'est un raffinement d'erreur et de blasphême.
Malbranche est spinosiste, et Locke en ses écrits
Du poison d'Épicure infecte les esprits;
Pope est un scélérat, de qui la plume impie
Ose vanter de Dieu la clémence infinie,
Qui prétend follement (ô le mauvais chrétien!)
Que Dieu nous aime tous, et qu'ici tout est bien [a].
　Cent fois plus malheureux et plus infame encore
Est ce fripier d'écrits [6] que l'intérêt dévore,
Qui vend au plus offrant son encre et ses fureurs;
Méprisable en son goût, détestable en ses mœurs [7];
Médisant, qui se plaint des brocards qu'il essuie;
Satirique ennuyeux, disant que tout l'ennuie;
Criant que le bon goût s'est perdu dans Paris,

selon la rigueur de la loi, et qu'il déclara valide, comme le testament d'un homme qui avait éclairé le monde et honoré sa patrie. L'arrêt fut rendu sur le rapport de M. de Senaux, conseiller (1738).

[a] L'optimisme de Platon, renouvelé par Shaftesbury, Bolingbroke, Leibnitz, et chanté par Pope en beaux vers, est peut-être un système faux; mais ce n'est pas assurément un système impie, comme des calomniateurs 'ont dit (1775).

Et le prouvant très bien, du moins par ses écrits.

On peut à Despréaux pardonner la satire [8],
Il joignit l'art de plaire au malheur de médire :
Le miel que cette abeille avait tiré des fleurs
Pouvait de sa piqûre adoucir les douleurs;
Mais pour un lourd frelon [9] méchamment imbécile,
Qui vit du mal qu'il fait, et nuit sans être utile,
On écrase à plaisir cet insecte orgueilleux,
Qui fatigue l'oreille et qui choque les yeux.

Quelle était votre erreur, ô vous, peintres vulgaires,
Vous, rivaux clandestins, dont les mains téméraires,
Dans ce cloître où Bruno semble encor respirer,
Par une lâche envie ont pu défigurer [a]
Du Zeuxis des Français les savantes peintures!
L'honneur de son pinceau s'accrut par vos injures :
Ces lambeaux déchirés en sont plus précieux;
Ces traits en sont plus beaux, et vous plus odieux.
Détestons à jamais un si dangereux vice.

Ah! qu'il nous faut chérir ce trait plein de justice
D'un critique modeste, et d'un vrai bel-esprit,
Qui, lorsque Richelieu follement entreprit
De rabaisser du Cid la naissante merveille,
Tandis que Chapelain osait juger Corneille,
Chargé de condamner cet ouvrage imparfait,
Dit pour tout jugement : « Je voudrais l'avoir fait [b] ! »
C'est ainsi qu'un grand cœur sait penser d'un grand homme.

A la voix de Colbert Bernini vint de Rome;

---

[a] Quelques peintres, jaloux de Le Sueur, gâtèrent ses tableaux qui sont aux Chartreux (1740).

[b] Habert de Cerisi, de l'académie (1756).

De Perrault*, dans le Louvre, il admira la main :
« Ah! dit-il, si Paris renferme dans son sein
Des travaux si parfaits, un si rare génie,
Fallait-il m'appeler du fond de l'Italie? »
Voilà le vrai mérite; il parle avec candeur [10] :
L'envie est à ses pieds, la paix est dans son cœur.

Qu'il est grand, qu'il est doux de se dire à soi-même :
Je n'ai point d'ennemis, j'ai des rivaux que j'aime;
Je prends part à leur gloire, à leurs maux, à leurs biens;
Les arts nous ont unis, leurs beaux jours sont les miens!
C'est ainsi que la terre avec plaisir rassemble
Ces chênes, ces sapins qui s'élèvent ensemble :
Un suc toujours égal est préparé pour eux;
Leur pied touche aux enfers, leur cime est dans les cieux [11];
Leur tronc inébranlable, et leur pompeuse tête,
Résiste, en se touchant, aux coups de la tempête;
Ils vivent l'un par l'autre, ils triomphent du temps :
Tandis que sous leur ombre on voit de vils serpents
Se livrer, en sifflant, des guerres intestines,
Et de leur sang impur arroser leurs racines.

^a La belle façade du vieux Louvre est de M. Perrault (1748). — Dans les premières éditions on lit :

Il vit l'heureux dessein.

On écrivait alors *dessein* pour *dessin*. Ce dernier mot n'est en usage que depuis 1750. Au reste, ce ne fut qu'après le départ de Bernin que les dessins de la façade par Perrault furent présentés à Louis XIV; voyez les *Mémoires de Ch. Perrault*, 1759, in-12, page 111. Voyez aussi *le Siècle de Louis XIV*, chap. XXIX, tome XX, page 251. B.

FIN DU TROISIÈME DISCOURS.

NOTES ET VARIANTES

DU TROISIÈME DISCOURS.

¹ De ses armes toujours prêt à se déchirer.

² L'auteur a retranché les quatre vers suivants :

Quelle était la raison du magistrat perfide .
Qui voulait en exil envoyer Aristide ?
Il fut, dans son dépit, contraint de l'avouer :
« Je suis las, disait-il, de l'entendre louer. »
  * J'ai vu des courtisans, etc.

³ Dans *les Pélopides*, acte II, scène 3, Voltaire a dit :

Tous mes maux sont formés de la publique joie.   B.

⁴ Comédie de Destouches, jouée en 1732. B.

⁵ Un petit monstre noir, peint de rouge et de blanc,
Ne doit point censurer ou Vénus ou Rohan.
Ta rivale est aimée; un bon couplet contre elle
Ne peut ni l'enlaidir, ni te rendre plus belle.
 * Par le fougueux Jurieu, etc.

Et dans l'édition in-4°, après ce vers :

* Mais pour siffler Rameau, l'on doit être un Orphée ;
Il faut être Psyché pour censurer Vénus.
Eh ! pourquoi censurer ? quel triste et vain abus !
 * On ne s'embellit point, etc.   K.

— On prétendit dans le temps que le *petit monstre* était madame de Ruffec, veuve en premières noces de M. de Maisons ; voyez la lettre à Pont-de-Veyle, du 10 mai 1738. B.

⁶ Ces vers désignent l'abbé Desfontaines ; il a eu tant de successeurs si dignes de lui, qu'on pourrait s'y tromper. K. — Voltaire, en désavouant ces vers dans une lettre à Thieriot, reconnaît la ressemblance du portrait de Desfontaines. Il avait d'abord mis :

Est ce vil gazetier.   B.

⁷ Méprisable en son goût, détestable en ses mœurs.
Médisant acharné, quelle étrange manie
Fait aboyer ta voix contre une académie ?

NOTES ET VARIANTES.

> As-tu, vieux candidat, chez les quarante élus,
> Approché seulement de l'honneur d'un refus ?
> Hélas ! quel est le fruit de tes cris imbéciles ?
> La police est sévère, on fouette les Zoïles.
> Chacun avec mépris se détourne de toi ;
> Tout fuit, jusqu'aux enfants, et l'on sait trop pourquoi.
> Détestons, Hermotime, un si dangereux vice.
> * Ah ! qu'il nous faut chérir, etc.

— D'après la lettre de Voltaire, du 27 janvier 1739, il parait que ce fut sur la demande de d'Argental que furent supprimés ces vers. B.

8   Despréaux quelquefois fit aimer la satire ;
    * Il joignait l'art de plaire, etc.

9 Ce vers existe dès 1745. B.

10 Voilà le vrai mérite ; il se peint dans ces traits :
    C'est ainsi qu'en son ame on conserve la paix.

11 La Fontaine a dit, livre I, fable 22 :

> Celui de qui la tête au ciel était voisine,
> Et dont les pieds touchaient à l'empire des morts.   B.

QUATRIÈME DISCOURS.

DE LA MODÉRATION EN TOUT,

DANS L'ÉTUDE, DANS L'AMBITION, DANS LES PLAISIRS[1].

A M. HELVÉTIUS.

Tout vouloir est d'un fou, l'excès est son partage :
La modération est le trésor du sage ;
Il sait régler ses goûts, ses travaux, ses plaisirs,
Mettre un but à sa course, un terme à ses desirs.
Nul ne peut avoir tout. L'amour de la science
A guidé ta jeunesse au sortir de l'enfance ;
La nature est ton livre, et tu prétends y voir
Moins ce qu'on a pensé que ce qu'il faut savoir.
La raison te conduit : avance à sa lumière ;
Marche encor quelques pas, mais borne ta carrière.
Au bord de l'infini ton cours doit s'arrêter ;
Là commence un abîme, il le faut respecter.
Réaumur[2], dont la main si savante et si sûre
A percé tant de fois la nuit de la nature,
M'apprendra-t-il jamais par quels subtils ressorts
L'éternel Artisan fait végéter les corps ?
Pourquoi l'aspic affreux, le tigre, la panthère,
N'ont jamais adouci leur cruel caractère ;
Et que, reconnaissant la main qui le nourrit,
Le chien meurt en léchant le maître qu'il chérit[3] ?

D'où vient qu'avec cent pieds qui semblent inutiles [4],
Cet insecte tremblant traîne ses pas débiles?
Pourquoi ce ver changeant se bâtit un tombeau [5],
S'enterre, et ressuscite avec un corps nouveau,
Et, le front couronné, tout brillant d'étincelles,
S'élance dans les airs en déployant ses ailes?
Le sage du Faï [a], parmi ces plants divers,
Végétaux rassemblés des bouts de l'univers [6],
Me dira-t-il pourquoi la tendre sensitive
Se flétrit sous nos mains, honteuse et fugitive?

 Pour découvrir un peu ce qui se passe en moi [7],
Je m'en vais consulter le médecin du roi;
Sans doute il en sait plus que ses doctes confrères.
Je veux savoir de lui par quels secrets mystères
Ce pain, cet aliment dans mon corps digéré,
Se transforme en un lait doucement préparé;
Comment, toujours filtré dans ses routes certaines [8],
En longs ruisseaux de pourpre il court enfler mes veines,
A mon corps languissant rend un pouvoir nouveau,
Fait palpiter mon cœur, et penser mon cerveau.
Il lève au ciel les yeux, il s'incline, il s'écrie:
« Demandez-le à ce Dieu qui nous donna la vie. »
 Courriers de la physique [b], Argonautes nouveaux [9],

---

[a] M. du Faï était directeur du jardin et du cabinet d'histoire naturelle du roi, qui avaient été très négligés jusqu'à lui, et qui ont été ensuite portés par M. de Buffon à un point qui fait l'admiration des étrangers. Il existe en Europe des cabinets plus riches dans quelques parties, mais il n'en est aucun d'aussi complet (1748). — Du Faï (Charles-François de Cisternay), né le 14 septembre 1698, mort le 16 juillet 1739. B.

[b] MM. de Maupertuis, Clairaut, Le Monnier, etc., allèrent, en 1736, à Tornéa mesurer un degré du méridien, et ramenèrent deux Lapones. Les trois couronnes sont les armes de la Suède, à qui Tornéa appartient (1748 et 1752).

Qui franchissez les monts, qui traversez les eaux,
Ramenez des climats soumis aux trois couronnes
Vos perches, vos secteurs, et surtout deux Lapones,
Vous avez confirmé dans ces lieux pleins d'ennui
Ce que Newton connut sans sortir de chez lui.
Vous avez arpenté quelque faible partie
Des flancs toujours glacés de la terre aplatie.
Dévoilez ces ressorts qui font la pesanteur;
Vous connaissez les lois qu'établit son auteur.
Parlez, enseignez-moi comment ses mains fécondes
Font tourner tant de cieux, graviter tant de mondes;
Pourquoi vers le soleil notre globe entraîné
Se meut autour de soi sur son axe incliné;
Parcourant en douze ans les célestes demeures,
D'où vient que Jupiter a son jour de dix heures.
Vous ne le savez point; votre savant compas
Mesure l'univers, et ne le connaît pas.
Je vous vois dessiner, par un art infaillible,
Les dehors d'un palais à l'homme inaccessible;
Les angles, les côtés, sont marqués par vos traits:
Le dedans à vos yeux est fermé pour jamais.
Pourquoi donc m'affliger si ma débile vue
Ne peut percer la nuit sur mes yeux répandue?
Je n'imiterai point ce malheureux savant
Qui, des feux de l'Etna scrutateur imprudent,
Marchant sur des monceaux de bitume et de cendre,
Fut consumé du feu qu'il cherchait à comprendre.

Modérons-nous surtout dans notre ambition;
C'est du cœur des humains la grande passion [10].
L'empesé magistrat, le financier sauvage,
La prude aux yeux dévots, la coquette volage,

Vont en poste à Versaille essuyer des mépris,
Qu'ils reviennent soudain rendre en poste à Paris.
Les libres habitants des rives du Permesse
Ont saisi quelquefois cette amorce traîtresse :
Platon va raisonner à la cour de Denys ;
Racine, janséniste, est auprès de Louis ;
L'auteur voluptueux qui célébra Glycère
Prodigue au fils d'Octave un encens mercenaire [11].
Moi-même, renonçant à mes premiers desseins,
J'ai vécu, je l'avoue, avec des souverains [12].
Mon vaisseau fit naufrage aux mers de ces sirènes :
Leur voix flatta mes sens, ma main porta leurs chaînes.
On me dit : « Je vous aime, » et je crus comme un sot
Qu'il était quelque idée attachée à ce mot.
J'y fus pris ; j'asservis au vain desir de plaire
La mâle liberté qui fait mon caractère ;
Et, perdant la raison, dont je devais m'armer,
J'allai m'imaginer qu'un roi pouvait aimer.
Que je suis revenu de cette erreur grossière !
A peine de la cour j'entrai dans la carrière,
Que mon ame éclairée, ouverte au repentir,
N'eut d'autre ambition que d'en pouvoir sortir.
Raisonneurs beaux-esprits, et vous qui croyez l'être,
Voulez-vous vivre heureux, vivez toujours sans maître.

 O vous, qui ramenez dans les murs de Paris
Tous les excès honteux des mœurs de Sibaris ;
Qui, plongés dans le luxe, énervés de mollesse,
Nourrissez dans votre ame une éternelle ivresse ;
Apprenez, insensés, qui cherchez le plaisir,
Et l'art de le connaître, et celui de jouir.
Les plaisirs sont les fleurs que notre divin maître

Dans les ronces du monde autour de nous fait naître.
Chacune a sa saison, et par des soins prudents
On peut en conserver pour l'hiver de nos ans.
Mais s'il faut les cueillir, c'est d'une main légère;
On flétrit aisément leur beauté passagère.
N'offrez pas à vos sens, de mollesse accablés,
Tous les parfums de Flore à-la-fois exhalés :
Il ne faut point tout voir, tout sentir, tout entendre :
Quittons les voluptés pour savoir les reprendre [13].
Le travail est souvent le père du plaisir :
Je plains l'homme accablé du poids de son loisir.
Le bonheur est un bien que nous vend la nature.
Il n'est point ici-bas de moisson sans culture :
Tout veut des soins sans doute, et tout est acheté.

 Regardez Brossoret[a], de sa table entêté,
Au sortir d'un spectacle, où de tant de merveilles
Le son, perdu pour lui, frappe en vain ses oreilles;
Il se traîne à souper, plein d'un secret ennui,
Cherchant en vain la joie, et fatigué de lui [14].
Son esprit, offusqué d'une vapeur grossière,
Jette encor quelques traits sans force et sans lumière;
Parmi les voluptés dont il croit s'enivrer,
Malheureux! il n'a pas le temps de desirer.
Jadis trop caressé des mains de la Mollesse,
Le Plaisir s'endormit au sein de la Paresse;
La langueur l'accabla : plus de chants, plus de vers,
Plus d'amour; et l'ennui détruisait l'univers.
Un dieu qui prit pitié de la nature humaine

[a] C'était un conseiller au parlement, fort riche, homme voluptueux, qui fesait excellente chère (1756). — Les premières éditions ne l'appelaient que Lucullus. K.

Mit auprès du Plaisir le Travail et la Peine :
La Crainte l'éveilla, l'Espoir guida ses pas ;
Ce cortége aujourd'hui l'accompagne ici-bas [15].
    Semez vos entretiens de fleurs toujours nouvelles :
Je le dis aux amants, je le répète aux belles.
Damon, tes sens trompeurs, et qui t'ont gouverné,
T'ont promis un bonheur qu'ils ne t'ont point donné.
Tu crois, dans les douceurs qu'un tendre amour apprête,
Soutenir de Daphné l'éternel tête-à-tête ;
Mais ce bonheur usé n'est qu'un dégoût affreux,
Et vous avez besoin de vous quitter tous deux.
Ah ! pour vous voir toujours sans jamais vous déplaire,
Il faut un cœur plus noble, une ame moins vulgaire,
Un esprit vrai, sensé, fécond, ingénieux,
Sans humeur, sans caprice, et surtout vertueux :
Pour les cœurs corrompus l'amitié n'est point faite.
O divine amitié ! félicité parfaite,
Seul mouvement de l'ame où l'excès soit permis,
Change en bien tous les maux où le ciel m'a soumis [16];
Compagne de mes pas dans toutes mes demeures,
Dans toutes les saisons, et dans toutes les heures :
Sans toi tout homme est seul ; il peut par ton appui
Multiplier son être, et vivre dans autrui.
Idole d'un cœur juste, et passion du sage,
Amitié, que ton nom couronne cet ouvrage !
Qu'il préside à mes vers comme il règne en mon cœur !
Tu m'appris à connaître, à chanter le bonheur.

FIN DU QUATRIÈME DISCOURS.

NOTES ET VARIANTES
DU QUATRIÈME DISCOURS.

¹ Dans les *Nouveaux amusements du cœur et de l'esprit*, tome II, page 421, on trouve une pièce de Descaseaux intitulée *La prédiction, vers au sujet de l'épître de M. de Voltaire sur la modération en tout.* C'est une invective contre Voltaire et Newton. B.

² Réaumur, de l'académie des sciences. On lui doit des *Mémoires pour servir à l'histoire des insectes*, ouvrage d'un observateur exact et patient. C'est lui qui a formé le projet de la *Description des arts*, collection immense, et qui, malgré les défauts inévitables de toute grande entreprise, fait honneur à l'académie des sciences et à la nation. Si la postérité ne trouve dans ses ouvrages ni les découvertes ni les vues ingénieuses et nouvelles qui ont illustré d'autres naturalistes, elle ne pourra lui refuser l'estime due à un savant laborieux, qui a fait de son temps et de ses travaux un usage utile. K.

³ Sur ce vers, voyez, tome LIV, page 149, la correction que proposait La Popelinière. B.

⁴ ....Qui lui sont inutiles.

⁵ Ces vers ont été mis en parallèle avec ceux de L. Racine; voyez tome XXXVIII, pages 508-509. B.

⁶ Bertin a dit, livre III, élégie 19 :
    Quel art a rassemblé tous ces hôtes divers,
    Nourrissons transplantés des bouts de l'univers ?   B.

⁷ On lisait dans les premières éditions, et dans l'in-4° :
    Malade et dans un lit, de douleur accablé,
    Par l'éloquent Sylva vous êtes consolé ;
    Il sait l'art de guérir autant que l'art de plaire.
    Demandez à Sylva par quel secret mystère
    * Ce pain, cet aliment, etc.

⁸ Perrault, dans son poëme sur *le Siècle de Louis-le-Grand*, a dit :
    Nous avons su marquer jusqu'aux routes certaines
    Du Méandre vivant qui coule dans nos veines.

9   Revole, Maupertuis, de ces déserts glacés
    Où les rayons du jour sont six mois éclipsés :
    Apôtre de Newton, digne appui d'un tel maître,
    Né pour la vérité, viens la faire connaître.
    Héros de la physique, Argonautes nouveaux,
    * Qui franchissez les monts, qui traversez les eaux,
    Dont le travail immense et l'exacte mesure
    De la terre étonnée ont fixé la figure,
    * Dévoilez ces ressorts, etc.

Cette leçon de la première édition est, comme on voit, très différente de la dernière. L'auteur, qui avait à se plaindre de Maupertuis, a substitué des plaisanteries à un éloge exagéré. La mesure d'un degré du méridien au pôle était une opération utile aux sciences; mais cette opération méritait moins de gloire que de reconnaissance. On en devait surtout à ceux qui, comme MM. Clairaut, Bouguer, Le Monnier, pouvant s'illustrer *sans sortir de chez eux*, eurent le courage d'entreprendre des voyages aussi pénibles. Le géomètre à qui un homme en place proposait de passer avec eux, et qui répondit : « Je n'ai pas besoin d'aller si loin pour faire des découvertes, » était injuste; aussi les plaisanteries de M. de Voltaire ne tombent-elles que sur l'importance excessive que Maupertuis attachait à ce voyage. On sait qu'il se fit peindre aplatissant le globe : c'est tout au plus ce que Newton aurait pu faire, si Newton avait eu de la vanité.

On trouvera dans les *Poésies mêlées* les vers que M. de Voltaire a faits pour ce portrait, dans le temps de ses liaisons avec Maupertuis. Il ramena réellement deux Suédoises. Elles s'appelaient Plaiscom : il ne manqua pas de les convertir. Une d'elles se fit religieuse; l'autre épousa un gentilhomme de Normandie, qui lui intenta, en 1762, un de ces procès que les hommes raisonnables entreprennent rarement, parcequ'ils ne peuvent y gagner que la confirmation juridique d'un titre qu'on est toujours humilié de porter, quoique l'exemple de Sylla, de Pompée, de César, et de Marc-Aurèle, pût consoler l'amour-propre. K.

10 Après ce vers,

    C'est du cœur des humains la grande passion,

on lisait dans les premières éditions les quatre suivants, que l'auteur a retranchés :

    Sans doute elle est utile, et son souffle rapide

Sur la mer de ce monde est le vent qui nous guide :
Il faut des passions; mais retenez, grands dieux,
De ces vents déchaînés le cours impétueux.

Seconde version :

* C'est du cœur des humains la grande passion.
On cherche à s'élever beaucoup plus qu'à s'instruire.
Vingt savants qu'Apollon prenait soin de conduire
De l'éclat des grandeurs n'ont pu se détromper:
Au Parnasse ils régnaient, la cour les vit ramper.
La cour est de Circé le palais redoutable;
La fortune y préside, enchanteresse aimable,
Qui, des mains des plaisirs préparant son poison,
Par un filtre invincible assoupit la raison.
Qui la voit est changé, c'est en vain qu'on la brave ;
On est arrivé libre, on se retrouve esclave.
Le guerrier tout couvert du sang des ennemis,
Le magistrat austère, et le grossier commis,
Et la dévote adroite, et le marquis volage,
Tout y cherche à l'envi l'argent et l'esclavage.
Laissons ces insensés, que leur espoir séduit,
Courir en malheureux au bonheur qui les fuit.
Mes vers ne peuvent rien contre tant de folie;
La seule adversité peut réformer leur vie.
Parlons de nos plaisirs ; ce sujet plein d'appas
Est bien moins dangereux, et ne s'épuise pas;
De nos réflexions c'est la source féconde;
Il vaut mieux en parler que des maîtres du monde :
Que m'importe leur trône ? et quel suprême bonheur,
Quel éclat peut valoir un sentiment du cœur ?
* Les plaisirs sont les fleurs, etc.

11 Dans les premières éditions, on lisait :

* Prodigue au fils d'Octave un encens mercenaire.
S'ils ont cherché la cour, ils ont porté des fers ;
Mais leur sagesse au moins les a rendus légers.
Horace modéré vécut riche et tranquille.
Qui veut tout n'obtient rien, le discret est l'habile.
* O vous, qui ramenez, etc.

L'auteur ajouta les vers qui sont dans le texte, après son départ de Berlin. Un philosophe doit à l'humanité de donner aux rois les leçons ou les conseils dont ils ont besoin, et qu'ils lui demandent.

Il est au-dessous de lui de se charger de les amuser, et dangereux de vouloir être leur ami. K.

12 La fin de cet alinéa fut ajoutée en 1756. B.

13 Quelques éditions portent :

> Quittons les voluptés, pour pouvoir les reprendre.

Voltaire a exprimé la même idée dans la pièce *Sur l'usage de la vie*, qui est au tome XIV, à la suite de *la Défense du Mondain*. B.

14
> Surpris du vide affreux qu'il sent toujours en lui,
> Sans appétit il mange, il parle sans rien dire;
> Il cherche le plaisir, qui de lui se retire.
> Le nectar d'Épernai, si petillant, si frais,
> Pour son goût dédaigneux a perdu ses attraits.

Ces quatre derniers vers ont été retranchés dès 1738.

15
> * Ce cortége aujourd'hui l'accompagne ici-bas.
> Ne nous en plaignons point, imitons la nature;
> Elle couvre nos champs de glace ou de verdure;
> Tout renaît au printemps, tout mûrit dans l'été :
> Livrons-nous donc comme elle à la diversité.
> Climène a peu d'esprit, elle est vive, légère;
> Touché de ses appas, vous avez su lui plaire;
> Vous pensez, sur la foi de vos emportements,
> De vos jours à ses pieds couler tous les moments :
> Mais bientôt de vos sens vous voyez l'imposture;
> Ce feu follet s'éteint faute de nourriture;
> Votre bonheur usé n'est qu'un dégoût affreux,
> * Et vous avez besoin de vous quitter tous deux.
> Vivre avec un ami, toujours sûrs de vous plaire,
> Exige en tous les deux une ame non vulgaire, etc.

Seconde version :

> * Ce cortége aujourd'hui l'accompagne ici-bas.
> * Semez vos entretiens de fleurs toujours nouvelles;
> * Je le dis aux amants, je le répète aux belles.
> De l'uniformité l'importune langueur
> Glace un cœur émoussé par l'excès du bonheur.
> D'un séducteur plaisir redoutez l'imposture;
> Ce feu follet, etc.

16   Corrige les défauts qu'en moi le ciel a mis.

CINQUIÈME DISCOURS.

SUR LA NATURE DU PLAISIR [a].

Jusqu'à quand verrons-nous ce rêveur fanatique
Fermer le ciel au monde, et d'un ton despotique
Damnant le genre humain, qu'il prétend convertir,
Nous prêcher la vertu pour la faire haïr [1] ?
Sur les pas de Calvin, ce fou sombre et sévère
Croit que Dieu, comme lui, n'agit qu'avec colère.
Je crois voir d'un tyran le ministre abhorré,
D'esclaves qu'il a faits tristement entouré,
Dictant d'un air hideux ses volontés sinistres.
Je cherche un roi plus doux, et de plus doux ministres.
Timon [2] se croit parfait depuis qu'il n'aime rien :
Il faut que l'on soit homme avant d'être chrétien.
Je suis homme, et d'un Dieu je chéris la clémence.
Mortels, venez à lui, mais par reconnaissance.
La nature, attentive à remplir vos desirs,
Vous appelle à ce Dieu par la voix des plaisirs.
Nul encor n'a chanté sa bonté tout entière :
Par le seul mouvement il conduit la matière ;
Mais c'est par le plaisir qu'il conduit les humains [3].
Sentez du moins les dons prodigués par ses mains.
Tout mortel au plaisir a dû son existence ;

---

[a] Cette pièce est uniquement fondée sur l'impossibilité où est l'homme d'avoir des sensations par lui-même. Tout sentiment prouve un Dieu, et tout sentiment agréable prouve un Dieu bienfesant (1742).

Par lui le corps agit, le cœur sent, l'esprit pense.
Soit que du doux sommeil la main ferme vos yeux,
Soit que le jour pour vous vienne embellir les cieux,
Soit que, vos sens flétris cherchant leur nourriture,
L'aiguillon de la faim presse en vous la nature,
Ou que l'amour vous force en des moments plus doux
A produire un autre être, à revivre après vous ;
Partout d'un Dieu clément la bonté salutaire
Attache à vos besoins un plaisir nécessaire.
Les mortels, en un mot, n'ont point d'autre moteur.
   Sans l'attrait du plaisir, sans ce charme vainqueur,
Qui des lois de l'hymen eût subi l'esclavage?
Quelle beauté jamais aurait eu le courage
De porter un enfant dans son sein renfermé,
Qui déchire en naissant les flancs qui l'ont formé ;
De conduire avec crainte une enfance imbécile,
Et d'un âge fougueux l'imprudence indocile?
Ah! dans tous vos états, en tout temps, en tout lieu,
Mortels, à vos plaisirs reconnaissez un Dieu.
Que dis-je? à vos plaisirs! c'est à la douleur même
Que je connais de Dieu la sagesse suprême.
Ce sentiment si prompt dans nos cœurs répandu,
Parmi tous nos dangers sentinelle assidu,
D'une voix salutaire incessamment nous crie :
« Ménagez, défendez, conservez votre vie. »
Chez de sombres dévots l'amour-propre est damné [4] ;
C'est l'ennemi de l'homme, aux enfers il est né.
Vous vous trompez, ingrats; c'est un don de Dieu même.
Tout amour vient du ciel : Dieu nous chérit, il s'aime ;
Nous nous aimons dans nous, dans nos biens, dans nos fils,
Dans nos concitoyens, surtout dans nos amis :

Cet amour nécessaire est l'ame de notre ame;
Notre esprit est porté sur ses ailes de flamme.

 Oui, pour nous élever aux grandes actions,
Dieu nous a, par bonté, donné les passions[a] :
Tout dangereux qu'il est, c'est un présent céleste;
L'usage en est heureux, si l'abus est funeste.
J'admire et ne plains point un cœur maître de soi,
Qui, tenant ses desirs enchaînés sous sa loi,
S'arrache au genre humain pour Dieu qui nous fit naître;
Se plaît à l'éviter plutôt qu'à le connaître;
Et, brûlant pour son Dieu d'un amour dévorant,
Fuit les plaisirs permis pour un plaisir plus grand.
Mais que, fier de ses croix, vain de ses abstinences,
Et surtout en secret lassé de ses souffrances,
Il condamne dans nous tout ce qu'il a quitté,
L'hymen, le nom de père, et la société :
On voit de cet orgueil la vanité profonde;
C'est moins l'ami de Dieu que l'ennemi du monde;

---

[a] Comme presque tous les mots d'une langue peuvent être entendus en plus d'un sens, il est bon d'avertir ici qu'on entend par le mot *passions* des desirs vifs et continus de quelque bien que ce puisse être. Ce mot vient de *pâtir*, souffrir, parcequ'il n'y a aucun desir sans souffrance : desirer un bien, c'est souffrir de l'absence de ce bien, c'est *pâtir*, c'est avoir une passion ; et le premier pas vers le plaisir est essentiellement un soulagement de cette souffrance. Les vicieux et les gens de bien ont tous également de ces desirs vifs et continus appelés *passions*, qui ne deviennent des vices que par leur objet; le desir de réussir dans son art, l'amour conjugal, l'amour paternel, le goût des sciences, sont des passions qui n'ont rien de criminel. Il serait à souhaiter que les langues eussent des mots pour exprimer les desirs habituels qui en soi sont indifférents, ceux qui sont vertueux, ceux qui sont coupables : mais il n'y a aucune langue au monde qui ait des signes représentatifs de chacune de nos idées; et on est obligé de se servir du même mot dans une acception différente, à peu près comme on se sert quelquefois du même instrument pour des ouvrages de différente nature (1742).

On lit dans ses chagrins les regrets des plaisirs.
Le ciel nous fit un cœur, il lui faut des desirs.
 Des stoïques nouveaux le ridicule maître [5]
Prétend m'ôter à moi, me priver de mon être :
Dieu, si nous l'en croyons, serait servi par nous
Ainsi qu'en son sérail un musulman jaloux,
Qui n'admet près de lui que ces monstres d'Asie
Que le fer a privés des sources de la vie [a].
 Vous qui vous élevez contre l'humanité,
N'avez-vous lu jamais la docte antiquité?
Ne connaissez-vous point les filles de Pélie?
Dans leur aveuglement voyez votre folie.
Elles croyaient dompter la nature et le temps,
Et rendre leur vieux père à la fleur de ses ans :
Leurs mains par piété dans son sein se plongèrent;
Croyant le rajeunir, ses filles l'égorgèrent.
Voilà votre portrait, stoïques abusés [6],
Vous voulez changer l'homme, et vous le détruisez [7].
Usez, n'abusez point; le sage ainsi l'ordonne.
Je fuis également Épictète et Pétrone.
L'abstinence ou l'excès ne fit jamais d'heureux.
 Je ne conclus donc pas, orateur dangereux,
Qu'il faut lâcher la bride aux passions humaines :
De ce coursier fougueux je veux tenir les rênes;
Je veux que ce torrent, par un heureux secours,
Sans inonder mes champs, les abreuve en son cours :
Vents, épurez les airs, et soufflez sans tempêtes;
Soleil, sans nous brûler, marche et luis sur nos têtes.
Dieu des êtres pensants, Dieu des cœurs fortunés,

[a] Cela ne regarde pas les esprits outrés, qui veulent ôter à l'homme tous les sentiments (1742).

Conservez les desirs que vous m'avez donnés,
Ce goût de l'amitié, cette ardeur pour l'étude,
Cet amour des beaux-arts et de la solitude :
Voilà mes passions ; mon ame en tous les temps ⁸
Goûta de leurs attraits les plaisirs consolants.
Quand sur les bords du Mein deux écumeurs barbares ⁹,
Des lois des nations violateurs avares,
Deux fripons à brevet, brigands accrédités,
Épuisaient contre moi leurs lâches cruautés,
Le travail occupait ma fermeté tranquille ;
Des arts qu'ils ignoraient leur antre fut l'asile.
Ainsi le dieu des bois enflait ses chalumeaux
Quand le voleur Cacus enlevait ses troupeaux :
Il n'interrompit point sa douce mélodie.
Heureux qui jusqu'au temps du terme de sa vie,
Des beaux-arts amoureux, peut cultiver leurs fruits !
Il brave l'injustice, il calme ses ennuis ;
Il pardonne aux humains, il rit de leur délire,
Et de sa main mourante il touche encor sa lyre.

FIN DU CINQUIÈME DISCOURS.

NOTES ET VARIANTES

DU CINQUIÈME DISCOURS.

[1] Dans *la Mort de César* (act. II, sc. 1), Antoine dit à Brutus :
   Et ton farouche orgueil, que rien ne peut fléchir,
   Embrassa la vertu pour la faire haïr.   K.

[2]   Pascal se crut parfait alors qu'il n'aima rien.

³ Dans un des couplets du vaudeville du *Mariage de Figaro*, Beaumarchais a dit :

>Ainsi la nature sage
>Nous conduit, dans nos desirs,
>A son but par les plaisirs.   B.

4
>O moitié de notre être, amour-propre enchanteur,
>Sans nous tyranniser, règne dans notre cœur;
>Pour aimer un autre homme, il faut s'aimer soi-même.
>Que Dieu soit notre exemple; il nous chérit, il s'aime.
>* Nous nous aimons dans nous, etc.

⁵ Jansénius. B.

⁶ M. de Voltaire combat ici, comme dans le discours septième, la morale fausse et outrée des jansénistes, qui était alors encore à la mode, et en général la morale chrétienne. Il est un des premiers, parmi nos philosophes, qui ait fait voir qu'il vaut mieux diriger nos passions naturelles vers un but utile que de chercher à les détruire; qu'un homme qui passerait sa vie à combattre en lui la nature serait fort inutile à ses semblables. Ce sont les mêmes principes exagérés depuis dans le livre *De l'Esprit* qui ont excité, avec si peu de raison, tant de scandale et d'enthousiasme. K.

7
>* Vous voulez changer l'homme, et vous le détruisez.
>Un monarque de l'Inde, honnête homme et peu sage,
>Vers les rives du Gange, après un long orage,
>Voyant de vingt vaisseaux les débris dispersés,
>Des mâts demi-rompus et des morts entassés,
>Fit fermer par pitié le port de son rivage,
>Défendit que jamais, par un profane usage,
>Les pins de ses forêts, façonnés en vaisseaux,
>Portassent sur les mers à des peuples nouveaux
>Les fruits trop dangereux de l'humaine avarice.
>Un bonze l'applaudit; on vanta sa justice :
>Mais bientôt, triste roi d'un état indigent,
>Il se vit sans pouvoir, ainsi que sans argent.
>Un voisin moins bigot, et bien plus sage prince,
>Conquit en peu de temps sa stérile province;
>Il rendit la mer libre, et l'état fut heureux.
>Je suis loin d'en conclure, orateur dangereux,
>* Qu'il faut, etc.

⁸ Voici la fin de ce discours dans les premières éditions :

>Voilà mes passions. Vous qui les approuvez,

Vous, l'honneur de ces arts par vos mains cultivés,
Vous, dont la passion nouvelle et généreuse
Est d'éclairer la terre, et de la rendre heureuse ;
Grand prince, esprit sublime, heureux présent du ciel,
Qui connaît mieux que vous les dons de l'Éternel ?
Aidez ma voix tremblante et ma lyre affaiblie
A chanter le bonheur qu'il répand sur la vie.
Qu'un autre en frémissant craigne ses cruautés ;
Un cœur aimé de vous ne sent que ses bontés.

Ce discours était adressé au roi de Prusse, alors prince royal. M. de Voltaire changea ces vers, et au témoignage de sa reconnaissance pour le prince royal il substitua le tableau des violences exercées contre lui à Francfort au nom du roi, et les traça avec ce burin qui, pour emprunter une de ses expressions, *gravait pour l'immortalité.* C'était la vengeance la plus grande et la plus noble qu'un particulier pût exercer contre un souverain. Voyez aussi la note 17 du poëme sur *la Loi naturelle.* K.—C'est à l'occasion des *Mémoires de La Chalotais*, et dans sa lettre à Dalembert, du 7 auguste 1766, que Voltaire a employé l'expression de *graver pour l'immortalité;* voyez tome LXIII, page 264. B.

9 Freytag et Smith ; voyez tome XL, page 93 ; XLVIII, 355 ; LVI, 335. Lorsqu'en 1756 Voltaire fit imprimer la fin de ce discours tel qu'il est, il y avait trois ans que le roi de Prusse et lui ne s'étaient écrit. B.

SIXIÈME DISCOURS.

SUR LA NATURE DE L'HOMME.

« La voix de la vertu préside à tes concerts ;
Elle m'appelle à toi par le charme des vers.
Ta grande étude est l'homme, et de ce labyrinthe
Le fil de la raison te fait chercher l'enceinte.
Montre l'homme à mes yeux ; honteux de m'ignorer,
Dans mon être, dans moi, je cherche à pénétrer.
Despréaux et Pascal en ont fait la satire ;
Pope et le grand Leibnitz, moins enclins à médire,
Semblent dans leurs écrits prendre un sage milieu ;
Ils descendent à l'homme, ils s'élèvent à Dieu :
Mais quelle épaisse nuit voile encor la nature !
Sois l'OEdipe nouveau de cette énigme obscure.
Chacun a dit son mot, on a long-temps rêvé ;
Le vrai sens de l'énigme est-il enfin trouvé ?
« Je sais bien qu'à souper, chez Laïs ou Catulle,
Cet examen profond passe pour ridicule :
Là, pour tout argument, quelques couplets malins
Exercent plaisamment nos cerveaux libertins.
Autre temps, autre étude ; et la raison sévère
Trouve accès à son tour, et peut ne point déplaire.
Dans le fond de son cœur on se plaît à rentrer ;
Nos yeux cherchent le jour, lent à nous éclairer.
Le grand monde est léger, inappliqué, volage ;

Sa voix trouble et séduit : est-on seul, on est sage.
Je veux l'être ; je veux m'élever avec toi
Des fanges de la terre au trône de son roi.
Montre-moi, si tu peux, cette chaîne invisible
Du monde des esprits et du monde sensible ;
Cet ordre si caché de tant d'êtres divers,
Que Pope après Platon crut voir dans l'univers. »

Vous me pressez en vain ; cette vaste science,
Ou passe ma portée, ou me force au silence.
Mon esprit, resserré sous le compas français,
N'a point la liberté des Grecs et des Anglais.
Pope a droit de tout dire, et moi je dois me taire.
A Bourge[1] un bachelier peut percer ce mystère ;
Je n'ai point mes degrés, et je ne prétends pas
Hasarder pour un mot de dangereux combats.
Écoutez seulement un récit véritable,
Que peut-être Fourmont[a] prendra pour une fable,
Et que je lus hier dans un livre chinois
Qu'un jésuite à Pékin traduisit autrefois.

Un jour quelques souris se disaient l'une à l'autre :
« Que ce monde est charmant ! quel empire est le nôtre !
Ce palais si superbe est élevé pour nous ;
De toute éternité Dieu nous fit ces grands trous :
Vois-tu ces gras jambons sous cette voûte obscure ?
Ils y furent créés des mains de la Nature ;
Ces montagnes de lard, éternels aliments,
Sont pour nous en ces lieux jusqu'à la fin des temps.
Oui, nous sommes, grand Dieu, si l'on en croit nos sages,
Le chef-d'œuvre, la fin, le but de tes ouvrages.

[a] Homme très savant dans l'histoire des Chinois, et même dans leur langue (1748).

Les chats sont dangereux et prompts à nous manger;
Mais c'est pour nous instruire et pour nous corriger.»
 Plus loin, sur le duvet d'une herbe renaissante,
Près des bois, près des eaux, une troupe innocente
De canards nasillants, de dindons rengorgés,
De gros moutons bêlants, que leur laine a chargés,
Disait: «Tout est à nous, bois, prés, étangs, montagnes;
Le ciel pour nos besoins fait verdir les campagnes.»
L'âne passait auprès, et, se mirant dans l'eau,
Il rendait grace au ciel en se trouvant si beau:
« Pour les ânes, dit-il, le ciel a fait la terre;
L'homme est né mon esclave, il me panse, il me ferre,
Il m'étrille, il me lave, il prévient mes desirs,
Il bâtit mon sérail, il conduit mes plaisirs;
Respectueux témoin de ma noble tendresse,
Ministre de ma joie, il m'amène une ânesse;
Et je ris quand je vois cet esclave orgueilleux
Envier l'heureux don que j'ai reçu des cieux.»
 L'homme vint, et cria: «Je suis puissant et sage;
Cieux, terres, éléments, tout est pour mon usage:
L'océan fut formé pour porter mes vaisseaux;
Les vents sont mes courriers, les astres mes flambeaux.
Ce globe qui des nuits blanchit les sombres voiles
Croît, décroît, fuit, revient, et préside aux étoiles:
Moi, je préside à tout; mon esprit éclairé
Dans les bornes du monde eût été trop serré:
Mais enfin, de ce monde et l'oracle et le maître,
Je ne suis point encor ce que je devrais être.»
Quelques anges alors, qui là-haut dans les cieux
Règlent ces mouvements imparfaits à nos yeux,
En fesant tournoyer ces immenses planètes,

Disaient:«Pour nos plaisirs sans doute elles sont faites.»
Puis de là sur la terre ils jetaient un coup d'œil :
Ils se moquaient de l'homme et de son sot orgueil.
Le Tien[a] les entendit; il voulut que sur l'heure
On les fît assembler dans sa haute demeure,
Ange, homme, quadrupède, et ces êtres divers
Dont chacun forme un monde en ce vaste univers.
« Ouvrages de mes mains, enfants du même père,
Qui portez, leur dit-il, mon divin caractère,
Vous êtes nés pour moi, rien ne fut fait pour vous :
Je suis le centre unique où vous répondez tous.
Des destins et des temps connaissez le seul maître.
Rien n'est grand ni petit; tout est ce qu'il doit être.
D'un parfait assemblage instruments imparfaits,
Dans votre rang placés demeurez satisfaits. »
L'homme ne le fut point. Cette indocile espèce
Sera-t-elle occupée à murmurer sans cesse?
Un vieux lettré chinois, qui toujours sur les bancs
Combattit la raison par de beaux arguments,
Plein de Confucius, et sa logique en tête,
Distinguant, concluant, présenta sa requête.

« Pourquoi suis-je en un point resserré par le temps?
Mes jours devraient aller par-delà vingt mille ans;
Ma taille pour le moins dut avoir cent coudées;
D'où vient que je ne puis, plus prompt que mes idées,
Voyager dans la lune, et réformer son cours?
Pourquoi faut-il dormir un grand tiers de mes jours?
Pourquoi ne puis-je, au gré de ma pudique flamme,
Faire au moins en trois mois cent enfants à ma femme?
Pourquoi fus-je en un jour si las de ses attraits? »

[a] Dieu des Chinois (1748).

« Tes pourquoi, dit le dieu, ne finiraient jamais :
Bientôt tes questions vont être décidées :
Va chercher ta réponse au pays des idées :
Pars. » Un ange aussitôt l'emporte dans les airs,
Au sein du vide immense où se meut l'univers,
A travers cent soleils entourés de planètes,
De lunes et d'anneaux, et de longues comètes.
Il entre dans un globe où d'immortelles mains
Du roi de la nature ont tracé les desseins,
Où l'œil peut contempler les images visibles
Et des mondes réels et des mondes possibles.

Mon vieux lettré chercha, d'espérance animé,
Un monde fait pour lui, tel qu'il l'aurait formé.
Il cherchait vainement : l'ange lui fait connaître
Que rien de ce qu'il veut en effet ne peut être;
Que si l'homme eût été tel qu'on feint les géants,
Fesant la guerre au ciel, ou plutôt au bon sens,
S'il eût à vingt mille ans étendu sa carrière,
Ce petit amas d'eau, de sable, et de poussière,
N'eût jamais pu suffire à nourrir dans son sein
Ces énormes enfants d'un autre genre humain.
Le Chinois argumente : on le force à conclure
Que dans tout l'univers chaque être a sa mesure;
Que l'homme n'est point fait pour ces vastes desirs;
Que sa vie est bornée ainsi que ses plaisirs [2];
Que le travail, les maux, la mort sont nécessaires;
Et que, sans fatiguer par de lâches prières
La volonté d'un Dieu qui ne saurait changer,
On doit subir la loi qu'on ne peut corriger,
Voir la mort d'un œil ferme et d'une ame soumise.
Le lettré convaincu, non sans quelque surprise,

S'en retourne ici-bas ayant tout approuvé;
Mais il y murmura quand il fut arrivé:
Convertir un docteur est une œuvre impossible.
 Matthieu Garo chez nous eut l'esprit plus flexible;
Il loua Dieu de tout[a]! Peut-être qu'autrefois
De longs ruisseaux de lait serpentaient dans nos bois [3];
La lune était plus grande, et la nuit moins obscure;
L'hiver se couronnait de fleurs et de verdure;
L'homme, ce roi du monde, et roi très fainéant,
Se contemplait à l'aise, admirait son néant,
Et, formé pour agir, se plaisait à rien faire.
Mais pour nous, fléchissons sous un sort tout contraire.
Contentons-nous des biens qui nous sont destinés,
Passagers comme nous, et comme nous bornés.
Sans rechercher en vain ce que peut notre maître,
Ce que fut notre monde, et ce qu'il devrait être,
Observons ce qu'il est, et recueillons le fruit
Des trésors qu'il renferme et des biens qu'il produit.
Si du Dieu qui nous fit l'éternelle puissance
Eût à deux jours au plus borné notre existence,
Il nous aurait fait grace; il faudrait consumer
Ces deux jours de la vie à lui plaire, à l'aimer.
Le temps est assez long pour quiconque en profite;
Qui travaille et qui pense en étend la limite.
On peut vivre beaucoup sans végéter long-temps;
Et je vais te prouver par mes raisonnements...

---

[a] Voyez la fable de La Fontaine [intitulée *le Gland et la Citrouille*, livre IX]:

   En louant Dieu de toute chose,
   Garo retourne à la maison. (1748).

— Cependant on a répondu à Matthieu Garo dans les *Questions sur l'Encyclopédie* (1775). — Voyez l'article CALEBASSE, t. XXVII; p. 446. B.

Mais malheur à l'auteur qui veut toujours instruire!
Le secret d'ennuyer est celui de tout dire.
  C'est ainsi que ma muse avec simplicité
Sur des tons différents chantait la vérité,
Lorsque, de la nature éclaircissant les voiles,
Nos Français à Quito cherchaient d'autres étoiles;
Que Clairaut, Maupertuis, entourés de glaçons,
D'un secteur à lunette étonnaient les Lapons,
Tandis que, d'une main stérilement vantée,
Le hardi Vaucanson [4], rival de Prométhée,
Semblait, de la nature imitant les ressorts,
Prendre le feu des cieux pour animer les corps.
  Pour moi, loin des cités, sur les bords du Permesse
Je suivais la nature, et cherchais la sagesse;
Et des bords de la sphère où s'emporta Milton,
Et de ceux de l'abîme où pénétra Newton,
Je les voyais franchir leur carrière infinie;
Amant de tous les arts et de tout grand génie,
Implacable ennemi du calomniateur,
Du fanatique absurde, et du vil délateur;
Ami sans artifice, auteur sans jalousie;
Adorateur d'un Dieu, mais sans hypocrisie;
Dans un corps languissant, de cent maux attaqué,
Gardant un esprit libre, à l'étude appliqué [5],
Et sachant qu'ici-bas la félicité pure
Ne fut jamais permise à l'humaine nature.

FIN DU SIXIÈME DISCOURS.

NOTES ET VARIANTES

DU SIXIÈME DISCOURS.

¹ C'était à Bourges que Cujas avait été professeur; et la réputation du professeur avait rendu célèbre la ville de Bourges. B.

² * Que sa vie est bornée, ainsi que ses plaisirs;
Que Dieu seul a raison, sans qu'il nous en informe.
Le lettré, convaincu de sa sottise énorme,
* S'en retourne ici-bas, etc.

³ Boileau, épître III, vers 62, a dit:
Et des ruisseaux de lait serpentaient dans les plaines. B.

⁴ M. de Vaucanson n'était encore connu que par son flûteur, son joueur de tambourin, ses canards. Il s'est illustré depuis en appliquant son génie pour la mécanique à la perfection des arts, et il en a été récompensé comme il méritait de l'être. Lui-même ne regardait ses automates que comme *des jeux d'enfants;* mais on avait tort de ne pas sentir que ces jeux d'enfants annonçaient un génie qu'il ne fallait qu'employer pour le rendre utile. K.

⁵ Qu'il nous soit permis d'observer que nous avons vu M. de Voltaire à quatre-vingts ans tel que lui-même se peignait ici à quarante. K.

SEPTIEME DISCOURS.
SUR LA VRAIE VERTU.

Le nom de la vertu retentit sur la terre[1] ;
On l'entend au théâtre, au barreau, dans la chaire ;
Jusqu'au milieu des cours il parvient quelquefois ;
Il s'est même glissé dans les traités des rois.
C'est un beau mot sans doute, et qu'on se plaît d'entendre,
Facile à prononcer, difficile à comprendre :
On trompe, on est trompé. Je crois voir des jetons
Donnés, reçus, rendus, troqués par des fripons ;
Ou bien ces faux billets, vains enfants du système
De ce fou d'Écossais qui se dupa lui-même.
 Qu'est-ce que la vertu ? Le meilleur citoyen,
Brutus, se repentit d'être un homme de bien :
« La vertu, disait-il, est un nom sans substance[2]. »
 L'école de Zénon, dans sa fière ignorance,
Prit jadis pour vertu l'insensibilité.
Dans les champs levantins le derviche hébété,
L'œil au ciel, les bras hauts, et l'esprit en prières,
Du Seigneur en dansant invoque les lumières,
Et, tournant dans un cercle au nom de Mahomet,
Croit de la vertu même atteindre le sommet.
 Les reins ceints d'un cordon, l'œil armé d'impudence,
Un ermite à sandale, engraissé d'ignorance,
Parlant du nez à Dieu, chante au dos d'un lutrin
Cent cantiques hébreux mis en mauvais latin.

Le ciel puisse bénir sa piété profonde !
Mais quel en est le fruit? quel bien fait-il au monde?
Malgré la sainteté de son auguste emploi,
C'est n'être bon à rien de n'être bon qu'à soi.

Quand l'ennemi divin des scribes et des prêtres
Chez Pilate autrefois fut traîné par des traîtres,
De cet air insolent qu'on nomme dignité,
Le Romain demanda : « Qu'est-ce que vérité ? »
L'Homme-Dieu, qui pouvait l'instruire ou le confondre,
A ce juge orgueilleux dédaigna de répondre :
Son silence éloquent disait assez à tous
Que ce vrai tant cherché ne fut point fait pour nous.
Mais lorsque, pénétré d'une ardeur ingénue,
Un simple citoyen l'aborda dans la rue,
Et que, disciple sage, il prétendit savoir
Quel est l'état de l'homme, et quel est son devoir ;
Sur ce grand intérêt, sur ce point qui nous touche,
Celui qui savait tout ouvrit alors la bouche ;
Et dictant d'un seul mot ses décrets solennels.
« Aimez Dieu, lui dit-il, mais aimez les mortels. »
Voilà l'homme et sa loi, c'est assez : le ciel même
A daigné tout nous dire en ordonnant qu'on aime.
Le monde est médisant, vain, léger, envieux ;
Le fuir est très bien fait, le servir encor mieux :
A sa famille, aux siens, je veux qu'on soit utile.

Où vas-tu loin de moi, fanatique indocile ?
Pourquoi ce teint jauni, ces regards effarés,
Ces élans convulsifs[a], et ces pas égarés ?
Contre un siècle indévot plein d'une sainte rage,
Tu cours chez ta béate à son cinquième étage :

---

[a] Les convulsionnaires (1742).

Quelques saints possédés dans cet honnête lieu
Jurent, tordent les mains, en l'honneur du bon Dieu :
Sur leurs tréteaux montés, ils rendent des oracles,
Prédisent le passé, font cent autres miracles ;
L'aveugle y vient pour voir, et, des deux yeux privé [3],
Retourne aux Quinze-vingts marmottant son *Ave*;
Le boiteux saute et tombe, et sa sainte famille
Le ramène en chantant, porté sur sa béquille ;
Le sourd au front stupide écoute et n'entend rien ;
D'aise alors tout pâmés, de pauvres gens de bien,
Qu'un sot voisin bénit, et qu'un fourbe seconde,
Aux filles du quartier prêchent la fin du monde.

Je sais que ce mystère a de nobles appas [4] ;
Les saints ont des plaisirs que je ne connais pas.
Les miracles sont bons ; mais soulager son frère,
Mais tirer son ami du sein de la misère,
Mais à ses ennemis pardonner leurs vertus,
C'est un plus grand miracle, et qui ne se fait plus.

Ce magistrat, dit-on, est sévère, inflexible,
Rien n'amollit jamais sa grande ame insensible.
J'entends : il fait haïr sa place et son pouvoir ;
Il fait des malheureux par zèle et par devoir :
Mais l'a-t-on jamais vu, sans qu'on le sollicite,
Courir d'un air affable au-devant du mérite,
Le choisir dans la foule, et donner son appui
A l'honnête homme obscur qui se tait devant lui ?
De quelques criminels il aura fait justice !
C'est peu d'être équitable, il faut rendre service ;
Le juste est bienfesant. On conte qu'autrefois
Le ministre odieux d'un de nos meilleurs rois
Lui disait en ces mots son avis despotique :

« Timante est en secret bien mauvais catholique,
On a trouvé chez lui la Bible de Calvin ;
A ce funeste excès vous devez mettre un frein :
Il faut qu'on l'emprisonne, ou du moins qu'on l'exile. »
« Comme vous, dit le roi, Timante m'est utile [5].
Vous m'apprenez assez quels sont ses attentats;
Il m'a donné son sang, et vous n'en parlez pas! »
De ce roi bienfesant la prudence équitable
Peint mieux que vingt sermons la vertu véritable.

 Du nom de vertueux seriez-vous honoré [6],
Doux et discret Cyrus, en vous seul concentré,
Prêchant le sentiment, vous bornant à séduire,
Trop faible pour servir, trop paresseux pour nuire,
Honnête homme indolent, qui, dans un doux loisir,
Loin du mal et du bien, vivez pour le plaisir ?
Non ; je donne ce titre au cœur tendre et sublime
Qui soutient hardiment son ami qu'on opprime.
Il t'était dû sans doute, éloquent Pellisson,
Qui défendis Fouquet du fond de ta prison.
Je te rends grace, ô ciel, dont la bonté propice
M'accorda des amis dans les temps d'injustice,
Des amis courageux, dont la mâle vigueur
Repoussa les assauts du calomniateur [7],
Du fanatisme ardent, du ténébreux Zoïle,
Du ministre abusé par leur troupe imbécile,
Et des petits tyrans, bouffis de vanité,
Dont mon indépendance irritait la fierté.
Oui, pendant quarante ans poursuivi par l'envie,
Des amis vertueux ont consolé ma vie.
J'ai mérité leur zèle et leur fidélité ;
J'ai fait quelques ingrats, et ne l'ai point été.

Certain législateur^a, dont la plume féconde
Fit tant de vains projets pour le bien de ce monde,
Et qui depuis trente ans écrit pour des ingrats,
Vient de créer un mot qui manque à Vaugelas :
Ce mot est *bienfesance :* il me plaît ; il rassemble,
Si le cœur en est cru, bien des vertus ensemble.
Petits grammairiens, grands précepteurs des sots,
Qui pesez la parole et mesurez les mots,
Pareille expression vous semble hasardée ;
Mais l'univers entier doit en chérir l'idée.

^a L'abbé de Saint-Pierre. C'est lui qui a mis le mot de *bienfesance* à la mode, à force de le répéter. On l'appelle législateur, parcequ'il n'a écrit que pour réformer le gouvernement. Il s'est rendu un peu ridicule en France par l'excès de ses bonnes intentions (1752). — Palissot, dans ses *Mémoires*, 1803, tome II, page 43, remarque que le mot *bienfesance* est de Balzac. B.

FIN DU SEPTIÈME DISCOURS.

NOTES ET VARIANTES

DU SEPTIÈME DISCOURS.

1 Ce discours fut d'abord adressé à Racine le fils, auteur d'un poëme janséniste sur la grace.
Il commençait alors de la manière suivante :

J'ai lu les quatre points des sermons poétiques
Qu'a débités ta muse, en ses vers didactiques ;
Peut-être il serait mieux de prêcher un peu moins,
Et d'imiter Gresset, qui, sans art et sans soins,
Dans un style rapide et vif avec mollesse,
Peint les plaisirs du sage, et chante la paresse.
Mais j'aime mieux cent fois ta mâle austérité,

Et de tes vers hardis la pénible beauté,
Qu'un écrit bigarré de grave et de comique,
Où le rimeur moderne affecte un air gothique,
* Et dans un vers forcé, que surcharge un vieux mot,
Veut couvrir la raison du masque de Marot.
Il faut parler français. Boileau n'a qu'un langage,
Son style est clair et pur; il prouve un esprit sage :
Suis cet exemple heureux, laisse aux esprits mal faits
L'art de moraliser du ton de Rabelais.
* Ce jargon dans un conte est encor supportable ;
* Mais le vrai veut un air, un ton plus respectable.
Instruis-moi donc, poursuis, parle, et dans tes discours
Définis la vertu, que tu chantas toujours.
* C'est un beau mot sans doute, etc.

On retrouve quelques uns des derniers vers dans le discours sur *l'Envie* (voyez page 65). Quelques uns aussi se retrouvent dans la lettre à Formont, du 11 novembre 1738.

² Après ce vers,

La vertu, disait-il, est un nom sans substance,

il y avait :

Hermotime, il est temps de rompre le silence :
Il est temps que ma voix défende en liberté
La cause de Dieu même et de l'humanité.
Qui se tait la trahit ; l'intérêt de la terre
Force encore un profane à remonter en chaire.
Le bonheur des humains, ce grand but où tu cours,
Est le texte, la fin, l'ame de mes discours ¹.
* Quand l'ennemi divin, etc.

³ Dans le chant III de *la Pucelle* on trouve une autre description de ces miracles ; voyez tome XI, page 56. B.

⁴ Premières éditions :

Je sais que ce saint œuvre a des charmes puissants :
Mais, dis-moi, n'as-tu point des devoirs plus pressants ?
D'où vient que ton ami languit dans la misère ?
Pourquoi lui refuser le plus vil nécessaire,
Tandis qu'entouré d'or, et même de Chloris,
Tu vis dans la mollesse en damnant tout Paris ?

---

* Et cela a été vrai soixante ans. K.

« Sur mon ami, dis-tu, j'exerce la justice ;
C'est un homme incrédule, et qu'il faut qu'on punisse :
Ce n'est pas aux élus, par la grace éprouvés,
A faire aveuglément l'aumône aux réprouvés. »
Voilà donc ta réponse, ame farouche et dure !
Quelle vertu, grand Dieu, dont frémit la nature !
Et puisque par son nom tout doit être nommé,
Quel détestable vice en vertu transformé !
* Ce magistrat, dit-on, est sévère, etc.

Dans les éditions suivantes on lisait :

. . . .
Pourquoi lui refuser le plus vil nécessaire ?
Chez toi, chez tes pareils, le seul riche est sauvé,
Et le pauvre inutile est le seul réprouvé.
* Ce magistrat, etc.

⁵ Premières éditions :

Alors, d'un ton de père et d'un regard tranquille,
Le roi lui répondit : « Modérons nos rigueurs.
Je sais quel est Timante, et je hais ses erreurs ;
L'esprit de l'hérésie infecta sa province :
Mais son cœur est français, son bras est à son prince.
Vous grossissez ici ses faibles attentats,
* Il m'a donné son sang, et vous n'en parlez pas !
Je le fais à l'instant gouverneur de la ville
Où vos sévérités conseillent qu'on l'exile.
Allez de mes bienfaits l'assurer aujourd'hui,
Et, sans plus l'accuser, servez-moi comme lui. »
Ce roi, je l'avouerai, tendre, ferme, équitable,
Peint mieux que vingt sermons la vertu véritable.
Ce beau nom de vertu sera-t-il accordé
Au mérite farouche, à l'art toujours fardé,
A l'indolent Germont, dont la pitié discrète
Craint de parler pour moi quand Séjan m'inquiète ;
Au faible et doux Cyrus, tout le jour occupé
Des propos d'un flatteur et des soins d'un soupé ?
* Non, je donne ce titre au cœur tendre et sublime
Qui prévient les besoins d'un ami qu'on opprime ;
Je le donne à Normand, je le donne à Cochin,
Dont l'éloquente voix protégea l'orphelin :
Non pas à toi, Griffon, babillard mercenaire,

Qui, prodiguant en vain ta vénale colère,
Et changeant un art noble en un lâche métier,
N'as fait qu'un plat libelle, au lieu d'un plaidoyer.
Toi qui vas nous quitter, magistrat plein de zèle,
Parlant comme De Thou, jugeant comme Pucelle,
Tendre et fidèle ami, bienfaiteur généreux,
Qui peut te refuser le nom de vertueux ?
Jouis de ce grand titre, ô toi dont la sagesse
N'est point le triste fruit d'une austère rudesse:
Toi qui, malgré l'éclat dont tu blesses les yeux,
Peux compter plus d'amis que tu n'as d'envieux.
* Certain législateur, etc.

L'édition de 1748 présente une seule différence; on y lit:

Non à toi, Mannori, bateleur mercenaire,
Qui, vendant bassement ta stupide colère, etc.

Et une note appelle Mannori un « mauvais avocat, qui, manquant de causes et de pain, avait souvent reçu l'aumône de l'auteur, et qui plaida ensuite contre lui ridiculement. »

Mannori avait été l'avocat de Travenol dans son procès contre Voltaire, en 1746. C'était en 1744 qu'il avait reçu des bienfaits de Voltaire.

Dans quelques autres éditions on lisait:

. . . . Au cœur ferme et sublime
Qui sut gagner mon cœur en forçant mon estime,
A ce sage guerrier considéré des rois,
Éloquent pour autrui, muet sur ses exploits;
Je le donne à Normand....

Normand et Cochin étaient des avocats célèbres alors. Par *ce sage guerrier,* M. de Voltaire désigne le maréchal d'Estrées, doyen de l'académie française. Il s'était rendu cher aux gens de lettres, en s'opposant à une cabale de prêtres qui voulaient faire exclure de l'académie l'auteur des *Lettres persanes.*

Le magistrat dont parle l'auteur est M. le comte d'Argental, ministre plénipotentiaire de l'infant duc de Parme, alors conseiller au parlement. Il avait été nommé intendant d'une des îles de l'Amérique, mais il n'accepta point cette place. Il quitta sa charge de conseiller au parlement, parceque l'absurdité et la barbarie de notre jurisprudence criminelle le révoltaient. Il a été l'ami constant de M. de Voltaire depuis sa jeunesse jusqu'à la mort de ce grand homme, et l'a soutenu dans tous les temps de tout le crédit que des amis puissants pouvaient lui donner. Cette amitié si constante est une des meilleures réponses qu'on puisse faire ici à cette foule de détracteurs de M. de Voltaire, qui, bien sûrs que son génie est au-dessus de leurs atteintes, ont recours à la honteuse ressource de calomnier sa personne.

> Pour les cœurs corrompus l'amitié n'est point faite.
> (Quatrième discours.)

Et c'est surtout pour les amitiés longues et inaltérables que ce vers est vrai. K.

⁶ Cette version est dans l'édition de 1752. B.

⁷ Voyez, t. XXXVIII, p. 299, le *Mémoire* du 6 février 1739. B.

SUR LES ÉVÉNEMENTS
DE L'ANNÉE 1744.

«Quoi! verrai-je toujours des sottises en France[2]?»
Disait, l'hiver dernier, d'un ton plein d'importance,
Timon, qui, du passé profond admirateur,
Du présent qu'il ignore est l'éternel frondeur.
« Pourquoi, s'écriait-il, le roi va-t-il en Flandre?
Quelle étrange vertu qui s'obstine à défendre
Les débris dangereux du trône des Césars
Contre l'or des Anglais et le fer des houssards!
Dans le jeune Conti quel excès de folie
D'escalader les monts qui gardent l'Italie,
Et d'attaquer vers Nice un roi victorieux,
Sur ces sommets glacés dont le front touche aux cieux!
Pour franchir ces amas de neiges éternelles,
Dédale à cet Icare a-t-il prêté ses ailes?
A-t-il reçu du moins, dans son dessein fatal,
Pour briser les rochers, le secret d'Annibal?»
 Il parle, et Conti vole. Une ardente jeunesse,
Voyant peu les dangers que voit trop la vieillesse,
Se précipite en foule autour de son héros.
Du Var qui s'épouvante on traverse les flots;
De torrents en rochers, de montagne en abîme,
Des Alpes en courroux on assiége la cime;
On y brave la foudre; on voit de tous côtés
Et la nature, et l'art, et l'ennemi domptés.

Conti, qu'on censurait, et que l'univers loue,
Est un autre Annibal qui n'a point de Capoue.
Critiques orgueilleux, frondeurs, en est-ce assez?
Avec Nice et Démont vous voilà terrassés.
Mais, tandis que sous lui les Alpes s'aplanissent,
Que sur les flots voisins les Anglais en frémissent,
Vers les bords de l'Escaut Louis fait tout trembler :
Le Batave s'arrête, et craint de le troubler.
Ministres, généraux, suivent d'un même zèle
Du conseil au danger leur prince et leur modèle.
L'ombre du grand Condé, l'ombre du grand Louis[3],
Dans les champs de la Flandre ont reconnu leur fils.
L'Envie alors se tait, la Médisance admire.
Zoïle, un jour du moins, renonce à la satire;
Et le vieux nouvelliste, une canne à la main,
Trace au Palais-Royal Ypres, Furne, et Menin.

Ainsi lorsqu'à Paris la tendre Melpomène
De quelque ouvrage heureux vient embellir la scène,
En dépit des sifflets de cent auteurs malins,
Le spectateur sensible applaudit des deux mains :
Ainsi, malgré Bussy, ses chansons, et sa haine,
Nos aïeux admiraient Luxembourg et Turenne.
Le Français quelquefois est léger et moqueur,
Mais toujours le mérite eut des droits sur son cœur[4].
Son œil perçant et juste est prompt à le connaître;
Il l'aime en son égal, il l'adore en son maître.
La vertu sur le trône est dans son plus beau jour,
Et l'exemple du monde en est aussi l'amour.

Nous l'avons bien prouvé quand la fièvre fatale,
A l'œil creux, au teint sombre, à la marche inégale[5],
De ses tremblantes mains, ministres du trépas,

Vint attaquer Louis au sortir des combats :
Jadis Germanicus fit verser moins de larmes ;
L'univers éploré ressentit moins d'alarmes,
Et goûta moins l'excès de sa félicité,
Lorsque Antonin mourant reparut en santé.
Dans nos emportements de douleur et de joie,
Le cœur seul a parlé, l'amour seul se déploie ;
Paris n'a jamais vu de transports si divers [6],
Tant de feux d'artifice, et tant de mauvais vers [7].
 Autrefois, ô grand roi, les filles de mémoire,
Chantant au pied du trône, en égalaient la gloire.
Que nous dégénérons de ce temps si chéri !
L'éclat du trône augmente, et le nôtre est flétri.
O ma prose et mes vers, gardez-vous de paraître !
Il est dur d'ennuyer son héros et son maître.
Cependant nous avons la noble vanité
De mener les héros à l'immortalité.
Nous nous trompons beaucoup ; un roi juste et qu'on aime
Va sans nous à la gloire, et doit tout à lui-même :
Chaque âge le bénit ; le vieillard expirant [8]
De ce prince à son fils fait l'éloge en pleurant ;
Le fils, éternisant des images si chères,
Raconte à ses neveux le bonheur de leurs pères ;
Et ce nom dont la terre aime à s'entretenir
Est porté par l'amour aux siècles à venir.
Si pourtant, ô grand roi, quelque esprit moins vulgaire,
Des vœux de tout un peuple interprète sincère,
S'élevant jusqu'à vous par le grand art des vers,
Osait, sans vous flatter, vous peindre à l'univers,
Peut-être on vous verrait, séduit par l'harmonie,
Pardonner à l'éloge en faveur du génie ;

Peut-être d'un regard le Parnasse excité
De son lustre terni reprendrait la beauté [9].
L'œil du maître peut tout; c'est lui qui rend la vie
Au mérite expirant sous la dent de l'envie;
C'est lui dont les rayons ont cent fois éclairé
Le modeste talent dans la foule ignoré.
Un roi qui sait régner nous fait ce que nous sommes;
Les regards d'un héros produisent les grands hommes.

FIN DU POËME SUR LES ÉVÉNEMENTS, ETC.

NOTES ET VARIANTES

DU POËME SUR LES ÉVÉNEMENTS DE 1744.

¹ Ce poëme a été imprimé dans *le Mercure* de novembre 1744, page 59. B.

²   Nous verrons donc toujours des sottises en France?

³   Et tandis que Conti l'a si bien secondé,
       Près de lui dans Clermont il retrouve un Condé.

⁴   * Mais toujours le mérite eut des droits sur son cœur:
       Il l'encourage, il l'aime, il en est idolâtre;
       Et le premier acteur de ce vaste théâtre,
       Le roi le plus auguste et le plus vertueux,
       Est de tous les humains le plus cher à nos yeux.
         * Nous l'avons bien prouvé, etc.

⁵ Dans *la Pucelle*, chant V, vers 12, Voltaire a dit:
      La fièvre ardente, à la marche inégale.   B.

⁶   * Paris n'a jamais vu de transports si divers,
       Avec si peu d'esprit et tant de méchants vers.
       Vos sujets, ô grand roi, sont de mauvais poëtes;
       Et quand, pour vous louer embouchant nos trompettes,
       Nous allons assourdir notre sacré vallon
       Par ce fatras de vers approuvés CRÉBILLON;
       Quand sur votre santé nous nous tuons d'écrire,
       Que vous êtes heureux de ne nous jamais lire!
       * Cependant nous avons la noble vanité, etc.

⁷ Par la lettre de Voltaire à d'Argental, de septembre 1744 (tome LIV, page 687), on voit que l'auteur avait d'abord mis:
      Et si peu de bons vers.   B.

⁸ Ce vers et les cinq qui le suivent sont déjà presque textuellement dans une *Épître au duc d'Orléans*, qui est de 1716 (voyez tome XIII). B.

9 *De son lustre terni reprendrait la beauté.
Ses lauriers renaîtraient dans ses vallons stériles;
Louis fit des Boileaux, Auguste des Virgiles.
Grand roi, d'un tel honneur daignez être jaloux,
Et formez des esprits qui soient dignes de vous.

POËME DE FONTENOY.

1745.

PRÉFACE
DU NOUVEL ÉDITEUR.

La bataille de Fontenoy (voyez tome XXI, page 130) fut gagnée le 11 mai 1745. La nouvelle en arriva à Paris dans la nuit du 13 au 14, et l'approbation du censeur Crébillon est du 17 mai. On peut en regarder comme le premier jet une épître que Voltaire avait déjà adressée au duc de Richelieu (voyez tome XIII.) En quelques jours il parut plusieurs éditions, les unes sous le titre de : *La bataille de Fontenoy*; d'autres sous celui de: *Le poëme de Fontenoy*. Prault donna les cinq premières dans le format in-4°, et les sixième et septième dans le format in-8°. L'ouvrage avait été réimprimé deux fois, à l'Imprimerie royale, in-4°, lorsque Prault publia une nouvelle édition, qu'il intitula neuvième. Des réimpressions avaient été faites à Lille, Lyon, Rouen, etc.; l'une des deux éditions de l'Imprimerie royale porte pour épigraphe, sur le frontispice, ces mots de Virgile : *Disce, puer, virtutem ex me*.

Du vivant de Voltaire, des éditeurs, dans un moment de distraction, transposèrent cette épigraphe, et la mirent à la dédicace. Elle y a été conservée long-temps : je la fis enfin disparaître en 1817 ; on ne doit pas s'étonner de ne pas la retrouver ici.

Voltaire, espérant obtenir la permission de faire imprimer à l'Imprimerie royale, alors au Louvre, sa *Henriade*, avait fait faire de belles gravures. Le frontispice représente Henri IV tenant dans ses bras le jeune Louis XV, et au bas de la planche on lit :

> Disce, puer, virtutem ex me, verumque laborem [1].

La citation était aussi bien placée qu'elle le serait mal en tête de l'épître dédicatoire du *Poëme de Fontenoy*, et même en tête du poëme. Dans quelle bouche, en effet, y mettrait-on cette épigraphe? Serait-ce dans celle de Voltaire s'adressant à Louis XV, alors âgé de trente-cinq ans? cela n'est pas soutenable. Serait-ce dans la bouche du roi, s'adressant au dauphin son fils? L'épigraphe a pu être ajoutée par le roi, ou en son nom, dans une édition faite à son imprimerie. Mais l'admettre dans des éditions faites ailleurs me paraît une inconvenance, pour ne pas dire une impertinence.

C'est d'après la neuvième édition, donnée par Prault, que je rétablis en 1817 quatre vers sur la prise d'Ostende, et une note qui s'y rapporte.

J'ai cru inutile de signaler de quand datent les additions ou corrections faites successivement par l'auteur à ses différentes éditions. Je n'ai recueilli qu'une seule variante pour le *Discours préliminaire*, et deux pour le poëme.

Le nombre des écrits qui parurent sur le poëme de Voltaire est très grand. Le plus remarquable, et le seul dont je parlerai, est une *Requête du curé de Fontenoy, au roi* (par l'avocat Marchant.) Des critiques avaient blâmé comme peu poétique la grande quantité de noms propres répandus dans l'ouvrage. Le curé de Fontenoy se plaint

> Que sur ma paroisse on enterre
> Sept ou huit mille hommes pour rien ;
> C'est mon casuel, c'est mon bien.

---

[1] *Æn.*, livre XII, vers 435.

Sur mes droits et mon honoraire
On m'a fait encor d'autres torts;
Un fameux monsieur de Voltaire
A donné l'extrait mortuaire
De tous les seigneurs qui sont morts.

Le cardinal Quirini (voyez tome V, page 473) avait projeté de traduire en vers latins le *Poëme de Fontenoy* : mais il y renonça, à cause du trop grand nombre de noms propres qu'il contient; quelques passages qu'il avait traduits ont été imprimés dans le *Mercure* (2ᵉ volume de décembre 1745). J'ai donné tome XXXVIII, pages 534-38, la *Lettre critique d'une belle dame à un beau monsieur de Paris sur le Poëme de la bataille de Fontenoy;* la note qui y est indiquée comme portant le n° 30 est, ci-après, la note *b*, page 135.

BEUCHOT.

AU ROI.

SIRE,

Je n'avais osé dédier à votre majesté les premiers essais de cet ouvrage; je craignais surtout de déplaire au plus modeste des vainqueurs; mais, sire, ce n'est point ici un panégyrique; c'est une peinture fidèle d'une partie de la journée la plus glorieuse depuis la bataille de Bovines; ce sont les sentimens de la France, quoique à peine exprimés; c'est un poëme sans exagération, et de grandes vérités sans mélange de fiction ni de flatterie. Le nom de votre majesté fera passer cette faible esquisse à la postérité, comme un monument authentique de tant de belles actions faites en votre présence, à l'exemple des vôtres.

Daignez, sire, ajouter à la bonté que votre majesté a eue de permettre cet hommage celle d'agréer les profonds respects d'un de vos moindres sujets, et du plus zélé de vos admirateurs.

DISCOURS PRÉLIMINAIRE[1].

[2] Le public sait que cet ouvrage, composé d'abord avec la rapidité que le zèle inspire, reçut des accroissements à chaque édition qu'on en fesait. Toutes les circonstances de la victoire de Fontenoy, qu'on apprenait à Paris de jour en jour, méritaient d'être célébrées ; et ce qui n'était d'abord qu'une pièce de cent vers est devenu un poëme qui en contient plus de trois cent cinquante : mais on y a gardé toujours le même ordre, qui consiste dans la préparation, dans l'action, et dans ce qui la termine ; on n'a fait même que mettre cet ordre dans un plus grand jour, en traçant dans cette édition le portrait des nations dont était composée l'armée ennemie, et en spécifiant leurs trois attaques.

On a peint avec des traits vrais, mais non injurieux, les nations dont Louis XV a triomphé ; par exemple, quand on dit[3] des Hollandais qu'ils avaient autrefois brisé *le joug de l'Autriche cruelle*, il est clair que c'est de l'Autriche alors cruelle envers eux que l'on parle ; car assurément elle ne l'est pas aujourd'hui pour les États-Généraux : et d'ailleurs la reine de Hongrie, qui ajoute tant à la gloire de la maison d'Autriche, sait combien les Français respectent sa personne et ses vertus, en étant forcés de la combattre.

Quand on dit[4] des Anglais, *et la férocité le cède à la vertu*, on a eu soin d'avertir en note, dans toutes les éditions, que le reproche de férocité ne tombait que sur le soldat.

En effet, il est très véritable que lorsque la colonne anglaise déborda Fontenoy, plusieurs soldats de cette nation crièrent « *No quarter*, point de quartier ; » on sait encore que quand M. de Séchelles seconda les intentions du roi avec une prévoyance si singulière, et qu'il fit préparer autant de secours pour les prisonniers ennemis blessés que pour nos troupes, quelques fantassins anglais s'acharnèrent encore contre nos soldats dans les chariots mêmes où l'on transportait les vainqueurs et les vaincus blessés. Les officiers, qui ont à peu près la même éducation dans toute l'Europe, ont aussi la même générosité; mais il y a des pays où le peuple, abandonné à lui-même, est plus farouche qu'ailleurs. On n'en a pas moins loué la valeur et la conduite de cette nation, et surtout on n'a cité le nom de M. le duc de Cumberland [5] qu'avec l'éloge que sa magnanimité doit attendre de tout le monde.

Quelques étrangers ont voulu persuader au public que l'illustre Addison, dans son poëme de la campagne de Hochstedt, avait parlé plus honorablement de la maison du roi que l'auteur même du poëme de Fontenoy : ce reproche a été cause qu'on a cherché l'ouvrage de M. Addison à la bibliothèque de sa majesté, et on a été bien surpris d'y trouver beaucoup plus d'injures que de louanges; c'est vers le trois-centième vers. On ne les répétera point, et il est bien inutile d'y répondre; la maison du roi leur a répondu par des victoires. On est très éloigné de refuser à un grand poëte et à un philosophe très éclairé, tel que M. Addison, les éloges qu'il mérite; mais il en mériterait davantage, et il aurait plus honoré la philosophie et la poésie, s'il avait plus ménagé dans son poëme des têtes couronnées, qu'un ennemi même doit toujours respecter, et s'il avait songé que les louanges données aux vaincus sont un laurier de plus pour les vainqueurs. Il est à croire que quand M. Addison fut secrétaire d'état, le ministre se repentit de ces indécences échappées à l'auteur.

Si l'ouvrage anglais est trop rempli de fiel, celui-ci respire l'humanité : on a songé, en célébrant une bataille, à inspirer des sentiments de bienfesance. Malheur à celui qui ne pourrait se plaire qu'aux peintures de la destruction, et aux images des malheurs des hommes!

Les peuples de l'Europe ont des principes d'humanité qui ne se trouvent point dans les autres parties du monde; ils sont plus liés entre eux; ils ont des lois qui leur sont communes; toutes les maisons des souverains sont alliées; leurs sujets voyagent continuellement, et entretiennent une liaison réciproque. Les Européans chrétiens sont ce qu'étaient les Grecs : ils se font la guerre entre eux; mais ils conservent dans ces dissensions tant de bienséance, et d'ordinaire de politesse, que souvent un Français, un Anglais, un Allemand, qui se rencontrent, paraissent être nés dans la même ville. Il est vrai que les Lacédémoniens et les Thébains étaient moins polis que le peuple d'Athènes; mais enfin toutes les nations de la Grèce se regardaient comme des alliées qui ne se fesaient la guerre que dans l'espérance certaine d'avoir la paix : ils insultaient rarement à des ennemis qui dans peu d'années devaient être leurs amis. C'est sur ce principe qu'on a tâché que cet ouvrage fût un monument de la gloire du roi, et non de la honte des nations dont il a triomphé. On serait fâché d'avoir écrit contre elles avec autant d'aigreur que quelques Français en ont mis dans leurs satires contre cet ouvrage d'un de leurs compatriotes : mais la jalousie d'auteur à auteur est beaucoup plus grande que celle de nation à nation.

On a dit[6] des Suisses qu'ils sont *nos antiques amis et nos concitoyens*, parcequ'ils le sont depuis deux cent cinquante ans. On a dit que les étrangers qui servent dans nos armées ont suivi l'exemple de la maison du roi et de nos autres troupes, parcequ'en effet c'est toujours à la nation qui combat pour son prince à donner cet exemple, et que jamais cet exemple n'a été mieux donné.

On n'ôtera jamais à la nation française la gloire de la valeur et de la politesse. On a osé imprimer que ce vers[7],

> Je vois cet étranger, qu'on croit né parmi nous,

était un compliment à un général né en Saxe d'avoir l'air français. Il est bien question ici d'air et de bonne grace! quel est l'homme qui ne voit évidemment que ce vers signifie que le général étranger est aussi attaché au roi que s'il était né son sujet?

Cette critique est aussi judicieuse que celle de quelques personnes qui prétendirent qu'il n'était pas honnête de dire que le général était dangereusement malade, lorsque en effet son courage lui fit oublier l'état douloureux où il était réduit, et le fit triompher de la faiblesse de son corps ainsi que des ennemis du roi.

Voilà tout ce que la bienséance en général permet qu'on réponde à ceux qui en ont manqué.

L'auteur n'a eu d'autre vue que de rendre fidèlement ce qui était venu à sa connaissance; et son seul regret est de n'avoir pu, dans un si court espace de temps, et dans une pièce de si peu d'étendue, célébrer toutes les belles actions dont il a depuis entendu parler. Il ne pouvait dire tout; mais du moins ce qu'il a dit est vrai : la moindre flatterie eût déshonoré un ouvrage fondé sur la gloire du roi et sur celle de la nation.

Le plaisir de dire la vérité l'occupait si entièrement, que ce ne fut qu'après six éditions qu'il envoya son ouvrage à la plupart de ceux qui y sont célébrés.

Tous ceux qui sont nommés n'ont pas eu les occasions de se signaler également. Celui qui, à la tête de son régiment, attendait l'ordre de marcher, n'a pu rendre le même service qu'un lieutenant général qui était à portée de conseiller de fondre sur la colonne anglaise, et qui partit pour la charger avec la maison du roi. Mais si la grande action de l'un mérite d'être rapportée, le courage impatient de l'autre ne doit pas être oublié : tel est loué en général sur sa valeur, tel autre sur un service rendu; on a parlé des blessures des uns, on a déploré la mort des autres.

Ce fut une justice que rendit le célèbre M. Despréaux [8] à ceux qui avaient été de l'expédition du passage du Rhin : Il cite près de vingt noms; il y en a ici plus de soixante; et on en trouverait quatre fois davantage, si la nature de l'ouvrage le comportait.

Il serait bien étrange qu'il eût été permis à Homère, à Virgile, au Tasse, de décrire les blessures de mille guerriers imaginaires, et qu'il ne le fût pas de parler des héros véritables qui viennent de prodiguer leur sang, et parmi lesquels il y en a plusieurs avec qui l'auteur avait eu l'honneur de vivre, et qui lui ont laissé de sincères regrets.

L'attention scrupuleuse qu'on a apportée, dans cette édition, doit servir de garant de tous les faits qui sont énoncés dans le poëme. Il n'en est aucun qui ne doive être cher à la nation et à toutes les familles qu'ils regardent. En effet, qui n'est touché sensiblement en lisant le nom de son fils, de son frère, d'un parent cher, d'un ami tué ou blessé, ou exposé dans cette bataille qui sera célèbre à jamais; en lisant, dis-je, ce nom dans un ouvrage qui, tout faible qu'il est, a été honoré plus d'une fois des regards du monarque, et que sa majesté n'a permis qu'il lui fût dédié que parcequ'elle a oublié son éloge en faveur de celui des officiers qui ont combattu et vaincu sous ses ordres?

C'est donc moins en poëte qu'en bon citoyen qu'on a travaillé. On n'a point cru devoir orner ce poëme de longues fictions, surtout dans la première chaleur du public, et dans un temps où l'Europe n'était occupée que des détails intéressants de cette victoire importante, achetée par tant de sang.

La fiction peut orner un sujet ou moins grand, ou moins intéressant, ou qui, placé plus loin de nous, laisse l'esprit plus tranquille. Ainsi, lorsque Despréaux s'égaya dans sa description du passage du Rhin, c'était trois mois après l'action; et cette action, toute brillante qu'elle fut, n'est à comparer ni pour l'importance ni pour le danger à une bataille rangée, gagnée sur un ennemi habile, intrépide, et supérieur en nombre, par un roi exposé, ainsi que son fils, pendant quatre heures au feu de l'artillerie.

Ce n'est qu'après s'être laissé emporter aux premiers mouvements de zèle, après s'être attaché uniquement à louer ceux qui ont si bien servi la patrie dans ce grand jour, qu'on s'est permis d'insérer dans le poëme un peu de ces fictions qui affaibliraient un tel sujet si on voulait les prodiguer; et on ne dit ici en prose que ce que M. Addison lui-même a dit en vers dans son fameux poëme de la campagne d'Hochstedt.

On peut, deux mille ans après la guerre de Troie, faire apporter par Vénus à Énée des armes que Vulcain a forgées, et qui rendent ce héros invulnérable; on peut lui faire rendre son épée par une divinité, pour la plonger dans le sein de son ennemi; tout le conseil des dieux peut s'assembler, tout l'enfer peut se déchaîner; Alecton peut enivrer tous les esprits des venins de sa rage : mais ni notre siècle, ni un événement si récent, ni un ouvrage si court, ne permettent guère ces peintures devenues les lieux communs de la poésie. Il faut pardonner à un citoyen pénétré de faire parler son cœur plus que son imagination; et l'auteur avoue qu'il s'est plus attendri en disant [9] :

> Tu meurs, jeune Craon : que le ciel moins sévère
> Veille sur les destins de ton généreux frère !

que s'il avait invoqué les Euménides pour faire ôter la vie à un jeune guerrier aimable.

Il faut des divinités dans un poëme épique, et surtout quand il s'agit de héros fabuleux; mais ici le vrai Jupiter, le vrai Mars, c'est un roi tranquille dans le plus grand danger, et qui hasarde sa vie pour un peuple dont il est le père; c'est lui, c'est son fils, ce sont ceux qui ont vaincu sous lui, et non Junon et Juturne, qu'on a voulu et qu'on a dû peindre. D'ailleurs le petit nombre de ceux qui connaissent notre poésie savent qu'il est bien plus aisé d'intéresser le ciel, les enfers et la terre, à une bataille, que de faire reconnaître, et de distinguer, par des images propres et sensibles, des carabiniers qui ont de gros fusils rayés, des grenadiers, des dragons qui combattent à pied et à cheval; de parler de retranchements faits à la hâte, d'ennemis qui s'avancent en colonne, d'exprimer enfin ce qu'on n'a guère dit encore en vers.

C'était ce que sentait M. Addison, bon poëte et critique judicieux. Il employa dans son poëme, qui a immortalisé la campagne d'Hochstedt, beaucoup moins de fictions qu'on ne s'en est permis dans le poëme de Fontenoy. Il savait que le duc de Marlborough et le prince Eugène se seraient très peu souciés de voir des dieux où il était question de grandes actions des hommes; il savait qu'on relève par l'invention les exploits de l'antiquité, et qu'on court risque d'affaiblir ceux des modernes par de froides allégories : il a fait mieux ; il a intéressé l'Europe entière à son action. Il en est à peu près de ces petits poëmes de trois cents ou de quatre cents vers sur les affaires présentes comme d'une tragédie : le fond doit être intéressant par lui-même, et les ornements étrangers sont presque toujours superflus.

On a dû spécifier les différents corps qui ont combattu, leurs armes, leur position, l'endroit où ils ont attaqué; dire que la colonne anglaise a pénétré; exprimer comment elle a été enfoncée par la maison du roi, les carabiniers, la gendarmerie, le régiment de Normandie, les Irlandais, etc. Si on n'était pas entré dans ces détails, dont le fond est si héroïque, et qui sont cependant si difficiles à rendre, rien ne distinguerait la bataille de Fontenoy d'avec celle de Tolbiac[10]. Despréaux, dans le passage du Rhin, a dit[11] :

> Revel les suit de près : sous ce chef redouté
> Marche des cuirassiers l'escadron indompté.

On a peint ici les carabiniers, au lieu de les appeler par leur nom, qui convient encore moins au vers que celui de cuirassiers. On a même mieux aimé, dans cette dernière édition, caractériser la fonction de l'état-major que de mettre en vers les noms des officiers de ce corps qui ont été blessés.

Cependant on a osé appeler la maison du roi par son nom, sans se servir d'aucune autre image. Ce nom de *maison du roi*, qui contient tant de corps invincibles, imprime une assez grande idée, sans qu'il soit besoin d'autre figure; M. Addison même ne l'appelle pas autrement. Mais il y a encore une autre raison de l'avoir nommée, c'est la rapidité de l'action.

> Vous, peuple de héros dont la foule s'avance,
> . . . .

> Louis, son fils, l'état, l'Europe est en vos mains :
> Maison du roi, marchez, etc. [12].

Si on avait dit, *la maison du roi marche*, cette expression eût été prosaïque et languissante.

On n'a pas voulu un moment s'écarter dans cet ouvrage de la gravité du sujet. Despréaux, il est vrai, en traitant le passage du Rhin dans le goût de quelques unes de ses épîtres, a joint le plaisant à l'héroïque ; car après avoir dit [13],

> Un bruit s'épand qu'Enghien et Condé sont passés :
> Condé, dont le seul nom fait tomber les murailles,
> Force les escadrons, et gagne les batailles ;
> Enghien, de son hymen le seul et digne fruit, etc.,

il s'exprime ensuite ainsi [14] :

> Bientôt... mais Wurts s'oppose à l'ardeur qui m'anime.
> Finissons, il est temps : aussi bien si la rime
> Allait mal à propos m'engager dans Arnheim,
> Je ne sais, pour sortir, de porte qu'Hildesheim.

Les personnes qui ont paru souhaiter qu'on employât dans le récit de la victoire de Fontenoy quelques traits de ce style familier de Boileau n'ont pas, ce me semble, assez distingué les lieux et les temps, et n'ont pas fait la différence qu'il faut faire entre une épître et un ouvrage d'un ton plus sérieux et plus sévère : ce qui a de la grace dans le genre épistolaire n'en aurait point dans le genre héroïque.

On n'en dira pas davantage sur ce qui regarde l'art et le goût, à la tête d'un ouvrage où il s'agit des plus grands intérêts, et qui ne doit remplir l'esprit que de la gloire du roi et du bonheur de la patrie.

NOTES ET VARIANTE

DU DISCOURS PRÉLIMINAIRE.

¹ Les trois premières éditions étaient sans discours préliminaire.

² Dans les sixième, septième et huitième éditions, il commençait ainsi :

« Ce poëme fut composé presque le même jour qu'on apprit à Paris la victoire que le roi avait remportée à Fontenoy; et depuis on ajouta plusieurs traits à la pièce, à mesure qu'on savait quelque circonstance de ce grand événement, et qu'on fesait une nouvelle édition de l'ouvrage. La rapidité avec laquelle tant d'éditions furent épuisées à Paris et dans les provinces, en moins de quinze jours, n'est qu'un témoignage de l'intérêt qu'a pris la nation à la journée mémorable dont ce poëme était alors le seul monument. L'auteur n'a eu en vue que de rendre fidèlement ce qui était venu à sa connaissance, et son seul regret est de n'avoir pu, dans un si court espace de temps, et dans une pièce de si peu d'étendue, célébrer toutes les belles actions dont il a depuis entendu parler. Il ne pouvait dire tout; mais au moins tout ce qu'il a dit est vrai. Ce n'était pas une occasion où les faits eussent besoin d'être altérés : la moindre flatterie eût déshonoré un ouvrage fondé sur la gloire du roi et de la nation. »

Tous ceux qui sont nommés, etc.

³ Vers 53. B.

⁴ Vers 256. B.

⁵ Vers 248. B.

⁶ Vers 260. B.

⁷ Vers 24. B.

⁸ Épître IV. B.

⁹ Vers 113-114. B.

NOTES ET VARIANTE.

[10] La bataille de Tolbiac fut gagnée par Clovis en 495. B.
[11] Épitre IV, vers 103-104. B.
[12] Vers 174, 177. B.
[13] Épitre IV, vers 132-35. B.
[14] Id., vers 149-152. B.

POËME DE FONTENOY.

Quoi! du siècle passé le fameux satirique
Aura fait retentir la trompette héroïque,
Aura chanté du Rhin les bords ensanglantés,
Ses défenseurs mourants, ses flots épouvantés,
Son dieu même en fureur, effrayé du passage,
Cédant à nos aïeux son onde et son rivage :
Et vous, quand votre roi dans des plaines de sang
Voit la mort devant lui voler de rang en rang,
Tandis que, de Tournay foudroyant les murailles,
Il suspend les assauts pour courir aux batailles;
Quand, des bras de l'hymen s'élançant au trépas,
Son fils, son digne fils, suit de si près ses pas;
Vous, heureux par ses lois, et grands par sa vaillance,
Français, vous garderiez un indigne silence!
Venez le contempler aux champs de Fontenoy.
O vous, Gloire, Vertu, déesses de mon roi,
Redoutable Bellone, et Minerve chérie,
Passion des grands cœurs, amour de la patrie,
Pour couronner Louis prêtez-moi vos lauriers ;
Enflammez mon esprit du feu de nos guerriers ;
Peignez de leurs exploits une éternelle image.
Vous m'avez transporté sur ce sanglant rivage :
J'y vois ces combattants que vous conduisez tous;
C'est là ce fier Saxon[a] qu'on croit né parmi nous,

[a] Le comte maréchal de Saxe, dangereusement malade, était porté dans

Maurice, qui, touchant à l'infernale rive,
Rappelle pour son roi son ame fugitive,
Et qui demande à Mars, dont il a la valeur,
De vivre encore un jour, et de mourir vainqueur.
Conservez, justes cieux, ses hautes destinées ;
Pour Louis et pour nous prolongez ses années.
 Déjà de la tranchée Harcourt[a] est accouru ;
Tout poste est assigné, tout danger est prévu.
Noailles[b], pour son roi plein d'un amour fidèle,
Voit la France en son maître, et ne regarde qu'elle.
Ce sang de tant de rois, ce sang du grand Condé,
D'Eu[c], par qui des Français le tonnerre est guidé,
Penthièvre[d], dont le zèle avait devancé l'âge,
Qui déja vers le Mein signala son courage,
Bavière avec de Pons, Boufflers et Luxembourg,
Vont chacun dans leur place attendre ce grand jour :
Chacun porte l'espoir aux guerriers qu'il commande.
Le fortuné Danoy[e], Chabanes, Galerande,
Le vaillant Bérenger, ce défenseur du Rhin,
Colbert, et du Chaila, tous nos héros enfin[f],
Dans l'horreur de la nuit, dans celle du silence,

une gondole d'osier, quand ses douleurs et sa faiblesse l'empêchaient de se tenir à cheval. Il dit au roi, qui l'embrassa après le gain de la bataille, les mêmes choses qu'on lui fait penser ici.

[a] M. le duc d'Harcourt avait investi Tournay.
[b] Maréchal de France.
[c] Grand-maître d'artillerie.
[d] Il s'était signalé à la bataille de Dettingen.
[e] M. de Danoy fut retiré par sa nourrice d'une foule de morts et de mourants sur le champ de Malplaquet, deux jours après la bataille. C'est un fait certain : cette femme vint avec un passe-port, accompagnée d'un sergent du régiment du Roi, dans lequel était alors cet officier.
[f] Les lieutenants-généraux, chacun à leur division.

Demandent seulement que le péril commence.

Le jour frappe déjà de ses rayons naissants
De vingt peuples unis les drapeaux menaçants.
Le Belge, qui jadis fortuné sous nos princes,
Vit l'abondance alors enrichir ses provinces;
Le Batave prudent, dans l'Inde respecté,
Puissant par son travail et par sa liberté,
Qui, long-temps opprimé par l'Autriche cruelle,
Ayant brisé son joug, s'arme aujourd'hui pour elle;
L'Hanovrien constant, qui, formé pour servir,
Sait souffrir et combattre, et surtout obéir;
L'Autrichien, rempli de sa gloire passée,
De ses derniers Césars occupant sa pensée;
Surtout ce peuple altier qui voit sur tant de mers
Son commerce et sa gloire embrasser l'univers,
Mais qui, jaloux en vain des grandeurs de la France,
Croit porter dans ses mains la foudre et la balance :
Tous marchent contre nous; la valeur les conduit,
La haine les anime, et l'espoir les séduit.

De l'empire français l'indomptable génie
Brave auprès de son roi leur foule réunie.
Des montagnes, des bois, des fleuves d'alentour,
Tous les dieux alarmés sortent de leur séjour,
Incertains pour quel maître en ces plaines fécondes
Vont croître leurs moissons, et vont couler leurs ondes.
La Fortune auprès d'eux, d'un vol prompt et léger,
Les lauriers dans les mains, fend les plaines de l'air;
Elle observe Louis, et voit avec colère
Que sans elle aujourd'hui la valeur va tout faire.

Le brave Cumberland, fier d'attaquer Louis,
A déjà disposé ses bataillons hardis :

Tels ne parurent point aux rives du Scamandre,
Sous ces murs si vantés que Pyrrhus mit en cendre,
Ces antiques héros qui, montés sur un char,
Combattaient en désordre, et marchaient au hasard :
Mais tel fut Scipion sous les murs de Carthage;
Tel son rival et lui, prudents avec courage,
Déployant de leur art les terribles secrets,
L'un vers l'autre avancés, s'admiraient de plus près.

 L'Escaut, les ennemis, les remparts de la ville,
Tout présente la mort, et Louis est tranquille.
Cent tonnerres de bronze ont donné le signal :
D'un pas ferme et pressé, d'un front toujours égal,
S'avance vers nos rangs la profonde colonne
Que la terreur devance, et la flamme environne,
Comme un nuage épais qui sur l'aile des vents
Porte l'éclair, la foudre et la mort dans ses flancs.
Les voilà ces rivaux du grand nom de mon maître,
Plus farouches que nous, aussi vaillants peut-être,
Encor tout orgueilleux de leurs premiers exploits.
Bourbons, voici le temps de venger les Valois.

 Dans un ordre effrayant trois attaques formées
Sur trois terrains divers engagent les armées.
Le Français, dont Maurice a gouverné l'ardeur,
A son poste attaché, joint l'art à la valeur.
La mort sur les deux camps étend sa main cruelle :
Tous ses traits sont lancés, le sang coule autour d'elle;
Chefs, officiers, soldats, l'un sur l'autre entassés,
Sous le fer expirants, par le plomb renversés,
Poussent les derniers cris en demandant vengeance.

 Grammont, que signalait sa noble impatience,
Grammont dans l'Élysée emporte la douleur

D'ignorer en mourant si son maître est vainqueur :
De quoi lui serviront ces grands titres de gloire^a,
Ce sceptre des guerriers, honneurs de sa mémoire,
Ce rang, ces dignités, vanités des héros,
Que la mort avec eux précipite aux tombeaux?
Tu meurs, jeune Craon [b] : que le ciel moins sévère
Veille sur les destins de ton généreux frère!
Hélas! cher Longaunay [c], quelle main, quel secours
Peut arrêter ton sang et ranimer tes jours!
Ces ministres de Mars [d], qui d'un vol si rapide
S'élançaient à la voix de leur chef intrépide,
Sont du plomb qui les suit dans leur course arrêtés;
Tels que des champs de l'air tombent précipités
Des oiseaux tout sanglants, palpitants sur la terre.
Le fer atteint d'Havré [e] ; le jeune d'Aubeterre [2]
Voit de sa légion tous les chefs indomptés
Sous le glaive et le feu mourants à ses côtés.

   Guerriers que Chabrillant avec Brancas rallie,
Que d'Anglais immolés vont payer votre vie!
Je te rends grace, ô Mars! dieu de sang, dieu cruel,
La race de Colbert [f], ce ministre immortel,
Échappe en ce carnage à ta main sanguinaire.

---

[a] Il allait être maréchal de France.

[b] Dix-neuf officiers du régiment du Hainaut ont été tués ou blessés. Son frère, le prince de Beauvau, servait en Italie.

[c] M. de Longaunay, colonel des nouveaux grenadiers, mort depuis de ses blessures.

[d] Officiers de l'état-major, MM. de Puységur, de Mézières, de Saint-Sauveur, de Saint-George.

[e] Le duc d'Havré, colonel du régiment de la Couronne.

[f] M. de Croissy, avec ses deux enfants, et son neveu M. Duplessis-Châtillon, blessés légèrement.

Guerchi[3] n'est point frappé[a] : la vertu peut te plaire.
Mais vous, brave d'Aché[b], quel sera votre sort ?
Le ciel sauve à son gré, donne et suspend la mort.
  Infortuné Lutteaux, tout chargé de blessures,
L'art qui veille à ta vie ajoute à tes tortures ;
Tu meurs dans les tourments : nos cris mal entendus
Te demandent au ciel, et déjà tu n'es plus.
  O combien de vertus que la tombe dévore !
Combien de jours brillants éclipsés à l'aurore !
Que nos lauriers sanglants doivent coûter de pleurs !
Ils tombent ces héros, ils tombent ces vengeurs ;
Ils meurent, et nos jours sont heureux et tranquilles ;
La molle volupté, le luxe de nos villes,
Filent ces jours sereins, ces jours que nous devons
Au sang de nos guerriers, aux périls des Bourbons !
Couvrons du moins de fleurs ces tombes glorieuses ;
Arrachons à l'oubli ces ombres vertueuses.
Vous[c] qui lanciez la foudre et qu'ont frappé ses coups,
Revivez dans nos chants quand vous mourez pour nous.
  Eh ! quel serait, grand Dieu ! le citoyen barbare,
Prodigue de censure, et de louange avare,
Qui, peu touché des morts, et jaloux des vivants,
Leur pourrait envier mes pleurs et mon encens ?
Ah ! s'il est parmi nous des cœurs dont l'indolence,
Insensible aux grandeurs, aux pertes de la France,
Dédaigne de m'entendre et de m'encourager,

[a] Tous les officiers de son régiment (Royal-des-Vaisseaux) hors de combat ; lui seul ne fut point blessé.

[b] M. d'Aché (on l'écrit d'Apcher), lieutenant général. M. de Lutteaux, lieutenant général, mort dans les opérations du traitement de ses blessures.

[c] M. du Brocard, maréchal-de-camp, commandant l'artillerie.

Réveillez-vous, ingrats, Louis est en danger.
Le feu qui se déploie, et qui, dans son passage,
S'anime en dévorant l'aliment de sa rage,
Les torrents débordés dans l'horreur des hivers,
Le flux impétueux des menaçantes mers,
Ont un cours moins rapide, ont moins de violence
Que l'épais bataillon qui contre nous s'avance,
Qui triomphe en marchant, qui, le fer à la main,
A travers les mourants s'ouvre un large chemin.
Rien n'a pu l'arrêter; Mars pour lui se déclare.
Le roi voit le malheur, le brave, et le répare.
Son fils, son seul espoir... Ah! cher prince, arrêtez;
Où portez-vous ainsi vos pas précipités?
Conservez cette vie au monde nécessaire.
Louis craint pour son fils ᵃ; le fils craint pour son père,
Nos guerriers tout sanglants frémissent pour tous deux,
Seul mouvement d'effroi dans ces cœurs généreux 4.

Vous ᵇ qui gardez mon roi, vous qui vengez la France,
Vous, peuple de héros, dont la foule s'avance,
Accourez, c'est à vous de fixer les destins;
Louis, son fils, l'état, l'Europe est en vos mains.
Maison du roi, marchez, assurez la victoire;
Soubise ᶜ et Pecquigny 5 vous mènent à la gloire.

ᵃ Un boulet de canon couvrit de terre un homme entre le roi et monseigneur le dauphin; et un domestique de M. le comte d'Argenson fut atteint d'une balle de fusil derrière eux.

ᵇ Les gardes, les gendarmes, les chevau-légers, les mousquetaires, sous M. de Montesson, lieutenant général; deux bataillons des gardes françaises et suisses, etc.

ᶜ M. le prince de Soubise prit sur lui de seconder M. le comte de La Marck dans la défense obstinée du poste d'Antoin; il alla ensuite se mettre à la tête des gendarmes, comme M. de Pecquigny à la tête des chevau-légers : ce qui contribua beaucoup au gain de la bataille.

Paraissez, vieux soldats ª, dont les bras éprouvés
Lancent de loin la mort, que de près vous bravez.
Venez, vaillante élite, honneur de nos armées ;
Partez, flèches de feu, grenades ᵇ enflammées.
Phalanges de Louis, écrasez sous vos coups
Ces combattants si fiers, et si dignes de vous.
Richelieu, qu'en tous lieux emporte son courage,
Ardent, mais éclairé, vif à-la-fois et sage,
Favori de l'Amour, de Minerve et de Mars,
Richelieu ᶜ vous appelle, il n'est plus de hasards ;
Il vous appelle ; il voit d'un œil prudent et ferme
Des succès ennemis et la cause et le terme ;
Il vole, et sa vertu secondant vos grands cœurs,
Il vous marque la place où vous serez vainqueurs.

D'un rempart de gazon, faible et prompte barrière
Que l'art oppose à peine à la fureur guerrière,
La Marck ᵈ, La Vauguyon ᵉ, Choiseul, d'un même effort

ª Carabiniers, corps institué par Louis XIV. Ils tirent avec des carabines rayées. On sait avec quel éloge le roi les a nommés dans sa lettre. — La lettre où le roi fait l'éloge des carabiniers est celle qu'il écrivit au camp devant Tournay, le 16 mai 1745, aux archevèques et évèques, pour qu'ils eussent à faire chanter un *Te Deum*. Elle est dans le *Mercure* de mai 1745, page 211. B.

ᵇ Grenadiers à cheval, commandés par M. le chevalier de Grille ; ils marchent à la tête de la maison du roi.

ᶜ Le marquis d'Argenson, qui n'a point quitté le roi pendant la bataille, a écrit à M. de Voltaire ces propres mots : « C'est M. de Richelieu qui a donné ce conseil, et qui l'a exécuté. »

ᵈ M. le comte de La Marck, au poste d'Antoin.

ᵉ MM. de La Vauguyon, Choiseul-Meuse, etc., aux retranchements faits à la hâte dans le village de Fontenoy. M. de Créqui n'était point à ce poste, comme on l'avait dit d'abord, mais à la tête des carabiniers. — C'était dans les vers rapportés en ma note 4 que Voltaire avait parlé inexactement de Créqui. B.

Arrêtent une armée, et repoussent la mort.
D'Argenson, qu'enflammaient les regards de son père,
La gloire de l'état, à tous les siens si chère,
Le danger de son roi, le sang de ses aïeux,
Assaillit par trois fois ce corps audacieux,
Cette masse de feu qui semble impénétrable.
On l'arrête; il revient, ardent, infatigable;
Ainsi qu'aux premiers temps par leurs coups redoublés
Les béliers enfonçaient les remparts ébranlés.

Ce brillant escadron[a], fameux par cent batailles,
Lui par qui Catinat fut vainqueur à Marsailles,
Arrive, voit, combat, et soutient son grand nom.
Tu suis du Chastelet, jeune Castelmoron[b],
Toi qui touches encore à l'âge de l'enfance,
Toi qui, d'un faible bras qu'affermit ta vaillance,
Reprends ces étendards déchirés et sanglants,
Que l'orgueilleux Anglais emportait dans ses rangs.
C'est dans ces rangs affreux que Chevrier expire.
Monaco perd son sang, et l'Amour en soupire.
Anglais, sur du Guesclin deux fois tombent vos coups :
Frémissez à ce nom si funeste pour vous.

Mais quel brillant héros, au milieu du carnage,

---

[a] Quatre escadrons de la gendarmerie arrivèrent après sept heures de marche, et attaquèrent.

[b] Un cheval fougueux avait emporté le porte-étendard dans la colonne anglaise. M. de Castelmoron, âgé de quinze ans, lui cinquième, alla le reprendre au milieu du camp des ennemis. M. de Bellet commandait ces escadrons de gendarmerie; il eut un cheval tué sous lui, aussi bien que M. de Chimènes, en reformant une brigade. — Voltaire, ainsi que je l'ai dit tome LV, page 585, écrivait *Chimènes*, comme on le prononçait, le nom du marquis de Ximenès, mort en 1817 (voyez tome LV, page 584). Ximenès remercia Voltaire de l'avoir mentionné (voyez t. LV, p. 39). Cette note *b* est celle dont il est question tome XXXVIII, page 538. B.

Renversé, relevé, s'est ouvert un passage?
Biron^a, tels on voyait dans les plaines d'Ivry
Tes immortels aïeux suivre le grand Henri;
Tel était ce Crillon^b, chargé d'honneurs suprêmes,
Nommé brave autrefois par les braves eux-mêmes;
Tels étaient ces d'Aumonts, ces grands Montmorencys,
Ces Créquis si vantés renaissant dans leurs fils^b;
Tel se forma Turenne au grand art de la guerre,
Près d'un autre Saxon^c, la terreur de la terre,
Quand la justice et Mars, sous un autre Louis,
Frappaient l'aigle d'Autriche et relevaient les lis.
Comment ces courtisans doux, enjoués, aimables,
Sont-ils dans les combats des lions indomptables?
Quel assemblage heureux de graces, de valeur!
Boufflers, Meuse, d'Ayen, Duras, bouillants d'ardeur,
A la voix de Louis courez, troupe intrépide.
Que les Français sont grands quand leur maître les guide!
Ils l'aiment, ils vaincront; leur père est avec eux:
Son courage n'est point cet instinct furieux,
Ce courroux emporté, cette valeur commune;
Maître de son esprit, il l'est de la fortune;
Rien ne trouble ses sens, rien n'éblouit ses yeux:
Il marche; il est semblable à ce maître des dieux
Qui, frappant les Titans et tonnant sur leurs têtes,
D'un front majestueux dirigeait les tempêtes;
Il marche, et sous ses coups la terre au loin mugit,

^a M. le duc de Biron eut le commandement de l'infanterie, quand M. de Lutteaux fut hors de combat; il chargea successivement à la tête de presque toutes les brigades.

^b M. de Luxembourg, M. de Logni, et M. de Tingry.

^c Le duc de Saxe-Weimar, sous qui le vicomte de Turenne fit ses premières campagnes. M. de Turenne est arrière-neveu de ce grand homme.

L'Escaut fuit, la mer gronde, et le ciel s'obscurcit.
Sur un nuage épais que, des antres de l'Ourse,
Les vents affreux du nord apportent dans leur course,
Les vainqueurs des Valois descendent en courroux :
« Cumberland, disent-ils, nous n'espérons qu'en vous;
Courage, rassemblez vos légions altières;
Bataves, revenez, défendez vos barrières;
Anglais, vous que la paix semble seule alarmer,
Vengez-vous d'un héros qui daigne encor l'aimer :
Ainsi que ses bienfaits craindrez-vous sa vaillance? »
Mais ils parlent en vain; lorsque Louis s'avance
Leur génie est dompté, l'Anglais est abattu,
Et la férocité[a] le cède à la vertu.
Clare avec l'Irlandais, qu'animent nos exemples,
Venge ses rois trahis, sa patrie, et ses temples.
Peuple sage et fidèle, heureux Helvétiens[b],
Nos antiques amis et nos concitoyens,
Votre marche assurée, égale, inébranlable,
Des ardents Neustriens[c] suit la fougue indomptable.
Ce Danois[d], ce héros qui, des frimas du Nord,
Par le dieu des combats fut conduit sur ce bord,
Admire les Français qu'il est venu défendre;
Mille cris redoublés près de lui font entendre :

---

[a] Ce reproche de férocité ne tombe que sur le soldat, et non sur les officiers, qui sont aussi généreux que les nôtres. On m'a écrit que, lorsque la colonne anglaise déborda Fontenoy, plusieurs soldats de ce corps criaient : « *No quarter, no quarter!* Point de quartier ! »

[b] Les régiments de Diesbach, de Betens et de Courten, etc., avec des bataillons des gardes suisses.

[c] Le régiment de Normandie, qui revenait à la charge sur la colonne anglaise, tandis que la maison du roi, la gendarmerie, les carabiniers, etc., fondaient sur elle.

[d] M. de Lowendahl.

« Rendez-vous, ou mourez, tombez sous notre effort. »
C'en est fait, et l'Anglais craint Louis et la mort.

Allez, brave d'Estrée[a], achevez cet ouvrage;
Enchaînez ces vaincus échappés au carnage;
Que du roi qu'ils bravaient ils implorent l'appui:
Ils seront fiers encore, ils n'ont cédé qu'à lui[b].

Bientôt vole après eux ce corps fier et rapide[c]
Qui, semblable au dragon qu'il eut jadis pour guide,
Toujours prêt, toujours prompt, de pied ferme, en courant,
Donne de deux combats le spectacle effrayant.
C'est ainsi que l'on voit, dans les champs des Numides,
Différemment armés, des chasseurs intrépides;
Les coursiers écumants franchissent les guérets;
On gravit sur les monts, on borde les forêts;
Les piéges sont dressés; on attend, on s'élance;
Le javelot fend l'air, et le plomb le devance.
Les léopards sanglants, percés de coups divers,
D'affreux rugissements font retentir les airs;
Dans le fond des forêts ils vont cacher leur rage.

Ah! c'est assez de sang, de meurtre, de ravage;
Sur des morts entassés c'est marcher trop long-temps:
Noailles[d], ramenez vos soldats triomphants;

---

[a] M. le comte d'Estrées à la tête de sa division, et M. de Brionne à la tête de son régiment, avaient enfoncé les grenadiers anglais, le sabre à la main.

[b] Depuis saint Louis, aucun roi de France n'avait battu les Anglais en personne, en bataille rangée.

[c] On envoya quelques dragons à la poursuite : ce corps était commandé par M. le duc de Chevreuse, qui s'était distingué au combat de Sahy, où il avait reçu trois blessures. L'opinion la plus vraisemblable sur l'origine du mot *dragon* est qu'ils portèrent un dragon dans leurs étendards, sous le maréchal de Brissac, qui institua ce corps dans les guerres du Piémont.

[d] Le comte de Noailles attaqua de son côté la colonne d'infanterie anglaise avec une brigade de cavalerie, qui prit ensuite des canons.

Mars voit avec plaisir leurs mains victorieuses
Traîner dans notre camp ces machines affreuses,
Ces foudres ennemis contre nous dirigés :
Venez lancer ces traits que leurs mains ont forgés;
Qu'ils renversent par vous les murs de cette ville,
Du Batave indécis la barrière et l'asile,
Ces premiers fondements^a de l'empire des lis,
Par les mains de mon roi pour jamais affermis.

Déjà Tournay se rend, déjà Gand s'épouvante :
Charles-Quint s'en émeut; son ombre gémissante
Pousse un cri dans les airs, et fuit de ce séjour
Où pour vaincre autrefois le ciel le mit au jour :
Il fuit; mais quel objet pour cette ombre alarmée!
Il voit ces vastes champs couverts de notre armée;
L'Anglais deux fois vaincu, cédant de toutes parts,
Dans les mains de Louis laissant ses étendards;
Le Belge en vain caché dans ses villes tremblantes;
Les murs de Gand^b tombés sous ses mains foudroyantes;
Et son char de victoire, en ces vastes remparts,
Écrasant le berceau du plus grand^c des Césars 7;
Ostende, qui jadis a, durant trois années^d,
Bravé de cent assauts les fureurs obstinées,
En dix jours à Louis cédant ses murs ouverts,
Et l'Anglais frémissant sur le trône des mers.

^a Tournay, principale ville des Français sous la première race, dans laquelle on a trouvé le tombeau de Childéric.

^b La ville de Gand soumise à sa majesté le 11 juillet, après la défaite d'un corps d'Anglais par M. du Chaila, à la tête des brigades de Crillon et de Normandie, le régiment de Grassin, etc.

^c Des Césars modernes. — Comme Voltaire l'a dit dans un vers ci-dessus, c'est à Gand que Charles-Quint avait reçu le jour. B.

^d Elle fut prise en 1604 par Ambroise Spinola, après trois ans et trois mois de siége.

Français, heureux guerriers, vainqueurs doux et terribles,
Revenez, suspendez dans nos temples paisibles
Ces armes, ces drapeaux, ces étendards sanglants ;
Que vos chants de victoire animent tous nos chants :
Les palmes dans les mains nos peuples vous attendent ;
Nos cœurs volent vers vous, nos regards vous demandent :
Vos mères, vos enfants, près de vous empressés,
Encor tout éperdus de vos périls passés,
Vont baigner, dans l'excès d'une ardente alégresse,
Vos fronts victorieux de larmes de tendresse.
Accourez, recevez, à votre heureux retour,
Le prix de la vertu par les mains de l'amour.

FIN DU POËME DE FONTENOY.

NOTES ET VARIANTES
DU POËME DE FONTENOY.

[1] Il était gouverneur du Languedoc. Le roi, l'ayant envoyé tenir les états de la province, lui annonça qu'il serait payé de ses dépenses sur ses mémoires : M. le comte d'Eu ne voulut point y consentir. « Sire, dit-il au roi, ce que je tiens de l'état suffit pour les dépenses extraordinaires que son service peut exiger de moi. » K.

[2] M. le marquis d'Aubeterre, depuis ambassadeur à Rome. Il y fut chargé des négociations relatives à l'abolition de l'ordre des jésuites, et eut l'honneur de contribuer à un événement si utile à la raison et à l'humanité. Depuis il a été nommé commandant de Bretagne. La bonté de ses principes d'administration, son intégrité, son amour du bien, la douceur et la franchise de son caractère, lui ont mérité l'estime publique. K.

[3] Regnier de Guerchi, d'une ancienne famille de Bourgogne, et dont un des ancêtres avait été tué à la Saint-Barthélemi (voyez *la Henriade*, chant second, vers 275), fut fait colonel du régiment du Roi après la bataille. Il le commanda pendant la guerre dernière, et se signala surtout à la retraite de Crevelt, où il sauva l'hôpital

des blessés, et à celle de Minden. Sa valeur, une humanité dans la guerre, rare même dans ce siècle, son amour de l'ordre et de la discipline, une probité également incorruptible dans les armées, à la cour et dans les affaires, le soin qu'il prenait de former dans son régiment des sujets utiles à la patrie, soit dans la carrière politique, soit dans l'état militaire, enfin la réunion de toutes les qualités d'un brave officier, d'un honnête homme et d'un bon citoyen, ont vérifié ce jugement de M. de Voltaire, qui ne pouvait être alors qu'une espèce de prophétie. Il fut nommé ambassadeur d'Angleterre après la dernière paix.

Nous nous sommes fait un devoir de rendre ici justice à la mémoire de M. le comte de Guerchi, parcequ'il a été calomnié à la fin de sa vie, et depuis sa mort, par un de ces êtres vils qui, à force d'impudence et de méchanceté, parviennent quelquefois à se donner une existence, et acquièrent par leurs excès mêmes une sorte de célébrité honteuse, il est vrai, mais qui peut en imposer à la multitude. K. — Les noms de baptême du comte de Guerchi étaient Claude-Louis-François. Il était, en 1763, ambassadeur en Angleterre, et eut des discussions avec Treyssac de Vergy, dont j'ai parlé tome LXII, page 205. C'est probablement ce Treyssac de Vergy que désignent les mots *un de ces êtres vils*. B.

4 Après ce vers, dans les premières éditions on lisait :

D'un rempart de gazon, faible et prompte barrière
Que l'art oppose à peine à la fureur guerrière,
La Vauguyon et Créqui, d'un indomptable effort,
Arrêtent une armée et repoussent la mort.

Une note apprenait que les mots *un rempart de gazon* désignent les redoutes.

Ces vers qui étaient encore dans la cinquième édition ne sont plus dans la sixième. Ils furent changés comme inexacts, et transposés ; voyez la note *e* de la page 134. B.

5 Depuis duc de Chaulnes. Il fut honoraire de l'académie des sciences. On a de lui un ouvrage intitulé *Art de diviser les instruments de mathématiques*, dans lequel il propose des moyens ingénieux pour rendre ces divisions plus sûres et plus exactes. Il avait un véritable talent pour cette partie de la mécanique qui s'occupe de la perfection et de l'exactitude des instruments délicats. Son fils en a montré de plus grands pour la physique, pour la chimie, et les arts qui en dépendent. K.

6 Le duc de Crillon. Il vient de prendre Mahon, et le roi d'Espagne l'a récompensé de cette conquête importante (1782), en lui donnant la grandesse, le titre de capitaine général, et surtout en le chargeant du siége de Gibraltar. K.

7 Après ce vers, il y avait :

Français, heureux Français, peuple doux et paisible,
C'est peu qu'en vous guidant Louis soit invincible;
C'est peu que, le front calme et la mort dans les mains,
Il ait lancé la foudre avec des yeux sereins;
C'est peu d'être vainqueur, il est modeste et tendre;
Il honore de pleurs le sang qu'il vit répandre;
Entouré de héros qui suivirent ses pas,
Il prodigue l'éloge et ne le reçoit pas;
Il veille sur des jours hasardés pour lui plaire.
Le monarque est un homme, et le vainqueur un père.
Ces captifs tout sanglants, portés par nos soldats,
Par leur main triomphante arrachés au trépas,
Après ces jours de sang, d'horreur et de furie,
Ainsi qu'en leurs foyers, au sein de leur patrie,
Des plus tendres bienfaits éprouvent les douceurs,
Consolés, secourus, servis par les vainqueurs.
O grandeur véritable! ô victoire nouvelle!
Eh! quel cœur ulcéré d'une haine cruelle,
Quel farouche ennemi peut n'aimer pas mon roi,
Et ne pas souhaiter d'être né sous sa loi?
Il étendra son bras, et calmera l'empire.
Déjà Vienne se tait, déjà Londres l'admire.
La Bavière, confuse au bruit de ses exploits,
Gémit d'avoir quitté le protecteur des rois.
Naple est en sûreté, la Sardaigne en alarmes.
Tous les rois de son sang triomphent par ses armes;
Et de l'Èbre à la Seine en tous lieux on entend :
« Le plus aimé des rois est aussi le plus grand. »
Ah! qu'on ajoute encore à ce titre suprême
Ce nom si cher au monde et si cher à lui-même,
Ce prix de ses vertus qui manque à sa valeur,
Ce titre auguste et saint de pacificateur!
Que de ses jours si beaux, de qui nos jours dépendent,
La course soit tranquille, et les bornes s'étendent!
   Ramenez ce héros, ô vous qui l'imitez,
Guerriers qu'il vit combattre et vaincre à ses côtés.
* Les palmes dans les mains, etc.

POËME

SUR

LA LOI NATURELLE,

EN QUATRE PARTIES.

AU ROI DE PRUSSE.

1752.

AVERTISSEMENT

DES ÉDITEURS DE L'ÉDITION DE KEHL

SUR LES DEUX POËMES SUIVANTS [1].

L'objet du poëme sur *la Loi naturelle* [2] est d'établir l'existence d'une morale universelle et indépendante, non seulement de toute religion révélée, mais de tout système particulier sur la nature de l'Être suprême.

La tolérance des religions et l'absurdité de l'opinion qu'il

[1] Les deux poëmes sont, l'un sur la *Loi naturelle* (voyez page 155), l'autre sur le *Désastre de Lisbonne* (voyez page 191). Tous deux furent imprimés, pour la première fois, en 1756; mais ils n'avaient pas été composés la même année; voyez la note suivante et celle de la page 146. B.

[2] Voltaire lui-même, dans la note de l'Exorde (voyez page 155), dit que la *Loi naturelle* est de 1751. Il lui donne la même date dans sa note de l'*Ode sur la mort de la princesse de Bareuth*. Dans sa lettre à d'Argental, du 22 mars 1756, il dit que ce poëme fut crayonné pour le roi de Prusse précisément avant la brouillerie, qui est du commencement de 1753 et même de la fin de 1752. D'après Colini (*Mon séjour auprès de Voltaire*, page 31), c'est en 1752 que ce poëme fut composé. J'ai donc adopté cette date. Voltaire l'appelle tantôt son *Petit Carême* (voyez lettre à Thieriot, du 12 mars 1756), tantôt son *Testament en vers* (voyez lettre à Thieriot, du 12 avril 1756). Quant au titre de *la Religion naturelle*, que l'on reprocha à Voltaire qui fut réduit à le renier, Voltaire l'emploie lui-même dans sa lettre à Thieriot, du 12 mars 1756. Thomas (voyez tome LXII, page 439) publia des *Réflexions philosophiques et littéraires sur le poëme de la Religion naturelle*, 1756, petit in-8°, réimprimées en 1801, in-8°. Je ne sais quel est l'auteur de l'*Anti-Naturaliste, ou Examen critique du poëme de la Religion naturelle*, Berlin, 1756, petit in-8° de 21 pages. C'est une critique des pensées et non du style. J'ignore aussi le nom de l'auteur d'une *Parodie anecdotique du poëme de la Religion naturelle de M. de Voltaire, par M. P. A. A. A. P.*, La Haye, Regissart, 1757, petit in-8° de XII et 52 pages. Cette *Parodie* a cinq chants. Les *Remarques sur la Religion naturelle, poëme de M. de V...*, suivies d'une addition sur l'édition de Genève du

peut exister une puissance spirituelle indépendante de la puissance civile, sont des conséquences nécessaires de ce premier principe, conséquences que M. de Voltaire développe dans les deux dernières parties. En effet, s'il existe une morale indépendante de toute opinion spéculative, ces opinions deviennent indifférentes au bonheur des hommes, et dès-lors cessent de pouvoir être l'objet de la législation. Ce n'est pas pour être instruits sur la métaphysique, mais pour s'assurer le libre exercice de leurs droits, que les hommes se sont réunis en société; et le droit de penser ce qu'on veut, et de faire tout ce qui n'est pas contraire au droit d'autrui, est aussi réel, aussi sacré que le droit de propriété.

Dans le poëme sur *le Désastre de Lisbonne*[1], M. de Voltaire attaque l'opinion que tout est bien, opinion très ré-

---

même poëme, Louvain, 1757, petit in-8° de 72 pages, ne me sont connues que par la mention que j'en trouve dans les *Annales typographiques* (pour 1757), Paris, 1759, in-4°, page 33. Le *Catalogue de la Bibliothèque du duc de La Vallière* (n° 14,335 de la deuxième partie) contient une *Épître d'un homme désintéressé à M. de Voltaire, sur son poëme de la Religion naturelle; examen du Voltéranisme en prose et en vers*, 1757, in-8°. Cette *Épître* est probablement celle dont Luchet cite un fragment dans le t. III de son *Histoire littéraire de Voltaire*. C'est Sauvigny qui est auteur de *la Religion révélée, poëme en réponse à celui de la Religion naturelle*, etc., 1758, petit in-8° de 64 pages. Les *Lettres flamandes, ou Histoire des variations et contradictions de la prétendue religion naturelle* (par l'abbé Duhamel), Lille (Auxerre), 1752, in-18, sont, comme on voit, antérieures au poëme de Voltaire. Ce n'est donc pas contre cet ouvrage, mais contre quelques autres écrits du même auteur, soit en vers, soit en prose, que les *Lettres flamandes* sont dirigées. B.

[1] Le tremblement de terre de Lisbonne est du 1er novembre 1755 (voyez tome XXI, pages 280-81); mais Voltaire n'en eut la certitude qu'à la fin du mois (voyez ses lettres à M. Bertrand, des 28 et 30 novembre). On peut croire qu'il avait déjà conçu l'idée de son poëme; mais il en parle pour la première fois dans sa lettre à d'Argental, du 8 janvier 1756. Il l'y appelle son *Sermon*. Dans une lettre à Thieriot, du 12 avril 1756, il l'appelle ses *Lamentations de Jérémie*. L'ouvrage circulait à Paris dès le mois de janvier, et Voltaire voulait l'attribuer à un P. Liébaut ou Liébaud (voyez lettres à Gauffecourt, du 29 janvier 1756; à Thieriot, du 29 février.) Le *Journal encyclopédique* du 15 février 1756 parle d'une *Épître sur la ruine*

pandue au commencement de ce siècle, parmi les philosophes d'Angleterre et d'Allemagne. La question de l'origine du mal a été insoluble jusqu'ici, et le sera toujours. En effet, le mal, tel qu'il existe à notre égard, est une suite nécessaire de l'ordre du monde; mais pour savoir si un autre ordre était possible, il faudrait connaître le système entier de celui qui existe. D'ailleurs, en réfléchissant sur la manière dont nous acquérons nos idées, il est aisé de voir que nous ne pouvons en avoir aucune de la possibilité prise en général, puisque notre idée de possibilité, relative à des objets réels, ne se forme que d'après l'observation des faits existants.

M. Rousseau (J.-J.) a publié une lettre [1] adressée à M. de Voltaire, à l'occasion du poëme sur *la Destruction de Lisbonne*: elle contient quelques objections sur lesquelles la réputation méritée de cet auteur nous oblige d'entrer dans quelques détails.

de Lisbonne, qu'on attribuait à Voltaire, mais qui paraît être de Ximenès. Cette épître, qui n'a que trente-six vers, est imprimée dans la *Correspondance de Grimm*, au 15 janvier 1756. On imprima dans le *Journal encyclopédique*, du 1er avril 1756, une *Réponse à M. de V...*, ou *Défense de l'axiome Tout est bien*. Cette *Réponse* en cent soixante-quatre vers est réimprimée à la suite d'une édition du *Poëme de M. de Voltaire*, 1756, in-8° de 16 pages.

Je dois aussi parler du *Poëme sur le tremblement de terre de Constantinople, par un garçon perruquier, ci-devant attaché à la boutique de M. André*, Amsterdam, 1766, in-8° de 15 pages. Un perruquier nommé Charles André, né à Langres en 1722, s'étant laissé persuader qu'il était poëte, avait publié *le Tremblement de terre de Lisbonne, tragédie en cinq actes et en vers*, 1755 (1756), in-8°, dédiée à *l'illustre et célèbre poëte M. de Voltaire*, qu'il appelle *monsieur et cher confrère*. Le principal auteur de cette tragédie est Lasalle-Dampierre, l'une des pratiques d'André; quelques personnes l'attribuent aussi à Paris de Maizieux. On ne sait quelle est la personne qui a publié le *poëme sur le Tremblement de terre de Constantinople*, sous le nom d'un garçon perruquier; mais ce n'était pas un ami de Voltaire, qu'on essaie en deux ou trois endroits de tourner en ridicule. Dans sa lettre à Dalembert du 30 juillet 1766 Voltaire parle d'un tremblement de terre à Constantinople. B.

[1] Voyez, tome LVII, page 125, cette lettre, qui est du 18 août 1756, et dont j'ai parlé dans ma Préface du tome XXXIII, page x. B.

Il convient d'abord que nous n'avons aucun moyen d'expliquer l'origine du mal; et il ajoute qu'il ne croit le système de l'optimisme que parcequ'il trouve ce système très consolant, et qu'il pense qu'on doit déduire de l'existence d'un Dieu juste que tout est bien, et non déduire de la perfection de l'ordre du monde l'existence d'un Dieu juste.

Nous observerons, 1° que l'on ne doit croire une chose que parcequ'elle est prouvée. Il y a des hommes qui croient plus facilement ce qui leur est plus agréable; d'autres sont au contraire plus portés à croire les événements fâcheux. La constitution des premiers est plus heureuse; mais le doute sur ce qui n'est pas prouvé est le seul parti raisonnable.

2° En supposant que l'ordre du monde, tel que nous le connaissons, nous conduise à l'existence d'un Être suprême, il est évident que nous ne pouvons nous former une idée de sa justice ou de sa bonté que d'après la manière dont nous le voyons agir. Chercher *a priori* à se faire une idée des attributs de Dieu est une méthode de philosopher qui ne peut conduire à aucune véritable connaissance. Des métaphysiciens hardis en ont conclu qu'on ne pouvait se former une idée de Dieu; *cette assertion est trop absolue; il fallait ajouter* : En suivant la méthode des théologiens et des métaphysiciens de l'école. Mais on ne peut se former de Dieu, comme d'aucun autre objet réel, que des idées incomplètes, et seulement d'après des faits observés. (*Voyez* Locke, et l'article EXISTENCE dans *l'Encyclopédie*.)

M. de Voltaire avait dit dans ses notes [1] que rien dans l'univers n'est assujetti à des lois rigoureusement mathématiques, et qu'il peut y avoir des événements indifférents à l'ordre du monde. M. Rousseau combat ces assertions; mais nous répondrons, 1° qu'il ne peut être question que de lois mathématiques connues de nous; car dire qu'il existe peut-être dans l'univers un ordre que nous ne voyons pas, c'est apporter, non une preuve que cet ordre existe, mais un motif de ne pas en nier l'existence.

---

[1] Dans la note sur le vers 75 du *Poëme sur le désastre de Lisbonne*. B.

2° En supposant un ordre d'événements quelconque, ils suivront toujours entre eux une certaine loi générale. Supposez deux mille boules placées sur une table ; quel que soit leur ordre, vous pourrez toujours faire passer une courbe géométrique par le centre de toutes ces boules : en conclurez-vous qu'elles ont été arrangées suivant un certain ordre ? Ce mot d'ordre appliqué à la nature est vide de sens, s'il ne signifie un arrangement dont nous saisissons la régularité et le dessein.

Quant à l'existence des événements indifférents, il est difficile d'en nier la possibilité, parceque l'on peut supposer que le petit dérangement qui résulte de cet événement soit imperceptible pour la totalité du système général. Supposons, par exemple, cent millions de planètes mues suivant certaines lois, il est évident que leur position peut être telle qu'un léger dérangement dans la vitesse de l'une d'elles ne changera point leur ordre d'une manière sensible dans un temps même infini : cela est encore plus vrai pour les systèmes de corps qui, après un petit dérangement, reviennent à l'équilibre. L'ordre du monde peut être changé par la seule différence d'un mouvement que j'aurai fait à droite ou à gauche ; mais il peut aussi ne pas l'être.

M. Rousseau proposait, dans cette même lettre, d'exclure de la tolérance universelle toute opinion intolérante. Cette maxime séduit par un faux air de justice ; mais M. de Voltaire n'eût pas voulu l'admettre. Les lois en effet ne doivent avoir d'empire que sur les actions extérieures : elles doivent punir un homme pour avoir persécuté, mais non pour avoir prétendu que la persécution est ordonnée par Dieu même. Ce n'est pas pour avoir eu des idées extravagantes, mais pour avoir fait des actions de folie, que la société a droit de priver un homme de sa liberté. Ainsi, sous aucun point de vue, une opinion qui ne s'est manifestée que par des raisonnements généraux, même imprimés, ne pouvant être regardée comme une action, elle ne peut jamais être l'objet d'une loi.

Le seul reproche fondé qu'on puisse faire à M. de Voltaire serait d'avoir exagéré les maux de l'humanité; mais s'il les a sentis comme il les a peints, dans l'instant où il a écrit son poëme, il a eu raison. Le devoir d'un écrivain n'est pas de dire des choses qu'il croit agréables ou consolantes, mais de dire des choses vraies; d'ailleurs la doctrine que *Tout est bien* est aussi décourageante que celle de la fatalité. On trompe ses douleurs par des opinions générales, comme chaque homme peut adoucir ses chagrins par des illusions particulières : tel se console de mourir, parcequ'il ne laisse au monde que des mourants; tel autre, parceque sa mort est une suite nécessaire de l'ordre de l'univers; un troisième, parcequ'elle fait partie d'un arrangement où tout est bien; un autre enfin, parcequ'il se réunira à l'ame universelle du monde. Des hommes d'une autre classe se consoleront en songeant qu'ils vont entendre la musique des esprits bienheureux, se promener en causant dans de beaux jardins, caresser des houris, boire la bière céleste, voir Dieu face à face, etc., etc.; mais il serait ridicule d'établir sur aucune de ces opinions le bonheur général de l'espèce humaine.

N'est-il pas plus raisonnable à-la-fois et plus utile de se dire : « La nature a condamné les hommes à des maux cruels, et ceux qu'ils se font à eux-mêmes sont encore son ouvrage, puisque c'est d'elle qu'ils tiennent leurs penchants? Quelle est la raison première de ces maux? je l'ignore; mais la nature m'a donné le pouvoir de détourner une partie des malheurs auxquels elle m'a soumis. L'homme doué de raison peut se flatter, par ses progrès dans les sciences et dans la législation, de s'assurer une vie douce et une mort facile, de terminer un jour tranquille par un sommeil paisible. Travaillons sans cesse à ce but, pour nous-mêmes comme pour les autres : la nature nous a donné des besoins; mais nous trouvons avec les arts les moyens de les satisfaire. Nous opposons aux douleurs physiques la tempérance et les remèdes; nous avons appris à braver le tonnerre, cherchons à pénétrer la cause des volcans et des tremblements de terre, à les prévoir, si nous ne pouvons les détourner. Corrigeons les mauvais penchants, s'il en existe, par une bonne éducation ; apprenons aux hommes à bien connaître leurs vrais intérêts; accoutumons-les à se conduire d'après la raison. La nature leur a donné la pitié et un sentiment d'affection pour leurs semblables; avec ces moyens, dirigés par une raison éclairée, nous détournerons loin de nous le vice et le crime.

« Qu'importe que tout soit bien, pourvu que nous fassions en sorte que tout soit mieux qu'il n'était avant nous ? »

PRÉFACE[1].

On sait assez que ce poëme n'avait pas été fait pour être public; c'était depuis trois ans un secret entre un grand roi[2] et l'auteur. Il n'y a que trois mois qu'il s'en répandit quelques copies dans Paris, et bientôt après il y fut imprimé plusieurs fois d'une manière aussi fautive que les autres ouvrages qui sont partis de la même plume.

Il serait juste d'avoir plus d'indulgence pour un écrit secret, tiré de l'obscurité où son auteur l'avait condamné, que pour un ouvrage qu'un écrivain expose lui-même au grand jour. Il serait encore juste de ne pas juger le poëme d'un laïque comme on jugerait une thèse de théologie. Ces deux poëmes[3] sont les fruits d'un arbre transplanté : quelques uns de ces fruits peuvent n'être pas du goût de quelques personnes; ils sont d'un climat étranger, mais il n'y en a aucun d'empoisonné, et plusieurs peuvent être salutaires.

Il faut regarder cet ouvrage comme une lettre où l'on expose en liberté ses sentiments. La plupart des livres ressemblent à ces conversations générales et gênées dans lesquelles on dit rarement ce qu'on pense. L'auteur a dit ce qu'il a pensé à un prince philosophe auprès duquel il avait alors l'honneur de vivre. Il a appris que des esprits éclairés n'ont pas été mécontents de cette ébauche : ils ont jugé que le poëme sur *la Loi naturelle* est une préparation à des vérités plus sublimes. Cela seul aurait déterminé l'auteur à rendre l'ouvrage plus complet et plus correct, si ses infirmités l'avaient permis. Il a été obligé de se borner à corriger les fautes dont fourmillent les éditions qu'on en a faites.

Les louanges données dans cet écrit à un prince qui ne cherchait pas ces louanges ne doivent surprendre personne;

elles n'avaient rien de la flatterie, elles partaient du cœur : ce n'est pas là de cet encens que l'intérêt prodigue à la puissance. L'homme de lettres pouvait ne pas mériter les éloges et les bontés dont le monarque le comblait; mais le monarque méritait la vérité que l'homme de lettres lui disait dans cet ouvrage. Les changements survenus depuis dans un commerce si honorable pour la littérature n'ont point altéré les sentiments qu'il avait fait naître.

Enfin, puisqu'on a arraché au secret et à l'obscurité un écrit destiné à ne point paraître, il subsistera chez quelques sages comme un monument d'une correspondance philosophique qui ne devait point finir; et l'on ajoute que si la faiblesse humaine se fait sentir partout, la vraie philosophie dompte toujours cette faiblesse.

Au reste, ce faible essai fut composé à l'occasion d'une petite brochure qui parut en ce temps-là. Elle était intitulée *Du souverain Bien*, et elle devait l'être *Du souverain Mal*. On y prétendait qu'il n'y a ni vertu ni vice, et que les remords sont une faiblesse d'éducation qu'il faut étouffer. L'auteur du poëme prétend que les remords nous sont aussi naturels que les autres affections de notre ame. Si la fougue d'une passion fait commettre une faute, la nature, rendue à elle-même, sent cette faute. La fille sauvage trouvée près de Châlons [4] avoua que dans sa colère elle avait donné à sa compagne un coup dont cette infortunée mourut entre ses bras. Dès qu'elle vit son sang couler, elle se repentit, elle pleura, elle étancha ce sang, elle mit des herbes sur la blessure. Ceux qui disent que ce retour d'humanité n'est qu'une branche de notre amour-propre font bien de l'honneur à l'amour-propre. Qu'on appelle la raison et les remords comme on voudra, ils existent, et ils sont les fondements de la loi naturelle.

NOTES

SUR LA PRÉFACE DE LA LOI NATURELLE.

¹ Cette préface est de 1756. B.

² Frédéric II, roi de Prusse; voyez ma note, page 145. B.

³ L'auteur parle ici du poëme sur *le Désastre de Lisbonne*, qui parut avec celui sur *la Loi naturelle*. K.

⁴ Voyez, dans les *OEuvres de L. Racine*, les *Éclaircissements sur la fille sauvage* dont il est parlé dans *l'épître II, sur l'homme*. A.

LA LOI NATURELLE,

POËME.

EXORDE.

O vous dont les exploits, le règne, et les ouvrages [a],
Deviendront la leçon des héros et des sages [1],
Qui voyez d'un même œil les caprices du sort,
Le trône et la cabane, et la vie et la mort;
Philosophe intrépide, affermissez mon ame;
Couvrez-moi des rayons de cette pure flamme
Qu'allume la raison, qu'éteint le préjugé.
Dans cette nuit d'erreur où le monde est plongé,
Apportons, s'il se peut, une faible lumière.
Nos premiers entretiens, notre étude première,
Étaient, je m'en souviens, Horace avec Boileau.
Vous y cherchiez le *vrai*, vous y goûtiez le *beau*;
Quelques traits échappés d'une utile morale

---

[a] Nous savons que ce poëme, qu'on regarde comme l'un des meilleurs ouvrages de notre auteur, fut fait vers l'an 1751, chez madame la margrave de Bareuth, sœur du roi de Prusse. Je ne sais quels pédants eurent depuis l'atrocité imbécile de le condamner.

Ces vils tyrans de l'esprit, qui avaient alors trop de crédit, ont été punis depuis de toutes leurs insolences (1773). — Le parlement de Paris, qui, le 23 janvier 1759, avait condamné à être brûlés la *Religion naturelle* et autres écrits, était supprimé depuis décembre 1770, lorsque Voltaire imprima cette note. B.

Dans leurs piquants écrits brillent par intervalle :
Mais Pope approfondit ce qu'ils ont effleuré ;
D'un esprit plus hardi, d'un pas plus assuré,
Il porta le flambeau dans l'abîme de l'être ;
Et l'homme avec lui seul apprit à se connaître.
L'art quelquefois frivole et quelquefois divin[2],
L'art des vers est, dans Pope, utile au genre humain.
Que m'importe en effet que le flatteur d'Octave,
Parasite discret, non moins qu'adroit esclave,
Du lit de sa Glycère, ou de Ligurinus,
En prose mesurée insulte à Crispinus ;
Que Boileau, répandant plus de sel que de grace,
Veuille outrager Quinault, pense avilir le Tasse ;
Qu'il peigne de Paris les tristes embarras,
Ou décrive en beaux vers[3] un fort mauvais repas ?
Il faut d'autres objets à votre intelligence.

De l'esprit qui vous meut vous recherchez l'essence,
Son principe, sa fin, et surtout son devoir[4].
Voyons sur ce grand point ce qu'on a pu savoir,
Ce que l'erreur fait croire aux docteurs du vulgaire,
Et ce que vous inspire un Dieu qui vous éclaire[5].
Dans le fond de nos cœurs il faut chercher ses traits[6] :
Si Dieu n'est pas dans nous, il n'exista jamais.
Ne pouvons-nous trouver l'auteur de notre vie
Qu'au labyrinthe obscur de la théologie ?
Origène et Jean Scott sont chez vous sans crédit :
La nature en sait plus qu'ils n'en ont jamais dit.
Écartons ces romans qu'on appelle systèmes ;
Et pour nous élever descendons dans nous-mêmes.

PREMIÈRE PARTIE.

Dieu a donné aux hommes les idées de la justice, et la conscience pour les avertir, comme il leur a donné tout ce qui leur est nécessaire. C'est là cette loi naturelle sur laquelle la religion est fondée; c'est le seul principe qu'on développe ici. L'on ne parle que de la loi naturelle, et non de la religion et de ses augustes mystères.

Soit qu'un Être inconnu, par lui seul existant[7],
Ait tiré depuis peu l'univers du néant;
Soit qu'il ait arrangé la matière éternelle;
Qu'elle nage en son sein, ou qu'il règne loin d'elle[a];
Que l'ame, ce flambeau souvent si ténébreux,
Ou soit un de nos sens ou subsiste sans eux;
Vous êtes sous la main[8] de ce maître invisible.
Mais du haut de son trône, obscur, inaccessible,
Quel hommage, quel culte exige-t-il de vous[9] ?

[a] Dieu étant un être infini, sa nature a dû être inconnue à tous les hommes. Comme cet ouvrage est tout philosophique, il a fallu rapporter les sentiments des philosophes. Tous les anciens, sans exception, ont cru l'éternité de la matière; c'est presque le seul point sur lequel ils convenaient. La plupart prétendaient que les dieux avaient arrangé le monde; nul ne croyait que Dieu l'eût tiré du néant. Ils disaient que l'intelligence céleste avait, par sa propre nature, le pouvoir de disposer de la matière, et que la matière existait par sa propre nature.

Selon presque tous les philosophes et les poëtes, les grands dieux habitaient loin de la terre. L'ame de l'homme, selon plusieurs, était un feu céleste; selon d'autres, une harmonie résultante de ses organes; les uns en fesaient une partie de la Divinité, *divinæ particulam auræ*; les autres, une matière épurée, une quintessence; les plus sages, un être immatériel : mais, quelque secte qu'ils aient embrassée, tous, hors les épicuriens, ont reconnu que l'homme est entièrement soumis à la Divinité (1756).

De sa grandeur suprême indignement jaloux,
Des louanges, des vœux, flattent-ils sa puissance?
Est-ce le peuple altier conquérant de Byzance,
Le tranquille Chinois, le Tartare indompté,
Qui connaît son essence, et suit sa volonté?
Différents dans leurs mœurs ainsi qu'en leur hommage,
Ils lui font tenir tous un différent langage:
Tous se sont donc trompés. Mais détournons les yeux
De cet impur amas d'imposteurs odieux[a];
Et, sans vouloir sonder d'un regard téméraire [10]
De la loi des chrétiens l'ineffable mystère,
Sans expliquer en vain ce qui fut révélé,
Cherchons par la raison si Dieu n'a point parlé.

 La nature a fourni d'une main salutaire
Tout ce qui dans la vie à l'homme est nécessaire,
Les ressorts de son ame, et l'instinct de ses sens.
Le ciel à ses besoins soumet les éléments.
Dans les plis du cerveau la mémoire habitante
Y peint de la nature une image vivante.
Chaque objet de ses sens prévient la volonté;
Le son dans son oreille est par l'air apporté;
Sans efforts et sans soins son œil voit la lumière.
Sur son Dieu, sur sa fin, sur sa cause première,
L'homme est-il sans secours à l'erreur attaché?
Quoi! le monde est visible, et Dieu serait caché?
Quoi! le plus grand besoin que j'aie en ma misère
Est le seul qu'en effet je ne puis satisfaire?
Non; le Dieu qui m'a fait ne m'a point fait en vain:
Sur le front des mortels il mit son sceau divin.

[a] Il faut distinguer Confutzée, qui s'en est tenu à la religion naturelle, et qui a fait tout ce qu'on peut faire sans révélation (1756).

Je ne puis ignorer ce qu'ordonna mon maître;
Il m'a donné sa loi, puisqu'il m'a donné l'être.
Sans doute il a parlé; mais c'est à l'univers:
Il n'a point de l'Égypte habité les déserts[11];
Delphes, Délos, Ammon, ne sont pas ses asyles;
Il ne se cacha point aux antres des sibylles.
La morale uniforme en tout temps, en tout lieu,
A des siècles sans fin parle au nom de ce Dieu.
C'est la loi de Trajan, de Socrate, et la vôtre.
De ce culte éternel la nature est l'apôtre.
Le bon sens la reçoit; et les remords vengeurs,
Nés de la conscience, en sont les défenseurs;
Leur redoutable voix partout se fait entendre.
 Pensez-vous en effet que ce jeune Alexandre,
Aussi vaillant que vous, mais bien moins modéré,
Teint du sang d'un ami trop inconsidéré,
Ait pour se repentir consulté des augures?
Ils auraient dans leurs eaux lavé ses mains impures;
Ils auraient à prix d'or absous bientôt le roi.
Sans eux, de la nature il écouta la loi:
Honteux, désespéré d'un moment de furie,
Il se jugea lui-même indigne de la vie.
Cette loi souveraine, à la Chine, au Japon,
Inspira Zoroastre, illumina Solon.
D'un bout du monde à l'autre elle parle, elle crie:
« Adore un Dieu, sois juste, et chéris ta patrie. »
Ainsi le froid Lapon crut un Être éternel,
Il eut de la justice un instinct naturel;
Et le Nègre, vendu sur un lointain rivage,
Dans les Nègres encore aima sa noire image.
Jamais un parricide, un calomniateur,

N'a dit tranquillement dans le fond de son cœur:
« Qu'il est beau, qu'il est doux d'accabler l'innocence,
De déchirer le sein qui nous donna naissance!
Dieu juste, Dieu parfait, que le crime a d'appas! »
Voilà ce qu'on dirait, mortels, n'en doutez pas,
S'il n'était une loi terrible, universelle,
Que respecte le crime en s'élevant contre elle.
Est-ce nous qui créons ces profonds sentiments?
Avons-nous fait notre ame? avons-nous fait nos sens?
L'or qui naît au Pérou, l'or qui naît à la Chine,
Ont la même nature et la même origine:
L'artisan les façonne, et ne peut les former.
Ainsi l'Être éternel qui nous daigne animer
Jeta dans tous les cœurs une même semence.
Le ciel fit la vertu; l'homme en fit l'apparence.
Il peut la revêtir d'imposture et d'erreur,
Il ne peut la changer; son juge est dans son cœur.

SECONDE PARTIE.

Réponses aux objections contre les principes d'une morale universelle. Preuve de cette vérité.

J'entends avec Cardan Spinosa qui murmure:
« Ces remords, me dit-il, ces cris de la nature,
Ne sont que l'habitude, et les illusions
Qu'un besoin mutuel inspire aux nations. »
Raisonneur malheureux, ennemi de toi-même,
D'où nous vient ce besoin? pourquoi l'Être suprême

Mit-il dans notre cœur, à l'intérêt porté,
Un instinct qui nous lie à la société?
Les lois que nous fesons, fragiles, inconstantes,
Ouvrages d'un moment, sont partout différentes.
Jacob chez les Hébreux put épouser deux sœurs;
David, sans offenser la décence et les mœurs,
Flatta de cent beautés la tendresse importune;
Le pape au Vatican n'en peut posséder une [12].
Là, le père à son gré choisit son successeur;
Ici, l'heureux aîné de tout est possesseur [13].
Un Polaque à moustache, à la démarche altière,
Peut arrêter d'un mot sa république entière;
L'empereur ne peut rien sans ses chers électeurs.
L'Anglais a du crédit, le pape a des honneurs.
Usages, intérêts, cultes, lois, tout diffère.
Qu'on soit juste, il suffit; le reste est arbitraire [a].

[a] Il est évident que cet *arbitraire* ne regarde que les choses d'*institution*, les lois civiles, la discipline, qui changent tous les jours, selon le besoin (1756) et selon la prudence des chefs de l'Église.

C'est-à-dire, il est arbitraire, il est égal pour le salut d'être dévot à saint François ou à saint Dominique, d'aller en pèlerinage à Notre-Dame de Lorette ou à Notre-Dame des Neiges, d'avoir pour directeur un carme ou un capucin, de réciter le rosaire ou l'oraison des trente jours. Mais il n'est point arbitraire, il n'est point égal sans doute d'être catholique apostolique romain, ou de servir Dieu dans une autre religion. Nous savons bien, nous l'avons dit, et nous le confirmons avec plaisir, que le roi et la reine d'Angleterre, la chambre des pairs et des communes, en un mot les trois royaumes et leurs colonies, sont damnés à toute éternité, puisqu'ils ne sont pas catholiques apostoliques romains; qu'il en est de même du roi de Danemark, du roi de Suède, du roi de Prusse, de l'impératrice de Russie, et de tous les monarques de la terre qui sont hors de notre giron. Cette vérité est incontestable.

Cependant frère Nonnotte et frère Patouillet, ci-devant soi-disant jésuites, se sont portés pour délateurs de notre modeste auteur, et ils l'ont déféré à Rome à monsieur le secrétaire des brefs, comme nous l'avons dit. Ils l'ont

Mais tandis qu'on admire et ce juste et ce beau,
Londre immole son roi par la main d'un bourreau;
Du pape Borgia le bâtard sanguinaire
Dans les bras de sa sœur assassine son frère;
Là, le froid Hollandais devient impétueux,
Il déchire en morceaux deux frères vertueux [14];

accusé d'avoir cru, dans le fond de son cœur, qu'il est égal d'être jésuite, ou janséniste, ou turc. Et comme souvent les puissances belligérantes font des trèves pour courir sus à l'ennemi commun, ils se sont réunis cette fois-ci pour accabler notre pauvre auteur, qui voudrait que tous les hommes vécussent en frères, si faire se peut.

Addition de l'auteur. M. le maréchal de R... me gronde toujours de ce que mes commentateurs font revenir tant de fois sur la scène l'ami Fréron, l'ami Patouillet, et l'ami Nonnotte. Mais je le supplie de considérer que je suis attaqué continuellement dans ce que j'ai de plus cher au monde par des hommes de la plus profonde érudition, du plus grand mérite et du plus grand crédit, sur qui l'univers a les yeux. Il est certain que ces grands hommes passeront à la postérité avec la théologie du R. P. Viret. Mon nom sera porté par eux, peut-être dans deux jours et pour deux jours, au tribunal souverain de cette postérité. Il faut bien que j'aie un avocat. Damilaville et Thieriot avaient entrepris ma défense. Ils sont morts, et Dieu sait où ils sont. Il ne me reste plus que l'avocat du diable.

Voici au fond de quoi il s'agit. Frère Nonnotte a voulu me faire cuire en ce monde, comme on voulut faire cuire frère Guignard, frère Girard, frère Malagrida, frère Mathos, frère Alexandre, et tant d'autres frères, et comme de fait on en a cuit quelques uns. Non content de cette charité, il veut m'envoyer en enfer; et, qui pis est, il veut que tous les siècles à venir lui donnent la préférence sur moi. Ah! c'en est trop. Passe pour être damné.

Mais cette postérité équitable, devant laquelle nous plaidons, que dira-t-elle de tout cela? rien.

Note de l'éditeur. Le R. P. Nonnotte, dont notre auteur reconnaît le crédit immense, égal à son érudition, a été en effet régent de sixième, et a même prêché dans quelques villages.

C'est lui qui releva toutes les erreurs grossières de notre auteur, et qui eut la générosité de vouloir lui vendre toute l'édition pour deux mille écus.

Il est vrai que le R. P. Nonnotte ne savait pas que le fameux combat de saint Pierre et de saint Paul avec Simon le magicien, à qui ressusciterait un parent de l'empereur dans Rome et à qui ferait les plus beaux tours, était

Plus loin la Brinvilliers, dévote avec tendresse,
Empoisonne son père en courant à confesse;
Sous le fer du méchant le juste est abattu.
Eh bien! conclurez-vous qu'il n'est point de vertu?
Quand des vents du midi les funestes haleines
De semences de mort ont inondé nos plaines,

un conte d'Abdias et de Marcel, répété par Hégésippe, et long-temps après très indiscrètement recueilli par Eusèbe.

Il ne savait pas que les empereurs romains, permettant des synagogues aux Juifs dans Rome, toléraient aussi les chrétiens, et que Trajan, en écrivant à Pline, « Il ne faut faire aucune recherche contre les chrétiens, » leur donnait par ces mots essentiels la permission tacite d'exercer leur religion secrètement; qu'en un mot, Trajan n'était pas un exécrable persécuteur, comme ce bon jésuite le représente.

Il est vrai que notre auteur ayant dit dans son *Histoire générale*: « L'ignorance se représente d'ordinaire Dioclétien comme un ennemi armé sans cesse contre les fidèles, » ce jésuite exact et officieux falsifie ainsi ce passage: « L'ignorance *chrétienne*, » etc., pour faire des amis à notre auteur.

Il ne savait pas que le célèbre docteur Dupin traite de fables ridicules les prétendus martyrs de saint Clément, de saint Césaire, de saint Domitile, de sainte Hyacinthe, de sainte Eudoxie, de saint Eudoxe, de saint Romule, de saint Zénon, de saint Macaire, toutes fables, dit-il, qu'il faut mettre avec les martyres des onze mille soldats et des onze mille vierges (page 178, tome II). Le pauvre homme ne connaissait ni Dupin, ni Dodwell.

Il ne savait pas que quelques rois de la première race avaient eu plusieurs femmes à la fois, comme son confrère Daniel l'avoue de Gontran, de Théodebert et de Clotaire second. Il n'avait pas même lu Daniel.

Il ne savait même rien de l'histoire de la confession publique et de la confession secrète, quoiqu'il se fût mêlé de confesser des filles. Il ne savait pas l'histoire de la synaxe et de la messe, quoiqu'il l'eût dite.

Enfin, pour abréger, il ne savait pas mieux la fable que la Bible. Il dit dans son beau livre, page 360, pour excuser ses petites méprises: « Je suis comme Polyphème; je m'écrie avec lui:

   Video meliora proboque,
 Deteriora sequor.

Nous ne nions pas que le R. P. Nonnotte n'ait quelque air de Polyphème; mais il le cite fort mal; et monsieur le secrétaire des brefs, très savant

Direz-vous que jamais le ciel en son courroux
Ne laissa la santé séjourner parmi nous?
Tous les divers fléaux dont le poids nous accable,
Du choc des éléments effet inévitable,
Des biens que nous goûtons corrompent la douceur;
Mais tout est passager, le crime et le malheur :
De nos desirs fougueux la tempête fatale
Laisse au fond de nos cœurs la règle et la morale.
C'est une source pure : en vain dans ses canaux
Les vents contagieux en ont troublé les eaux;
En vain sur sa surface une fange étrangère
Apporte en bouillonnant un limon qui l'altère;
L'homme le plus injuste et le moins policé
S'y contemple aisément quand l'orage est passé.
Tous ont reçu du ciel avec l'intelligence
Ce frein de la justice et de la conscience.
De la raison naissante elle est le premier fruit;
Dès qu'on la peut entendre, aussitôt elle instruit:
Contre-poids toujours prompt à rendre l'équilibre
Au cœur plein de desirs, asservi, mais né libre;
Arme que la nature a mise en notre main,
Qui combat l'intérêt par l'amour du prochain [15].
De Socrate, en un mot, c'est là l'heureux génie;
C'est là ce dieu secret qui dirigeait sa vie,
Ce dieu qui jusqu'au bout présidait à son sort

Italien qui a lu son Ovide, sait très bien que ce n'est pas Polyphème amant de Galathée qui dit : *Deteriora sequor.*

M. Damilaville, qui a daigné relever tant de sottises de Nonnotte, a dit qu'il écrivit son libelle avec l'ignorance d'un prédicateur, l'effronterie d'un jésuite, les falsifications continuelles d'un procureur de couvent, la perfidie et la scélératesse d'un délateur. Mais puisque notre auteur lui pardonne, je lui pardonne aussi, et me recommande à ses prières (1773).

Quand il but sans pâlir la coupe de la mort.
Quoi! cet esprit divin n'est-il que pour Socrate?
Tout mortel a le sien, qui jamais ne le flatte.
Néron, cinq ans entiers, fut soumis à ses lois;
Cinq ans, des corrupteurs il repoussa la voix.
Marc-Aurèle, appuyé sur la philosophie,
Porta ce joug heureux tout le temps de sa vie.
Julien, s'égarant dans sa religion,
Infidèle à la foi [16], fidèle à la raison [17],
Scandale de l'Église, et des rois le modèle,
Ne s'écarta jamais de la loi naturelle.

On insiste, on me dit: « L'enfant dans son berceau
N'est point illuminé par ce divin flambeau;
C'est l'éducation qui forme ses pensées;
Par l'exemple d'autrui ses mœurs lui sont tracées;
Il n'a rien dans l'esprit, il n'a rien dans le cœur;
De ce qui l'environne il n'est qu'imitateur;
Il répète les noms de devoir, de justice;
Il agit en machine; et c'est par sa nourrice
Qu'il est juif ou païen, fidèle ou musulman,
Vêtu d'un justaucorps, ou bien d'un doliman. »

Oui, de l'exemple en nous je sais quel est l'empire.
Il est des sentiments que l'habitude inspire.
Le langage, la mode et les opinions,
Tous les dehors de l'ame, et ses préventions,
Dans nos faibles esprits sont gravés par nos pères,
Du cachet des mortels impressions légères.
Mais les premiers ressorts sont faits d'une autre main;
Leur pouvoir est constant, leur principe est divin.
Il faut que l'enfant croisse, afin qu'il les exerce;
Il ne les connaît pas sous la main qui le berce.

Le moineau, dans l'instant qu'il a reçu le jour,
Sans plumes dans son nid, peut-il sentir l'amour?
Le renard en naissant va-t-il chercher sa proie?
Les insectes changeants qui nous filent la soie,
Les essaims bourdonnants de ces filles du ciel
Qui pétrissent la cire et composent le miel,
Sitôt qu'ils sont éclos forment-ils leur ouvrage?
Tout mûrit par le temps, et s'accroît par l'usage.
Chaque être a son objet, et dans l'instant marqué
Il marche vers le but par le ciel indiqué.
De ce but, il est vrai, s'écartent nos caprices;
Le juste quelquefois commet des injustices;
On fuit le bien qu'on aime, on hait le mal qu'on fait [18]:
De soi-même en tout temps quel cœur est satisfait [19]?

    L'homme, on nous l'a tant dit, est une énigme obscure:
Mais en quoi l'est-il plus que toute la nature?
Avez-vous pénétré, philosophes nouveaux,
Cet instinct sûr et prompt qui sert les animaux?
Dans son germe impalpable avez-vous pu connaître
L'herbe qu'on foule aux pieds, et qui meurt pour renaître?
Sur ce vaste univers un grand voile est jeté;
Mais, dans les profondeurs de cette obscurité,
Si la raison nous luit, qu'avons-nous à nous plaindre?
Nous n'avons qu'un flambeau, gardons-nous de l'éteindre.

    Quand de l'immensité Dieu peupla les déserts,
Alluma des soleils, et souleva des mers:
« Demeurez, leur dit-il, dans vos bornes prescrites. »
Tous les mondes naissants connurent leurs limites.
Il imposa des lois à Saturne, à Vénus,
Aux seize orbes divers dans nos cieux contenus,
Aux éléments unis dans leur utile guerre,

A la course des vents, aux flèches du tonnerre,
A l'animal qui pense, et né pour l'adorer,
Au ver qui nous attend, né pour nous dévorer.
Aurons-nous bien l'audace, en nos faibles cervelles [20],
D'ajouter nos décrets à ces lois immortelles[a]?
Hélas! serait-ce à nous, fantômes d'un moment,
Dont l'être imperceptible est voisin du néant,
De nous mettre à côté du maître du tonnerre,
Et de donner en dieux des ordres à la terre?

TROISIÈME PARTIE.

Que les hommes, ayant pour la plupart défiguré, par les opinions qui les divisent, le principe de la religion naturelle qui les unit, doivent se supporter les uns les autres.

L'univers est un temple où siége l'Éternel.
Là chaque homme[b] à son gré veut bâtir un autel.
Chacun vante sa foi, ses saints et ses miracles,
Le sang de ses martyrs, la voix de ses oracles.
L'un pense, en se lavant cinq ou six fois par jour,
Que le ciel voit ses bains d'un regard plein d'amour,
Et qu'avec un prépuce on ne saurait lui plaire;
L'autre a du dieu Brama désarmé la colère,
Et, pour s'être abstenu de manger du lapin,

---

[a] On ne doit entendre par ce mot *décrets* que les opinions passagères des hommes, qui veulent donner leurs sentiments particuliers pour des lois générales (1756).

[b] *Chaque homme* signifie clairement chaque particulier qui veut s'ériger en législateur; et il n'est ici question que des cultes étrangers, comme on l'a déclaré au commencement de la première partie (1756).

Voit le ciel entr'ouvert, et des plaisirs sans fin.
Tous traitent leurs voisins d'impurs et d'infidèles :
Des chrétiens divisés les infames querelles
Ont, au nom du Seigneur, apporté plus de maux,
Répandu plus de sang, creusé plus de tombeaux,
Que le prétexte vain d'une utile balance
N'a désolé jamais l'Allemagne et la France.
 Un doux inquisiteur, un crucifix en main,
Au feu, par charité, fait jeter son prochain,
Et, pleurant avec lui d'une fin si tragique,
Prend, pour s'en consoler, son argent qu'il s'applique;
Tandis que, de la grace ardent à se toucher [21],
Le peuple, en louant Dieu, danse autour du bûcher.
On vit plus d'une fois, dans une sainte ivresse,
Plus d'un bon catholique, au sortir de la messe,
Courant sur son voisin pour l'honneur de la foi,
Lui crier : « Meurs, impie, ou pense comme moi. »
Calvin et ses suppôts, guettés par la justice,
Dans Paris, en peinture, allèrent au supplice.
Servet fut en personne immolé par Calvin.
Si Servet dans Genève eût été souverain,
Il eût, pour argument contre ses adversaires,
Fait serrer d'un lacet le cou des trinitaires.
Ainsi d'Arminius les ennemis nouveaux
En Flandre étaient martyrs, en Hollande bourreaux.
 D'où vient que, deux cents ans, cette pieuse rage
De nos aïeux grossiers fut l'horrible partage?
C'est que de la nature on étouffa la voix;
C'est qu'à sa loi sacrée on ajouta des lois;
C'est que l'homme, amoureux de son sot esclavage,
Fit, dans ses préjugés, Dieu même à son image.

Nous l'avons fait injuste, emporté, vain, jaloux,
Séducteur, inconstant, barbare comme nous.
Enfin, grace en nos jours à la philosophie,
Qui de l'Europe au moins éclaire une partie,
Les mortels, plus instruits, en sont moins inhumains;
Le fer est émoussé, les bûchers sont éteints.
Mais si le fanatisme était encor le maître,
Que ces feux étouffés seraient prompts à renaître!
On s'est fait, il est vrai, le généreux effort
D'envoyer moins souvent ses frères à la mort;
On brûle moins d'Hébreux dans les murs de Lisbonne[a];
Et même le mouphti, qui rarement raisonne,
Ne dit plus aux chrétiens que le sultan soumet:
« Renonce au vin, barbare, et crois à Mahomet. »
Mais du beau nom de chien ce mouphti nous honore[b];
Dans le fond des enfers il nous envoie encore.
Nous le lui rendons bien: nous damnons à-la-fois
Le peuple circoncis, vainqueur de tant de rois[22],
Londres, Berlin, Stockholm et Genève; et vous-même
Vous êtes, ô grand roi, compris dans l'anathème.
En vain, par des bienfaits signalant vos beaux jours,
A l'humaine raison vous donnez des secours,
Aux beaux-arts des palais, aux pauvres des asiles,
Vous peuplez les déserts, vous les rendez fertiles;
De fort savants esprits jurent sur leur salut[c]

---

[a] On ne pouvait prévoir alors que les flammes détruiraient une partie de cette ville malheureuse, dans laquelle on alluma trop souvent des bûchers (1756).

[b] Les Turcs appellent indifféremment les chrétiens *infidèles* et *chiens* (1756).

[c] On respecte cette maxime: « Hors de l'Église point de salut; » mais tous les hommes sensés trouvent ridicule et abominable que des particu-

Que vous êtes sur terre un fils de Belzébut [23].

Les vertus des païens étaient, dit-on, des crimes.
Rigueur impitoyable! odieuses maximes!
Gazetier clandestin dont la plate âcreté
Damne le genre humain de pleine autorité,
Tu vois d'un œil ravi les mortels, tes semblables,
Pétris des mains de Dieu pour le plaisir des diables.
N'es-tu pas satisfait de condamner au feu
Nos meilleurs citoyens, Montaigne et Montesquieu?
Penses-tu que Socrate et le juste Aristide,
Solon, qui fut des Grecs et l'exemple et le guide;
Penses-tu que Trajan, Marc-Aurèle, Titus,
Noms chéris, noms sacrés, que tu n'as jamais lus,
Aux fureurs des démons sont livrés en partage
Par le Dieu bienfesant dont ils étaient l'image;
Et que tu seras, toi, de rayons couronné,
D'un chœur de chérubins au ciel environné,
Pour avoir quelque temps, chargé d'une besace,
Dormi dans l'ignorance et croupi dans la crasse?
Sois sauvé, j'y consens : mais l'immortel Newton,
Mais le savant Leibnitz, et le sage Addison,
Et ce Locke, en un mot, dont la main courageuse [a]

---

liers osent employer cette sentence générale et comminatoire contre des hommes qui sont leurs supérieurs et leurs maîtres en tout genre : les hommes raisonnables n'en usent point ainsi. L'archevêque Tillotson aurait-il jamais écrit à l'archevêque Fénelon, « Vous êtes damné? » et un roi de Portugal écrirait-il à un roi d'Angleterre qui lui envoie des secours, « Mon frère, vous irez à tous les diables? » La dénonciation des peines éternelles à ceux qui ne pensent pas comme nous est une arme ancienne qu'on laisse sagement reposer dans l'arsenal, et dont il n'est permis à aucun particulier de se servir (1756).

[a] Le modeste et sage Locke est connu pour avoir développé toute la marche de l'entendement humain, et pour avoir montré les limites de son pou-

A de l'esprit humain posé la borne heureuse ;
Ces esprits qui semblaient de Dieu même éclairés,
Dans des feux éternels seront-ils dévorés ?
Porte un arrêt plus doux, prends un ton plus modeste,

voir. Convaincu de la faiblesse humaine, et pénétré de la puissance infinie du Créateur, il dit que nous ne connaissons la nature de notre ame que par la foi; il dit que l'homme n'a point par lui-même assez de lumières pour assurer que Dieu ne peut pas communiquer la pensée à tout être auquel il daignera faire ce présent, à la matière elle-même.

Ceux qui étaient encore dans l'ignorance s'élevèrent contre lui. Entêtés d'un cartésianisme aussi faux en tout que le péripatétisme, ils croyaient que la matière n'est autre chose que l'étendue en longueur, largeur et profondeur : ils ne savaient pas qu'elle a la gravitation vers un centre, la force d'inertie, et d'autres propriétés; que ses éléments sont invisibles, tandis que ses composés se divisent sans cesse. Ils bornaient la puissance de l'Être tout puissant; ils ne fesaient pas réflexion qu'après toutes les découvertes sur la matière, nous ne connaissons point le fond de cet être. Ils devaient songer que l'on a long-temps agité si l'entendement humain est une faculté ou une substance; ils devaient s'interroger eux-mêmes, et sentir que nos connaissances sont trop bornées pour sonder cet abîme.

La faculté que les animaux ont de se mouvoir n'est point une substance, un être à part; il paraît que c'est un don du Créateur. Locke dit que ce même Créateur peut faire ainsi un don de la pensée à tel être qu'il daignera choisir. Dans cette hypothèse, qui nous soumet plus que toute autre à l'Être suprême, la pensée accordée à un élément de matière n'en est pas moins pure, moins immortelle que dans toute autre hypothèse. Cet élément indivisible est impérissable : la pensée peut assurément subsister à jamais avec lui, quand le corps est dissous. Voilà ce que Locke propose sans rien affirmer. Il dit ce que Dieu eût pu faire, et non ce que Dieu a fait. Il ne connait point ce que c'est que la matière; il avoue qu'entre elle et Dieu il peut y avoir une infinité de substances créées absolument différentes les unes des autres. La lumière, le feu élémentaire, paraît en effet, comme on l'a dit dans les *Éléments* de Newton, une substance mitoyenne entre cet être inconnu, nommé matière, et d'autres êtres encore plus inconnus. La lumière ne tend point vers un centre comme la matière, elle ne paraît pas impénétrable; aussi Newton dit souvent dans son *Optique :* « Je n'examine pas si les rayons de la lumière sont des corps ou non. »

Locke dit donc qu'il peut y avoir un nombre innombrable de substances, et que Dieu est le maître d'accorder des idées à ces substances. Nous ne

Ami ; ne préviens point le jugement céleste ;
Respecte ces mortels, pardonne à leur vertu :
Ils ne t'ont point damné, pourquoi les damnes-tu ?
A la religion discrètement fidèle [24],
Sois doux, compatissant, sage, indulgent, comme elle;
Et sans noyer autrui songe à gagner le port :
La clémence a raison, et la colère a tort [25].
Dans nos jours passagers de peines, de misères,
Enfants du même Dieu, vivons au moins en frères;
Aidons-nous l'un et l'autre à porter nos fardeaux [26];
Nous marchons tous courbés sous le poids de nos maux;
Mille ennemis cruels assiégent notre vie,
Toujours par nous maudite, et toujours si chérie [27];
Notre cœur égaré, sans guide et sans appui,

pouvons deviner par quel art divin un être, quel qu'il soit, a des idées, nous en sommes bien loin : nous ne saurons jamais comment un ver de terre a le pouvoir de se remuer. Il faut dans toutes ces recherches s'en remettre à Dieu, et sentir son néant. Telle est la philosophie de cet homme, d'autant plus grand qu'il est plus simple : et c'est cette soumission à Dieu qu'on a osé appeler impiété; et ce sont ses sectateurs, convaincus de l'immortalité de l'ame, qu'on a nommés matérialistes; et c'est un homme tel que Locke à qui un compilateur de quelque physique * a donné le nom d'*ennuyeux*.

Quand même Locke se serait trompé sur ce point (si l'on peut pourtant se tromper en n'affirmant rien), cela n'empêche pas qu'il ne mérite la louange qu'on lui donne ici : il est le premier, ce me semble, qui ait montré qu'on ne connaît aucun axiome avant d'avoir connu les vérités particulières ; il est le premier qui ait fait voir ce que c'est que l'identité, et ce que c'est que d'être la même personne, le même *soi* ; il est le premier qui ait prouvé la fausseté du système des idées innées. Sur quoi je remarquerai qu'il y a des écoles qui anathématisèrent les idées innées, quand Descartes les établit, et qui anathématisèrent ensuite les adversaires des idées innées, quand Locke les eut détruites. C'est ainsi que jugent les hommes qui ne sont pas philosophes (1756).

* Pluche, auteur du *Spectacle de la Nature*.

Est brûlé de desirs, ou glacé par l'ennui;
Nul de nous n'a vécu sans connaître les larmes.
De la société les secourables charmes
Consolent nos douleurs, au moins quelques instants :
Remède encor trop faible à des maux si constants.
Ah! n'empoisonnons pas la douceur qui nous reste.
Je crois voir des forçats dans un cachot funeste,
Se pouvant secourir, l'un sur l'autre acharnés,
Combattre avec les fers dont ils sont enchaînés.

QUATRIÈME PARTIE.

C'est au gouvernement à calmer les malheureuses disputes de l'école qui troublent la société.

Oui, je l'entends souvent de votre bouche auguste,
Le premier des devoirs, sans doute, est d'être juste;
Et le premier des biens est la paix de nos cœurs.
Comment avez-vous pu, parmi tant de docteurs,
Parmi ces différends que la dispute enfante,
Maintenir dans l'état une paix si constante?
D'où vient que les enfants de Calvin, de Luther,
Qu'on croit, delà les monts, bâtards de Lucifer,
Le grec et le romain, l'empesé quiétiste,
Le quakre au grand chapeau, le simple anabaptiste,
Qui jamais dans leur loi n'ont pu se réunir,
Sont tous, sans disputer, d'accord pour vous bénir?
C'est que vous êtes sage, et que vous êtes maître.
Si le dernier Valois, hélas! avait su l'être,

Jamais un jacobin, guidé par son prieur,
De Judith et d'Aod fervent imitateur,
N'eût tenté dans Saint-Cloud sa funeste entreprise :
Mais Valois aiguisa le poignard de l'Église [a],
Ce poignard qui bientôt égorgea dans Paris,
Aux yeux de ses sujets, le plus grand des Henris.
Voilà le fruit affreux des pieuses querelles [28].
Toutes les factions à la fin sont cruelles ;
Pour peu qu'on les soutienne, on les voit tout oser :
Pour les anéantir, il les faut mépriser.
Qui conduit des soldats peut gouverner des prêtres.
Un roi dont la grandeur [29] éclipsa ses ancêtres
Crut pourtant, sur la foi d'un confesseur normand,
Jansénius à craindre, et Quesnel important ;
Du sceau de sa grandeur il chargea leurs sottises.
De la dispute alors cent cabales éprises,
Cent bavards en fourrure, avocats, bacheliers,
Colporteurs, capucins, jésuites, cordeliers,
Troublèrent tout l'état par leurs doctes scrupules :
Le régent, plus sensé, les rendit ridicules [b] ;
Dans la poussière alors on les vit tous rentrer.

L'œil du maître suffit, il peut tout opérer.
L'heureux cultivateur des présents de Pomone,
Des filles du printemps, des trésors de l'automne,
Maître de son terrain, ménage aux arbrisseaux

---

[a] Il ne faut pas entendre par ce mot l'Église catholique, mais le poignard d'un ecclésiastique, le fanatisme abominable de quelques gens d'église de ces temps-là, détesté par l'Église de tous les temps (1756).

[b] Ce ridicule, si universellement senti par toutes les nations, tombe sur les grandes intrigues pour de petites choses, sur la haine acharnée de deux partis qui n'ont jamais pu s'entendre sur plus de quatre mille volumes imprimés (1756).

Les secours du soleil, de la terre et des eaux ;
Par de légers appuis soutient leurs bras débiles,
Arrache impunément les plantes inutiles,
Et des arbres touffus dans son clos renfermés
Émonde les rameaux de la sève affamés ;
Son docile terrain répond à sa culture :
Ministre industrieux des lois de la nature,
Il n'est pas traversé dans ses heureux desseins ;
Un arbre qu'avec peine il planta de ses mains
Ne prétend pas le droit de se rendre stérile,
Et, du sol épuisé tirant un suc utile,
Ne va pas refuser à son maître affligé
Une part de ses fruits dont il est trop chargé ;
Un jardinier voisin n'eut jamais la puissance
De diriger des dieux la maligne influence,
De maudire ses fruits pendants aux espaliers,
Et de sécher d'un mot sa vigne et ses figuiers [30].
Malheur aux nations dont les lois opposées
Embrouillent de l'état les rênes divisées !
Le sénat des Romains, ce conseil de vainqueurs,
Présidait aux autels, et gouvernait les mœurs,
Restreignait sagement le nombre des vestales,
D'un peuple extravagant réglait les bacchanales.
Marc-Aurèle et Trajan mêlaient, au Champ-de-Mars,
Le bonnet de pontife au bandeau des Césars ;
L'univers, reposant sous leur heureux génie,
Des guerres de l'école ignora la manie :
Ces grands législateurs, d'un saint zèle enivrés,
Ne combattirent point pour leurs poulets sacrés.
Rome, encore aujourd'hui conservant ces maximes [31],
Joint le trône à l'autel par des nœuds légitimes ;

Ses citoyens en paix, sagement gouvernés,
Ne sont plus conquérants, et sont plus fortunés.
  Je ne demande pas que dans sa capitale
Un roi, portant en main la crosse épiscopale,
Au sortir du conseil allant en mission,
Donne au peuple contrit sa bénédiction ;
Toute Église a ses lois, tout peuple a son usage :
Mais je prétends qu'un roi, que son devoir engage
A maintenir la paix, l'ordre, la sûreté,
Ait sur tous ses sujets égale autorité ª.
Ils sont tous ses enfants ; cette famille immense
Dans ses soins paternels a mis sa confiance.
Le marchand, l'ouvrier, le prêtre, le soldat,
Sont tous également les membres de l'état.
De la religion l'appareil nécessaire
Confond aux yeux de Dieu le grand et le vulgaire ;
Et les civiles lois, par un autre lien,
Ont confondu le prêtre avec le citoyen.
La loi dans tout état doit être universelle :
Les mortels, quels qu'ils soient, sont égaux devant elle.
Je n'en dirai pas plus sur ces points délicats.
Le ciel ne m'a point fait pour régir les états,
Pour conseiller les rois, pour enseigner les sages ;
Mais, du port où je suis contemplant les orages,
Dans cette heureuse paix où je finis mes jours,
Éclairé par vous-même, et plein de vos discours,
De vos nobles leçons salutaire interprète,

ª Ce n'est pas à dire que chaque ordre de l'état n'ait ses distinctions, ses priviléges indispensablement attachés à ses fonctions. Ils jouissent de ces priviléges dans tout pays ; mais la loi générale lie également tout le monde (1756).

Mon esprit suit le vôtre, et ma voix vous répète.
Que conclure à la fin de tous mes longs propos ?
C'est que les préjugés sont la raison des sots ;
Il ne faut pas pour eux se déclarer la guerre :
Le vrai nous vient du ciel, l'erreur vient de la terre ;
Et, parmi les chardons qu'on ne peut arracher,
Dans les sentiers secrets le sage doit marcher.
La paix enfin, la paix, que l'on trouble et qu'on aime,
Est d'un prix aussi grand que la vérité même.

PRIÈRE.

O Dieu qu'on méconnaît, ô Dieu que tout annonce,
Entends les derniers mots que ma bouche prononce ;
Si je me suis trompé, c'est en cherchant ta loi.
Mon cœur peut s'égarer, mais il est plein de toi.
Je vois sans m'alarmer l'éternité paraître ;
Et je ne puis penser qu'un Dieu qui m'a fait naître,
Qu'un Dieu qui sur mes jours versa tant de bienfaits,
Quand mes jours sont éteints me tourmente à jamais.

FIN DU POËME SUR LA LOI NATURELLE.

NOTES ET VARIANTES

DU POËME SUR LA LOI NATURELLE.

1   Sont l'exemple des rois et la leçon des sages.

2   L'art des vers en effet, utile au genre humain,
S'il est partout frivole, est quelquefois divin.
Qu'importe aux bons esprits que le flatteur d'Octave.

3   Ou qu'il décrive en vers.

4   ....Mais surtout son devoir.

5 C'est ici que finit l'exorde dans la 1re édition.

6 Ce poëme fut aussi adressé à madame la margrave de Bareuth (voyez ci-après la note 17). L'Exorde commence ainsi dans une ancienne copie :

    Souveraine sans faste, et femme sans faiblesse,
    Vous dont la raison mâle et la ferme sagesse
    Sont pour moi des attraits plus chers, plus précieux,
    Que ces feux séduisants qui brillent dans vos yeux :
    Digne ouvrage d'un Dieu, connaissez votre maître;
    La main des préjugés défigura son être.
    * Dans le fond de nos cœurs il faut chercher ses traits.   K.

— Colini dit que ce poëme fut dédié à la duchesse de Saxe-Gotha. Voltaire lui-même, dans sa lettre à d'Argental, du 22 mars 1756, parle aussi de la dédicace à cette princesse. Ce n'était donc pas à la margrave de Bareuth.   B.

7 Dans la première édition la première partie commençait ainsi :

    Je n'irai point d'abord, philosophe orgueilleux,
    Sur l'aile de Platon me perdre dans les cieux :
    * Écartons ces romans qu'on appelle systèmes,
    * Et pour nous élever descendons dans nous-mêmes.
    * Soit qu'un être inconnu, etc.

8   Nous sommes sous la main......

9   Exige-t-il de nous?

10   Et sans vouloir sonder d'un œil philosophique
      Des mystères chrétiens l'amas théologique.

11 Voltaire avait dit dans *Sémiramis*, acte I, scène 5 :

    Comme si loin de nous le Dieu de l'univers
    N'eût mis la vérité qu'au fond de ces déserts.

C'est l'idée de Lucain dans *la Pharsale*, livre IX, vers 476-77.

12 Dans l'édition de 1773, on lit :

        N'en peut caresser une.

13 Dans l'édition de 1756, il y avait :

    Ici l'heureux aîné de tout est possesseur;
    Aux lois de vos voisins votre code est contraire.
    Qu'on soit juste, il suffit; le reste est arbitraire.

14 Les deux frères de Witt; voyez tome XIX, page 399. B.

15   * Qui combat l'intérêt par l'amour du prochain;
     Pilote qui s'oppose aux vents toujours contraires
     De tant de passions qui nous sont nécessaires.
         * On insiste, etc.

16 Ces vers sont imités de ceux de Prudentius, que Voltaire cite dans *le Dictionnaire philosophique* au mot APOSTAT; voyez t. XXVI, p. 483. B.

17 C'est ici que vient un fragment précieux que La Harpe a fait imprimer, pour la première fois, dans son *Lycée*, ou *Cours de Littérature*. « *La Loi naturelle*, dit-il, adressée d'abord au roi de Prusse, et faite à Berlin, fut dédiée, dans une édition subséquente, à la sœur de ce prince, la margrave de Bareuth, chez qui Voltaire passa quelque temps, après ses brouilleries avec Frédéric... Très peu de gens connaissent les vers que le ressentiment lui dictait alors contre ce Frédéric qu'il avait tant exalté. Il est bien extraordinaire qu'il les adressât à la sœur d'un monarque qu'il peignait comme on va le voir. » Mais on a vu dans la note 6 que ce fut à la duchesse de Saxe-Gotha, et non à la margrave de Bareuth, que fut dédié le poëme, qui primitivement l'était au roi de Prusse. B.

        * Infidèle à la foi, fidèle à la raison,
        * Ne s'écarta jamais de la loi naturelle.
        Frédéric aujourd'hui l'a pris pour son modèle;
        Vainqueur des préjugés, savant, ingénieux,

Environné des arts, éclairé par ses yeux,
Assemblage éclatant de qualités contraires,
Écrasant les mortels en les nommant ses frères,
Misanthrope et farouche avec un air hautain,
Souvent impétueux, et quelquefois trop fin,
Modeste avec orgueil, colère avec faiblesse,
Pétri de passions, et cherchant la sagesse,
Dangereux politique et dangereux censeur,
Mon patron, mon disciple, et mon persécuteur.
C'est en vain qu'il se fait une secrète étude
De se cacher sa faute et son ingratitude.
Dans la bouche d'un autre il hait la vérité;
Elle parle à son cœur en secret révolté;
Elle parle; il l'écoute; il voit son injustice;
Sa raison, malgré lui, rougit de son caprice.
* On insiste, etc.

18 Racine a dit:

Je ne fais pas le bien que j'aime,
Et je fais le mal que je hais.

On lit dans Ovide (*Metamorph.*, VII, 20-21):

Video meliora proboque,
Deteriora sequor.   B.

19 Dans les premières éditions, immédiatement après

Il marche vers le but par le ciel indiqué,

on lit:

L'homme, on nous l'a tant dit, etc.

Dans des manuscrits on lisait:

Quel fut ce but de l'homme, et qu'est-ce qu'il doit être?
Ce qu'il est: il naquit à la voix de son maître,
Pour cultiver les champs, se loger, se nourrir,
Vivre en adorant Dieu, travailler et mourir.

Les quatre vers qu'on lit aujourd'hui ont été donnés dans les éditions de Kehl. B.

20   Et vous avez l'audace, en vos visions folles,
Orgueilleux excréments du bourbier des écoles,
D'ajouter vos décrets aux volontés des cieux!
Imbéciles tyrans qui nous parlez en dieux,

Vous commandez aux rois prosternés dans la poudre :
Ah ! l'insecte rampant doit-il lancer la foudre ?

21 Tandis qu'à ce bourreau, loin d'oser l'arracher,
Le peuple, louant Dieu, danse autour du bûcher.

22 Le peuple circoncis vainqueur de tant de rois,
Et les climats de l'Ourse, et la riche Angleterre.
Le plus vil capucin, juge altier de la terre,
Dans les ardents transports de son zèle hébété,
Damne le genre humain de pleine autorité,
Et contemple à loisir les mortels ses semblables,
Pétris des mains de Dieu pour le plaisir des diables.
Çà, dis-moi, tête chauve, ou toi qui dans un froc
Des arguments en forme as soutenu le choc,
Penses-tu que Socrate, etc.

23 Boyer et Tamponet jurent sur leur salut
Que vous êtes sur terre un fils de Belzébut :
Ils ont des partisans ; et l'on honore en France
De ces ânes fourrés l'imbécile insolence.

    Çà, dis-moi, tête chauve, ou toi qui dans un froc
Des arguments en forme as soutenu le choc,
* Penses-tu que Socrate et le juste Aristide,
* Solon, qui fut des Grecs et l'exemple et le guide ;
* Penses-tu que Trajan, Marc-Aurèle, Titus,
* Noms chéris, noms sacrés que tu n'as jamais lus,
De l'univers charmé bienfaiteurs adorables,
Soient au fond des enfers empalés par des diables ?
* Et que tu seras, toi, etc.

24 Toute la fin de cette troisième partie est citée par Voltaire dans son *Avis au public sur les Calas et les Sirven* (voyez tome XLII, page 414). B.

25 Qui pardonne a raison, et la colère a tort.

26 « Alter alterius onera portate, » dit saint Paul dans son *Épître aux Galates*, VI, 2. B.

27 La Harpe, dans son *Lycée*, VIII, 208 (troisième partie, liv. I, chap. 2), rapporte comme venant ici quatre vers qui sont du *Désastre de Lisbonne* :

    Quelquefois dans nos jours, etc.   B.

28 Chénier, dans sa pièce de vers intitulée *La promenade*, a dit :
Tel est le fruit amer des discordes civiles.   B.

29   Louis, dont la grandeur.

30 Allusion au figuier dont parlent saint Matthieu, ch. XXI, v. 19; saint Marc, ch. XI, v. 13 et 14.

31 Voyez, dans *le Dictionnaire philosophique*, au mot THÉOCRATIE (tome XXXII, page 357), la note de Voltaire lui-même sur ces deux vers. B.

POËME

SUR

LE DÉSASTRE DE LISBONNE,

EN 1755.

PRÉFACE.

Si jamais la question du mal physique a mérité l'attention de tous les hommes, c'est dans ces événements funestes qui nous rappellent à la contemplation de notre faible nature; comme les pestes générales qui ont enlevé le quart des hommes dans le monde connu, le tremblement de terre qui engloutit quatre cent mille personnes à la Chine en 1699, celui de Lima et de Collao, et en dernier lieu celui du Portugal, et du royaume de Fez. L'axiome *Tout est bien* paraît un peu étrange à ceux qui sont les témoins de ces désastres. Tout est arrangé, tout est ordonné, sans doute, par la Providence; mais il n'est que trop sensible que tout, depuis long-temps, n'est pas arrangé pour notre bien-être présent.

Lorsque l'illustre Pope donna son *Essai sur l'Homme*, et qu'il développa dans ses vers immortels les systèmes de Leibnitz, du lord Shaftesbury[a], et du lord Bolingbroke,

---

[a] C'est peut-être la première fois qu'on a dit que le système de Pope était celui du lord Shaftesbury; c'est pourtant une vérité incontestable. Toute la partie physique est presque mot à mot dans la première partie du chapitre intitulé *les Moralistes*, section III : *Much is alleg'd in answer to show*, etc. « On a beaucoup à répondre à ces plaintes des défauts de la nature : comment est-elle sortie si impuissante et si défectueuse des mains d'un être parfait? *Mais je nie* qu'elle soit défectueuse..... Sa beauté résulte des contrariétés, et la concorde universelle naît d'un combat perpétuel..... Il faut que chaque être soit immolé à d'autres, les végétaux aux animaux, les animaux à la terre...; et les lois du pouvoir central et de la gravitation, qui donnent aux corps célestes leur poids et leur mouvement, ne seront point dérangées pour l'amour d'un chétif et faible animal, qui, tout protégé qu'il est par ces mêmes lois, sera bientôt par elles réduit en poussière. »

Cela est admirablement dit; et cela n'empêche pas que l'illustre docteur Clarke, dans son traité de l'existence de Dieu, ne dise que « le genre hu-

une foule de théologiens de toutes les communions attaqua ce système. On se révoltait contre cet axiome nouveau, que *tout est bien*, que *l'homme jouit de la seule mesure du bonheur main se trouve dans un état où l'ordre naturel des choses de ce monde est manifestement renversé;* » page 10, tome II, deuxième édition, traduction de M. Ricotier. Cela n'empêche pas que l'homme ne puisse dire : « Je dois être aussi cher à mon maître, moi être pensant et sentant, que les planètes, qui probablement ne sentent point; » cela n'empêche pas que les choses de ce monde ne puissent être autrement, puisqu'on nous apprend que l'ordre a été perverti, et qu'il sera rétabli; cela n'empêche pas que le mal physique et le mal moral ne soient une chose incompréhensible à l'esprit humain; cela n'empêche pas qu'on ne puisse révoquer en doute le *Tout est bien*, en respectant Shaftesbury et Pope, dont le système a d'abord été attaqué comme suspect d'athéisme, et est aujourd'hui canonisé.

La partie morale de l'*Essai sur l'Homme* de Pope est aussi tout entière dans Shaftesbury, à l'article de la recherche sur la vertu, au second volume des *Caracteristics*. C'est là que l'auteur dit que l'intérêt particulier bien entendu fait l'intérêt général. « Aimer le bien public et le nôtre est non seulement possible, mais inséparable: To be well affected towards the publick interest and ones own, in not only consistent, but inséparable. » C'est là ce qu'il prouve dans tout ce livre, et c'est la base de toute la partie morale de l'*Essai* de Pope *sur l'Homme*. C'est par là qu'il finit.

> That reason, passion, answer one great aim,
> That true self love and social be the same.

« La raison et les passions répondent au grand but de Dieu. Le véritable amour-propre et l'amour social sont le même. »

Une si belle morale, bien mieux développée encore dans Pope que dans Shaftesbury, a toujours charmé l'auteur des poëmes sur *Lisbonne* et sur la *Loi naturelle :* voilà pourquoi il a dit (page 156) :

> Mais Pope approfondit ce qu'ils ont effleuré,
> ....
> Et l'homme avec lui seul apprend à se connaître.

Le lord Shaftesbury prouve encore que la perfection de la vertu est due nécessairement à la croyance d'un Dieu : « And thus perfection of virtue must be owing to the belief of a God. »

C'est apparemment sur ces paroles que quelques personnes ont traité Shaftesbury d'athée. S'ils avaient bien lu son livre, ils n'auraient pas fait cet infame reproche à la mémoire d'un pair d'Angleterre, d'un philosophe élevé par le sage Locke.

C'est ainsi que le P. Hardouin traita d'athées Pascal, Malebranche, et Arnauld; c'est ainsi que le docteur Lange traita d'athée le respectable Wolf,

PRÉFACE.

dont son être soit susceptible, etc. Il y a toujours un sens dans lequel on peut condamner un écrit, et un sens dans lequel on peut l'approuver. Il serait bien plus raisonnable de ne faire attention qu'aux beautés utiles d'un ouvrage, et de n'y point chercher un sens odieux : mais c'est une des imperfections de notre nature, d'interpréter malignement tout ce qui peut être interprété, et de vouloir décrier tout ce qui a eu du succès.

On crut donc voir dans cette proposition, *Tout est bien*,

---

pour avoir loué la morale des Chinois; et Wolf s'étant appuyé du témoignage des jésuites missionnaires à la Chine, le docteur répondit : « Ne sait-on pas que les jésuites sont des athées? » Ceux qui gémirent sur l'aventure des diables de Loudun, si humiliante pour la raison humaine; ceux qui trouvèrent mauvais qu'un récollet, en conduisant Urbain Grandier au supplice, le frappât au visage avec un crucifix de fer, furent appelés athées par les récollets. Les convulsionnaires ont imprimé que ceux qui se moquaient des convulsions étaient des athées; et les molinistes ont cent fois baptisé de ce nom les jansénistes.

Lorsqu'un homme connu écrivit le premier en France, il y a plus de trente ans, sur l'inoculation de la petite-vérole, un auteur inconnu écrivit : « Il n'y a qu'un athée imbu des folies anglaises qui puisse proposer à notre nation de faire un mal certain pour un bien incertain. »

L'auteur des *Nouvelles ecclésiastiques*, qui écrit tranquillement depuis si long-temps contre les lois et contre la raison, a employé une feuille à prouver que M. de Montesquieu était athée, et une autre feuille à prouver qu'il était déiste.

Saint-Sorlin des Marets, connu en son temps par le poëme de *Clovis* et par son fanatisme, voyant passer un jour dans la galerie du Louvre La Mothe-le-Vayer, conseiller d'état et précepteur de Monsieur : « Voilà, dit-il, un homme qui n'a point de religion. » La Mothe-le-Vayer se retourna vers lui, et daigna lui dire : « Mon ami, j'ai tant de religion, que je ne suis pas de ta religion. »

En général, cette ridicule et abominable démence d'accuser d'athéisme à tort et à travers tous ceux qui ne pensent pas comme nous est ce qui a le plus contribué à répandre d'un bout de l'Europe à l'autre ce profond mépris que tout le public a aujourd'hui pour les libelles de controverse.

— L'homme connu dont il est parlé dans un des alinéa de cette note est Voltaire lui-même, qui, en 1727, dans la XIe de ses *Lettres philosophiques*, avait parlé de l'inoculation; voyez tome XXXVII, page 162. B.

le renversement du fondement des idées reçues. « Si tout est bien, disait-on, il est donc faux que la nature humaine soit déchue. Si l'ordre général exige que tout soit comme il est, la nature humaine n'a donc pas été corrompue; elle n'a donc pas eu besoin de rédempteur. Si ce monde, tel qu'il est, est le meilleur des mondes possibles, on ne peut donc pas espérer un avenir plus heureux. Si tous les maux dont nous sommes accablés sont un bien général, toutes les nations policées ont donc eu tort de rechercher l'origine du mal physique et du mal moral. Si un homme mangé par les bêtes féroces fait le bien-être de ces bêtes et contribue à l'ordre du monde, si les malheurs de tous les particuliers ne sont que la suite de cet ordre général et nécessaire, nous ne sommes donc que des roues qui servent à faire jouer la grande machine; nous ne sommes pas plus précieux aux yeux de Dieu que les animaux qui nous dévorent. »

Voilà les conclusions qu'on tirait du poëme de M. Pope; et ces conclusions mêmes augmentaient encore la célébrité et le succès de l'ouvrage. Mais on devait l'envisager sous un autre aspect : il fallait considérer le respect pour la Divinité, la résignation qu'on doit à ses ordres suprêmes, la saine morale, la tolérance, qui sont l'ame de cet excellent écrit. C'est ce que le public a fait; et l'ouvrage, ayant été traduit par des hommes dignes de le traduire [2], a triomphé d'autant plus des critiques qu'elles roulaient sur des matières plus délicates.

C'est le propre des censures violentes d'accréditer les opinions qu'elles attaquent. On crie contre un livre parcequ'il réussit, on lui impute des erreurs : qu'arrive-t-il? les hommes, révoltés contre ces cris, prennent pour des vérités les erreurs mêmes que ces critiques ont cru apercevoir. La censure élève des fantômes pour les combattre, et les lecteurs indignés embrassent ces fantômes..

Les critiques ont dit : « Leibnitz, Pope, enseignent le fatalisme; » et les partisans de Leibnitz et de Pope ont dit : « Si Leibnitz et Pope enseignent le fatalisme, ils ont donc raison, et c'est à cette fatalité invincible qu'il faut croire. »

PRÉFACE.

Pope avait dit *Tout est bien* en un sens qui était très recevable; et ils le disent aujourd'hui en un sens qui peut être combattu.

L'auteur du poëme sur *le Désastre de Lisbonne* ne combat point l'illustre Pope, qu'il a toujours admiré et aimé; il pense comme lui sur presque tous les points: mais, pénétré des malheurs des hommes, il s'élève contre les abus qu'on peut faire de cet ancien axiome, *Tout est bien*. Il adopte cette triste et plus ancienne vérité reconnue de tous les hommes, qu'*il y a du mal sur la terre*; il avoue que le mot *Tout est bien*, pris dans un sens absolu et sans l'espérance d'un avenir, n'est qu'une insulte aux douleurs de notre vie.

Si, lorsque Lisbonne, Méquinez, Tétuan, et tant d'autres villes, furent englouties avec un si grand nombre de leurs habitants au mois de novembre 1755, des philosophes avaient crié aux malheureux qui échappaient à peine des ruines: « Tout est bien; les héritiers des morts augmenteront leurs fortunes; les maçons gagneront de l'argent à rebâtir des maisons; les bêtes se nourriront des cadavres enterrés dans les débris : c'est l'effet nécessaire des causes nécessaires; votre mal particulier n'est rien, vous contribuez au bien général; » un tel discours certainement eût été aussi cruel que le tremblement de terre a été funeste. Et voilà ce que dit l'auteur du poëme sur *le Désastre de Lisbonne*.

Il avoue donc avec toute la terre qu'il y a du mal sur la terre, ainsi que du bien; il avoue qu'aucun philosophe n'a pu jamais expliquer l'origine du mal moral et du mal physique; il avoue que Bayle, le plus grand dialecticien qui ait jamais écrit, n'a fait qu'apprendre à douter[3], et qu'il se combat lui-même; il avoue qu'il y a autant de faiblesse dans les lumières de l'homme que de misères dans sa vie. Il expose tous les systèmes en peu de mots. Il dit que la révélation seule peut dénouer ce grand nœud, que tous les philosophes ont embrouillé; il dit que l'espérance d'un développement de notre être, dans un nouvel ordre de choses, peut seule consoler des malheurs présents, et que la bonté de la Providence est le seul asile auquel l'homme puisse recourir dans les ténèbres de sa raison, et dans les calamités de sa nature faible et mortelle.

P. S. [4] Il est toujours malheureusement nécessaire d'avertir qu'il faut distinguer les objections que se fait un auteur de ses réponses aux objections, et ne pas prendre ce qu'il réfute pour ce qu'il adopte.

NOTES

DE LA PRÉFACE DU *DÉSASTRE DE LISBONNE.*

[1] Cette préface et la note de l'auteur sont de 1756. B.

[2] Ces deux hommes sont Silhouette (voyez ma note, tome XL, page 126) et l'abbé Du Resnel (voyez ma note, t. LI, p. 278). B.

[3] Voyez le vers 192. B.

[4] Ce *P. S.* est aussi de 1756. B.

POËME

SUR

LE DÉSASTRE DE LISBONNE,

OU EXAMEN DE CET AXIOME :

TOUT EST BIEN.

O malheureux mortels! ô terre déplorable!
O de tous les mortels assemblage effroyable!
D'inutiles douleurs éternel entretien!
Philosophes trompés qui criez, « Tout est bien; »
Accourez, contemplez ces ruines affreuses,
Ces débris, ces lambeaux, ces cendres malheureuses,
Ces femmes, ces enfants l'un sur l'autre entassés,
Sous ces marbres rompus ces membres dispersés;
Cent mille infortunés que la terre dévore,
Qui, sanglants, déchirés, et palpitants encore,
Enterrés sous leurs toits, terminent sans secours
Dans l'horreur des tourments leurs lamentables jours!
Aux cris demi-formés de leurs voix expirantes,
Au spectacle effrayant de leurs cendres fumantes,
Direz-vous, « C'est l'effet des éternelles lois
Qui d'un Dieu libre et bon nécessitent le choix? »
Direz-vous, en voyant cet amas de victimes :
« Dieu s'est vengé, leur mort est le prix de leurs crimes? »

Quel crime, quelle faute ont commis ces enfants
Sur le sein maternel écrasés et sanglants?
Lisbonne, qui n'est plus, eut-elle plus de vices
Que Londres, que Paris, plongés dans les délices?
Lisbonne est abîmée, et l'on danse à Paris.
Tranquilles spectateurs, intrépides esprits [1],
De vos frères mourants contemplant les naufrages,
Vous recherchez en paix les causes des orages :
Mais du sort ennemi quand vous sentez les coups,
Devenus plus humains, vous pleurez comme nous.
Croyez-moi, quand la terre entr'ouvre ses abîmes,
Ma plainte est innocente et mes cris légitimes.
Partout environnés des cruautés du sort,
Des fureurs des méchants, des piéges de la mort,
De tous les éléments éprouvant les atteintes [2],
Compagnons de nos maux, permettez-nous les plaintes.
C'est l'orgueil, dites-vous, l'orgueil séditieux,
Qui prétend qu'étant mal, nous pouvions être mieux.
Allez interroger les rivages du Tage;
Fouillez dans les débris de ce sanglant ravage;
Demandez aux mourants, dans ce séjour d'effroi,
Si c'est l'orgueil qui crie : « O ciel, secourez-moi !
O ciel, ayez pitié de l'humaine misère ! »
« Tout est bien, dites-vous, et tout est nécessaire. »
Quoi! l'univers entier, sans ce gouffre infernal,
Sans engloutir Lisbonne, eût-il été plus mal?
Êtes-vous assurés que la cause éternelle
Qui fait tout, qui sait tout, qui créa tout pour elle,
Ne pouvait nous jeter dans ces tristes climats
Sans former des volcans allumés sous nos pas?
Borneriez-vous ainsi la suprême puissance?

Lui défendriez-vous d'exercer sa clémence?
L'éternel artisan n'a-t-il pas dans ses mains
Des moyens infinis tout prêts pour ses desseins?
Je desire humblement, sans offenser mon maître,
Que ce gouffre enflammé de soufre et de salpêtre
Eût allumé ses feux dans le fond des déserts.
Je respecte mon Dieu, mais j'aime l'univers.
Quand l'homme ose gémir d'un fléau si terrible,
Il n'est point orgueilleux, hélas! il est sensible.

 Les tristes habitants de ces bords désolés
Dans l'horreur des tourments seraient-ils consolés
Si quelqu'un leur disait: «Tombez, mourez tranquilles;
Pour le bonheur du monde on détruit vos asiles;
D'autres mains vont bâtir vos palais embrasés,
D'autres peuples naîtront dans vos murs écrasés;
Le Nord va s'enrichir de vos pertes fatales;
Tous vos maux sont un bien dans les lois générales;
Dieu vous voit du même œil que les vils vermisseaux
Dont vous serez la proie au fond de vos tombeaux.»
A des infortunés quel horrible langage!
Cruels, à mes douleurs n'ajoutez point l'outrage.

 Non, ne présentez plus à mon cœur agité
Ces immuables lois de la nécessité,
Cette chaîne des corps, des esprits, et des mondes.
O rêves de savants! ô chimères profondes!
Dieu tient en main la chaîne, et n'est point enchaîné[a];

---

[a] La chaîne universelle n'est point, comme on l'a dit, une gradation suivie qui lie tous les êtres. Il y a probablement une distance immense entre l'homme et la brute, entre l'homme et les substances supérieures; il y a l'infini entre Dieu et toutes les substances. Les globes qui roulent autour

POÉSIES. I.

Par son choix bienfesant tout est déterminé :
Il est libre, il est juste, il n'est point implacable.

de notre soleil n'ont rien de ces gradations insensibles, ni dans leur grosseur, ni dans leurs distances, ni dans leurs satellites.

Pope dit que l'homme ne peut savoir pourquoi les lunes de Jupiter sont moins grandes que Jupiter : il se trompe en cela ; c'est une erreur pardonnable qui a pu échapper à son beau génie. Il n'y a point de mathématicien qui n'eût fait voir au lord Bolingbroke et à M. Pope que si Jupiter était plus petit que ses satellites, ils ne pourraient pas tourner autour de lui ; mais il n'y a point de mathématicien qui pût découvrir une gradation suivie dans les corps du système solaire.

Il n'est pas vrai que, si on ôtait un atome du monde, le monde ne pourrait subsister ; et c'est ce que M. de Crousaz, savant géomètre, remarqua très bien dans son livre contre M. Pope. Il parait qu'il avait raison en ce point, quoique sur d'autres il ait été invinciblement réfuté par MM. Warburton et Silhouette.

Cette chaîne des événements a été admise et très ingénieusement défendue par le grand philosophe Leibnitz ; elle mérite d'être éclaircie. Tous les corps, tous les événements, dépendent d'autres corps et d'autres événements. Cela est vrai ; mais tous les corps ne sont pas nécessaires à l'ordre et à la conservation de l'univers, et tous les événements ne sont pas essentiels à la série des événements. Une goutte d'eau, un grain de sable de plus ou de moins ne peuvent rien changer à la constitution générale. La nature n'est asservie ni à aucune quantité précise, ni à aucune forme précise. Nulle planète ne se meut dans une courbe absolument régulière ; nul être connu n'est d'une figure précisément mathématique ; nulle quantité précise n'est requise pour nulle opération : la nature n'agit jamais rigoureusement. Ainsi on n'a aucune raison d'assurer qu'un atome de moins sur la terre serait la cause de la destruction de la terre.

Il en est de même des événements : chacun d'eux a sa cause dans l'événement qui précède ; c'est une chose dont aucun philosophe n'a jamais douté. Si on n'avait pas fait l'opération césarienne à la mère de César, César n'aurait pas détruit la république, il n'eût pas adopté Octave, et Octave n'eût pas laissé l'empire à Tibère. Maximilien épouse l'héritière de la Bourgogne et des Pays-Bas, et ce mariage devient la source de deux cents ans de guerre. Mais que César ait craché à droite ou à gauche, que l'héritière de Bourgogne ait arrangé sa coiffure d'une manière ou d'une autre, cela n'a certainement rien changé au système général.

Il y a donc des événements qui ont des effets, et d'autres qui n'en ont

Pourquoi donc souffrons-nous sous un maître équitable[a]?
Voilà le nœud fatal qu'il fallait délier.
Guérirez-vous nos maux en osant les nier?
Tous les peuples, tremblant sous une main divine,
Du mal que vous niez ont cherché l'origine.
Si l'éternelle loi qui meut les éléments
Fait tomber les rochers sous les efforts des vents,
Si les chênes touffus par la foudre s'embrasent,
Ils ne ressentent point les coups qui les écrasent :
Mais je vis, mais je sens, mais mon cœur opprimé
Demande des secours au Dieu qui l'a formé.

Enfants du Tout-Puissant, mais nés dans la misère,

---

pas. Il en est de leur chaîne comme d'un arbre généalogique; on y voit des branches qui s'éteignent à la première génération, et d'autres qui continuent la race. Plusieurs événements restent sans filiation. C'est ainsi que dans toute machine il y a des effets nécessaires au mouvement, et d'autres effets indifférents, qui sont la suite des premiers, et qui ne produisent rien. Les roues d'un carrosse servent à le faire marcher; mais qu'elles fassent voler un peu plus ou un peu moins de poussière, le voyage se fait également. Tel est donc l'ordre général du monde, que les chaînons de la chaîne ne seraient point dérangés par un peu plus ou un peu moins de matière, par un peu plus ou un peu moins d'irrégularité.

La chaîne n'est pas dans un plein absolu; il est démontré que les corps célestes font leurs révolutions dans l'espace non résistant. Tout l'espace n'est pas rempli. Il n'y a donc pas une suite de corps depuis un atome jusqu'à la plus reculée des étoiles; il peut donc y avoir des intervalles immenses entre les êtres sensibles, comme entre les insensibles. On ne peut donc assurer que l'homme soit nécessairement placé dans un des chaînons attachés l'un à l'autre par une suite non interrompue. *Tout est enchaîné* ne veut dire autre chose sinon que tout est arrangé. Dieu est la cause et le maître de cet arrangement. Le Jupiter d'Homère était l'esclave des destins; mais dans une philosophie plus épurée Dieu est le maître des destins. Voyez Clarke, *Traité de l'existence de Dieu* (1756). — Crousaz, dont Voltaire parle dans le troisième alinéa de cette note, est auteur d'un écrit dont j'ai donné le titre tome LVII, page 131. B.

[a] Sub Deo justo nemo miser nisi mereatur. *Saint Augustin* (1756).

Nous étendons les mains vers notre commun père.
Le vase, on le sait bien, ne dit point au potier :
« Pourquoi suis-je si vil, si faible, et si grossier ? »
Il n'a point la parole, il n'a point la pensée ;
Cette urne en se formant qui tombe fracassée,
De la main du potier ne reçut point un cœur
Qui desirât les biens et sentît son malheur.
« Ce malheur, dites-vous, est le bien d'un autre être. »
De mon corps tout sanglant mille insectes vont naître ;
Quand la mort met le comble aux maux que j'ai soufferts,
Le beau soulagement d'être mangé des vers !
Tristes calculateurs des misères humaines,
Ne me consolez point, vous aigrissez mes peines ;
Et je ne vois en vous que l'effort impuissant
D'un fier infortuné qui feint d'être content.
 Je ne suis du grand *tout* qu'une faible partie :
Oui ; mais les animaux condamnés à la vie,
Tous les êtres sentants, nés sous la même loi,
Vivent dans la douleur, et meurent comme moi.
 Le vautour acharné sur sa timide proie
De ses membres sanglants se repaît avec joie ;
Tout semble bien pour lui : mais bientôt à son tour
Une aigle au bec tranchant dévore le vautour ;
L'homme d'un plomb mortel atteint cette aigle altière :
Et l'homme aux champs de Mars couché sur la poussière,
Sanglant, percé de coups, sur un tas de mourants,
Sert d'aliment affreux aux oiseaux dévorants.
Ainsi du monde entier tous les membres gémissent ;
Nés tous pour les tourments, l'un par l'autre ils périssent :
Et vous composerez dans ce chaos fatal
Des malheurs de chaque être un bonheur général !

Quel bonheur! ô mortel et faible et misérable,
Vous criez « Tout est bien » d'une voix lamentable,
L'univers vous dément, et votre propre cœur
Cent fois de votre esprit a réfuté l'erreur.

Éléments, animaux, humains, tout est en guerre.
Il le faut avouer, le *mal* est sur la terre :
Son principe secret ne nous est point connu.
De l'auteur de tout bien le mal est-il venu?
Est-ce le noir Typhon[a], le barbare Arimane[b],
Dont la loi tyrannique à souffrir nous condamne?
Mon esprit n'admet point ces monstres odieux
Dont le monde en tremblant fit autrefois des dieux.

Mais comment concevoir un Dieu, la bonté même,
Qui prodigua ses biens à ses enfants qu'il aime,
Et qui versa sur eux les maux à pleines mains?
Quel œil peut pénétrer dans ses profonds desseins?
De l'Être tout parfait le mal ne pouvait naître;
Il ne vient point d'autrui[c], puisque Dieu seul est maître :
Il existe pourtant. O tristes vérités!
O mélange étonnant de contrariétés!
Un Dieu vint consoler notre race affligée;
Il visita la terre, et ne l'a point changée[d]!
Un sophiste arrogant nous dit qu'il ne l'a pu;
« Il le pouvait, dit l'autre, et ne l'a point voulu :
Il le voudra, sans doute; » et, tandis qu'on raisonne,
Des foudres souterrains engloutissent Lisbonne,

---

[a] Principe du mal chez les Égyptiens (1756).
[b] Principe du mal chez les Perses (1756).
[c] C'est-à-dire d'un autre principe (1756).
[d] Un philosophe anglais a prétendu que le monde physique avait dû être changé au premier avénement, comme le monde moral (1756).

Et de trente cités dispersent les débris,
Des bords sanglants du Tage à la mer de Cadix.
 Ou l'homme est né coupable, et Dieu punit sa race,
Ou ce maître absolu de l'être et de l'espace,
Sans courroux, sans pitié, tranquille, indifférent,
De ses premiers décrets suit l'éternel torrent ;
Ou la matière informe, à son maître rebelle,
Porte en soi des défauts *nécessaires* comme elle ;
Ou bien Dieu nous éprouve, et ce séjour mortel[a]
N'est qu'un passage étroit vers un monde éternel.
Nous essuyons ici des douleurs passagères :
Le trépas est un bien qui finit nos misères.
Mais quand nous sortirons de ce passage affreux,
Qui de nous prétendra mériter d'être heureux?
 Quelque parti qu'on prenne, on doit frémir, sans doute.
Il n'est rien qu'on connaisse, et rien qu'on ne redoute.
La nature est muette, on l'interroge en vain ;
On a besoin d'un Dieu qui parle au genre humain.
Il n'appartient qu'à lui d'expliquer son ouvrage,
De consoler le faible, et d'éclairer le sage.
L'homme, au doute, à l'erreur, abandonné sans lui,
Cherche en vain des roseaux qui lui servent d'appui.
Leibnitz ne m'apprend point par quels nœuds invisibles,
Dans le mieux ordonné des univers possibles,
Un désordre éternel, un chaos de malheurs,
Mêle à nos vains plaisirs de réelles douleurs,
Ni pourquoi l'innocent, ainsi que le coupable,
Subit également ce mal inévitable.

---

[a] Voilà, avec l'opinion des deux principes, toutes les solutions qui se présentent à l'esprit humain dans cette grande difficulté ; et la révélation seule peut enseigner ce que l'esprit humain ne saurait comprendre (1756).

Je ne conçois pas plus comment tout serait bien :
Je suis comme un docteur; hélas! je ne sais rien.
 Platon dit qu'autrefois l'homme avait eu des ailes,
Un corps impénétrable aux atteintes mortelles;
La douleur, le trépas, n'approchaient point de lui.
De cet état brillant qu'il diffère aujourd'hui!
Il rampe, il souffre, il meurt; tout ce qui naît expire;
De la destruction la nature est l'empire.
Un faible composé de nerfs et d'ossements
Ne peut être insensible au choc des éléments;
Ce mélange de sang, de liqueurs, et de poudre,
Puisqu'il fut assemblé, fut fait pour se dissoudre;
Et le sentiment prompt de ces nerfs délicats
Fut soumis aux douleurs, ministres du trépas :
C'est là ce que m'apprend la voix de la nature.
J'abandonne Platon, je rejette Épicure.
Bayle en sait plus qu'eux tous; je vais le consulter :
La balance à la main, Bayle enseigne à douter[a],

[a] Une centaine de remarques répandues dans le *Dictionnaire* de Bayle lui ont fait une réputation immortelle. Il a laissé la dispute sur *l'origine du mal* indécise. Chez lui toutes les opinions sont exposées; toutes les raisons qui les soutiennent, toutes les raisons qui les ébranlent, sont également approfondies; c'est l'avocat général des philosophes, mais il ne donne point ses conclusions. Il est comme Cicéron, qui souvent, dans ses ouvrages philosophiques, soutient son caractère d'académicien indécis, ainsi que l'a remarqué le savant et judicieux abbé d'Olivet.

Je crois devoir essayer ici d'adoucir ceux qui s'acharnent depuis quelques années avec tant de violence et si vainement contre Bayle; j'ai tort de dire vainement, car ils ne servent qu'à le faire lire avec plus d'avidité. Ils devraient apprendre de lui à raisonner et à être modérés : jamais d'ailleurs le philosophe Bayle n'a nié ni la Providence, ni l'immortalité de l'ame. On traduit Cicéron, on le commente, on le fait servir à l'éducation des princes; mais que trouve-t-on presque à chaque page dans Cicéron, parmi plusieurs choses admirables? on y trouve que « s'il est une Providence, elle est blâ-

Assez sage, assez grand pour être sans système,
Il les a tous détruits, et se combat lui-même :
Semblable à cet aveugle en butte aux Philistins,
Qui tomba sous les murs abattus par ses mains.

mable d'avoir donné aux hommes une intelligence dont elle savait qu'ils devaient abuser. » *Sic vestra ista Providentia reprehendenda, quæ rationem dederit iis quos scierit ea perverse et improbe usuros.* (De Natura deorum, lib. III, cap. XXXI.)

« Jamais personne n'a cru que la vertu vînt des dieux, et on a eu raison. » *Virtutem autem nemo unquam Deo retulit; nimirum recte.* (Ibid., cap. XXXVI.)

« Qu'un criminel meure impuni, vous dites que les dieux le frappent dans sa postérité. Une ville souffrirait-elle un législateur qui condamnerait les petits-enfants pour les crimes de leur grand-père? » *Ferretne ulla civitas latorem istius modi legis ut condemnaretur filius aut nepos, si pater aut avus deliquisset?* (Ibid., cap. XXXVIII.)

Et ce qu'il y a de plus étrange, c'est que Cicéron finit son livre de la *Nature des dieux* sans réfuter de telles assertions. Il soutient en cent endroits la mortalité de l'ame, dans ses *Tusculanes*, après avoir soutenu son immortalité.

Il y a bien plus; c'est à tout le sénat de Rome qu'il dit, dans son plaidoyer pour Cluentius : « Quel mal lui a fait la mort? Nous rejetons tous les fables ineptes des enfers; qu'est-ce donc que la mort lui a ôté, sinon le sentiment des douleurs? » *Quid tandem illi mali mors attulit? nisi forte ineptiis ac fabulis ducimur, ut existimemus illum apud inferos impiorum supplicia perferre.... quæ si falsa sunt, id quod omnes intelligunt, quid ei tandem aliud mors eripuit, præter sensum doloris?* (C. LXI.)

Enfin dans ses lettres, où le cœur parle, ne dit-il pas : *Si non ero, sensu omnino carebo?* « Quand je ne serai plus, tout sentiment périra avec moi. » (*Ep. fam.*, lib. VI, ep. III.)

Jamais Bayle n'a rien dit d'approchant. Cependant on met Cicéron entre les mains de la jeunesse; on se déchaîne contre Bayle : pourquoi? c'est que les hommes sont inconséquents, c'est qu'ils sont injustes.

— Au moment où se publiait le *Poëme sur le Désastre de Lisbonne*, le parlement de Paris condamnait au feu, le 9 avril 1756, une *Analyse de Bayle* (par Marsy). Voltaire craignit que quelques expressions de cette note ne fussent appliquées à l'arrêt du parlement et au réquisitoire de l'avocat général Fleury. Il pria de faire quelques corrections; mais il était trop tard (voyez les lettres 2358 et 2359, tome LVII, pages 62 et 64). B.

Que peut donc de l'esprit la plus vaste étendue ?
Rien : le livre du sort se ferme à notre vue.
L'homme, étranger à soi, de l'homme est ignoré.
Que suis-je, où suis-je, où vais-je, et d'où suis-je tiré ª ?
Atomes tourmentés sur cet amas de boue,
Que la mort engloutit, et dont le sort se joue,
Mais atomes pensants ³, atomes dont les yeux,
Guidés par la pensée, ont mesuré les cieux ;
Au sein de l'infini nous élançons notre être,
Sans pouvoir un moment nous voir et nous connaître ⁴.
Ce monde, ce théâtre et d'orgueil et d'erreur,
Est plein d'infortunés qui parlent de bonheur.
Tout se plaint, tout gémit en cherchant le bien-être :
Nul ne voudrait mourir, nul ne voudrait renaître ᵇ.
Quelquefois, dans nos jours ⁵ consacrés aux douleurs,
Par la main du plaisir nous essuyons nos pleurs ;
Mais le plaisir s'envole, et passe comme une ombre ;

ª Il est clair que l'homme ne peut par lui-même être instruit de tout cela. L'esprit humain n'acquiert aucune notion que par l'expérience ; nulle expérience ne peut nous apprendre ni ce qui était avant notre existence, ni ce qui est après, ni ce qui anime notre existence présente. Comment avons-nous reçu la vie ? quel ressort la soutient ? comment notre cerveau a-t-il des idées et de la mémoire ? comment nos membres obéissent-ils incontinent à notre volonté ? etc. Nous n'en savons rien. Ce globe est-il seul habité ? a-t-il été fait après d'autres globes, ou dans le même instant ? chaque genre de plantes vient-il, ou non, d'une première plante ? chaque genre d'animaux est-il produit, ou non, par deux premiers animaux ? Les plus grands philosophes n'en savent pas plus sur ces matières que les plus ignorants des hommes. Il en faut revenir à ce proverbe populaire : « La poule a-t-elle été avant l'œuf, ou l'œuf avant la poule ? » Le proverbe est bas, mais il confond la plus haute sagesse, qui ne sait rien sur les premiers principes des choses sans un secours surnaturel (1756).

ᵇ On trouve difficilement une personne qui voulût recommencer la même carrière qu'elle a courue, et repasser par les mêmes événements (1756).

Nos chagrins, nos regrets, nos pertes, sont sans nombre.
Le passé n'est pour nous qu'un triste souvenir ;
Le présent est affreux, s'il n'est point d'avenir,
Si la nuit du tombeau détruit l'être qui pense.
Un jour tout sera bien, voilà notre espérance ;
Tout est bien aujourd'hui, voilà l'illusion.
Les sages me trompaient, et Dieu seul a raison.
Humble dans mes soupirs, soumis dans ma souffrance [6],
Je ne m'élève point contre la Providence.
Sur un ton moins lugubre on me vit autrefois
Chanter des doux plaisirs les séduisantes lois [7] :
D'autres temps, d'autres mœurs : instruit par la vieillesse,
Des humains égarés partageant la faiblesse,
Dans une épaisse nuit cherchant à m'éclairer,
Je ne sais que souffrir, et non pas murmurer.

Un calife autrefois, à son heure dernière,
Au Dieu qu'il adorait dit pour toute prière :
« Je t'apporte, ô seul roi, seul être illimité,
Tout ce que tu n'as pas dans ton immensité,
Les défauts, les regrets, les maux, et l'ignorance. »
Mais il pouvait encore ajouter *l'espérance*[a].

---

[a] La plupart des hommes ont eu cette espérance, avant même qu'ils eussent le secours de la révélation. L'espoir d'être après la mort est fondé sur l'amour de l'être pendant la vie; il est fondé sur la probabilité que ce qui pense pensera. On n'en a point de démonstration, parcequ'une chose démontrée est une chose dont le contraire est une contradiction, et parcequ'il n'y a jamais eu de disputes sur les vérités démontrées. Lucrèce, pour détruire cette espérance, apporte, dans son troisième livre, des arguments dont la force afflige; mais il n'oppose que des vraisemblances à des vraisemblances plus fortes. Plusieurs Romains pensaient comme Lucrèce; et on chantait sur le théâtre de Rome : *Post mortem nihil est,* « Il n'est rien après la mort. » Mais l'instinct, la raison, le besoin d'être consolé, le bien de la société, prévalurent, et les hommes ont toujours eu l'espérance d'une

vie à venir; espérance, à la vérité, souvent accompagnée de doute. La révélation détruit le doute, et met la certitude à la place : mais qu'il est affreux d'avoir encore à disputer tous les jours sur la révélation; de voir la société chrétienne insociable, divisée en cent sectes sur la révélation ; de se calomnier, de se persécuter, de se détruire pour la révélation ; de faire des Saint-Barthélemi pour la révélation; d'assassiner Henri III et Henri IV pour la révélation ; de faire couper la tête au roi Charles Ier pour la révélation ; de traîner un roi de Pologne tout sanglant pour la révélation! O Dieu, révélez-nous donc qu'il faut être humain et tolérant! (1756, 1771, etc.)

— Dans les éditions de 1756, la note se terminait aux mots *met la certitude à la place.* En 1771, l'auteur ajouta : *mais gardons-nous de nous méprendre sur la révélation.* Cependant l'édition encadrée ou de 1775 ne contient pas cette petite addition. C'est dans l'édition de Kehl que la fin de cette note parut pour la première fois.

L'attentat contre le roi de Pologne est du 3 novembre 1771 ; voyez tome XLVI, page 603, et XLIII, 365. B.

FIN DU POËME SUR LE DÉSASTRE DE LISBONNE.

NOTES ET VARIANTES

DU POËME SUR LE DÉSASTRE DE LISBONNE.

[1] On lit dans quelques copies manuscrites :

Tranquilles raisonneurs, intrépides esprits,
Si sur vous votre ville eût été renversée,
On vous entendrait dire en changeant de pensée,
En pleurant vos enfants, et vos femmes, et vous :
« Le bien fut pour Dieu seul, et le mal est pour nous. »
Quand la terre où je suis porte sur des abîmes,
Ma plainte est innocente, etc.

[2] De tous les éléments j'éprouve les atteintes.

[3] Pascal a dit : « L'homme n'est qu'un roseau, mais c'est un roseau pensant. » B.

⁴ Dans les premières éditions le poëme était terminé par ces deux vers :

> Que faut-il, ô mortels? Mortels, il faut souffrir,
> Se soumettre en silence, adorer, et mourir;

auxquels l'auteur a substitué :

> Ce monde, ce théâtre, etc.

5   Je sais que dans nos jours.

6   Humble dans mes soupirs, soumis dans ma souffrance,
Je n'interroge point la suprême puissance.
Sur un ton moins lugubre on me vit autrefois
Chanter des vains plaisirs les séduisantes lois.
Instruit par les douleurs, instruit par la vieillesse,
Des malheureux humains déplorant la faiblesse,
Mon cœur compatissant gémit sans murmurer,
Sans accuser le dieu que je dois implorer.

C'était alors la fin du poëme. Cependant les six vers qui le terminent aujourd'hui furent ajoutés dès 1756. B.

⁷ Voltaire désigne sa pièce du *Mondain;* voyez tome XIV. B.

PRÉCIS
DE L'ECCLÉSIASTE.
1759.

PRÉFACE
DU NOUVEL ÉDITEUR.

Le *Précis de l'Ecclésiaste* et le *Précis du Cantique des cantiques*, qui est à la suite, sont de 1759.

Deux lettres du comte d'Argental à Voltaire [1], des 1er mars et 22 avril 1756, nous ont appris que madame de Pompadour, tout en continuant *la même vie*, voulut alors se faire dévote. Elle n'allait plus au spectacle, faisait maigre trois jours de la semaine pendant tout le carême, *mais sous la condition qu'elle n'en serait point incommodée*. Elle voulut avoir des psaumes mis en vers par Voltaire, qui n'eut point égard à cette demande. Mais ce fut pour cette dame [2] qu'il composa le *Précis de l'Ecclésiaste* et le *Précis du Cantique des cantiques*. Il paraît même [3] que la composition de ces deux ouvrages est de 1756; ce ne fut toutefois qu'en 1759 qu'ils virent le jour : on en fit au Louvre, c'est-à-dire à l'Imprimerie royale, une magnifique édition [4] avec le portrait de l'auteur ; *mais il y a beaucoup de fautes, et le texte manque au bas des pages* [5]. Louis XV l'avait lu à son

---

[1] Ces deux lettres sont imprimées aux pages 532 et 534 du tome II des *Mémoires sur Voltaire, par Longchamp et Wagnière*, 1826, deux volumes in-8°.

[2] Lettre à Thieriot, du 11 juin 1759, et à d'Argental, du 7 février 1761.

[3] Lettre à Thieriot, du 11 juin 1759.

[4] Lettre à Thieriot, du 15 décembre 1759.

[5] Lettre à Thieriot, du 15 décembre 1759. D'après une plainte aussi précise, il était du devoir d'un éditeur de donner le texte. On s'est contenté

souper[6]. Cela n'empêcha pas le parlement de Paris, sur le réquisitoire d'Omer Joly de Fleury, et sur le rapport de l'abbé Terray, de condamner le *Précis de l'Ecclésiaste* et du *Cantique des cantiques* à être lacéré et brûlé au pied du grand escalier du Palais, par l'exécuteur de la haute justice. L'arrêt du 3 septembre 1759 fut exécuté le 7 du même mois.

Collé, dans son *Journal historique*, dit que les deux *Précis* sont arrivés manuscrits à la fin de mai. La *Correspondance de Grimm* n'en parle qu'en novembre 1759. On a vu que la condamnation était du commencement de septembre; on peut donc présumer que la publication eut lieu en juillet.

Le *Précis de l'Ecclésiaste* avait d'abord été imprimé seul en 1759; on annonce en même temps la prochaine publication du *Précis du Cantique des cantiques*, qui en effet parut bientôt après. Les deux *Précis* ont, dès 1759, presque toujours été réimprimés à la suite l'un de l'autre.

Dans les *Poésies diverses du philosophe de Sans-Souci* (le roi de Prusse), qui parurent en 1760, on trouve des *Stances, paraphrase de l'Ecclésiaste*: il y a onze stances de six vers de sept syllabes, et six stances de quatre vers alexandrins. C'est précisément la forme des stances de l'ouvrage de Voltaire.

Dès 1759 parut un *Nouveau Précis de l'Ecclésiaste sur les mêmes passages de M. de Voltaire, avec des notes sur celui de ce poëte, par C. G. P. R.*, in-8° de 19 pages. L'auteur, dont je n'ai pu découvrir le nom, avoue que sa poésie n'a *ni le goût ni la grace de celle de Voltaire*.

---

jusqu'à présent d'imprimer la traduction française. Je fais précéder cette traduction du texte d'après la Vulgate, le tout selon une édition de 1759 dans laquelle se trouve l'indication de chaque passage par chapitre et verset.

[6] Lettre à d'Argental, du 7 février 1761.

DU NOUVEL ÉDITEUR.

Lorsqu'en 1761 Cramer admit le *Précis de l'Ecclésiaste* dans la seconde partie du tome V de son édition des *OEuvres de Voltaire*, il mit au bas de l'*Avertissement* :

« *N. B.* On a attribué ce *Précis* à M. de Voltaire ; mais il n'est pas de lui, il est de M. Eratou, conseiller de S. A. S. M. le landgrave. »

Ce *nota bene* a été conservé dans l'édition in-4°, tome XVIII, daté de 1771, et dans l'édition encadrée de 1775, tome XII.

La dédicace au roi de Prusse n'était pas encore imprimée en 1771. La première édition où je la trouve est celle de 1775. La phrase de cette dédicace où Voltaire parle des cuistres ignorants qui ont condamné le *Précis de l'Ecclésiaste* me fait croire qu'elle est antérieure au rétablissement des parlements, et qu'elle peut être du même temps que la fin de la note *a* sur la *Loi naturelle* (pages 161-164), c'est-à-dire de 1773.

BEUCHOT.

ÉPITRE DÉDICATOIRE
AU ROI DE PRUSSE.

SIRE,

On impute au troisième roi de la Judée le petit livre de *l'Ecclésiaste*. Je dédie le *Précis* de cet ouvrage au troisième roi de la Prusse, qui pense comme Salomon paraît penser, et qui a souvent exprimé les mêmes sentiments avec plus de méthode et plus d'énergie.

Quel que soit l'auteur de *l'Ecclésiaste*, il est certain qu'il était philosophe; et il n'est pas si certain qu'il fût roi. Vous êtes l'un et l'autre; ainsi vous réunissez tout ce qu'il y a, dit-on, de mieux sur la terre.

Des cuistres ignorants, qui détestaient les philosophes et qui n'aimaient pas les rois, ont condamné ce petit *Précis de l'Ecclésiaste*, apparemment parcequ'il est en vers; car ces messieurs ne sont pas plus touchés de la poésie que de la philosophie. C'est une nouvelle raison pour dédier cet ouvrage à Votre Majesté. Elle a sur Salomon l'avantage de faire des vers, et de n'être point tiraillée par sept cents épouses, dites légitimes, et par trois cents drôlesses, dites concubines ou femmes du second rang; ce qui ne convient pas trop à un sage.

L'Ecclésiaste a été inspiré par le Saint-Esprit; la traduction libre que je mets à vos pieds n'a été inspirée que par la raison : ainsi le traducteur peut être tombé dans des erreurs grossières. Il a pu, sans le savoir, hasarder des paroles malsonnantes et sentant l'hérésie : mais, comme Votre Majesté est hérétique, elle ne s'en offensera pas. Elle continuera à me donner sa protection contre les sots, dont elle est accoutumée à triompher comme de ses ennemis.

AVERTISSEMENT[1].

Soit que *l'Ecclésiaste* ait été effectivement composé par Salomon, soit qu'un autre auteur inspiré ait fait parler ce sage, ce livre a toujours été regardé comme un monument précieux. Il l'est d'autant plus qu'on y trouve plus de philosophie. Il montre le néant des choses humaines, il conseille en même temps l'usage raisonnable des biens que Dieu a donnés aux hommes : il ne fait pas de la sagesse un tableau hideux et révoltant; c'est un cours de morale fait pour les gens du monde. C'est pourquoi on a cru ce livre de l'Écriture préférable à tout autre pour en donner un *Précis* en vers, et pour le présenter à la personne respectable[2] à qui on a eu l'honneur de l'adresser.

Il n'aurait pas été possible de le traduire d'un bout à l'autre avec succès; le style oriental est trop différent du nôtre. L'esprit divin, qui s'élève au-dessus de nos idées, néglige la méthode; il ne fait point difficulté de répéter souvent les mêmes pensées et les mêmes expressions; il passe rapidement d'un objet à un autre; il revient sur ses pas; il ne craint ni les contradictions apparentes que notre esprit borné est obligé de concilier, ni les grandes hardiesses que notre faiblesse est dans la nécessité d'adoucir.

Le sentiment de sa propre insuffisance a forcé le traducteur à rassembler en un corps les idées qui sont répandues dans ce livre avec une sublime profusion; à y mettre une liaison nécessaire pour nous, et un ordre qui était inutile à l'Esprit saint; et enfin à prendre un vol moins hardi, convenable à un laïque qui donne l'abrégé d'un livre divin.

NOTES

DE L'AVERTISSEMENT.

¹ Cet avertissement est de Voltaire, et de 1759. B.
² Madame de Pompadour. Voyez ma Préface, page 207. B.

PRÉCIS DE L'ECCLÉSIASTE.

Dans ma bouillante jeunesse,
J'ai cherché la volupté,
J'ai savouré son ivresse :
De mon bonheur dégoûté,
Dans sa coupe enchanteresse
J'ai trouvé la vanité[a].
   La grandeur et la richesse[b]
Dans l'âge mûr m'ont flatté :
Les embarras, la tristesse,
L'ennui, la satiété,
Ont averti ma vieillesse
Que tout était vanité.
   J'ai voulu de la science[c]

---

[a] *Vanitas vanitatum, et omnia vanitas.* Cap. I, v. 1. *Dixi ego in corde meo: vadam et affluam deliciis, et fruar bonis, et vidi quod hoc quoque esset vanitas.* Cap. II, v. 1.

Vanité des vanités, et tout est vanité. J'ai dit dans mon cœur : Je vais me plonger dans les délices, et j'ai trouvé encore que cela est vanité.

[b] *Et proposui in animo meo quærere.... quæ fiunt sub sole.... hanc occupationem pessimam dedit Deus filiis hominum.* Cap. I, v. 13.

Je me suis proposé d'examiner tout ce qui est sous le soleil, et c'est une très mauvaise occupation.

[c] *Dedique cor meum ut scirem prudentiam, atque doctrinam, erroresque*

Pénétrer l'obscurité.
O nature, abîme immense!
Tu me laisses sans clarté;
J'ai recours à l'ignorance:
Le savoir est vanité.

De quoi m'aura servi ma suprême puissance[a],
Qui ne dit rien aux sens, qui ne dit rien au cœur?
Brillante opinion, fantôme de bonheur,
Dont jamais en effet on n'a la jouissance.

J'ai cherché ce bonheur, qui fuyait de mes bras,
Dans mes palais de cèdre, aux bords de cent fontaines;
Je le redemandais aux voix de mes sirènes:
Il n'était point dans moi, je ne le trouvais pas.

J'accablai mon esprit de trop de nourriture[b],

---

et stultitiam; et agnovi quod in his quoque esset labor et afflictio spiritus. Cap. II, v. 7.

J'ai voulu connaître la doctrine et les erreurs; et c'est une affliction d'esprit.

[a] *Magnificavi opera mea, ædificavi domos....* Cap. II, v. 4. *Possedi servos et ancillas.* Cap. II, v. 5.

Coacervavi mihi argentum et aurum, et substantias regum et provinciarum. Feci mihi cantatores et cantatrices.... Cap. II, v. 8. *Feci hortos et pomaria...* Cap. II, v. 5. *Et omnia quæ desideraverunt oculi mei, non negavi eis....* Cap. II, v. 11. *Vidi in omnibus vanitatem et afflictionem animi....* Cap. II, v. 11. *Et idcirco tæduit me vitæ meæ.* Cap. II, v. 17.

J'ai entrepris de grandes choses, j'ai bâti des palais, j'ai eu des esclaves, j'ai fait de grands amas d'or, j'ai accumulé les substances des rois et des provinces, j'ai eu des musiciens et des musiciennes, et j'ai planté des jardins; je ne me suis refusé aucun desir; j'ai reconnu qu'il n'y avait que vanité et affliction d'esprit : la vie m'est devenue insupportable.

[b] *Rursus detestatus sum omnem industriam meam.* Cap. II, v. 18. *Nam cum alius laboret in sapientia et doctrina... Et hoc ergo vanitas.* Cap. II, v. 21.

J'ai regardé ensuite avec détestation mes applications, après avoir cherché en vain la doctrine et la sagesse.

A prévenir mon goût j'épuisai tous mes soins ;
Mais mon goût s'émoussait en fuyant la nature :
Il n'est de vrais plaisirs qu'avec de vrais besoins.

  Je me suis fait une étude^a
   De connaître les mortels ;
   J'ai vu leurs chagrins cruels,
   Et leur vague inquiétude,
   Et la secrète habitude
   De leurs penchants criminels.
   L'artiste le plus habile
   Fut le moins récompensé ;
   Le serviteur inutile
   Était le plus caressé ;
   Le juste fut traversé,
   Le méchant parut tranquille.
   Tu viens de trahir l'amour,
   Et tu ris, beauté volage ;
   Un nouvel amant t'engage,
   T'aime, et te quitte en un jour ;
   Et dans l'instant qu'il t'outrage
   On le trahit à son tour.

J'entends siffler partout les serpents de l'Envie[b] ;
Je vois par ses complots le mérite immolé ;

---

[a] *Verti me ad aliud, et vidi sub sole nec velocium cursum.... nec artificum gratiam.* Cap. IX, v. 11.

J'ai tourné mes pensées ailleurs. J'ai vu que, sous le soleil, le prix n'était point pour celui qui avait le mieux couru, ni la faveur pour l'artiste le plus habile.

[b] *Verti me ad alia, et vidi calumnias et lacrymas innocentium, et neminem consolatorem... Cunctorum auxilio destitutos.* Cap. IV, v. 1.

J'ai porté mon esprit ailleurs ; j'ai vu les calomnies, l'innocent en larmes, sans secours et sans consolateur.

L'innocent confondu traîne une affreuse vie;
Il s'écrie en mourant: « Nul ne m'a consolé! »

 Le travail, la vertu, pleurent sans récompense;
La calomnie insulte à leurs cris douloureux;
Et du riche amolli la stupide insolence
Ne sait pas seulement s'il est des malheureux.

 Il l'est pourtant lui-même; un éternel orage[a]
Promène de son cœur les desirs inquiets;
Il hait son héritier, qui le hait davantage;
Il vit dans la contrainte, et meurt dans les regrets.

  Dans leur course vagabonde
  Les mortels sont entraînés;
  Frêles vaisseaux que sur l'onde
  Battent les vents mutinés,
  Et dans l'océan du monde
  Au naufrage destinés.

  D'espérances mensongères[b]
  Nous vivons préoccupés:
  Tous les malheurs de nos pères
  Ne nous ont point détrompés;
  Nous éprouvons les misères
  Dont nos fils seront frappés.

 Rien de nouveau sur la terre[c]:

---

[a] *Homo extraneus vorabit illud, hoc vanitas et magna miseria est.* Cap. vi, v. 2.
 Un étranger dévorera toutes vos richesses après vous, et c'est là encore une très grande misère.

[b] *Quid est quod fuit? ipsum quod futurum est. Quid est quod factum est? ipsum quod faciendum est.* Cap. i, v. 9.
 Qu'est-ce qui a été? ce qui sera. Qu'est-ce qui s'est fait? ce qui se fera.

[c] *Nihil sub sole novum...* Cap. i, v. 10. *Ne dicas: Quid putas causæ est*

On verra ce qu'on a vu,
Le droit affreux de la guerre,
Par qui tout est confondu,
Et le vice et la vertu
En butte aux coups du tonnerre.

Le sage et l'imprudent, et le faible, et le fort [a],
Tous sont précipités dans les mêmes abîmes;
Le cœur juste et sans fiel, le cœur pétri de crimes,
Tous sont également les vains jouets du sort.

Le même champ nourrit la brebis innocente,
Et le tigre odieux qui déchire son flanc;
Le tombeau réunit la race bienfesante,
Et les brigands cruels enivrés de son sang.

En vain par vos travaux vous courez à la gloire [b];
Vous mourez : c'en est fait, tout sentiment s'éteint;
Vous n'êtes ni chéri, ni respecté, ni plaint :
La mort ensevelit jusqu'à votre mémoire.

---

quod priora tempora meliora fuere quam nunc sunt? stulta enim est hujusce modi interrogatio. Cap. VII, v. 11.

Rien de nouveau sous le soleil; ne dites point que les premiers temps ont été meilleurs que ceux d'aujourd'hui : car c'est le discours d'un fou.

[a] *Justus perit in justitia sua, et impius multo vivit tempore in malitia sua.* Cap. VII, v. 16. *Universa æque eveniant justo et impio... mundo et immundo, immolanti victimas, et sacrificia contemnenti... Ut perjurus, ita et ille qui verum dejerat.* Cap. IX, v. 2.

Le juste périt dans sa justice, et le méchant vit long-temps dans sa malice. Tout arrive également au juste et à l'injuste, au pur et à l'impur, à celui qui offre des sacrifices et à celui qui n'en offre pas; le parjure est traité comme l'homme ami de la vérité.

[b] *Viventes enim sciunt se morituros; mortui vero nihil noverunt amplius, nec habent ultra mercedem... Amor quoque et odium, et invidiæ simul pe rierunt.* Cap. IX, v. 5 et 6.

Les vivants savent qu'ils doivent mourir; mais les morts ne connaissent plus rien, et il ne leur reste plus de récompense : l'amour, la haine, l'envie, périssent avec eux.

Que la vie a peu d'appas[a] !
Cependant on la desire.
Plus de plaisirs, plus d'empire
Dans les horreurs du trépas.
Un lion mort ne vaut pas
Un moucheron qui respire.
O mortel infortuné !
Soit que ton ame jouisse
Du moment qui t'est donné,
Soit que la mort le finisse,
L'un et l'autre est un supplice :
Il vaut mieux n'être point né.
Le néant est préférable
A nos funestes travaux,
Au mélange lamentable
Des faux biens et des vrais maux,
A notre espoir périssable
Qu'engloutissent les tombeaux.
Quel homme a jamais su par sa propre lumière[b]

---

[a] *Si genuerit quispiam centum liberos, et vixerit multos annos... et anima illius non utatur bonis substantiæ suæ... de hoc ego pronuntio quod melior illo sit abortivus. Frustra enim venit, et pergit ad tenebras et oblivione delebitur nomen ejus...* Cap. VI, v. 3 et 4. *Et laudavi magis mortuos quam viventes, et feliciorem utroque judicavi qui necdum natus est, nec vidit mala quæ sub sole fiunt.* Cap. IV, v. 2 et 3. *Et melior est canis vivus leone mortuo.* Cap. IX, v. 4.

Qu'un homme ait eu cent enfants, qu'il ait vécu long-temps, et qu'il n'ait pas joui de ses richesses, je prononce qu'un avorton vaut mieux que lui. C'est en vain qu'il est né ; il va dans les ténèbres, et son nom dans l'oubli... Et j'ai préféré l'état des morts à celui des vivants, et j'ai estimé plus heureux celui qui n'est pas né encore, et n'a pas vu les maux qui sont sous le soleil... Un chien vivant vaut mieux qu'un lion mort.

[b] *Dixi in corde meo de filiis hominum, ut probaret eos Deus, et ostenderet similes esse bestiis. Idcirco unus interitus est hominis et jumentorum, et æqua*

Si, lorsque nous tombons dans l'éternelle nuit,
Notre ame avec nos sens se dissout tout entière,
Si nous vivons encore, ou si tout est détruit?

Des plus vils animaux Dieu soutient l'existence;
Ils sont, ainsi que nous, les objets de ses soins;
Il borna leur instinct et notre intelligence;
Ils ont les mêmes sens et les mêmes besoins.

Ils naissent comme nous, ils expirent de même :
Que deviendra leur ame au jour de leur trépas?
Que deviendra la nôtre à ce moment suprême?
Humains, faibles humains, vous ne le savez pas!
    Cependant l'homme s'égare[a]

utriusque conditio : sicut moritur homo, sic et illa moriuntur : similiter spirant omnia, et nihil habet bona jumento amplius. Cuncta subjacent vanitati. Et omnia pergunt ad eumdem locum : de terra facta sunt, et in terra pariter revertuntur. Quis novit si spiritus filiorum Adam ascendat sursum, et spiritu jumentorum descendat deorsum? Cap. III, v. 18, 19, 20, 21.

J'ai dit à mon cœur: Dieu met en probation tous les enfants des hommes; il montre qu'ils sont semblables aux bêtes. Les hommes meurent comme les bêtes, leur sort est égal; ils respirent de même, l'homme n'a rien de plus que la bête : tout est vanité, tout tend au même lieu; ils ont tous été tirés de la terre, et ils retourneront pareillement en terre. Qui connaît si l'ame des hommes monte en haut, et si l'ame des bêtes descend en bas?

N. B. L'Ecclésiaste semble s'exprimer ici avec une dureté qui convenait sans doute à son temps, et qui doit être adoucie dans le nôtre. Ainsi l'auteur du *Précis* ne dit point, « L'homme n'a rien de plus que la bête; » mais, « Qui sait par sa propre lumière si l'homme n'a rien de plus que la bête? » C'est le sens de *l'Ecclésiaste*. L'homme ne sait rien par lui-même; il a besoin de la foi.

— Ce *nota bene* est de 1761. B.

[a] *Interdum dominatur homo homini in malum suum...* Cap. VIII, v. 9. *Unus est, et secundum non habet, non filium, non fratrem, et tamen laborare non cessat, nec satiantur oculi ejus divitiis, nec recogitat, dicens : Cui laboro...?* Cap. IV, v. 8.

Un homme quelquefois domine pour son propre malheur. Un homme est seul, sans enfants, sans frères; cependant il travaille sans cesse, il est

Dans ses travaux insensés.
Les biens dont l'Inde se pare,
Avec fureur amassés,
Sont vainement entassés
Dans les trésors de l'avare.

Ce monarque ambitieux
Menaçait la terre entière:
Il tombe dans sa carrière;
Et ce géant sourcilleux,
Ce front qui touchait aux cieux,
Est caché dans la poussière.

La beauté dans son printemps[a]
Brille pompeuse et chérie,
Semblable à la fleur des champs,
Le matin épanouie,
Le soir livide et flétrie,
En horreur à ses amants.

Ainsi tout se corrompt, tout se détruit, tout passe[b]:

insatiable de richesses; il ne lui vient point dans l'esprit de se dire: Pour qui est-ce que je travaille?

[a] *Et inveni amariorem morte mulierem.* Cap. vii, v. 27.

J'ai trouvé la femme plus amère que la mort.

[b] *Quando commovebuntur custodes domus... et otiosæ erunt molentes in minuto numero... florebit amygdalus... et dissipabitur capparis... antequam rumpatur funiculus argenteus, et recurrat vitta aurea, et conteratur hydria super fontem...* Cap. xii, v. 3, 5, 6.

Lorsque les gardes de la maison (c'est-à-dire, les jambes) commenceront à trembler; quand celles qui doivent moudre (c'est-à-dire, les dents) seront en petit nombre et oisives; quand l'amandier fleurira (c'est-à-dire, quand la tête sera chauve), que le câprier se dissipera (c'est-à-dire, quand les cheveux seront tombés); quand la chaîne d'argent sera rompue, que le ruban d'or se retirera, que la cruche se cassera sur la fontaine (c'est-à-dire, quand on ne sera plus propre aux plaisirs)...

—Voltaire regardait ce passage comme un des plus beaux emblèmes des livres judaïques; voyez tome XXIX, page 80. R.

Mon oreille bientôt sera sourde aux concerts;
La chaleur de mon sang va se tourner en glace;
D'un nuage épaissi mes yeux seront couverts;
 Des vins du mont Liban la sève nourrissante
Ne pourra plus flatter mes languissants dégoûts;
Courbé, traînant à peine une marche pesante,
J'approcherai du terme où nous arrivons tous.
 Je ne vous verrai plus, beautés dont la tendresse
Consola mes chagrins, enchanta mes beaux jours.
O charme de la vie! ô précieuse ivresse!
Vous fuyez loin de moi, vous fuyez pour toujours.

  Du temps qui périt sans cesse[a]
  Saisissons donc les moments;
  Possédons avec sagesse,
  Goûtons sans emportements
  Les biens qu'à notre jeunesse
  Donnent les cieux indulgents.
  Que les plaisirs de la table,
  Les entretiens amusants,
  Prolongent pour nous le temps;
  Et qu'une compagne aimable
  M'inspire un amour durable,
  Sans trop régner sur mes sens.
  Mortel, voilà ton partage[b]

---

[a] *Et deprehendi nihil esse melius quam lætari hominem in opere suo, et hanc esse partem illius. Quis enim eum adducet ut post se futura cognoscat?* Cap. III, v. 22.

Et j'ai reconnu qu'il n'y a rien de meilleur à l'homme que de se réjouir dans ses œuvres, et que c'est là son partage; car qui le ramènera de la mort, pour connaître l'avenir?

[b] *Nonne melius est comedere, et bibere, et ostendere animæ suæ bona de laboribus suis? et hoc de manu Dei est.* Cap. II, v. 24.

Par les destins accordé ;
Sur ces biens, sur leur usage,
Ton vrai bonheur est fondé :
Qu'ils soient possédés du sage,
Sans qu'il en soit possédé.

Usez, n'abusez point ; ne soyez point en proie[a]
Aux desirs effrénés, au tumulte, à l'erreur.
Vous m'avez affligé, vains éclats de la joie ;
Votre bruit m'importune, et le rire est trompeur[1].

Dieu nous donna des biens, il veut qu'on en jouisse[b] ;
Mais n'oubliez jamais leur cause et leur auteur ;
Et lorsque vous goûtez sa divine faveur,
O mortels ! gardez-vous d'oublier sa justice.

Aimez ces biens pour lui, ne l'aimez point pour eux[c] ;
Ne pensez qu'à ses lois, car c'est là tout votre être.
Grand, petit, riche, pauvre, heureux, ou malheureux,
Étrangers sur la terre, adorez votre maître.

Ne vaut-il pas mieux manger et boire, et faire plaisir à son cœur avec le fruit de ses travaux ? Cela même est de Dieu.

[a] *Et omni homini, cui dedit Deus divitias, atque substantiam, potestatemque ei tribuit ut comedat ex eis, et fruatur parte sua... hoc est donum Dei.* Cap. v, v. 18. *Et cognovi quod non esset melius nisi lætari, et facere bene in vita sua.* Cap. III, v. 11.

Et quand Dieu lui a donné biens et richesses, et pouvoir d'en jouir, c'est un don de Dieu ; et j'ai reconnu qu'il n'y a rien de meilleur que de se réjouir et de bien faire.

[b] *Lætare ergo, juvenis, in adolescentia tua, et in bono sit cor tuum.* Cap. xi, v. 9.

Réjouissez-vous donc, jeune homme, dans votre jeunesse ; que votre cœur soit dans l'allégresse.

[c] *Deum time, et mandata ejus observa : hoc enim omnis homo.* Cap. xii, v. 13.

Craignez Dieu, observez ses lois ; car c'est là tout l'homme.

DE L'ECCLÉSIASTE.

N'affectez point les éclats[a]
D'une vertu trop austère :
La sagesse atrabilaire
Nous irrite, et n'instruit pas.
C'est à la vertu de plaire :
Le vice a bien moins d'appas.

Indulgent pour la faiblesse[b]
Que vous voyez en autrui,
Qu'il trouve en vous un appui,
Que son sort vous intéresse.
Hélas ! malgré la sagesse,
Vous tomberez comme lui.

Favori de la nature[c],
Le climat le plus vanté
Par les vents, par la froidure,
Voit son espoir avorté ;
Et la vertu la plus pure
A ses temps d'iniquité.

Répandez vos bienfaits avec magnificence[d] ;
Même aux moins vertueux ne les refusez pas ;

---

[a] *Noli esse justus multum ; neque plus sapias quam necesse est, ne obstupescas.* Cap. VII, v. 17.
Ne soyez pas plus juste et plus sage qu'il ne faut, de peur d'être stupide.

[b] *Bonum est te sustentare justum, sed et ab illo (injusto) ne subtrahas manum tuam.* Cap. VII, v. 19.
Il est bon de soutenir le juste ; mais ne retirez pas votre main de celui qui ne l'est pas.

[c] *Non est enim homo in terra qui... non peccet.* Cap. VII, v. 21.
Il n'y a point de juste sur la terre qui ne pèche.

[d] *Mitte panem tuum super transeuntes aquas.* Cap. XI, v. 1.
Jetez votre pain dans les eaux qui passent (c'est-à-dire, faites également du bien à tout le monde).

Ne vous informez point de leur reconnaissance :
Il est grand, il est beau de faire des ingrats.

    Laissez parler les cours, et crier le vulgaire[a];
Leur langue est indiscrète, et leurs yeux sont jaloux ;
De leurs suffrages faux dédaignez le salaire :
Dieu vous voit, il suffit ; qu'il règne seul sur vous.

    L'homme est un vil atome, un point dans l'étendue[b] ;
Cependant du plus haut des palais éternels
Dieu sur notre néant daigne abaisser sa vue :
C'est lui seul qu'il faut craindre, et non pas les mortels.

---

[a] *... Cunctis sermonibus qui dicuntur, ne accommodes cor tuum.* Cap. VII, v. 22.

    Ne faites point attention aux choses qui se disent de vous.

[b] *Et cuncta, quæ fiunt, adducet Deus in judicium pro omni errato, sive bonum, sive malum illud sit.* Cap. XII, v. 14.

    Dieu vous fera rendre compte en sa justice de ce que vous aurez fait en bien ou en mal.

FIN DU PRÉCIS DE L'ECCLÉSIASTE.

NOTE

SUR LE PRÉCIS DE L'ECCLÉSIASTE.

[1] Dans son premier *Discours sur l'homme*, Voltaire a dit (voyez page 50) :

    La joie est passagère, et le rire est trompeur.   B.

PRÉCIS
DU CANTIQUE
DES CANTIQUES.

1759.

AVANT-PROPOS
DU NOUVEL ÉDITEUR.

Ainsi que je l'ai dit page 208, le *Précis du Cantique des Cantiques* parut peu après le *Précis de l'Ecclésiaste*, et fut condamné au feu en même temps.

L'*Avertissement* qui suit est de Voltaire, et parut dès la première édition.

La *Lettre de M. Eratou*, qui est après l'*Avertissement*, parut en 1761, dans la seconde partie du tome V des *OEuvres de Voltaire*. C'est en même temps que fut ajoutée la dernière phrase de l'*Avertissement*. La *Lettre de M. Eratou à M. Clocpitre* est citée dans une lettre de Voltaire à d'Argental, de mai 1761; voyez tome LIX, page 434.

André-Joseph Ansart, bénédictin, membre de l'académie d'Amiens, mort en 1784, publia, en 1770, *Expositio in Canticum Canticorum Salomonis*, in-12; il s'y élève contre le *Précis* donné par Voltaire.

BEUCHOT.

AVERTISSEMENT.

Après avoir donné le *Précis de l'Ecclésiaste,* qui est l'ouvrage le plus philosophique de l'ancienne Asie, voici le *Précis du Cantique des Cantiques :* c'est le poëme le plus tendre, et même le seul de ce genre, qui nous soit resté de ces temps reculés. Tout y respire une simplicité de mœurs qui seule rendrait ce petit poëme précieux. On y voit même une esquisse de la poésie dramatique des Grecs. Il y a des chœurs de jeunes filles et de jeunes hommes qui se mêlent quelquefois au dialogue des deux personnages. Les deux interlocuteurs sont le Chaton et la Sulamite. Chaton est le mot hébreu qui signifie l'amant ou le fiancé; la Sulamite est le nom propre de la fiancée. Plusieurs savants hommes ont attribué cet ouvrage à Salomon; mais on y voit plusieurs versets qui ont fait douter qu'il en puisse être l'auteur.

On a rassemblé les principaux traits de ce poëme pour en faire un petit ouvrage régulier qui en conservât tout l'esprit. Les répétitions et le désordre, qui étaient peut-être un mérite dans le style oriental, n'en sont point un dans le nôtre. On s'est abstenu surtout scrupuleusement de toucher aux sublimes et respectables allégories que les plus graves docteurs ont tirées de cet ancien poëme, et on s'en est tenu à la simplicité non moins respectable du texte. Nous autres éditeurs, nous ne pouvons donner une idée plus claire de ces choses qu'en imprimant la *Lettre de M. Eratou à M. Clocpitre,* aumônier de son altesse sérénissime monsieur le landgrave.

LETTRE DE M. ERATOU[1]

A M. CLOCPITRE,

AUMÔNIER DE S. A. S. M. LE LANDGRAVE.

MONSIEUR ET CHER AMI,

J'apprends avec mépris que le *Précis du Cantique des Cantiques* a encouru la censure de quelques ignorants qui font les entendus. Ces pauvres gens ont jugé un ouvrage hébreu qui a environ trois mille ans d'antiquité comme ils jugeraient un bouquet à Iris, ou une jouissance de l'abbé Tétu, ou une chanson de l'abbé de L'Attaignant, imprimée dans le *Mercure galant*. Ils ne connaissent que nos petits amours de ruelle, ce qu'on appelle des conquêtes; ils ne peuvent se faire une idée des temps héroïques ou patriarcaux; ils s'imaginent que la nature a été au fond de l'Asie ce qu'elle est dans la paroisse de Saint-André des Arts ou des Arcs, et dans la cour du Palais.

Il faut apprendre à ces pédants petits-maîtres qu'il y a toujours eu une grande différence entre les mœurs des Asiatiques, qui n'ont jamais changé, et celles des badauds de Paris, qui changent tous les jours. Ils doivent se mettre dans la tête que la princesse Nausicaa[2], fille du roi Alcinoüs, et l'épouse du *Cantique des Cantiques*, et la naïve parente de Booz, et Lia, et Rachel, n'ont rien de commun avec la femme ou la fille d'un marguillier.

Les chastes amours, la propagation de l'espèce humaine, ne fesaient point rougir; on ne célébrait point l'adultère en chanson : on ne mettait point sur un théâtre d'opéra les amours les plus lascifs, avec l'approbation d'un censeur et la permission du lieutenant de police de Jérusalem.

Si les amours respectables de l'époux et de l'épouse commencent par ces mots : « Isaguni minsichot piho kytobem dodeka me yayin : Qu'il me baise d'un baiser de sa bouche, car sa gorge est meilleure que du vin ; » c'est que l'auteur de ce cantique n'était pas né à Paris ; c'est que ni notre galanterie, ni notre esprit critique, ni notre insolence pédantesque, n'étaient pas connus à Hershalaïm, vulgairement nommée Jérusalem.

Vous qui insultez à l'antiquité sans la connaître ; vous qui n'êtes savants que dans la langue de l'opéra de Paris, du barreau de Paris, et des brochures de Paris ; vous qui voulez que l'esprit divin emprunte votre style, osez lire le livre d'Ézéchiel : vous serez scandalisés que Dieu ordonne au prophète de manger son pain couvert d'excréments humains [3], et qu'ensuite il change cet ordre en celui de manger son pain avec de la fiente de vache [4]. Mais sachez que dans toute l'Arabie déserte on mange quelquefois de la bouse de vache ; surtout que les plus vils excréments et le bourgeois le plus fier qui achète un office sont absolument égaux aux yeux du Créateur, et même aux yeux du sage ; que rien n'est ni dégoûtant, ni vil, ni odieux devant la sagesse, sinon l'esprit d'ignorance et d'orgueil, qui juge de tout suivant ses petits usages et ses petites idées.

Ceux qui ont osé regarder les expressions naturelles d'un amour légitime comme des expressions profanes seraient bien étonnés s'ils lisaient le seizième et le vingt-troisième chapitre d'Ézéchiel, qu'ils n'ont jamais lus : ils verront dans le seizième que Dieu même compare Jérusalem à une jeune fille pauvre, malpropre, dégoûtante. « J'ai eu pitié de vous, dit-il, je vous ai fait croître comme l'herbe des champs. Et ubera tua intumuerunt, et pilus tuus germinavit, et eras nuda... Et transivi per te, et vidi te, et ecce... tempus amantium, et extendi amictum meum super te... et facta es mihi. Et lavavi te aqua... Et vestivi te discoloribus... Et ornavi te ornamentis, et dedi armillas... et torquem... sed habens fiduciam in pulchritudine tua, fornicata es cum omni transeunte. Et fecisti tibi simulacra masculina, et fornicata es cum eis... Et fecisti tibi lupanar, et fornicata es cum vicinis magnarum carnium.. Et dona donabas eis ut intrarent ad te undique ad fornicandum. »

Le vingt-troisième chapitre est encore beaucoup plus fort. Ce sont les deux sœurs Oolla et Oliba qui se sont abandonnées aux plus infames prostitutions; Oolla a aimé avec fureur de jeunes officiers et de jeunes magistrats : « Oliba insanivit amore super concubitum eorum qui habent membra asinorum, et sicut fluxus equorum fluxus eorum. »

Vous voyez évidemment que dans ces temps-là on ne fesait point scrupule de découvrir ce que nous voilons, de nommer ce que nous n'osons dire, et d'exprimer les turpitudes par les noms des turpitudes.

D'où vient notre délicatesse? c'est que plus les mœurs sont dépravées, plus les expressions deviennent mesurées. On croit regagner en paroles ce qu'on a perdu en vertu. La pudeur s'est enfuie des cœurs, et s'est réfugiée sur les lèvres. Les hommes sont enfin parvenus à vivre ensemble sans se dire jamais un seul mot de ce qu'ils sentent et de ce qu'ils pensent : la nature est partout déguisée, tout est un commerce de tromperie.

Rien de plus naturel, de plus ingénu, de plus simple, de plus vrai, que *le Cantique des Cantiques;* donc il n'est pas fait pour notre langue, disent ces hypocrites qui lisent l'*Aloïsia* s, et qui prennent des airs graves en sortant des lieux que fréquentait Oliba.

La traduction que j'ai faite de cette ancienne églogue hébraïque n'est point indécente; elle est tendre, elle est noble, elle n'est point recherchée comme celle de Théodore de Bèze :

> Ecce tu bellissima
> His columbis prædita
> Pætulis ocellulis,
> Hinc et inde pendulis
> Crispulis cincinnulis.

J'ai eu surtout l'attention de ne point traduire les endroits dont l'esprit licencieux de quelques jeunes gens abuse quelquefois. Plusieurs interprètes n'ont fait aucune difficulté de traduire littéralement ce passage : « Misit manum ad foramen, et intremuit venter meus [6]; » et cet autre, « Absque eo quod intrinsecus latet [7]. »

Calmet même, en adoptant le sens dans lequel saint Jérôme entend ces paroles, ne craint point de les expliquer par ce demi-vers d'Ovide :

............Si qua latent, meliora putat.
Metam., 1, 502.

Calmet était comptable aux savants des diverses traductions de ces passages. Il devait rappeler les usages anciens de l'Orient. Il n'écrivait ni pour les mauvais plaisants, ni pour les insolents pédants de nos jours; mais le devoir d'un commentateur et celui d'un poëte ne sont pas les mêmes. J'imite, je rédige, et je ne commente pas. J'ai dû retrancher ces images qui autrefois n'étaient que naïves, et peuvent aujourd'hui paraître trop hardies.

Je n'ai donc rendu que les idées tendres; j'ai supprimé celles qui vont plus loin que la tendresse, et qui peuvent paraître trop physiques; de même que j'ai adouci, dans *l'Ecclésiaste*, ce qui pouvait paraître d'une métaphysique trop dure. Ceux qui me reprochent d'avoir supprimé les choses hardies n'ont pas fait assez d'attention au temps présent; et ceux qui me reprochent d'avoir fidèlement exprimé les autres n'ont aucune connaissance des temps passés.

En un mot, l'esprit du texte est entièrement conservé dans mon ouvrage. C'est ainsi que les princes de l'Église de Rome en ont jugé; et leur approbation a un peu plus de poids que les censures de quelques laïques qui n'entendent ni l'hébreu ni le grec, qui savent très peu de latin, parlent très mal français, et se mêlent toujours de dire leur avis sur ce qui ne les regarde point.

NOTES

SUR LA LETTRE DE M. ERATOU.

¹ Cette lettre est de mai 1761; voyez mon *Avant-propos*, p. 226. Les éditeurs de Kehl (voyez tome XL, page 312) ont remarqué qu'Eratou est l'anagramme de Arouet, nom de famille de Voltaire. B.

² Voyez *l'Odyssée*, livre VI. B.

³ Ézéchiel, chapitre IV, verset 12. B.

⁴ Id., chapitre IV, verset 15. B.

⁵ C'est ainsi qu'on désigne l'ouvrage intitulé *Joannis Meursii elegantiæ latini sermonis : Aloysiæ Sigeæ Toletanæ Satiræ sotadicæ de arcanis Amoris et Veneris*, dont l'auteur est Nicolas Chorier, avocat à Grenoble, mort en 1692, et qui a été traduit en français sous le titre d'*Académie des dames*. B.

⁶ *Cantiques des Cantiques*, chapitre V, verset 4. B.

⁷ Id., chapitre IV, verset 3. B.

PRÉCIS
DU CANTIQUE
DES CANTIQUES.

INTERLOCUTEURS.
LE CHATON, LA SULAMITE,
LES COMPAGNES DE LA SULAMITE.

(Les amis du Chaton ne parlent pas.)

LE CHATON.

Que les baisers ravissants [a]
De ta bouche demi-close
Ont enivré tous mes sens !
Les lis, les boutons de rose
De tes deux globes naissants
Sont à mon ame enflammée
Comme les vins bienfesants
De la fertile Idumée,

[a] TEXTE : Qu'il me baise, ou Qu'elle me baise de baisers de sa bouche; car vos mamelles sont meilleures que le vin; elles ont l'odeur du meilleur baume, et votre nom est une huile répandue.

REMARQUE : Quoique plusieurs grands personnages aient cru que c'était la Sulamite qui parlait dans ces deux premiers versets, cependant, comme il s'agit de mamelles, il a paru plus convenable de mettre ces paroles dans la bouche du Chaton. De plus, la comparaison des mamelles avec les grappes de raisin et avec du vin se trouve plusieurs fois dans le Cantique, et c'est toujours le Chaton qui parle. Les hébraïsans disent que le terme qui ré-

Et comme le pur encens
Dont Tadmor est parfumée.
Sous les murs des pharaons^a,
A travers les beaux vallons,
Les cavales bondissantes
Ont moins de légèreté ;
Les colombes caressantes,
Dans leurs ardeurs innocentes,
Ont moins de fidélité.

LA SULAMITE.

J'ai peu d'éclat, peu de beauté ; mais j'aime,
Mais je suis belle aux yeux de mon amant ;
Lui seul il fait ma joie et mon tourment ;
Mon tendre cœur n'aime en lui que lui-même[1].
De mes parents la sévère rigueur[b]
Me commanda de bien garder ma vigne ;

---

pond à mamelle est d'une beauté énergique en hébreu. Ce mot n'a pas en français la même grace ; tétons est trop peu grave, sein est trop vague. Les savants croient qu'il est difficile d'atteindre à la beauté de la langue hébraïque.

[a] Texte : Mon amie, je te compare aux chevaux attelés au char de Pharaon. Ah, que vous êtes belle ! vos yeux sont comme des yeux de colombe.

Je suis noire, mais je suis belle comme les tabernacles de Cédar, et comme les pelisses de Salomon... Ne considérez pas que je suis trop brune, car c'est le soleil qui m'a hâlée. Mes parents m'ont fait garder les vignes : hélas ! je n'ai pu garder ma propre vigne.

Remarque : Ces paroles semblent prouver que la Sulamite est une bergère, une villageoise qui dit naïvement qu'elle se croit belle comme les tapisseries du roi, et que par conséquent ce cantique n'est pas l'épithalame de Salomon et d'une fille du roi d'Égypte, comme d'illustres commentateurs l'ont dit. Les princesses égyptiennes n'étaient pas noires, et ne gardaient pas les vignes.

[b] Texte : Si tu ne te connais pas, la plus belle des femmes, va paitre tes moutons et tes chevreaux... Il y a soixante reines, quatre-vingts concubines,

Je l'ai livrée au maître de mon cœur :
Le vendangeur en était assez digne.

LE CHATON.

Non, tu ne te connais pas,
O ma chère Sulamite !
Rends justice à tes appas,
N'ignore plus ton mérite.
Salomon dans son palais
A cent femmes, cent maîtresses,
Seul objet de leurs tendresses
Et seul but de tous leurs traits ;
Mille autres sont renfermées
Dans ce palais des plaisirs,
Et briguent par leurs soupirs
L'heureux moment d'être aimées.
Je ne possède que toi ;
Mais ce sérail d'un grand roi,
Ces compagnes de sa couche,

et de jeunes filles sans nombre. Tu es seule ma colombe, ma parfaite. Les reines et les concubines t'ont admirée.

REMARQUE : Ces soixante reines et ces quatre-vingts concubines ont fait penser à plusieurs commentateurs que ce n'est pas Salomon qui composa ce cantique, puisque Salomon avait sept cents femmes et trois cents concubines, selon le texte sacré. Peut-être n'avait-il alors que soixante femmes. Il se peut aussi que l'auteur parle ici d'un autre roi que Salomon. Les commentateurs qui ne croient pas que *le Cantique des Cantiques* soit de ce roi juif prétendent qu'il n'est guère vraisemblable que Salomon dise à sa bien-aimée, « Tu es plus belle que toutes les maîtresses du roi. » C'est une expression qui semble convenir aux hommes d'un ordre inférieur, comme il est d'usage parmi nous d'appeler une femme ma reine; cependant il est tout aussi naturel que Salomon dise à sa nouvelle femme, « Tu es plus belle que toutes mes femmes et mes maîtresses. »

— Cette remarque était moins étendue en 1759. Les changements et augmentations sont de 1761. B.

Ces objets si glorieux,
N'ont point d'attrait qui me touche;
Rien n'approche sous les cieux
D'un sourire de ta bouche,
D'un regard de tes beaux yeux.
Sais-tu que ces grandes reines,
Dans leurs pompes si hautaines,
A ton aspect ont pâli?
Leur éclat s'en est terni;
Défaites, humiliées,
Malgré leur orgueil jaloux,
Toutes se sont écriées:
Elle est plus belle que nous!

LA SULAMITE.

Le maître heureux de mes sens, de mon ame [a],
De tous mes vœux, de tous mes sentiments,
Me fait goûter de fortunés moments.
Soutenez-moi, je languis, je me pâme,
Je meurs d'amour; versez sur moi des fleurs,
Inondez-moi des plus douces odeurs:
Que sur mon sein mon tendre amant repose;
Qu'en s'endormant de moi-même il dispose;
Qu'il soit à moi dans les bras du sommeil;
Que de ses mains il me tienne embrassée;
Que son image occupe ma pensée,

---

[a] TEXTE: Mon bien-aimé est comme un bouquet de myrte; il demeurera entre mes mamelles... Soutenez-moi avec des fleurs, fortifiez-moi avec des fruits; car je languis d'amour. Qu'il mette sa main gauche sur ma tête, et que sa main droite m'embrasse.

Je dors, mais mon cœur veille.

REMARQUE: Il est difficile d'exprimer comment à-la-fois on dort et on veille. C'est une figure asiatique qui exprime un songe.

Et qu'il m'embrasse encore à son réveil.
 Chère idole que j'adore,
 Mon cœur a veillé toujours !
 Je me lève avant l'aurore,
 Je demande mes amours.
 Lit sacré, dépositaire
 Des mouvements de mon cœur,
 Des amours doux sanctuaire,
 Qu'as-tu fait de mon bonheur ?
 Éveillez-vous, mes compagnes,
 Venez plaindre mon tourment ;
 Prés, ruisseaux, forêts, montagnes,
 Rendèz-moi mon cher amant.
Je l'ai perdu le seul bien qui m'enchante[a] !
Ah ! je l'entends, j'entends sa voix touchante ;
Il vient, il ouvre, il entre. Ah, je te vois !
Mon cœur s'échappe, et s'envole après toi.
 Hélas ! une fausse image
 Trompe mes yeux égarés ;
 Je ne vois plus qu'un nuage ;
 Des regrets sont le partage
 De mes sens désespérés.
  O mes compagnes fidèles[b],

---

[a] Texte : J'ai cherché durant la nuit celui qu'aime mon ame; je l'ai cherché, et je ne l'ai point trouvé. Mon bien-aimé a passé sa main par le trou, et mon ventre tressaillit à ce tact. J'ai ouvert la porte à mon bien-aimé, mais il n'y était plus : mon ame s'est liquéfiée. Je l'ai cherché, et je ne l'ai point trouvé.

Remarque : La Sulamite dit ensuite qu'elle a cherché son Chaton aux portes de la ville, et que les gardes l'ont battue ; ce qui ne conviendrait guère à une épouse de Salomon.

[b] Texte : Je vous conjure, filles de Jérusalem, si vous trouvez mon bien-aimé, de lui dire que je languis d'amour.

Voyez mes craintes cruelles ;
Adoucissez ma douleur ;
Dites-moi quelle contrée,
Quelle terre est honorée
De l'objet de mon ardeur,
Quel Dieu m'en a séparée.

LES COMPAGNES DE LA SULAMITE.

Apprenez-nous quel est l'amant heureux [a]
Qui vous retient dans de si douces chaînes ;
Nous partageons votre joie et vos peines,
Nous chercherons cet objet de vos vœux.

LA SULAMITE.

Le vainqueur que j'idolâtre [b]
Est le plus beau des humains ;
L'Amour forma de ses mains
Son sein, plus blanc que l'albâtre ;
L'ébène de ses cheveux
Ombrage son front d'ivoire,
Ce front noble et gracieux,
Ce front couronné de gloire ;
Un feu pur est dans ses yeux :

---

[a] Texte :   LES FILLES.

Quel est le bien-aimé que vous aimez d'amour, ô la plus belle des femmes ? etc.

[b] Texte :   LA SULAMITE.

Mon bien-aimé est blanc et rouge, choisi entre mille ; ses cheveux sont comme des feuilles de palmier, noirs comme un corbeau ; ses yeux sont comme des pigeons sur le bord des eaux, lavés dans du lait ; ses joues sont comme des parterres d'aromates, sa poitrine est comme un ivoire marqueté de saphirs, etc.

LES FILLES.

Où est allé votre bien-aimé ? nous irons le chercher avec vous.

Sous une telle figure
Descendent du haut des cieux
Les maîtres de la nature,
Ministres du Dieu des dieux ;
Mais de son cœur vertueux
Si je fesais la peinture,
Vous le connaîtriez mieux.

LE CHATON.

Je vous retrouve, ô maîtresse chérie[a] !
Je vous revois, je vous tiens dans mes bras :
Dans mes jardins j'avais porté mes pas ;
Mais près de vous toute fleur est flétrie.
Charmant palmier, tige aimable et fleurie,
Je viens cueillir vos fruits délicieux.
Ciel, que le temps est un bien précieux !
Tout le consume, et l'amour seul l'emploie.
Mes chers amis, qui partagez ma joie,
Buvez, chantez, célébrez ses attraits :
Dans les bons vins que votre ame se noie ;
Je vais goûter des plaisirs plus parfaits.

---

[a] Texte : LE CHATON.

Je suis descendu dans le jardin des noyers, pour voir les fruits des vallées... Votre nez est comme la tour du mont Liban qui regarde vers Damas... votre taille est semblable à un palmier. J'ai dit : « Je monterai sur le palmier, et j'en prendrai les fruits ; » car vos mamelles sont comme des grappes de raisin, etc.

J'ai bu mon vin avec mon lait. Mangez, mes amis ; buvez, enivrez-vous, mes très chers amis.

Remarque : C'était un usage commun dans les pays chauds de ne point boire son vin pur ; on le mêlait souvent avec du lait. Dans *l'Odyssée* on y infuse des râclures de fromage. Les anciens diffèrent de nous en tout.

— Cette remarque est de 1761. B.

LA SULAMITE.

Paix du cœur, volupté pure [a],
Doux et tendre emportement,
Vous guérissez ma blessure.
Ne souffrez pas que j'endure
Un nouvel éloignement ;
L'absence d'un seul moment
Est un moment de parjure.
Allons voir, allons tous deux
Voir nos myrtes amoureux ;
Prenons soin de leur culture,
Redoublons nos tendres nœuds
Sur nos tapis de verdure ;
Fuyons le bruyant séjour
De cette superbe ville :
Le village est plus tranquille ;
Et la nature et l'amour
L'ont choisi pour leur asile.

[a] Texte : LA SULAMITE.
Je suis à mon bien-aimé, et son cœur se retourne vers moi. Venez, sortons dans les champs, demeurons au village ; levons-nous matin pour aller aux vignes : c'est là que je vous donnerai mes mamelles.

FIN DU PRÉCIS DU CANTIQUE DES CANTIQUES.

NOTE

SUR LE *PRÉCIS DU CANTIQUE DES CANTIQUES.*

[1] Voltaire avait dit dans *Zaïre*, acte I, scène 1 :
Chère Fatime, en lui je n'aime que lui-même.   B.

LA GUERRE CIVILE
DE GENÈVE,

ou

LES AMOURS
DE ROBERT COVELLE,

POËME HÉROÏQUE,

AVEC DES NOTES INSTRUCTIVES.

1768.

AVERTISSEMENT

DES ÉDITEURS DE L'ÉDITION DE KEHL.

On a fait un crime à M. de Voltaire d'avoir publié ce poëme [1]. Nous ne doutons point que les chantres de la Sainte-Chapelle n'aient aussi trouvé Boileau un homme bien abominable.

M. de Voltaire avait acheté fort cher une petite maison

[1] Voltaire avait conçu, en janvier 1767, le projet de ce poëme (voyez ses lettres au landgrave de Hesse-Cassel, du 13 janvier, et à Dalembert, du 18 janvier 1767). Le premier chant fut envoyé à Damilaville le 27 février. Les *Mémoires secrets* parlent de quatre chants à la date du 6 avril, et des cinquième et sixième chants à la date du 2 mai. Mais il n'y a jamais eu que cinq chants à ce poëme. Voici peut-être la cause de cette erreur. L'ouvrage de Voltaire n'arrivait à Paris que par fragments : on était d'autant plus avide de se les procurer. On n'avait encore que les quatre premiers chants manuscrits, lorsque Cazotte imagina d'en composer un *septième*, qui augmenta encore l'impatience d'avoir la suite des quatre premiers. Ce fut, dit-on, l'affaire d'une nuit ; et les conteurs d'anecdotes ajoutent que tout le monde fut la dupe de Cazotte, et prit ses vers pour ceux de Voltaire. Cela paraît d'autant plus difficile à croire que, dans ce septième chant (qui est imprimé dans les *OEuvres de Cazotte*), il y a quelques plaisanteries sur le philosophe de Ferney. Voltaire donna depuis un cinquième chant ; il n'a jamais fait de sixième. La première édition des cinq chants est du commencement de 1768. Mais elle n'était pas arrivée à Paris à la fin de mars 1768 (voyez la lettre à Panckoucke, de mars 1768, qui, jusqu'à ce jour, avait été classée en 1769). Une note manuscrite que j'ai vue sur un exemplaire imprimé porte : « Reçu le 21 avril. » Il est mention d'une nouvelle édition dans la lettre à d'Argental, du 6 juin 1768. Cette *nouvelle* édition doit être celle qui porte le titre de *dernière édition*, et le millésime 1768. Elle est in-16. L'édition in-8°, qui a la même date, me paraît être la première, puisque la note sur Rosimond au cinquième chant est plus étendue dans l'in-16. Quelques passages de *la Guerre civile de Genève* sont imprimés dans le *Mercure* de la même année, tome I de juillet, pages 5-13. B.

auprès de Genève, et il avait été forcé de la vendre à perte. Malgré la défense d'appeler son frère *raca*, quelques *vénérables maîtres* lui avaient dit de grosses injures. Cependant le produit de ses ouvrages, dont il ne tirait rien pour lui-même, avait enrichi une des familles patriciennes de la république. Son séjour avait rendu à la ville de Genève, en Europe, la célébrité que deux siècles auparavant le Picard Jehan Chauvin lui avait donnée, et qu'elle avait perdue depuis que la théologie avait passé de mode. Il avait donné de plus la comédie gratis aux dames genevoises, et avait formé plusieurs citoyens dans l'art de la déclamation. Les exécutions de Servet, d'Antoine et Michel Chaudron avaient été jusqu'alors les seuls spectacles permis par le consistoire : l'ingratitude ne pouvait donc être de son côté.

D'ailleurs ce poëme n'a d'autre objet que de prêcher la concorde aux deux partis ; et ce qui prouve que M. de Voltaire avait raison, c'est que bientôt après la lassitude des troubles amena une espèce de paix.

L'histoire de Robert Covelle[1] est très vraie. Les prêtres genevois avaient l'insolence d'appeler à leur tribunal les citoyens et citoyennes accusés du crime de fornication, et les obligeaient de recevoir leur sentence à genoux : c'était rendre un service important à la république que de tourner cette extravagance en ridicule. M. Rousseau est traité dans ce poëme avec trop de dureté, sans doute ; mais M. Rousseau accusait publiquement M. de Voltaire d'être un athée, le dénonçait comme l'auteur d'ouvrages irréligieux auxquels M. de Voltaire n'avait pas mis son nom[2], cherchait à attirer la persécution sur lui, et mettait en même temps à la tête de ses persécuteurs[3] ce vieillard dont la vie avait été une guerre continuelle contre les fauteurs de la persécution, et qui, dans

[1] La *Correspondance* de Grimm, novembre 1768, donne quelques détails sur ce personnage, qui était horloger, et bourgeois de Genève. B.

[2] Dans la cinquième de ses *Lettres écrites de la montagne*, J.-J. Rousseau présente Voltaire comme auteur du *Sermon des Cinquante*, ouvrage auquel il n'avait pas mis son nom ; voyez tome XL, page 601. B.

[3] Voyez tome LXII, page 172. B.

ce temps-là même, prenait contre les prêtres le parti de Jean-Jacques.

M. de Voltaire vivait dans un pays où des lois barbares, établies contre la liberté de penser dans les siècles d'ignorance, n'étaient pas encore abolies. De telles accusations étaient donc un véritable crime, et elles doivent paraître plus odieuses encore, lorsque l'on songe que l'accusateur lui-même avait imprimé des choses plus hardies que celles qu'il reprochait à son ennemi; qu'il donnait pour un modèle de vertu un prêtre qui disait la messe pour de l'argent, sans y croire; et qu'il avait la fureur de prétendre être un bon chrétien, parcequ'il avait développé en prose sérieuse cette épigramme de Jean-Baptiste Rousseau[1]:

> ....Oui, je voudrais connaître,
> Toucher au doigt, sentir la vérité.
> Eh bien! courage, allons, reprit le prêtre:
> Offrez à Dieu votre incrédulité.

L'humeur qui a pu égarer M. de Voltaire n'est-elle pas excusable? Il eût dû plaindre M. Rousseau; mais un homme qui, dans son malheur, calomniait, outrageait, dénonçait tous ceux qui fesaient cause commune avec lui, pouvait aussi exciter l'indignation.

Excepté ces traits contre M. Rousseau, on ne trouve ici que des plaisanteries. La manière dont milord Abington ressuscite Catherine est une sorte de reproche aux Genévois d'aimer trop l'argent; mais ce reproche, qu'on peut faire aux habitants de toutes les villes purement commerçantes, n'est-il pas fondé? Tout homme qui, ayant le nécessaire, et un patrimoine suffisant à laisser à ses enfants, se dévoue à un métier lucratif peut-il ne pas aimer l'argent? s'occupe-t-on toute sa vie sans nécessité d'une chose qu'on n'aime point? le désintéressement qu'affecte un homme qui s'est livré long-temps au soin de s'enrichir ne peut être que de l'hypocrisie.

---

[1] L'épigramme de J.-B. Rousseau commence par ce vers:
Près de sa mort une vieille incrédule.   B.

PROLOGUE.

On a si mal imprimé quelques chants de ce poëme, nous en avons vu des morceaux si défigurés dans différents journaux, on est si empressé de publier toutes les nouveautés dans l'heureuse paix dont nous jouissons, que nous avons interrompu notre édition de l'histoire des anciens Babyloniens et des Gomérites, pour donner l'histoire véritable des dissensions présentes de Genève, mises en vers par un jeune Franc-Comtois qui paraît promettre beaucoup. Ses talents seront encouragés sans doute par tous les gens de lettres, qui ne sont jamais jaloux les uns des autres, qui courent tous avec candeur au-devant du mérite naissant, qui n'ont jamais fait la moindre cabale pour faire tomber les pièces nouvelles, jamais écrit la moindre imposture, jamais accusé personne de sentiments erronnés sur la grace prévenante, jamais attribué à d'autres leurs obscurs écrits, et jamais emprunté de l'argent du jeune auteur en question pour faire imprimer contre lui de petits avertissements scandaleux.

Nous recommandons ce poëme à la protection des esprits fins et éclairés qui abondent dans notre province. Nous ne nous flattons pas que le sieur d'Hémeri[*], et le nommé Bruyset Ponthus, marchand libraire à Lyon, le laissent arriver jusqu'à Paris. On imprime aujourd'hui dans les provinces uniquement pour les provinces : Paris est une ville trop occupée d'objets sérieux pour être seulement informée de la guerre de Genève.

L'opéra comique, le singe de Nicolet, les romans nouveaux, les actions des fermes, et les actrices de l'Opéra, fixent l'attention de Paris avec tant d'empire que personne n'y sait ni se soucie de savoir ce qui se passe au grand Caire, à Constantinople, à Moscou, et à Genève. Mais nous espérons d'être lus des beaux-esprits du pays de Gex, des Savoyards, des petits cantons suisses, de M. l'abbé de Saint-Gall, de M. l'évêque d'Annecy et de son chapitre, des révérends pères carmes de Fribourg, etc., etc. *Contenti paucis lectoribus*[2].

Nous avons suivi la nouvelle orthographe mitigée qui retranche les lettres inutiles, en conservant celles qui marquent l'étymologie des mots. Il nous a paru prodigieusement ridicule d'écrire *françois*, de ne pas distinguer les *Français* de saint *François d'Assise*[3]; de ne pas écrire anglais et écossais par un *a*, comme on orthographie *portugais*. Il nous semble palpable que quand on prononce *j'aimais*, *je fesais*, *je plaisais*, avec un *a*, comme on prononce *je hais*, *je fais*, *je plais*, il est tout-à-fait impertinent de ne pas mettre un *a* à tous ces mots, et de ne pas orthographier de même ce qu'on prononce absolument de même.

S'il y a des imprimeurs qui suivent encore l'ancienne routine, c'est qu'ils composent avec la main plus qu'avec la tête. Pour moi, quand je vois un livre où le mot *Français* est imprimé avec un *o*, j'avertis l'auteur que je jette là le livre, et que je ne le lis point.

J'en dis autant à Le Breton, imprimeur de l'*Almanach royal*: je ne lui paierai point l'almanach qu'il m'a vendu cette année. Il a eu la grossièreté de dire que M. le président... M. le conseiller... demeure dans le cul-de-sac de Ménard, dans le cul-de-sac des Blancs-Manteaux, dans le cul-de-sac de l'Orangerie. Jusqu'à quand les

Welches croupiront-ils dans leur ancienne barbarie?
Hodieque manent vestigia ruris 4.

Comment peut-on dire qu'un grave président demeure dans un cul? passe encore pour Fréron, on peut habiter dans le lieu de sa naissance[a]; mais un président, un conseiller! fi, M. Le Breton! corrigez-vous, servez-vous du mot *impasse*, qui est le mot propre; l'expression ancienne est *impasse*. Feu mon cousin Guillaume Vadé,

---

[a] Voyez *le Pauvre Diable*, ouvrage en vers aisés de feu mon cousin Vadé.

>   Je m'accostai d'un homme à lourde mine,
>   Qui sur sa plume a fondé sa cuisine,
>   Grand écumeur des bourbiers d'Hélicon,
>   De Loyola chassé pour ses fredaines,
>   Vermisseau né du cul de Desfontaines,
>   Digne en tout sens de son extraction,
>   Lâche Zoïle, autrefois laid giton:
>   Cet animal se nommait Jean Fréron.
>   J'étais tout neuf; j'étais jeune, sincère,
>   Et j'ignorais son naturel félon:
>   Je m'engageai, sous l'espoir d'un salaire,
>   A travailler à son hebdomadaire,
>   Qu'aucuns nommaient alors patibulaire:
>   Il m'enseigna comment on dépeçait
>   Un livre entier, comme on le recousait,
>   Comme on jugeait du tout par la préface,
>   Comme on louait un sot auteur en place,
>   Comme on fondait avec lourde roideur
>   Sur l'écrivain pauvre et sans protecteur.
>   Je m'enrôlai, je servis le corsaire;
>   Je critiquai, sans esprit et sans choix,
>   Impunément le théâtre, la chaire;
>   Et je mentis pour dix écus par mois.
>   Quel fut le prix de ma plate manie?
>   Je fus connu, mais par mon infamie.
>   Comme un gredin que la main de Thémis
>   A diapré de nobles fleurs de lis,
>   Par un fer chaud gravé sur l'omoplate.
>   Triste et honteux, je quittai mon pirate,
>   Qui me vola, pour fruit de mon labeur,
>   Mon honoraire, en me parlant d'honneur.
>   (Édit. de 1768.)

— Le *Pauvre Diable* est dans le tome XIV de la présente édition. B.

de l'académie de Besançon, vous en avait averti[5]. Vous ne vous êtes pas plus corrigé que nos plats auteurs à qui l'on montre en vain leurs sottises; ils les laissent subsister, parcequ'ils ne peuvent mieux faire. Mais vous, M. Le Breton, qui avez du génie, comment, dans le seul ouvrage où un illustre académicien[6] dit que la vérité se trouve, pouvez-vous glisser une infamie qui fait rougir les dames, à qui nous devons tous un si profond respect? Par notre Dame, M. Le Breton, je vous attends à l'année 1769.

NOTES SUR LE PROLOGUE.

[1] Inspecteur de police de la librairie de Paris. K.

[2] Horace, livre I, satire x, vers 74. B.

[3] Voyez tome XXIX, page 483; XXXV, 63; VIII, 81; LXIII, 535. B.

[4] Horace, livre II, épître 1, vers 160. B.

[5] Voyez, tome XLI, page 551, le *Discours aux Welches*, qui fesait partie du volume intitulé *Contes de Guillaume Vadé*. B.

[6] Fontenelle disait que l'*Almanach royal* était le livre qui contenait le plus de vérités. B.

PREMIER POSTSCRIPT.

A ANDRÉ PRAULT, LIBRAIRE, QUAI DES AUGUSTINS.

Monsieur André Prault, vous avertissez le public, dans *l'Avant-Coureur*, n° 9, du lundi 29 février 1768, que M. Le Franc de Pompignan ayant magnifiquement et superbement fait imprimer ses cantiques sacrés à ses dépens, vous les avez offerts d'abord pour dix-huit livres, ensuite pour seize; puis vous les avez mis à douze, puis à dix. Enfin vous les cédez pour huit francs; et vous avez dit dans votre boutique:

Sacrés ils sont, car personne n'y touche [1].

Je vous donnerai six francs d'un exemplaire bien relié, pourvu que vous n'appeliez jamais cul-de-lampe les ornements, les vignettes, les cartouches, les fleurons. Vous êtes parfaitement instruit qu'il n'y a nul rapport d'un fleuron à un cul, ni d'un cul à une lampe. Si quelque critique demande pourquoi je répète ces leçons utiles, je réponds que je les répèterai jusqu'à ce qu'on se soit rangé à son devoir.

SECOND POSTSCRIPT.

A M. PANCKOUCKE.

Et vous, M. Panckoucke, qui avez offert par souscription le recueil de *l'Année littéraire* de maître Aliboron, dit Fréron, à dix sous le volume relié, sachez que cela est trop cher; deux sous et demi, s'il vous plaît, M. Panckoucke, et je placerai dans ma chaumière cet ouvrage entre Cicéron et Quintilien. Je me forme une assez belle bibliothèque, dont je parlerai incessamment au roi [2]; mais je ne veux pas me ruiner.

TROISIÈME POSTSCRIPT.

AU MÊME.

Je ne veux pas vous ruiner non plus. J'apprends que vous imprimez [3] mes fadaises in-4°, comme un ouvrage de bénédictin, avec estampes, fleurons, et point de culs-de-lampe. De quoi vous avisez-vous? on aime assez les estampes dans ce siècle; mais pour les gros recueils, personne ne les lit. Ne faites-vous pas quelquefois réflexion à la multitude innombrable de livres qu'on imprime tous les jours en Europe? les plaines de Beauce ne pourraient pas les contenir. Et n'était le grand usage qu'on en fait dans votre ville au haut des maisons, il y aurait mille fois plus de livres que de gens qui ne savent pas lire. La rage de mettre du noir sur du blanc, comme dit Sady; le *Scribendi cacoethes* [4], comme dit Horace, est une maladie dont j'ai été attaqué, et dont je veux absolument me guérir : tâchez de vous défaire de celle d'imprimer. Tenez-vous-en au moins, en fait de belles-lettres, au siècle de Louis XIV.

M. d'Aquin, que j'aime et que j'estime [5], a célébré, à mon exemple, le siècle présent comme j'ai broché le passé: il a fait un relevé des grands hommes d'aujourd'hui. On y trouve dix-huit maîtres d'orgues et quinze joueurs de violon, mademoiselle Petit-Pas, mademoiselle Pélissier, mademoiselle Chevalier, M. Cahusac, plusieurs basses-tailles, quelques hautes-contre, neuf danseurs, autant de danseuses. Tous ces talents sont fort agréables, et les jeunes gens comme moi en sont fort épris. Mais peut-être le siècle des Condé, des Turenne, des Luxembourg, des Colbert, des Fénelon, des Bossuet, des Corneille, des Racine, des Boileau, des Molière, des La Fontaine, avait-il quelque chose de plus imposant. Je puis me tromper; je me défie toujours de mon opinion, et je m'en rapporte à M. d'Aquin.

NOTES

SUR LES PREMIER, SECOND ET TROISIÈME POSTSCRIPTS.

¹ Vers 172 du *Pauvre diable* ; voyez cette pièce tome XIV. B.

² Plaisanterie contre Le Franc de Pompignan ; voyez tome XLI, page 6. B.

³ L'édition in-4° des *OEuvres de Voltaire*, entreprise par Panckoucke, était en trente volumes, 1768-1777. On imprima, en 1796, quinze volumes de supplément ; ce qui la porte à quarante-cinq volumes. B.

⁴ Le *Scribendi cacoethes* n'est pas d'Horace, mais de Juvénal, satire VII, vers 52. B.

⁵ D'Aquin de Châteaulyon, à qui est adressée la lettre 4140 (voyez tome LXI, page 478), avait donné, en 1752, des *Lettres sur les hommes célèbres... sous le règne de Louis XV* (voyez ma note, tome LXIV, page 359) : c'est lui qui avait été éditeur du *Portefeuille trouvé*, dont j'ai parlé tome VIII, page 278. B.

LA GUERRE CIVILE
DE GENÈVE.

CHANT PREMIER.

Auteur sublime, inégal, et bavard[a],
Toi qui chantas le rat et la grenouille,
Daigneras-tu m'instruire dans ton art?
Poliras-tu les vers que je barbouille?
O Tassoni[b]! plus long dans tes discours,
De vers prodigue, et d'esprit fort avare,
Me faudra-t-il, dans mon dessein bizarre,
De tes langueurs implorer le secours?
Grand Nicolas[c], de Juvénal émule,
Peintre des mœurs, surtout du ridicule,
Ton style pur aurait pu me tenter;
Il est trop beau, je ne puis l'imiter:
A son génie il faut qu'on s'abandonne;
Suivons le nôtre, et n'invoquons personne.

Au pied d'un mont[d] que les temps ont pelé,
Sur le rivage où, roulant sa belle onde,

---

[a] Homère, qui a fait le combat des grenouilles et des rats (1768).
[b] L'auteur de la *Secchia rapita*, ou de la terrible guerre entre Bologne et Modène, pour un seau d'eau (1768).
[c] Nicolas Boileau (1768).
[d] La montagne de Salève, partie des Alpes (1768).

Le Rhône échappe à sa prison profonde,
Et court au loin par la Saône appelé,
On voit briller la cité genevoise,
Noble cité, riche [a], fière, et sournoise;
On y calcule, et jamais on n'y rit;
L'art de Barême [b] est le seul qui fleurit:
On hait le bal, on hait la comédie;
Du grand Rameau l'on ignore les airs:
Pour tout plaisir Genève psalmodie
Du bon David les antiques concerts,
Croyant que Dieu se plaît aux mauvais vers [c];
Des prédicants la morne et dure espèce
Sur tous les fronts a gravé la tristesse.

C'est en ces lieux que maître Jean Calvin,
Savant Picard, opiniâtre et vain,
De Paul apôtre impudent interprète,
Disait aux gens que la vertu parfaite
Est inutile au salut du chrétien;
Que Dieu fait tout, et l'honnête homme rien.
Ses successeurs en foule s'attachèrent
A ce grand dogme, et très mal le prêchèrent.
Robert Covelle était d'un autre avis;
Il prétendait que Dieu nous laisse faire;
Qu'il va donnant châtiment ou salaire

---

[a] Les seuls citoyens de Genève ont quatre millions cinq cent mille livres de rentes sur la France, en divers effets. Il n'y a point de ville en Europe qui, dans son territoire, ait autant de jolies maisons de campagne, proportion gardée. Il y a cinq cents fourneaux dans Genève, où l'on fond l'or et l'argent: on y poussait autrefois des arguments théologiques (1768).

[b] Auteur des *Comptes faits* (1768).

[c] Ces vers sont dignes de la musique; on y chante les commandements de Dieu sur l'air *Réveillez-vous, belle endormie* (1768).

Aux actions, sans gêner les esprits.
Ses sentiments étaient assez suivis
Par la jeunesse, aux nouveautés encline.
   Robert Covelle, au sortir d'un sermon
Qu'avait prêché l'insipide Brognon[a],
Grand défenseur de la vieille doctrine,
Dans un réduit rencontra Catherine
Aux grands yeux noirs, à la fringante mine,
Qui laissait voir un grand tiers de téton
Rebondissant sous sa mince étamine.
Chers habitants de ce petit canton,
Vous connaissez le beau Robert Covelle,
Son large nez, son ardente prunelle,
Son front altier, ses jarrets bien dispos,
Et tout l'esprit qui brille en ses propos.
Jamais Robert ne trouva de cruelle[2].
Voici les mots qu'il dit à sa pucelle :
Mort de Calvin! quel ennuyeux prêcheur
Vient d'annoncer à son sot auditoire
Que l'homme est faible et qu'un pauvre pécheur
Ne fit jamais une œuvre méritoire?
J'en veux faire une. Il dit, et dans l'instant,
O Catherine, il vous fait un enfant.
Ainsi Neptune en rencontrant Phillyre,
Et Jupiter voyant au fond des bois
La jeune Io pour la première fois,
Ont abrégé le temps de leur martyre;
Ainsi David, vainqueur du Philistin,
Vit Betzabée, et lui planta soudain,

---

[a] Prédicant genevois (1768).

Sans soupirer, dans son pudique sein
Un Salomon et toute son engeance;
Ainsi Covelle en ses amours commence;
Ainsi les rois, les héros, et les dieux,
En ont agi. Le temps est précieux.
　　Bientôt Catin dans sa taille arrondie
Manifesta les œuvres de Robert.
Les gens malins ont l'œil toujours ouvert,
Et le scandale a la marche étourdie.
Tout fut ému dans les murs genevois;
Du vieux Picard[a] on consulta les lois;
On convoqua le sacré consistoire;
Trente pédants en robe courte et noire
Dans leur taudis vont siéger après boire,
Prêts à dicter leur arrêt solennel.
Ce n'était pas le sénat immortel
Qui s'assemblait sur la voûte éthérée
Pour juger Mars avec sa Cythérée[b],
Surpris tous deux l'un sur l'autre étendus,
Tout palpitants, et s'embrassant tout nus.
La Catherine avait caché ses charmes;
Covelle aussi, de peur d'humilier
Le sanhédrin trop prompt à l'envier,
Cache avec soin ses redoutables armes.
　　Du noir sénat le grave directeur
Est Jean Vernet[c], de maint volume auteur,

---

[a] Calvin, chanoine de Noyon (1768).

[b] Le Soleil, comme on sait, découvrit Vénus couchée avec Mars, et Vulcain porta sa plainte au consistoire de là-haut (1768).

[c] Vernet, professeur en théologie, très plat écrivain, fils d'un réfugié. Nous avons ses lettres originales par lesquelles il pria l'auteur de l'*Essai sur*

CHANT I.

Le vieux Vernet, ignoré du lecteur,
Mais trop connu des malheureux libraires;
Dans sa jeunesse il a lu les saints pères,
Se croit savant, affecte un air dévot :
Broun est moins fat, et Needham est moins sot [a].
Les deux amants devant lui comparaissent.
A ces objets, à ces péchés charmants,
Dans sa vieille ame en tumulte renaissent
Les souvenirs des tendres passe-temps
Qu'avec Javotte il eut dans son printemps.
Il interroge; et sa rare prudence
Pèse à loisir, sur chaque circonstance,
Le lieu, le temps, le nombre, la façon.
« L'amour, dit-il, est l'œuvre du démon;
Gardez-vous bien de la persévérance,
Et dites-moi si les tendres desirs
Ont subsisté par-delà les plaisirs. »
   Catin subit son interrogatoire
Modestement, jalouse de sa gloire,
Non sans rougir; car l'aimable pudeur

---

les mœurs de le gratifier de l'édition; et de l'accepter pour correcteur d'imprimerie. Il fut refusé, et se jeta dans la politique (1768). (Voyez, parmi les *satires*, la note de la pièce intitulée *l'Hypocrisie*.)

[a] Broun, prédicant écossais, qui a écrit des sottises et des injures, de compagnie avec Vernet. Ce prédicant écossais venait souvent manger chez l'auteur sans être prié, et c'est ainsi qu'il témoigna sa reconnaissance. Needham est un jésuite irlandais, imbécile, qui a cru faire des anguilles avec de la farine. On a donné quelque temps dans sa chimère, et quelques philosophes même ont bâti un système sur cette prétendue expérience, aussi fausse que ridicule (1768).

— Robert Brown, pasteur de l'Église anglaise à Utrecht, avait été éditeur de l'ouvrage de Vernet, intitulé *Lettres critiques d'un voyageur anglais* (voyez tome XLII, pages 346-47). B.

Est sur son front comme elle est dans son cœur.
Elle dit tout, rend tout clair et palpable,
Et fait serment que son amant aimable
Est toujours gai devant, durant, après.
Vernet, content de ces aveux discrets,
Va prononcer la divine sentence.
Robert Covelle, écoutez à genoux...
A genoux, moi !... *Vous-même...* Qui ? moi !... *Vous;*
A vos vertus joignez l'obéissance.
Covelle alors, à sa mâle éloquence
Donnant l'essor, et ranimant son feu,
Dit : « Je fléchis les genoux devant Dieu,
Non devant l'homme ; et jamais ma patrie
A mon grand nom ne pourra reprocher
Tant de bassesse et tant d'idolâtrie.
J'aimerais mieux périr sur le bûcher
Qui de Servet a consumé la vie ;
J'aimerais mieux mourir avec Jean Hus,
Avec Chausson[a], et tant d'autres élus,
Que m'avilir à rendre à mes semblables
Un culte infame et des honneurs coupables ;
J'ignore encor tout ce que votre esprit
Peut en secret penser de Jésus-Christ[b] ;
Mais il fut juste, et ne fut point sévère :
Jésus fit grace à la femme adultère,
Il dédaigna de tenir à ses pieds

---

[a] Chausson, fameux partisan d'Alcibiade, d'Alexandre, de Jules-César, de Giton, de Desfontaines, de l'*âne littéraire*, brûlé chez les Welches au dix-septième siècle (1768).

[b] Voyez l'article GENÈVE dans *l'Encyclopédie*. Jamais Vernet n'a signé que Jésus est Dieu consubstantiel à Dieu le père. A l'égard de l'Esprit, il n'en parle pas (1768).

Ses doux appas de honte humiliés ;
Et vous, pédants, cuistres de l'Évangile,
Qui prétendez remplacer en fierté
Ce qui chez vous manque en autorité,
Nouveaux venus, troupe vaine et futile,
Vous oseriez exiger un honneur
Que refusa Jésus-Christ mon Sauveur !
Tremblez, cessez d'insulter votre maître...,
Tu veux parler ; tais-toi, Vernet... Peut-être
Me diras-tu qu'aux murs de Saint-Médard
Trente prélats, tous dignes de la hart,
Pour exalter leur sacré caractère,
Firent fesser Louis-le-Débonnaire[a],
Sur un cilice étendu devant eux ?
Louis était plus bête que pieux :
La discipline, en ces jours odieux,
Était d'usage, et nous venait du Tibre ;
C'était un temps de sottise et d'erreur.
Ce temps n'est plus ; et si ce déshonneur
A commencé par un vil empereur,
Il finira par un citoyen libre[b]. »
　　　A ces discours tous les bons citadins,
Pressés en foule à la porte, applaudirent,
Comme autrefois les chevaliers romains
Battaient des pieds et claquaient des deux mains
Dans le forum, alors qu'ils entendirent
De Cicéron les beaux discours diffus

[a] Voyez l'histoire de l'Empire et de France (1768).
[b] Il est très vrai que les ministres citèrent à Covelle l'exemple de Louis-le-Débonnaire ou le Faible, et qu'il leur fit cette réponse (1768).

Contre Verrès, Antoine, et Céthégus[a],
Ses tours nombreux, son éloquente emphase,
Et les grands mots qui terminaient sa phrase :
Tel de plaisir le parterre enivré
Fit retentir les clameurs de la joie
Quand *l'Écossaise* abandonnait en proie
Aux ris moqueurs du public éclairé
Ce lourd Fréron[b], diffamé par la ville,
Comme un bâtard du bâtard de Zoïle.

 Six cents bourgeois proclamèrent soudain
Robert Covelle heureux vainqueur des prêtres,
Et défenseur des droits du genre humain.
Chacun embrasse et Robert et Catin ;
Et, dans leur zèle, ils tiennent pour des traîtres
Les prédicants qui, de leurs droits jaloux,
Dans la cité voudraient faire les maîtres,
Juger l'amour, et parler de genoux.

 Ami lecteur, il est dans cette ville
De magistrats un sénat peu commun,
Et peu connu. Deux fois douze, plus un,
Font le complet de cette troupe habile.
Ces sénateurs, de leur place ennuyés,
Vivent d'honneur, et sont fort mal payés ;
On ne voit point une pompe orgueilleuse
Environner leur marche fastueuse :
Ils vont à pied comme les Manlius,

---

[a] Céthégus, complice de Catilina (1768).

[b] Maître Aliboron, dit Fréron, était à la première représentation de *l'Écossaise*. Il fut hué pendant toute la pièce, et reconduit chez lui par le public avec des huées (1768).

Les Curius, et les Cincinnatus;
Pour tout éclat, une énorme perruque
D'un long boudin cache leur vieille nuque,
Couvre l'épaule, et retombe en anneaux;
Cette crinière a deux pendants égaux,
De la justice emblême respectable;
Leur col est roide, et leur front vénérable
N'a jamais su pencher d'aucun côté;
Signe d'esprit et preuve d'équité.
Les deux partis devant eux se présentent,
Plaident leur cause, insistent, argumentent:
De leurs clameurs le tribunal mugit;
Et plus on parle, et moins on s'éclaircit:
L'un se prévaut de la sainte Écriture;
L'autre en appelle aux lois de la nature;
Et tous les deux décochent quelque injure
Pour appuyer le droit et la raison.
  Dans le sénat il était un Caton,
Paul Gallatin[3], syndic de cette année,
Qui crut l'affaire en ces mots terminée:
  « Vos différends pourraient s'accommoder.
Vous avez tous l'art de persuader.
Les citoyens et l'éloquent Covelle
Ont leurs raisons... les vôtres ont du poids...
C'est ce qui fait... l'objet de la querelle...
Nous en pourrons parler une autre fois...
Car... en effet... il est bon qu'on s'entende...
Il faut savoir ce que chacun demande...
De tout état l'Église est le soutien...
On doit surtout penser au... citoyen...

Les blés sont chers, et la disette est grande.
Allons dîner... les genoux n'y font rien [a]. »
   A ce discours, à cet arrêt suprême,
Digne en tout sens de Thémis elle-même,
Les deux partis, également flattés,
Également l'un et l'autre irrités,
Sont résolus de commencer la guerre.
O guerre horrible! ô fléau de la terre!
Que deviendront Covelle et ses amours?
Des bons bourgeois le bras les favorise;
Mais les bourgeois sont un faible secours
Quand il s'agit de combattre l'Église.
Leur premier feu bientôt se ralentit,
Et pour l'éteindre un dimanche suffit.
Au cabaret on est fier, intrépide;
Mais au sermon qu'on est sot et timide!
Qui parle seul a raison trop souvent;
Sans rien risquer sa voix peut nous confondre.
Un temps viendra qu'on pourra lui répondre;
Ce temps est proche, et sera fort plaisant.

[a] C'est le refrain d'une chanson grivoise, *Et lon, lan, la, les genoux n'y font rien* (1768).

FIN DU CHANT PREMIER.

NOTES ET VARIANTE
DU CHANT PREMIER.

1 Dans sa lettre à Frédéric, du 17 octobre 1740 (voyez t. LIV, p. 219), Voltaire lui annonçant la prochaine arrivée d'une troupe de comédiens, s'exprime ainsi :

> Bientôt à Berlin vous l'aurez
> Cette cohorte théâtrale,
> Race gueuse, *fière* et vénale.   B.

2 Tout le monde connaît ce vers de Boileau, satire VIII, vers 208 :

> Jamais surintendant ne connut de cruelles.   B.

3 Au lieu de Paul Gallatin, la première édition porte : « Pierre Aguelin. » B.

CHANT SECOND.

Quand deux partis divisent un empire,
Plus de plaisirs, plus de tranquillité,
Plus de tendresse, et plus d'honnêteté ;
Chaque cerveau, dans sa moelle infecté,
Prend pour raison les vapeurs du délire ;
Tous les esprits, l'un par l'autre agité,
Vont redoublant le feu qui les inspire :
Ainsi qu'à table un cercle de buveurs,
Fesant au vin succéder les liqueurs,
Tout en buvant demande encore à boire,
Verse à la ronde, et se fait une gloire
En s'enivrant d'enivrer son voisin.
Des prédicants le bataillon divin,
Ivre d'orgueil et du pouvoir suprême,
Avait déjà prononcé l'anathême ;
Car l'hérétique excommunie aussi.
Ce sacré foudre est lancé sans merci
Au nom de Dieu. Genève imite Rome,
Comme le singe est copiste de l'homme.
Robert Covelle et ses braves bourgeois
Font peu de cas des foudres de l'Église :
On en sait trop ; on lit *l'Esprit des Lois ;*
A son pasteur l'ouaille est peu soumise.
Le fier Roudon[1], l'intrépide Flournois,
Pallard le riche, et le discret Clavière,

Vont envoyer, d'une commune voix,
Les prédicants prêcher dans la rivière.
On s'y dispose; et le vaillant Rodon
Saisit déjà le sot prêtre Brognon
A la braguette, au collet, au chignon ;
Il le soulève ainsi qu'on vit Hercule,
En déchirant la robe qui le brûle,
Lancer d'un jet le malheureux Lychas.

 Mais, ô prodige! et qu'on ne croira pas,
Tel est l'ennui dont la sage nature
Dota Brognon; que sa seule figure
Peut assoupir, et même sans prêcher,
Tout citoyen qui l'oserait toucher ;
Rien n'y résiste, homme, femme, ni fille.
Maître Brognon ressemble à la torpille;
Elle engourdit les mains des matelots
Qui de trop près la suivent sur les flots.
Rodon s'endort, et Pallard le secoue;
Brognon gémit étendu dans la boue.

 Tous les pasteurs étaient saisis d'effroi ;
Ils criaient tous: « Au secours ! à la loi !
A moi, chrétiens, femmes, filles, à moi ! »
A leurs clameurs, une troupe dévote,
Se rajustant, descend de son grenier,
Et crie, et pleure, et se retrousse, et trotte,
Et porte en main Saurin[a] et le psautier ;
Et les enfants vont pleurant après elles,

---

[a] Les sermons de Saurin, prédicant à La Haye, connu pour une petite espièglerie qu'il fit à milord Portland, en faveur d'une fille : ce qui déplut fort au Portland, lequel ne passait cependant pas pour aimer les filles (1768).

Et les amants donnant le bras aux belles;
Diacre, maçon, corroyeur, pâtissier,
D'un flot subit inondent le quartier.
La presse augmente; on court, on prend les armes :
Qui n'a rien vu donne le plus d'alarmes;
Chacun pense être à ce jour si fatal
Où l'ennemi, qui s'y prit assez mal,
Au pied des murs vint planter ses échelles[a],
Pour tuer tout, excepté les pucelles.

   Dans ce fracas, le sage et doux Dolot
Fait un grand signe, et d'abord ne dit mot :
Il est aimé des grands et du vulgaire;
Il est poëte, il est apothicaire,
Grand philosophe, et croit en Dieu pourtant;
Simple en ses mœurs, il est toujours content,
Pourvu qu'il rime, et pourvu qu'il remplisse
De ses beaux vers le Mercure de Suisse.
Dolot s'avance; et dès qu'on s'aperçut
Qu'il prétendait parler à des visages[2],
On l'entoura, le désordre se tut.

   « Messieurs, dit-il, vous êtes nés tous sages;
Ces mouvements sont des convulsions;
C'est dans le foie, et surtout dans la rate,
Que Galien, Nicomaque, Hippocrate,
Tous gens savants, placent les passions;
L'ame est du corps la très humble servante;
Vous le savez, les esprits animaux
Sont fort légers, et s'en vont aux cerveaux
Porter le trouble avec l'humeur peccante.

---

[a] L'escalade de Genève, le 12 décembre 1602 (1768).

Consultons tous le célèbre Tronchin[3] ;
Il connaît l'ame, il est grand médecin ;
Il peut beaucoup dans cette épidémie. »
Tronchin sortait de son académie
Lorsque Dolot disait ces derniers mots :
Sur son beau front siége le doux repos ;
Son nez romain dès l'abord en impose ;
Ses yeux sont noirs, ses lèvres sont de rose ;
Il parle peu, mais avec dignité ;
Son air de maître est plein d'une bonté
Qui tempérait la splendeur de sa gloire ;
Il va tâtant le pouls du consistoire,
Et du conseil, et des plus gros bourgeois.

Sur eux à peine il a placé ses doigts,
O de son art merveilleuse puissance !
O vanités ! ô fatale science !
La fièvre augmente, un délire nouveau
Avec fureur attaque tout cerveau.
J'ai vu souvent près des rives du Rhône[4]
Un serviteur de Flore et de Pomone
Par une digue arrêtant de ses mains
Le flot bruyant qui fond sur ses jardins :
L'onde s'irrite, et, brisant sa barrière,
Va ravager les œillets, les jasmins,
Et des melons la couche printanière.
Telle est Genève ; elle ne peut souffrir
Qu'un médecin prétende la guérir :
Chacun s'émeut, et tous donnent au diable
Le grand Tronchin avec sa mine affable.
Du genre humain voilà le sort fatal :
Nous buvons tous dans une coupe amère

Le jus du fruit que mangea notre mère ;
Et du bien même il naît encor du mal.
Lui, d'un pas grave et d'une marche lente,
Laisse gronder la troupe turbulente,
Monte en carrosse, et s'en va dans Paris
Prendre son rang parmi les beaux-esprits.

 Genève alors est en proie au tumulte,
A la menace, à la crainte, à l'insulte :
Tous contre tous, Bitet contre Bitet [5],
Chacun écrit, chacun fait un projet ;
On représente, et puis on représente ;
A penser creux tout bourgeois se tourmente ;
Un prédicant donne à l'autre un soufflet ;
Comme la horde à Moïse attachée
Vit autrefois, à son très grand regret,
Sédékia, prophète peu discret,
Qui souffletait le prophète Michée [a].

 Quand le soleil, sur la fin d'un beau jour,
De ses rayons dore encor nos rivages,
Que Philomèle enchante nos bocages,
Que tout respire et la paix et l'amour,
Nul ne prévoit qu'il viendra des orages.
D'où partent-ils ? dans quels antres profonds
Étaient cachés les fougueux aquilons ?
Où dormaient-ils ? quelle main, sur nos têtes,
Dans le repos retenait les tempêtes ?
Quel noir démon soudain trouble les airs ?

---

[a] Voyez les *Paralipomènes*, liv. II, ch. xviii, v. 23. Or Sédékia, fils de Kanaa, s'approcha de Michée, lui donna un soufflet, et lui dit : Par où l'esprit du Seigneur a-t-il passé pour aller de ma main à ta joue (et, selon la Vulgate, de toi à moi)? (1768).

Quel bras terrible a soulevé les mers?
On n'en sait rien. Les savants ont beau dire
Et beau rêver, leurs systèmes font rire.
Ainsi Génève, en ces jours pleins d'effroi,
Était en guerre, et sans savoir pourquoi.

   Près d'une église à Pierre consacrée,
Très sale église, et de Pierre abhorrée,
Qui brave Rome, hélas! impunément,
Sur un vieux mur est un vieux monument,
Reste maudit d'une déesse antique,
Du paganisme ouvrage fantastique,
Dont les enfers animaient les accents
Lorsque la terre était sans prédicants.
Dieu quelquefois permet qu'à cette idole
L'esprit malin prête encor sa parole.
Les Genevois consultent ce démon
Quand par malheur ils n'ont point de sermon.
Ce diable antique est nommé l'Inconstance;
Elle a toujours confondu la prudence:
Une girouette exposée à tout vent
Est à-la-fois son trône et son emblême;
Cent papillons forment son diadème:
Par son pouvoir magique et décevant
Elle envoya Charles-Quint au couvent,
Jules second aux travaux de la guerre;
Fit Amédée et moine, et pape, et rien [a],
Bonneval turc [b], et Macarti chrétien [c].

---

[a] Amédée, duc de Savoie, retiré à Ripaille, devenu antipape (1768) sous le nom de Félix V, en 1440.

[b] Le comte de Bonneval, général en Allemagne, et bacha en Turquie, sous le nom d'Osman (1768).

[c] L'abbé Macarty, Irlandais, prieur en Bretagne, sodomite, simoniaque,

Elle est fêtée en France, en Angleterre.
Contre l'ennui son charme est un secours.
Elle a, dit-on, gouverné les amours :
S'il est ainsi, c'est gouverner la terre.
Monsieur Grillet[a], dont l'esprit est vanté,
Est fort dévot à cette déité :
Il est profond dans l'art de l'ergotisme ;
En quatre parts il vous coupe un sophisme,
Prouve et réfute, et rit d'un ris malin
De saint Thomas, de Paul, et de Calvin :
Il ne fait pas grand usage des filles,
Mais il les aime ; il trouve toujours bon
Que du plaisir on leur donne leçon
Quand elles sont honnêtes et gentilles ;
Permet qu'on change et de fille et d'amant,
De vins, de mode, et de gouvernement.
 « Amis, dit-il, alors que nos pensées
Sont au droit sens tout-à-fait opposées,

---

puis turc. Il emprunta, comme on sait, à l'auteur de ce grave poëme 2,000 livres, avec lesquelles il s'alla faire circoncire. Il a rechristianisé depuis, et est mort à Lisbonne (1768).

[a] Celui que l'auteur désigne par le nom de Grillet est en effet un homme d'esprit, qui joint à une dialectique profonde beaucoup d'imagination (1768).

— J'ai dans le texte rétabli Grillet, d'après toutes les éditions du vivant de l'auteur que j'ai pu voir. Le véritable nom du personnage est Rilliet. Il est mort en 1782 (voyez ma note, tome XLIV, page 193). C'est celui que Voltaire recommandait à Tressan, dans sa lettre du 16 auguste 1760. Ce Théodore Rilliet eut un procès très scandaleux avec sa femme. Ce fut le sujet de trois brochures sur le faux titre desquelles on lit : *Procès romanesque, offrant un sujet de comédie très riche et très heureux.* La collection forme plus de 600 pages ; cependant Senebier l'a omise dans son *Histoire littéraire de Genève.* Le marquis de Florian, devenu veuf de la nièce de Voltaire, épousa une madame Rilliet, qui, d'après La Harpe (voyez sa *Correspondance littéraire*, lettre XXX), avait été la femme de Th. Rilliet. B.

Il est certain par le raisonnement
Que le contraire est un bon jugement;
Et qui s'obstine à suivre ses visées
Toujours du but s'écarte ouvertement.
Pour être sage, il faut être inconstant;
Qui toujours change une fois au moins trouve
Ce qu'il cherchait, et la raison l'approuve :
A ma déesse allez offrir vos vœux;
Changez toujours, et vous serez heureux. »
　　Ce beau discours plut fort à la commune.
« Si les Romains adoraient la Fortune,
Disait Grillet, on peut avec honneur
Prier aussi l'Inconstance, sa sœur. »
Un peuple entier suit avec allégresse
Grillet, qui vole aux pieds de la déesse.
On s'agenouille, on tourne à son autel.
　La déité, tournant comme eux sans cesse,
Dicte en ces mots son arrêt solennel :
　　« Robert Covelle, allez trouver Jean-Jacques,
　« Mon favori, qui devers Neuchâtel
　« Par passe-temps fait aujourd'hui ses pâques[a].

---

[a] Jean-Jacques Rousseau communiait en effet alors dans le village de Moutier-Travers, diocèse de Neuchâtel. Il imprima une lettre dans laquelle il dit *qu'il pleurait de joie à cette sainte cérémonie*. Le lendemain, il écrivit une lettre sanglante contre le prédicant, qui l'avait, dit-il, très mal communié; le surlendemain, il fut lapidé par les petits garçons, et ne communia plus. Il avait commencé par se faire papiste à Turin, puis il se refit calviniste à Genève; puis il alla à Paris faire des comédies; puis il écrivit à l'auteur qu'il le ferait poursuivre au consistoire de Genève, pour avoir fait jouer la comédie sur terre de France, dans son château à deux lieues de Genève; puis il écrivit contre M. Dalembert en faveur des prédicants de Genève; puis il écrivit contre les prédicants de Genève, et imprima qu'ils étaient tous des fripons, aussi bien que ceux qui avaient travaillé au dic-

« C'est le soutien de mon culte éternel ;
« Toujours il tourne, et jamais ne rencontre ;
« Il vous soutient et le pour et le contre
« Avec un front de pudeur dépouillé.
« Cet étourdi souvent a barbouillé
« De plats romans, de fades comédies,
« Des opéra, de minces mélodies ;
« Puis il condamne, en style entortillé,
« Les opéra, les romans, les spectacles.
« Il vous dira qu'il n'est point de miracles,
« Mais qu'à Venise il en a fait jadis [6].
« Il se connaît finement en amis ;
« Il les embrasse, et pour jamais les quitte.
« L'ingratitude est son premier mérite.
« Par grandeur d'ame il hait ses bienfaiteurs.
« Versez sur lui les plus nobles faveurs,
« Il frémira qu'un homme ait la puissance,
« La volonté, la coupable impudence
« De l'avilir en lui fesant du bien [7].
« Il tient beaucoup du naturel d'un chien ;
« Il jappe et fuit, et mord qui le caresse.
« Ce qui surtout me plaît et m'intéresse,
« C'est que de secte il a changé trois fois,

tionnaire de *l'Encyclopédie*, auxquels il avait de très grandes obligations. Comme il en avait davantage à M. Hume, son protecteur, qui le mena en Angleterre, et qui épuisa son crédit pour lui faire obtenir cent guinées d'aumône du roi, il écrivit bien plus violemment contre lui : « Premier « soufflet, dit-il, sur la joue de mon protecteur ; second soufflet, troisième « soufflet. » Apparemment, a-t-on dit, que le quatrième était pour le roi (1768).

— C'est dans sa lettre à Dalembert que J.-J. Rousseau prend le parti des ministres de Genève ; c'est dans ses *Lettres écrites de la montagne* qu'il se prononce contre eux. B.

« En peu de temps, pour faire un meilleur choix.
« Allez, volez, Catherine, Covelle;
« Dans votre guerre engagez mon héros,
« Et qu'il y trouve une gloire nouvelle;
« Le dieu du lac vous attend sur ses flots.
« En vain mon sort est d'aimer les tempêtes;
« Puisse Borée, enchaîné sur vos têtes,
« Abandonner au souffle des zéphyrs
« Et votre barque et vos charmants plaisirs !
« Soyez toujours amoureux et fidèles,
« Et jouissants. C'est sans doute un souhait
« Que jusqu'ici je n'avais jamais fait;
« Je ne voulais que des amours nouvelles :
« Mais ma nature étant le changement,
« Pour votre bien je change en ce moment.
« Je veux enfin qu'il soit dans mon empire
« Un couple heureux sans infidélité,
« Qui toujours aime, et qui toujours desire;
« On l'ira voir un jour par rareté :
« Je veux donner, moi qui suis l'Inconstance,
« Ce rare exemple : il est sans conséquence;
« J'empêcherai qu'il ne soit imité.
« Je suis vrai pape, et je donne dispense,
« Sans déroger à ma légèreté :
« Ne doutez point de ma divinité;
« Mon Vatican, mon église est en France. »
Disant ces mots, la déesse bénit
Les deux amants, et le peuple applaudit.
 A cet oracle, à cette voix divine,
Le beau Robert, la belle Catherine,
Vers la girouette avancèrent tous deux,

En se donnant des baisers amoureux :
Leur tendre flamme en était augmentée ;
Et la girouette, un moment arrêtée,
Ne tourna point, et se fixa pour eux.
 Les deux amants sont prêts pour le voyage ;
Un peuple entier les conduit au rivage :
Le vaisseau part ; Zéphyre et les Amours
Sont à la poupe, et dirigent son cours,
Enflent la voile, et d'un battement d'aile
Vont caressant Catherine et Covelle.
Tels, en allant se coucher à Paphos,
Mars et Vénus ont vogué sur les flots ;
Telle Amphitrite et le puissant Nérée
Ont fait l'amour sur la mer azurée [8].
 Les bons bourgeois, au rivage assemblés,
Suivaient de l'œil ce couple si fidèle ;
On n'entendait que les cris redoublés
De liberté, de Catin, de Covelle.
 Parmi la foule il était un savant
Qui sur ce cas rêvait profondément,
Et qui tirait un fort mauvais présage
De ce tumulte et de ce beau voyage.
« Messieurs, dit-il, je suis vieux, et j'ai vu
Dans ce pays bon nombre de sottises ;
Je fus soldat, prédicant, et cocu ;
Je fus témoin des plus terribles crises ;
Mon bisaïeul a vu mourir Calvin :
J'aime Covelle, et surtout sa Catin ;
Elle est charmante, et je sais qu'elle brille
Par son esprit comme par ses attraits ;
Mais, croyez-moi, si vous aimez la paix,

Allez souper avec madame Oudrille. »
Notre savant, ayant ainsi parlé,
Fut du public impudemment sifflé.
Il n'en tint compte; il répétait sans cesse,
« Madame Oudrille... » On l'entoure, on le presse;
Chacun riait des discours du barbon;
Et cependant lui seul avait raison.

FIN DU CHANT SECOND.

NOTES ET VARIANTES

DU CHANT SECOND.

1 Au lieu de Rodon, Flournois, Pallard, Clavière, on lit dans la première édition : Roson, Cournois, Paillart, Flavière. B.

2 C'est l'expression de Molière dans *le Malade imaginaire*, acte III, scène 4 : « On voit bien que vous n'avez pas accoutumé de parler à des visages. » B.

3 J'ai dit, tome LXIV, page 144, pourquoi Voltaire donna place à Tronchin dans *la Guerre de Genève*; lorsqu'en 1772 ce poëme fut réimprimé dans le tome XII des *Nouveaux mélanges*, on y ajouta en note : « Personne n'ignore la sagacité et la justesse avec lesquelles ce grand médecin fit ses pronostics sur les causes et les suites de la maladie de madame la dauphine. » Mais cette note ayant une étoile, tandis que toutes les autres sont indiquées par des lettres, je n'ai osé la mettre au bas du texte comme étant de Voltaire; et, quoique dédaignée ou omise par mes prédécesseurs, j'ai cru devoir la recueillir. B.

4 Les Genevois tombent en frénésie,
Dans le sénat et dans la bourgeoisie;
Bientôt le mal devient contagieux :
L'un tord les bras, l'autre roule les yeux,

Un autre écume, et tous donnent au diable
* Le grand Tronchin avec sa mine affable.
Jamais son art ne parut plus fatal :
Qui veut guérir fait souvent bien du mal.
Lui, d'un pas grave, etc.

⁵ Au lieu de Bitet, les premières éditions portent Biret. B.

⁶ C'est dans une note de la troisième de ses *Lettres écrites de la montagne* que J.-J. Rousseau parle de ses miracles ou sortiléges à Venise. B.

⁷ Hume avait obtenu du roi d'Angleterre une pension pour J.-J. Rousseau; voyez tome XLII, page 654. B.

⁸ C'est ici que le second chant finissait en 1768 et même en 1772 (*Nouveaux mélanges*, tome XII, page 216); le reste fut donné dans l'édition in-4°, tome XXVI, qui est de 1777. B.

CHANT TROISIÈME.

Quand sur le dos de ce lac argenté
Le beau Robert et sa tendre maîtresse
Voguaient en paix, et savouraient l'ivresse
Des doux desirs et de la volupté;
Quand le sylvain, la dryade attentive,
D'un pas léger accouraient sur la rive;
Lorsque Protée et les nymphes de l'eau
Nageaient en foule autour de leur bateau,
Lorsque Triton caressait la naïade,
Que devenait ce Jean-Jacques Rousseau
Chez qui Robert allait en ambassade?
Dans un vallon fort bien nommé Travers
S'élève un mont, vrai séjour des hivers;
Son front altier se perd dans les nuages,
Ses fondements sont au creux des enfers;
Au pied du mont sont des antres sauvages,
Du dieu du jour ignorés à jamais:
C'est de Rousseau le digne et noir palais.
Là se tapit ce sombre énergumène,
Cet ennemi de la nature humaine,
Pétri d'orgueil et dévoré de fiel;
Il fuit le monde, et craint de voir le ciel:
Et cependant sa triste et vilaine ame
Du dieu d'amour a ressenti la flamme;
Il a trouvé, pour charmer son ennui,
Une beauté digne en effet de lui:

C'était Caron amoureux de Mégère.
Cette infernale et hideuse sorcière
Suit en tous lieux le magot ambulant,
Comme la chouette est jointe au chat-huant.
L'infame vieille avait pour nom Vachine[a];
C'est sa Circé, sa Didon, son Alcine.
L'aversion pour la terre et les cieux
Tient lieu d'amour à ce couple odieux.
Si quelquefois, dans leurs ardeurs secrètes,
Leurs os pointus joignent leurs deux squelettes,
Dans leurs transports ils se pâment soudain
Du seul plaisir de nuire au genre humain.

Notre Euménide avait alors en tête
De diriger la foudre et la tempête
Devers Genève. Ainsi l'on vit Junon,
Du haut des airs, terrible et forcenée,
Persécuter les restes d'Ilion,
Et foudroyer les compagnons d'Énée.
Le roux Rousseau, renversé sur le sein,
Le sein pendant de l'infernale amie,
L'encourageait dans le noble dessein
De submerger sa petite patrie :
Il détestait sa ville de Calvin ;
Hélas! pourquoi? c'est qu'il l'avait chérie.

Aux cris aigus de l'horrible harpie,
Déjà Borée, entouré de glaçons,

---

[a] Son nom est Vacheur; c'est de là que l'auteur a tiré le nom de la fée Vachine (1768).

— Il n'est pas difficile de voir que, sous le nom de Vachine, Voltaire désigne Thérèse Levasseur, d'abord gouvernante puis femme de J.-J. Rousseau; voyez tome LXIII, page 256. B.

Est accouru du pays des Lapons;
Les aquilons arrivent de Scythie;
Les gnomes noirs, dans la terre enfermés
Où se pétrit le bitume et le soufre,
Font exhaler du profond de leur gouffre
Des feux nouveaux dans l'enfer allumés :
L'air s'en émeut, les Alpes en mugissent;
Les vents, la grêle, et la foudre, s'unissent;
Le jour s'enfuit; le Rhône épouvanté
Vers Saint-Maurice[a] est déjà remonté;

[a] Saint-Maurice dans le Valais, à quelques milles de la source du Rhône. C'est en cet endroit que la légende a prétendu que Dioclétien, en 287, avait fait martyriser une légion composée de six mille chrétiens à pied, et de sept cents chrétiens à cheval, qui arrivaient d'Égypte par les Alpes. Le lecteur remarquera que Saint-Maurice est une vallée étroite entre deux montagnes escarpées, et qu'on ne peut pas y ranger trois cents hommes en bataille. Il remarquera encore qu'en 287 il n'y avait aucune persécution; que Dioclétien alors comblait tous les chrétiens de faveurs; que les premiers officiers de son palais, Gorgonios et Dorotheos, étaient chrétiens, et que sa femme Prisca était chrétienne, etc. Le lecteur observera surtout que la fable du martyre de cette légion fut écrite par Grégoire de Tours, qui ne passe pas pour un Tacite, d'après un mauvais roman attribué à l'abbé Eucher, évêque de Lyon, mort en 454; et dans ce roman il est fait mention de Sigismond, roi de Bourgogne, mort en 523.

Je veux et je dois apprendre au public qu'un nommé Nonnotte, ci-devant jésuite, fils d'un brave crocheteur de notre ville, a depuis peu, dans le style de son père, soutenu l'authenticité de cette ridicule fable avec la même impudence qu'il a prétendu que les rois de France de la première race n'ont jamais eu plusieurs femmes, que Dioclétien avait toujours été persécuteur, et que Constantin était, comme Moïse, le plus doux de tous les hommes. Cela se trouve dans un libelle de cet ex-jésuite, intitulé *les Erreurs de Voltaire*, libelle aussi rempli d'erreurs que de mauvais raisonnements. Cette note est un peu étrangère au texte, mais c'est le droit des commentateurs. — Cette note est de M. C***, avocat à Besançon (1768).

— Sur le libelle de Nonnotte, voyez tome XLI, page 38, et particulièrement sur la légion thébaine, tome XLI, page 44; et XLII, 672. B.

Le lac au loin vomit de ses abîmes
Des flots d'écume élancés dans les airs,
De cent débris ses deux bords sont couverts;
Des vieux sapins les ondoyantes cimes
Dans leurs rameaux engouffrent tous les vents,
Et de leur chute écrasent les passants :
Un foudre tombe, un autre se rallume :
Du feu du ciel on connaît la coutume;
Il va frapper des arides rochers,
Ou le métal branlant dans les clochers ;
Car c'est toujours sur les murs de l'église
Qu'il est tombé : tant Dieu la favorise,
Tant il prend soin d'éprouver ses élus !

Les deux amants, au gré des flots émus,
Sont transportés au séjour du tonnerre,
Au fond du lac, aux rochers, à la terre,
De tous côtés entourés de la mort.
Aucun des deux ne pensait à son sort.
Covelle craint, mais c'était pour sa belle;
Catin s'oublie, et tremble pour Covelle.
Robert disait aux Zéphyrs, aux Amours,
Qui conduisaient la barque tournoyante :
« Dieux des amants, secourez mon amante;
Aidez Robert à sauver ses beaux jours;
Pompez cette eau, bouchez-moi cette fente;
A l'aide! à l'aide!» Et la troupe charmante
Le secondait de ses doigts enfantins
Par des efforts douloureux et trop vains.

L'affreux Borée a chassé le Zéphyre,
Un aquilon prend en flanc le navire,
Brise la voile, et casse les deux mâts;

Le timon cède, et s'envole en éclats;
La quille saute, et la barque s'entr'ouvre;
L'onde écumante en un moment la couvre.
 La tendre amante, étendant ses beaux bras,
Et s'élançant vers son héros fidèle,
Disait : « Cher Co..... » L'onde ne permit pas
Qu'elle achevât le beau nom de Covelle;
Le flot l'emporte, et l'horreur de la nuit
Dérobe aux yeux Catherine expirante.
Mais la clarté terrible et renaissante
De cent éclairs dont le feu passe et fuit
Montre bientôt Catherine flottante,
Jouet des vents, des flots, et du trépas.
Robert voyait ses malheureux appas,
Ces yeux éteints, ces bras, ces cuisses rondes,
Ce sein d'albâtre, à la merci des ondes;
Il la saisit; et d'un bras vigoureux,
D'un fort jarret, d'une large poitrine,
Brave les vents, fend les flots écumeux,
Tire après lui la tendre Catherine,
Pousse, s'avance, et cent fois repoussé,
Plongé dans l'onde, et jamais renversé,
Perdant sa force, animant son courage,
Vainqueur des flots, il aborde au rivage.
 Alors il tombe épuisé de l'effort.
Les habitants de ce malheureux bord
Sont fort humains, quoique peu sociables,
Aiment l'argent autant qu'aucun chrétien,
En gagnent peu, mais sont fort charitables
Aux étrangers, quand il n'en coûte rien.
Aux deux amants une troupe s'avance:

Bonnet[a] accourt, Bonnet le médecin[1],
De qui Lausanne admire la science ;
De son grand art il connaît tout le fin ;
Aux impotents il prescrit l'exercice;
D'après Haller, il décide qu'en Suisse
Qui but trop d'eau doit guérir par le vin.
A ce seul mot Covelle se réveille ;
Avec Bonnet il vide une bouteille,
Et puis une autre : il reprend son teint frais,
Il est plus leste et plus beau que jamais.
Mais Catherine, hélas ! ne pouvait boire;
De son amant les soins sont superflus :
Bonnet prétend qu'elle a bu l'onde noire;
Robert disait : « Qui ne boit point n'est plus. »
Lors il se pâme, il revient, il s'écrie,
Fait retentir les airs de ses clameurs,
Se pâme encor sur la nymphe chérie,
S'étend sur elle, et, la baignant de pleurs,
Par cent baisers croit la rendre à la vie;
Il pense même en cet objet charmant
Sentir encore un peu de mouvement :
A cet espoir en vain il s'abandonne,

---

[a] Il est mort depuis peu. Il faut avouer qu'il aimait fort à boire ; mais il n'en avait pas moins de pratiques. Il disait plus de bons mots qu'il ne guérissait de malades. Les médecins ont joué un grand rôle dans toute cette guerre de Genève. M. Jori, mon médecin ordinaire, a contribué beaucoup à la pacification ; il faut espérer que l'auteur en parlera dans sa première édition de cet important ouvrage. A l'égard des chirurgiens, ils s'en sont peu mêlés, attendu qu'il n'y a pas eu une égratignure, excepté le soufflet donné par un prédicant dans l'assemblée qu'on nomme la vénérable compagnie. Les chirurgiens avaient cependant préparé de la charpie, et plusieurs citoyens avaient fait leur testament. Il faut que l'auteur ait ignoré ces particularités (1768).

Rien ne répond à ses brûlants efforts.
« Ah! dit Bonnet, je crois, Dieu me pardonne!
Si les baisers n'animent point les morts,
Qu'on n'a jamais ressuscité personne. »
Covelle dit: « Hélas! s'il est ainsi,
C'en est donc fait, je vais mourir aussi: »
Puis il retombe; et la nuit éternelle
Semblait couvrir le beau front de Covelle.
Dans ce moment, du fond des antres creux
Venait Rousseau suivi de son Armide,
Pour contempler le ravage homicide
Qu'ils excitaient sur ces bords malheureux;
Il voit Robert qui, penché sur l'arène,
Baisait encor les genoux de sa reine,
Roulait des yeux, et lui serrait la main.
« Que fais-tu là? » lui cria-t-il soudain.
« Ce que je fais? mon ami, je suis ivre
De désespoir et de très mauvais vin:
Catin n'est plus; j'ai le malheur de vivre;
J'en suis honteux: adieu; je vais la suivre. »
Rousseau réplique: « As-tu perdu l'esprit?
As-tu le cœur si lâche et si petit?
Aurais-tu bien cette faiblesse infame
De t'abaisser à pleurer une femme?
Sois sage enfin; le sage est sans pitié,
Il n'est jamais séduit par l'amitié;
Tranquille et dur en son orgueil suprême,
Vivant pour soi, sans besoin, sans desir,
Semblable à Dieu, concentré dans lui-même,
Dans son mérite il met tout son plaisir.
J'ai quelquefois festoyé ma sorcière;

Mais si le ciel terminait sa carrière,
Je la verrais mourir à mes côtés
Des dons cuisants qui nous ont infectés,
Sur un fumier rendant son ame au diable,
Que ma vertu, paisible, inaltérable,
Me défendrait de m'écarter d'un pas
Pour la sauver des portes du trépas.
D'un vrai Rousseau tel est le caractère;
Il n'est ami, parent, époux, ni père;
Il est de roche; et quiconque, en un mot,
Naquit sensible, est fait pour être un sot. »
« Ah ! dit Robert, cette grande doctrine
A bien du bon; mais elle est trop divine :
Je ne suis qu'homme [2], et j'ose déclarer
Que j'aime fort toute humaine faiblesse;
Pardonnez-moi la pitié, la tendresse,
Et laissez-moi la douceur de pleurer. »
Comme il parlait, passait sur cette terre
En berlingot certain pair d'Angleterre,
Qui voyageait tout excédé d'ennui,
Uniquement pour sortir de chez lui,
Lequel avait pour charmer sa tristesse
Trois chiens courants, du punch, et sa maîtresse.
Dans le pays on connaissait son nom,
Et tous ses chiens : c'est milord Abington [3].

    Il aperçoit une foule éperdue,
Une beauté sur le sable étendue,
Covelle en pleurs, et des verres cassés.
« Que fait-on là ? » dit-il à la cohue.
« On meurt, milord. » Et les gens empressés
Portaient déjà les quatre ais d'une bière,

Et deux manants fouillaient le cimetière.
Bonnet disait: « Notre art n'est que trop vain;
On a tenté des baisers et du vin,
Rien n'a passé; cette pauvre bourgeoise
A fait son temps; qu'on l'enterre, et buvons. »
Milord reprit : « Est-elle Genevoise? »
« Oui, dit Covelle. »—« Eh bien, nous le verrons. »
Il saute en bas, il écarte la troupe,
Qui fait un cercle en lui pressant la croupe,
Marche à la belle, et lui met dans la main
Un gros bourson de cent livres sterling.
La belle serre, et soudain ressuscite.
On bat des mains: Bonnet n'a jamais su
Ce beau secret; la gaupe décrépite
Dit qu'en enfer il était inconnu.
Rousseau convient que, malgré ses prestiges,
Il n'a jamais fait de pareils prodiges.

 Milord sourit: Covelle transporté
Croit que c'est lui qu'on a ressuscité.
Puis en dansant ils s'en vont à la ville,
Pour s'amuser de la guerre civile.

FIN DU CHANT TROISIÈME.

NOTES
DU CHANT TROISIÈME.

1 Dans quelques copies manuscrites, au lieu de Bonnet, on avait mis « Tissot. » Voltaire se plaignait de cette altération ; voyez, tome LXIV, page 285, sa lettre à d'Argence de Dirac, du 10 juillet 1767. B.

2 Imitation de ces mots de Térence :

Homo sum : humani nihil a me alienum puto.   B.

3 Milord Abington s'est distingué depuis dans le sénat britannique par son patriotisme, et une haine constante pour la corruption, la tyrannie, et les restes de superstition que l'Angleterre conserve encore. Il a fait un discours très raisonnable et très plaisant contre des lois ridicules sur l'observation du dimanche, imitées des lois juives sur le sabbat, qui s'observent à Londres avec rigueur, et pour lesquelles le conseil de la cité et même les chambres du parlement font semblant d'avoir beaucoup de zèle, afin de faire leur cour à la populace, qui, en Angleterre comme ailleurs, s'amuse beaucoup des persécutions exercées au nom de Dieu. Milord Abington consultait un jour pour un mal d'yeux Tronchin, qui lui recommanda de ne pas trop lire. — « Je ne lis jamais, dit milord : il y a quelques années que j'essayai de parcourir un livre qui s'appelait, je crois, *la Genèse* ; mais, après en avoir lu quelques pages, je le laissai là. » Il paraissait à Genève tel qu'on le peint ici. K.

CHANT QUATRIÈME.

Nos voyageurs devisaient en chemin;
Ils se flattaient d'obtenir du destin
Ce que leur cœur aveuglément desire :
Bonnet, de boire; et Jean-Jacques, d'écrire;
Catin, d'aimer; la vieille, de médire;
Robert, de vaincre, et d'aller à grands pas
Du lit à table, et de table aux combats.

Tout caractère en causant se déploie.
Milord disait : « Dans ces remparts sacrés
Avant-hier les Français sont entrés :
Nous nous battrons, c'est là toute ma joie;
Mes chiens et moi nous suivrons cette proie;
J'aurai contre eux mes fusils à deux coups :
Pour un Anglais c'est un plaisir bien doux;
Des Genevois je conduirai l'armée. »

Comme il parlait, passa la Renommée;
Elle portait trois cornets à bouquin [a],
L'un pour le faux, l'autre pour l'incertain;
Et le dernier, que l'on entend à peine,
Est pour le vrai, que la nature humaine

---

[a] Observez, cher lecteur, combien le siècle se perfectionne. On n'avait donné qu'une trompette à la Renommée dans *la Henriade*, on lui en a donné deux dans la divine *Pucelle*, et aujourd'hui on lui en donne trois dans le poëme moral de la guerre genevoise. Pour moi, j'ai envie d'en prendre une quatrième pour célébrer l'auteur, qui est sans doute un jeune homme qu'il faut bien encourager (1768).

Chercha toujours, et ne connut jamais.
La belle aussi se servait de sifflets.
Son écuyer, l'astrologue de Liége,
De son chapitre obtint le privilége
D'accompagner l'errante déité ;
Et le Mensonge était à son côté.
Entre eux marchait le Vieux à tête chauve,
Avec son sable et sa fatale faux.
Auprès de lui la Vérité se sauve.
L'âge et la peine avaient courbé son dos ;
Il étendait ses deux pesantes ailes ;
La Vérité, qu'on néglige, ou qu'on fuit,
Qu'on aime en vain, qu'on masque, ou qu'on poursuit,
En gémissant se blottissait sous elles.
La Renommée à peine la voyait,
Et tout courant devant elle avançait.
« Eh bien, madame, avez-vous des nouvelles ? »
Dit Abington. « J'en ai beaucoup, milord :
« Déjà Genève est le champ de la mort ;
« J'ai vu Deluc[a], plein d'esprit et d'audace,
« Dans le combat animer les bourgeois ;
« J'ai vu tomber au seul son de sa voix
« Quatre syndics[b] étendus sur la place :
« Verne[c] est en casque, et Vernet en cuirasse ;

---

[a] Deluc, d'une des plus anciennes familles de la ville ; c'était le Paoli de Genève : il est d'ailleurs physicien et naturaliste. Son père entend merveilleusement saint Paul, sans savoir le grec et le latin : on dit qu'il ressemble aux apôtres, tels qu'ils étaient avant la descente du Saint-Esprit (1768).

[b] Les bourgeois voulaient avoir le droit de destituer quatre syndics (1768).

[c] Le ministre Verne, homme d'un esprit cultivé, et fort aimable. Il a beaucoup servi à la conciliation : ce fut lui qui releva la garde posée par

« L'encre et le sang dégouttent de leurs doigts :
« Ils ont prêché la discorde cruelle
« Différemment, mais avec même zèle.
« Tels autrefois dans les murs de Paris
« Des moines blancs, noirs, minimes, et gris,
« Portant mousquet, carabine, rondelle,
« Encourageaient tout un peuple fidèle
« A débusquer le plus grand des Henris,
« Aimé de Mars, aimé de Gabrielle,
« Héros charmant, plus héros que Covelle.
« Bèze et Calvin sortent de leurs tombeaux ;
« Leur voix terrible épouvante les sots :
« Ils ont crié d'une voix de tonnerre,
« *Persécutez!* c'est là leur cri de guerre.
« Satan, Mégère, Astaroth, Alecton,
« Sur les remparts ont pointé le canon :
« Il va tirer ; je crois déja l'entendre :
« L'église tombe, et Genève est en cendre. »
« Bon, dit la vieille, allons, doublons le pas ;
Exaucez-nous, puissant Dieu des combats,
Dieu Sabaoth, de Jacob, et de Bèze!
Tout va périr ; je ne me sens pas d'aise. »
Enfin la troupe est aux remparts sacrés,
Remparts chétifs et très mal réparés :
Elle entre, observe, avance, fait sa ronde.
Tout respirait la paix la plus profonde ;
Au lieu du bruit des foudroyants canons,
On entendait celui des violons ;

les bourgeois dans l'antichambre du procureur général Tronchin pour l'empêcher de sortir de la ville. La Renommée, qui est menteuse, dit ici le contraire de ce qu'il a fait (1768).

Chacun dansait; on voit pour tout carnage
Pigeons, poulets, dindons, et grianaux;
Trois cents perdrix à pieds de cardinaux
Chez les traiteurs étalent leur plumage.
 Milord s'étonne; il court au cabaret :
A peine il entre, une actrice jolie
Vient l'aborder d'un air tendre et discret,
Et l'inviter à voir la comédie.
O juste ciel! qu'est-ce donc qui s'est fait?
Quel changement! Alors notre Zaïre
Au doux parler, au gracieux sourire,
Lorgna milord, et dit ces propres mots [1] :
« Ignorez-vous que tout est en repos?
Ignorez-vous qu'un Mécène de France,
Ministre heureux et de guerre et de paix,
Jusqu'en ces lieux a versé ses bienfaits?
S'il faut qu'on prêche, il faut aussi qu'on danse.
Il nous envoie un brave chevalier [a],
Ange de paix comme vaillant guerrier :
Qu'il soit béni! grace à son caducée,
Par les plaisirs la discorde est chassée;
Le vieux Vernet sous son vieux manteau noir
Cache en tremblant sa mine embarrassée;
Et nous donnons le *Tartufe* ce soir. »
« *Tartufe!* allons, je vole à cette pièce,
Lui dit milord : j'ai haï de tout temps
De ces croquants la détestable espèce;
Égayons-nous ce soir à leurs dépens.

[a] Le chevalier de Beauteville, ambassadeur en Suisse, lieutenant général des armées. Il contribua plus que personne à la prise de Berg-op-Zoom (1768).

Allons, Bonnet, Covelle, et Catherine;
Et vous aussi, vous Jean-Jacque et Vachine;
Buvons dix coups, mangeons vite, et courons
Rire à Molière, et siffler les fripons. »
 A ce discours enfant de l'allégresse,
Rousseau restait morne, pâle, et pensif;
Son vilain front fut voilé de tristesse;
D'un vieux caissier l'héritier présomptif
N'est pas plus sot alors qu'on lui vient dire
Que le bon homme en réchappe, et respire.
Rousseau, poussé par son maudit démon,
S'en va trouver le prédicant Brognon:
Dans un réduit à l'écart il le tire,
Grince les dents, se recueille, et soupire;
Puis il lui dit: « Vous êtes un fripon;
« Je sens pour vous une haine implacable;
« Vous m'abhorrez, vous me donnez au diable;
« Mais nos dangers doivent nous réunir.
« Tout est perdu; Genève a du plaisir;
« C'est pour nous deux le coup le plus terrible;
« Vernet surtout y sera bien sensible.
« Les charlatans sont donc bernés tout net!
« Ce soir *Tartufe*, et demain *Mahomet!*
« Après-demain l'on nous jouera de même.
« Des Genevois on adoucit les mœurs,
« On les polit, ils deviendront meilleurs;
« On s'aimera! Souffrirons-nous qu'on s'aime?
« Allons brûler le théâtre à l'instant.
« Un chevalier, ambassadeur de France,
« Vient d'ériger cet affreux monument,
« Séjour de paix, de joie, et d'innocence:

« Qu'il soit détruit jusqu'en son fondement !
« Ayons tous deux la vertu d'Érostrate[a] ;
« Ainsi que lui méritons un grand nom.
« Vous connaissez la noble ambition ;
« Le grand vous plaît, et la gloire vous flatte :
« Prenons ce soir en secret un brandon.
« En vain les sots diront que c'est un crime ;
« Dans ce bas monde il n'est ni bien ni mal ;
« Aux vrais savants tout doit sembler égal.
« Bâtir est beau, mais détruire est sublime.
« Brûlons théâtre, actrice, acteur, souffleur,
« Et spectateur, et notre ambassadeur. »
   Le lourd Brognon crut entendre un prophète,
Crut contempler l'ange exterminateur
Qui fait sonner sa fatale trompette
Au dernier jour, au grand jour du Seigneur.
   Pour accomplir ce projet de détruire,
Pour réussir, Vachine doit s'armer.
Sans toi, Bacchus, peut-on chanter et rire ?
Sans toi, Vénus, peut-on savoir aimer ?
Sans toi, Vachine, on n'est pas sûr de nuire.
Ils font venir la vieille à leur taudis.
La gaupe arrive, et de ses mains crochues,
Que de l'enfer les chiens avaient mordues,
Forme un gâteau de matières fondues
Qui brûleraient les murs du paradis.
Pour en répandre au loin les étincelles
Vachine a pris (je ne puis décemment
Dire en quel lieu, mais le lecteur m'entend)

---

[a] Érostrate brûla, dit-on, le temple d'Éphèse pour se faire de la réputation (1768).

CHANT IV.

Un tas pourri de brochures nouvelles,
Vers de Le Brun morts aussitôt que nés[a],
Longs mandements dans le Puy confinés[b],
Tacite orné par le sieur La Blétrie
D'un style neuf et d'un mélange heureux
De pédantisme et de galanterie,
Journal chrétien, madrigaux amoureux,
De Chiniac les écrits plagiaires[c],
Du droit canon quarante commentaires.
Tout ce fatras fut du chanvre en son temps;
Linge il devint par l'art des tisserands,
Puis en lambeaux des pilons le pressèrent:
Il fut papier; cent cerveaux à l'envers
De visions à l'envi le chargèrent;
Puis on le brûle, il vole dans les airs,

[a] Nous ne savons pas qui est ce Le Brun. Il y a tant de plats poëtes connus deux jours à Paris, et ignorés ensuite pour jamais !
— Les éditions de 1768, 1772, 1777 portaient dans le texte *Brunet* au lieu de *Le Brun*. J'ai même vu une édition où il était dit en note : « Il (Brunet) a fait *les Noms changés*, comédie qui eut quelque succès. » Un nommé Brunet fit en effet jouer, en 1758, au Théâtre-Français, une comédie en trois actes, intitulée *les Noms changés*; mais la cinquième des notes de Voltaire lui-même sur son *Épître à Dalembert*, qui est de 1771 (voyez tome XIII), prouve que c'est de Le Brun (Ponce-Denis Écouchard) que Voltaire a voulu parler sous le nom de Brunet. B.

[b] C'est apparemment un mandement de l'évèque du Puy en Velay, qui, adressant la parole aux chaudronniers de son diocèse, leur parla de La Motte et de Fontenelle (1768).

[c] Le Chiniac nous est aussi inconnu que Le Brun. Nous apprenons dans le moment que c'est un commentateur des discours de Fleury, qui a été assez indigent pour voler tout ce qui se trouve sur ce sujet dans un livre très connu, et assez impudent pour insulter ceux qu'il a volés.

De telles gens il est assez:
Priez Dieu pour les trépassés.   (1768.)

— On a de Chiniac, *Discours sur les libertés de l'Église gallicane, par M. l'abbé Fleury, avec un commentaire*, 1765, in-12. B.

Il est fumée, aussi bien que la gloire.
De nos travaux voilà quelle est l'histoire ;
Tout est fumée, et tout nous fait sentir
Ce grand néant qui doit nous engloutir.

Les trois méchants ont posé cette étoupe
Sous le foyer où s'assemble la troupe :
La mèche prend. Ils regardent de loin
L'heureux effet qui suit leur noble soin[a],
Clignant les yeux, et tremblant qu'on ne voie
Leurs fronts plissés se dérider de joie.
Déja la flamme a surmonté les toits,
Les toits pourris, séjour de tant de rois ;
Le feu s'étend, le vent le favorise.
Le spectateur, que la flamme poursuit,
Crie au secours, se précipite, et fuit :
Jean-Jacques rit ; Brognon les exorcise.
Ainsi Calchas et le traître Sinon
S'applaudissaient lorsqu'ils mirent en cendre
Les murs sacrés du superbe Ilion,
Que le dieu Mars, Aphrodise[b], Apollon,
Virent brûler, et ne purent défendre.
Las ! que devient le pauvre entrepreneur,
Ce Rosimond plus généreux qu'habile[c] ?

---

[a] Ce fut le 5 février 1768 qu'on mit le feu à la salle des spectacles (1768).

[b] Vénus est nommée en grec Aphrodite. Notre auteur l'appelle Aphrodise : c'est apparemment par euphonie, comme disent les doctes (1768).

[c] M. Rosimond, entrepreneur des spectacles à Genève. Il a perdu plus de quarante mille francs à cet incendie (1768).

— Dans les éditions in-8° et in-16 de 1768, et dans celle de 1772, après le mot *Genève*, on lisait : *Un des plus honnêtes hommes du monde.* Dans l'édition in-16 la note se terminait ainsi : « De sorte qu'il est encore plus à plaindre que celui du théâtre de La Haye, au gros Dindon. » B.

A ses dépens il a, pour son malheur,
Fait à grands frais meubler le noble asile
Des doux plaisirs peu faits pour cette ville;
Un seul moment consume l'attirail
Du grand César, d'Auguste, d'Orosmane,
Et la toilette où se coiffa Roxane,
Et l'ornement de Rome et du sérail.
O Rosimond! que devient votre bail?
De tous vos soins quel funeste salaire!
Est-ce à Calvin que vous aurez recours?
Est-ce à l'évêque appelé titulaire?
Hélas! lui-même a besoin de secours.
Ah, malheureux! à qui vouliez-vous plaire?
Vous êtes plaint, mais fort abandonné.
Après vingt ans vous voilà ruiné :
De vos pareils c'est le sort ordinaire;
Qui du public s'est fait le serviteur
Peut se vanter d'avoir un méchant maître.
Soldat, auteur, commentateur, acteur,
Également se repentent peut-être.
Loin du public, heureux dans sa maison
Qui boit en paix, et dort avec Suzon [a] !

[a] On accusa de cet incendie le fanatisme religieux ou patriotique des bons Genevois, qui croyaient que, si la comédie s'établissait à Genève, ils seraient ruinés dans ce monde, et damnés dans l'autre. C'est par une fiction poétique qu'on l'attribue ici à ceux qui avaient mis cette idée dans la tête de ces pauvres gens.

FIN DU CHANT QUATRIÈME.

VARIANTE
DU CHANT QUATRIÈME.

Le roi de France à Genève affligée
Par ses bontés rend enfin le repos ;
Las de la voir par le chagrin rongée,
Il a daigné mettre fin à ses maux.
Il a voulu que tout soit dans la joie :
Pour cet effet ce bon roi nous envoie
Un doux ministre, un brave chevalier,
* Ange de paix, etc.

CHANT CINQUIÈME.

Des prédicants les ames réjouies
Rendaient à Dieu des graces infinies [a]
Sincèrement du mal qu'on avait fait :
Le cœur d'un prêtre est toujours satisfait
Si les plaisirs que son rabbat condamne
Sont enlevés au séculier profane.
Qu'arriva-t-il ? le désordre s'accrut
Quand de ces lieux le plaisir disparut.
Mieux qu'un sermon l'aimable comédie [1]
Instruit les gens, les rapproche, les lie :
Voilà pourquoi la discorde en tout temps
Pour son séjour a choisi les couvents.
Les deux partis, plus fous qu'à l'ordinaire,
S'allaient gourmer, n'ayant plus rien à faire ;
Et tous les soins du ministre de paix
Dans la cité sont perdus désormais :
Mille horlogers [b], de qui les mains habiles

---

[a] Expression si familière à l'un d'entre eux, que, l'ayant répétée vingt fois dans un sermon, un de ses parents lui dit : « Je te rends des graces infinies d'avoir fini. » (1768).

[b] Genève fait un commerce de montres qui va par année à plus d'un million. Les horlogers ne sont pas des artisans ordinaires ; ce sont, comme l'a dit l'auteur du *Siècle de Louis XIV*, des physiciens de pratique. Les Graham et les Le Roy ont joui d'une grande considération ; et M. Le Roy d'aujourd'hui est un des plus habiles mécaniciens de l'Europe. Les grands mécaniciens sont aux simples géomètres ce qu'un grand poëte est à un grammairien (1768).

— C'est dans sa liste des *Artistes célèbres* que Voltaire appelle les horlogers des *physiciens de pratique*; voyez tome XIX, page 235. B.

Savaient guider leurs aiguilles dociles,
D'un acier fin régler les mouvements,
Marquer l'espace, et diviser le temps,
Renonçaient tous à leurs travaux utiles :
Le trouble augmente; on ne sait plus enfin
Quelle heure il est dans les murs de Calvin.
On voit leurs mains tristement occupées
A ranimer sur un grès plat et rond
Le fer rouillé de leurs vieilles épées;
Ils vont chargeant de salpêtre et de plomb
De lourds mousquets dégarnis de platine;
Le fer pointu qui tourne à la cuisine,
Et fait tourner les poulets déplumés,
Bientôt se change, aux regards alarmés,
En longue pique, instrument de carnage;
Et l'ouvrier, contemplant son ouvrage,
Tremble lui-même, et recule de peur.

O jours! ô temps de disette et d'horreur!
Les artisans, dépourvus de salaire,
Nourris de vent, défiant les hasards,
Meurent de faim, en attendant que Mars
Les extermine à coups de cimeterre.

Avant ce temps l'industrie et la paix
Entretenaient une honnête opulence,
Et le travail, père de l'abondance,
Sur la cité répandait ses bienfaits :
La pauvreté, sèche, pâle, au teint blême,
Aux longues dents, aux jambes de fuseaux,
Au corps flétri, mal couvert de lambeaux,
Fille du Styx, pire que la mort même,
De porte en porte allait traînant ses pas;

Monsieur Labat la guette, et n'ouvre pas[a] :
Et cependant Jean-Jacque et sa sorcière,
Le beau Covelle et sa reine d'amour,
Avec Bonnet buvaient le long du jour
Pour soulager la publique misère.
Au cabaret le bon milord payait ;
Des indigents la foule s'y rendait ;
Pour s'en défaire, Abington leur jetait
De temps en temps de l'or par les fenêtres :
Nouveau secret, très peu connu des prêtres.
L'or s'épuisa, le secours dura peu.
Deux fois par jour il faut qu'un mortel mange ;
Sous les drapeaux il est beau qu'il se range,
Mais il faudrait qu'il eût un pot au feu.

 C'en était fait ; *les seigneurs magnifiques*[b]
Allaient subir le sort des républiques,
Sort malheureux qui mit Athène aux fers,
Abîma Tyr et les murs de Carthage,
Changea la Grèce en d'horribles déserts,

---

[a] C'est un Français réfugié, qui, par une honnête industrie et par un travail estimable, s'est procuré une fortune de plus de deux millions. Presque toutes les familles opulentes de Genève sont dans le même cas. Les enfants de M. Hervart, contrôleur général des finances sous le cardinal Mazarin, se retirèrent dans la Suisse et en Allemagne, avec plus de six millions, à la révocation de l'édit de Nantes. La Hollande et l'Angleterre sont remplies de familles réfugiées qui, ayant transporté les manufactures, ont fait des fortunes très considérables, dont la France a été privée. La plupart de ces familles reviendraient avec plaisir dans leur patrie, et y rapporteraient plus de cent millions, si l'on établissait en France la liberté de conscience, comme elle l'est dans l'Allemagne, en Angleterre, en Hollande, dans le vaste empire de la Russie, et dans la Pologne.

Cette note nous a été fournie par un descendant de M. Hervart (1768).

[b] Quand les citoyens sont convoqués, le premier syndic les appelle *souverains et magnifiques seigneurs* (1768).

Des fils de Mars énerva le courage,
Dans des filets[a] prit l'empire romain,
Et quelque temps menaça Saint-Marin[b].
Hélas! un jour il faut que tout périsse!
Dieu paternel, sauvez du précipice
Ce pauvre peuple, et reculez sa fin!
  Dans le conseil le doux Paul Galatin
Cède à l'orage, et, navré de tristesse,
Quitte un timon qui branlait dans sa main.
  Nécessité fait bien plus que sagesse.
Cramer un jour, ce Cramer dont la presse [2]
A tant gémi sous ma prose et mes vers,
Au magasin déjà rongés des vers;
Le beau Cramer, qui jamais ne s'empresse
Que de chercher la joie et les festins,
Dont le front chauve est encor cher aux belles,
Acteur brillant dans nos pièces nouvelles;
Cramer, vous dis-je, aimé des citadins,
Se promenait dans la ville affligée,
Vide d'argent, et d'ennuis surchargée.
Dans sa cervelle il cherchait un moyen
De la sauver, et n'imaginait rien.
A la fenêtre il voit madame Oudrille,

---

[a] Les filets de saint Pierre. Les curieux ne cessent d'admirer que des cordeliers et des dominicains aient régné sur les descendants des Scipions (1768).

[b] Le cardinal Albéroni, n'ayant pu bouleverser l'Europe, voulut détruire la république de Saint-Marin en 1739. C'est une petite ville perchée sur une montagne de l'Apennin, entre Urbin et Rimini. Elle conquit autrefois un moulin; mais, craignant le sort de la république romaine, elle rendit le moulin, et demeura tranquille et heureuse. Elle a mérité de garder sa liberté. C'est une grande leçon qu'elle a donnée à tous les états (1768).

Et son époux, et son frère, et sa fille,
Qui chantaient tous des chansons en refrain
Près d'un buffet garni de chambertin.
Mon cher Cramer est homme qui se pique
De se connaître en vin plus qu'en musique.
Il entre, il boit; il demeure surpris,
Tout en buvant, de voir de beaux lambris,
Des meubles frais, tout l'air de la richesse :
« Je crois, dit-il non sans quelque allégresse,
Que la fortune enfin vous a compris
Au numéro de ses chers favoris.
L'an dix-sept cent deux six, ou je me trompe,
Vous étiez loin d'étaler cette pompe;
Vous demeuriez dans le fond d'un taudis;
Votre gosier, râclé par la piquette,
Poussait des sons d'une voix bien moins nette :
Pour Dieu, montrez à mes sens ébaudis
Par quel moyen votre fortune est faite. »
 Madame Oudrille en ces mots répliqua :
« La pauvreté long-temps nous suffoqua,
« Quand la discorde était dans la famille,
« Et de chez elle écartait le bon sens.
« J'étais brouillée avec monsieur Oudrille,
« Monsieur Oudrille avec tous ses parents,
« Ma belle-sœur l'était avec ma fille ;
« Nous plaidions tous, nous mangions du pain bis.
« Notre intérêt nous a tous réunis :
« Pour être en paix dans son lit comme à table,
« Le premier point est d'être raisonnable;
« Chacun, cédant un peu de son côté,
« Dans la maison met la prospérité. »

Cramer aimait cette saine doctrine :
D'un trait de feu son esprit s'illumine ;
Il se recueille, il fait son pronostic,
Boit, prend congé, puis avise un syndic
Qui disputait dans la place voisine
Avec Deluc, et Clavière, et Flournois ;
Trois conseillers et quatre bons bourgeois
Auprès de là criaient à pleine tête,
Et se morguaient d'un air très malhonnête.
Cramer leur dit : « Madame Oudrille est prête
A vous donner du meilleur chambertin :
Montez là-haut, c'est l'arrêt du destin ;
Ce jour pour vous doit être un jour de fête. »
Chacun y court, citadin, conseiller :
Le beau Covelle y monte le premier ;
En jupon blanc sa belle requinquée,
Les cheveux teints d'une poudre musquée,
L'accompagnait, et serrait son blondin,
Qui sur le cou lui passait une main.
A leur devant madame Oudrille arrive ;
Sa face est ronde, et sa mine est naïve :
En la voyant, le cœur se réjouit.
Elle conta comment elle s'y prit
Pour radouber sa barque délabrée.
Tout le conseil entendit la leçon :
Le peuple même écouta la raison.
Les jours sereins de Saturne et de Rhée,
Les temps heureux du beau règne d'Astrée,
Dès ce moment renaquirent pour eux ;
On rappela les danses et les jeux
Qu'avait bannis Calvin l'impitoyable,

Jeux protégés par un ministre aimable,
Jeux détestés de Vernet l'ennuyeux.
Celle qu'on dit de Jupiter la fille,
Mère d'amour et des plaisirs de paix,
Revint placer son lit à Plainpalais[a].
Genève fut une grande famille;
Et l'on jura que si quelque brouillon
Mettait jamais le trouble à la maison,
On l'enverrait devers madame Oudrille.

Le roux Rousseau, de fureur hébété,
Avec sa gaupe errant à l'aventure,
S'enfuit de rage, et fit vite un traité
Contre la paix qu'on venait de conclure.

[a] Plainpalais, promenade entre le Rhône et l'Arve aux portes de la ville, couverte de maisons de plaisance, de jardins, et d'excellents potagers d'un très grand rapport. C'était autrefois un marais infect, *plana palus*, du temps qu'il n'était question dans Genève que de la grace prévenante accordée à Jacob, et refusée à son frère le *pate-pelu;* qu'on ne parlait que des supralapsaires, des infralapsaires, des universalistes, de la perception de Dieu différente de sa vision, de plusieurs autres visions; de la manducation supérieure, de l'inutilité des bonnes œuvres, des querelles de Vigilantius et de Jérôme, et autres controverses sublimes extrêmement nécessaires à la santé, et par le moyen desquelles on vit fort à l'aise, et on marie avantageusement ses filles.

N. B. On a souvent donné à Plainpalais de très agréables rendez-vous avec toute la discrétion requise (1768).

FIN DU CHANT CINQUIÈME ET DERNIER.

NOTES

DU CHANT CINQUIÈME.

¹ Voltaire avait déjà dit dans son conte, *Les trois manières* (voyez tome XIV) :

Le théâtre instruit mieux que ne fait un gros livre.   B.

² Dans les éditions in-8° et in-16 de 1768, et dans celle de 1772, au lieu de Cramer, on lit Brimer. Une note de la page 57 de l'édition in-16 dit de substituer Cramer à Brimer. Dans l'édition de 1772, on lit en note : « Voici encore un nom propre défiguré : la véritable orthographe demandait un *C* au lieu d'un *B*, et un *a* au lieu d'un *i*; au reste, on ignore pourquoi l'auteur ne fait point ici au cadet Cram.. l'honneur de parler de lui; il n'est pas moins bon acteur que son frère, ayant acquis dans ses voyages à Paris toutes les graces plaisantes et l'élégance des Français du meilleur ton. » Dans l'édition in-4° il y a *Hébert* et *Hébert le beau*. B.

ÉPILOGUE.

Je donnerai le sixième chant¹ dès que l'auteur voudra bien m'en gratifier; car il gratifie, et ne vend pas, quoi qu'en dise l'ex-jésuite Patouillet dans un de ses mandements contre tous les parlements du royaume, sous le nom d'un archevêque[a]. J'espère qu'alors ma fortune sera faite, comme celle de *l'Homme aux quarante écus*.

[a] J.-F. de Montillet, archevêque d'Auch, *signa dans son* palais archiépiscopal, le 23 janvier 1764, un libelle diffamatoire composé par Patouillet et consorts. Ce libelle fut condamné à être brûlé par le bourreau, et l'archevêque à dix mille écus d'amende. Il est dit dans ce libelle (page 35): « Vos pères vous avaient appris à respecter les jésuites; cette vénérable compagnie vous avait pris dans son sein dès votre enfance, pour former vos cœurs et vos esprits par le lait de ses instructions. Elle cesse d'être on leur ôte, en les rendant au siècle, le patrimoine qu'ils y avaient laissé, etc. »

C'est-à-dire que Patouillet voulait bouleverser la famille des Patouillets, en demandant à partager, et en ne se contentant pas de sa pension.

Patouillet poursuit humblement *dans son* palais archiépiscopal (page 47): « Quelle est la puissance qui a frappé ces coups inouïs? C'est une puissance étrangère... qui est allée bien au-delà des limites de sa compétence. »

Ainsi, selon l'archevêque d'Auch, il faut excommunier tous les parlements du royaume, les rois de France, d'Espagne, de Naples, de Portugal, le duc de Parme, etc., etc., etc. « Ces parlements, ajoute-t-il (page 48), sont les vrais ennemis des deux puissances, qui, mille fois abattus par leur concert, toujours animés de la rage la plus noire, toujours attentifs à nous nuire, nous ont porté enfin le plus perçant de tous les coups. »

Ainsi Patouillet fait dire à Montillet que les parlements sont des séditieux, qui ont nui à tous les évêques en les défesant des jésuites.

> Notre imbécile Montillet
> Devint ainsi le perroquet
> De notre savant Patouillet :
> Mais on rabattit son caquet.

Patouillet s'avise de parler de poésie dans son mandement. Il traite

Si quelqu'un se formalise de ces plaisanteries très légères sur un sujet qui en méritait de plus fortes, si quelqu'un est assez sot pour se fâcher, l'auteur, qui est parfois goguenard, m'a promis de le fâcher un peu davantage dans le nouveau chant que nous espérons publier.

A l'égard de Jean-Jacques, puisqu'il n'a joué dans tout ce tracas que le rôle d'une cervelle fort mal timbrée; puisqu'il s'est fait chasser partout où il a paru; puisque c'est un absurde raisonneur, qui, ayant imprimé sous son nom quelques petites sottises contre Jésus-Christ, a imprimé aussi dans le même libelle que Jésus-Christ *est mort comme un Dieu*[2]; puisqu'il est quelquefois calomniateur, déclaré tel et affiché tel par une déclaration publique des plénipotentiaires de France, de Zurich, et de Berne[3], le 25 juillet 1766, nous pensons qu'il a fallu lui donner le fouet beaucoup plus fort qu'aux autres, et que l'auteur a très bien fait de montrer le vice et la folie dans toute leur turpitude. Nous l'exhortons à traiter ainsi les brouillons et les ingrats, et à écraser les serpents de la littérature de la même main dont il a élevé des trophées à Henri IV, à Louis XIV, et à la vérité, dans tous ses ouvrages. Nous avons besoin d'un vengeur : il est juste que celui qui a vécu avec la petite-fille de Corneille

---

(page 13) de vagabond un officier du roi qui n'était pas sorti de ses terres depuis quinze ans. Il est assez bien instruit pour appeler mercenaire un homme qui dans ce temps-là même avait prêté généreusement au neveu de J.-F. Montillet une somme considérable, en bon voisin; et le J.-F. Montillet d'Auch est assez malavisé pour signer cette impertinence. J'étais auprès de cet officier du roi quand, au bout de trois ans, la nièce de l'archevêque J. F. Montillet envoya son argent avec les intérêts au créancier, qui les jeta au nez du porteur.

Si j'avais été à la place de l'archevêque J.-F. Montillet, j'aurais écrit au bienfaiteur de mon neveu, « Monsieur, je vous demande très humblement pardon d'avoir signé le libelle de Patouillet, etc.; » ou bien, « Monsieur, je suis un imbécile qui ne sais pas ce que c'est qu'un mandement, et qui m'en suis rapporté à ce misérable Patouillet, etc.; » ou bien, « Monsieur, pardonnez à ma bêtise si, ne sachant ni lire ni écrire, j'ai prêté mon nom à ce polisson de Patouillet; » ou enfin quelque chose dans ce goût d'honnêteté et de décence. Mais en voilà assez sur Montillet et Patouillet.

extermine les descendants des Claveret, des Scudéri, et des d'Aubignac.

Les lois ne peuvent pas punir un calomniateur littéraire, encore moins un charlatan déclamateur qui se contredit à chaque page, un romancier qui croit éclipser *Télémaque* en élevant un jeune seigneur pour en faire un menuisier, et qui croit surpasser madame de La Fayette en fesant donner des *baisers âcres* par une Suissesse à un précepteur suisse.

Il n'y a pas moyen de condamner à l'amende honorable ceux qui, ayant devant les yeux les grands modèles du siècle de Louis XIV, défigurent la langue française par un style barbare, ou ampoulé, ou entortillé; ceux qui parlent poétiquement de physique[4]; ceux qui, dans les choses les plus communes, prodiguent les expressions les plus violentes; ceux qui, ayant fait ronfler au théâtre des vers qu'on ne peut lire, ne manquent pas de faire dire dans les journaux qu'ils sont supérieurs à l'inimitable Racine; ceux qui se croient des Tite-Live pour avoir copié des dates; ceux qui écrivent l'histoire avec le style familier de la conversation, ou qui font des phrases au lieu de nous apprendre des faits; ceux qui, inconnus au barreau, publient les recueils de leurs plaidoyers[5] inconnus au public; ceux qui soutiennent une cause respectable par d'absurdes arguments, et qui ont la bêtise de rapporter les objections les plus accablantes pour y faire les réponses les plus frivoles et les plus sottes; ceux qui trafiquent de la louange et de la satire, comme on vend des merceries dans une boutique, et qui jugent insolemment de tout ce qui est approuvé, sans avoir jamais pu rien produire de supportable; ceux qui... On aurait plus tôt compté les dettes de l'Angleterre que le nombre de ces excréments du Parnasse.

Nous avons donc besoin qu'il s'élève enfin parmi nous un homme qui sache détruire cette vermine, qui encourage le bon goût et qui proscrive le mauvais, qui puisse donner le précepte et l'exemple. Mais où le trouver? qui sera assez éclairé et courageux?... Ah! si M. l'abbé d'Olivet, notre cher compatriote, pouvait prendre cette peine! mais il est trop vieux, et l'ex-jésuite Nonnotte[a] infecte impunément notre Franche-Comté.

[a] Nous commençons pourtant à espérer que Nonnotte se décrassera. Un magistrat de notre ville le trouva ces jours passés dansant, en veste et en culotte déchirée, avec deux filles de quinze ans. Le voilà dans le bon chemin. On a réprimandé les deux filles; elles ont répondu qu'elles l'avaient pris pour un singe. A l'égard de Patouillet, il n'y a rien à espérer de lui; le maraud a pris son pli. En qualité de Franc-Comtois, je ne cherche pas les expressions délicates quand j'ai trouvé les vraies. Le mot propre est quelquefois nécessaire, quoique la métaphore ait ses agréments.

On m'a parlé aussi d'un ex-jésuite nommé Prost, impliqué dans la sainte banqueroute de frère La Valette[*], lequel Prost est retiré à Dôle sous le nom de Rotalier : il a déjà fait son marché avec tous les épiciers de la province pour leur vendre ses Remarques sur le pontificat de Grégoire VII, de Jean XII, d'Alexandre VI; sur l'ulcère malin dont Léon X fut attaqué dans le périnée; sur la liberté d'indifférence, *l'Optimisme, Zaïre, Tancrède, Nanine, Mérope, le Siècle de Louis XIV,* et *la Princesse de Babylone*. Nous pourrons joindre ici frère Prost, dit Rotalier, à frère Nonnotte et à frère Patouillet, quand nous serons de loisir, et que nous aurons envie de rire. Ce n'est pas que nous négligions Cogé, et Larcher, et Guyon, et les grands hommes attachés à la secte des convulsionnaires, de qui les écrits donnent des convulsions. Nous sommes justes, nous n'avons acception de personne :

Bos, asinusve fuat, nullo discrimine habemus.
(*Ibid.*)

[*] On ne sait pas de quelle banqueroute parle ici M. C..., avocat de Besançon, auteur de cet épilogue; car le révérend père La Valette, ou frère La Valette (comme on voudra), a fait deux banqueroutes *ad majorem Dei gloriam*, l'une à la Guadeloupe ou Guadaloupe, l'autre à Londres. (*Ibid.*)

NOTES DE L'ÉPILOGUE.

1 Voltaire n'a pas donné plus de cinq chants; voyez ma note, page 243. B.

2 Au livre IV d'*Émile*, J.-J. Rousseau a dit : « Si la vie et la mort de Socrate sont d'un sage, la vie et la mort de Jésus SONT D'UN DIEU. » B.

3 Voyez la lettre à Dalembert, du 30 juillet 1766, tome LXIII, page 253. B.

4 Il s'agit de Noël Regnault; voyez ma note, t. LII, p. 483. B.

5 Les *Plaidoyers et Mémoires de Mannory* ont été recueillis en dix-huit volumes in-12; voyez ma note, tome XL, page 141. B.

JEAN
QUI PLEURE ET QUI RIT[1].

1772.

Quelquefois le matin, quand j'ai mal digéré,
Mon esprit abattu, tristement éclairé,
Contemple avec effroi la funeste peinture
  Des maux dont gémit la nature :
Aux erreurs, aux tourments, le genre humain livré;
Les crimes, les fléaux de cette race impure,
  Dont le diable s'est emparé.
Je dis au mont Etna : « Pourquoi tant de ravages,
Et ces sources de feu qui sortent de tes flancs? »
Je redemande aux mers tous ces tristes rivages
Disparus autrefois sous leurs flots écumants;
  Et je redis aux tyrans :
  « Vous avez troublé le monde
  Plus que les fureurs de l'onde,
  Et les flammes des volcans. »
  Enfin, lorsque j'envisage
  Dans ce malheureux séjour
  Quel est l'horrible partage
  De tout ce qui voit le jour,
Et que la loi suprême est qu'on souffre et qu'on meure,
  Je pleure.

Mais lorsque sur le soir, avec des libertins,

Et plus d'une femme agréable,
Je mange mes perdreaux, et je bois les bons vins
Dont monsieur d'Aranda vient de garnir ma table ;
Quand, loin des fripons et des sots,
La gaîté, les chansons, les graces, les bons mots,
Ornent les entremets d'un souper délectable ;
Quand, sans regretter mes beaux jours,
J'applaudis aux nouveaux amours
De Cléon et de sa maîtresse,
Et que la charmante amitié,
Seul nœud dont mon cœur est lié,
Me fait oublier ma vieillesse,
Cent plaisirs renaissants réchauffent mes esprits :
Je ris.

Je vois, quoique de loin, les partis, les cabales,
Qui soufflent dans Paris vainement agité
Des inimitiés infernales,
Et versent leur poison sur la société ;
L'infame calomnie avec perversité
Répand ses ténébreux scandales ;
On me parle souvent du Nord ensanglanté,
D'un roi sage et clément[2] chez lui persécuté,
Qui dans sa royale demeure
N'a pu trouver sa sûreté,
Que ses propres sujets poursuivent à toute heure :
Je pleure.

Mais si monsieur Terray[3] veut bien me rembourser ;
Si mes prés, mes jardins, mes forêts, s'embellissent ;
Si mes vassaux se réjouissent,

Et sous l'orme viennent danser;
Si parfois, pour me délasser,
Je relis l'Arioste, ou même la Pucelle [4],
Toujours catin, toujours fidèle,
Ou quelque autre impudent dont j'aime les écrits,
Je ris.

Il le faut avouer, telle est la vie humaine :
Chacun a son lutin qui toujours le promène
Des chagrins aux amusements.
De cinq sens tout au plus malgré moi je dépends;
L'homme est fait, je le sais, d'une pâte divine;
Nous serons tous un jour des esprits glorieux;
Mais dans ce monde-ci l'ame est un peu machine :
La nature change à nos yeux;
Et le plus triste Héraclite
Redevient un Démocrite
Lorsque ses affaires vont mieux.

FIN DE JEAN QUI PLEURE ET QUI RIT.

NOTES

SUR JEAN QUI PLEURE ET QUI RIT.

[1] Il est dit dans le *Commentaire historique* (voyez tome XLVIII, page 395) que cette pièce fut écrite à quatre-vingt-deux ans : l'auteur n'en avait que soixante-dix-huit. On parle de *Jean qui pleure et qui rit* dans les *Mémoires secrets*, à la date du 28 mai 1772, et on l'imprima dans le *Mercure*, premier cahier de juillet, toutefois avec quelques différences que j'indiquerai. Toutes les éditions séparées que j'en ai vues contiennent une *Réponse de M. de Voisenon*. On imprima, en 1784, *Jean qui pleure et Jean qui rit*, pièce en un acte et en prose. M. Brazier a fait jouer sur le théâtre des Variétés, le 17 juillet 1815, une comédie-vaudeville intitulée *Jean qui pleure et Jean qui rit*, non imprimée. Un Dialogue politique, en prose, imprimé en 1789 ou 1790, in-8° de 8 pages, a pour titre *Jean qui pleure et Jean qui rit, ou l'Héraclite et le Démocrite français*. B.

[2] Stanislas-Auguste Poniatowski, roi de Pologne; voyez tome XXXIV, page 156; et XLIII, 465. B.

[3] Dans le *Mercure* de juillet 1772, ce vers est ainsi :

Mais si *mon débiteur* veut bien me rembourser.

On conçoit que la censure ne pouvait dans le *Mercure* laisser imprimer *l'abbé Terray*, qui était alors contrôleur des finances, et avait fait violer les dépôts d'argent appartenant à des particuliers. Voltaire, dans sa lettre à madame du Deffand, du 21 octobre 1770, dit qu'on lui prit deux cent mille francs, ce qui lui occasiona une perte de trois cent mille; voyez aussi, tome XIV, le conte intitulé *Les finances*, qui est de 1775. B.

[4] Dans le *Mercure* on avait mis ici quelques points, et l'on avait imprimé seulement :

Je relis Arioste.....................
....
Ou quelque autre impudent dont j'aime les écrits.   B.

LE TEMPLE DU GOUT.

1731.

AVERTISSEMENT

DES ÉDITEURS DE L'ÉDITION DE KEHL.

Le Temple du Gout[1] a fait à M. de Voltaire plus d'ennemis peut-être que ceux de ses ouvrages où il a combattu les préjugés les plus puissants et les plus funestes.

On ne pardonna point à l'auteur de *la Henriade*, d'*OEdipe*,

---

[1] Voltaire lui-même, dans une de ses notes (voyez page 325), dit que cet ouvrage fut composé en 1731; mais il était encore manuscrit à la fin de 1732, lorsque l'auteur l'envoya à Cideville (voyez sa lettre du 8 décembre 1732). Ce fut en mars ou avril 1733 que *le Temple du Goût* parut imprimé : l'auteur l'avait fait imprimer sans permission; il en convient lui-même dans sa lettre à Thieriot, du 1er mai 1733, où il dit *avoir fait imprimer sans une permission scellée avec de la cire jaune*. Toutes les critiques qu'on en fit, et qui furent présentées à l'approbation du sceau ou de la police, furent arrêtées, ce qui ne les empêcha pas toutes de paraître. Voici celles que j'ai vues :

I. *Observations critiques sur le Temple du Goust*, 1733, in-8° de 16 pages; elles parurent en avril 1733. L'éloge de Roy, qu'on fait dans la dernière phrase, fit attribuer à cet auteur les *Observations*, qui paraissent être de l'abbé Desfontaines, ou tout au moins de son ami Castre d'Auvigny. Une *seconde édition augmentée* parut à la suite de l'*Essai d'apologie*, etc. (voyez n° III).

II. *Lettre de M. *** à son ami, sur le Temple du Goust de M. de Voltaire* (1733), in-8° de 7 pages. Cette *Lettre* est de l'abbé Goujet.

III. *Essai d'apologie des auteurs censurés dans le Temple du Goust de M. de Voltaire*, in-8° de 32 pages, y compris la seconde édition des *Observations critiques*, qui commencent page 15. L'abbé Desfontaines fut au moins l'éditeur de l'*Essai d'apologie*.

IV. *Entretien de deux Gascons à la promenade, sur le Temple du Goust*; à Éphèse, aux dépens des héritiers d'Érostrate, 1733, in-8°, dialogue en vers dont l'auteur est un Provençal nommé Perrin, ancien secrétaire du maréchal de Villars.

V. *Le Temple du Goust*, comédie (par Romagnesi et Nivau), représentée,

de *Brutus*, et de *Zaïre*, d'oser juger les poëtes du siècle passé, trouver des défauts dans Corneille, dans Racine, dans Despréaux, et apprécier ce qu'on était convenu d'admirer. Cependant un demi-siècle s'est écoulé, et il n'y a peut-être pas un seul des jugements du *Temple du Goût* qui ne soit devenu l'opinion générale des hommes éclairés.

Nous croyons devoir dire un mot des variantes de ce poëme.

La critique conseillait à M. de Voltaire de ne point faire de vers dans sa vieillesse, et de ne pas aller en Allemagne. Il n'a point profité de ces conseils, et nous y aurions beaucoup perdu s'il avait suivi le premier. Il a laissé subsister ces vers

pour la première fois, par les comédiens italiens ordinaires du roi, le 11 juillet 1733. Paris, Briasson, 1733, in-8°.

VI. *Le Temple du Goust*; comédie; à La Haye, par la compagnie, 1733, in-8° de ij et 34 pages.

Voltaire, dans sa lettre à Thieriot, du 9 février 1736, attribue cette comédie à Delaunay; mais elle est de l'abbé d'Allainval. Quoique portant l'adresse de La Haye, elle avait été imprimée à Mantes, chez Tellier, qui, quelques années auparavant, avait été condamné au carcan par contumace, pour avoir imprimé les *Nouvelles ecclésiastiques*. Lorsqu'il eut obtenu sa grace, les jésuites lui firent imprimer la comédie anti-janséniste intitulée *La femme docteur*, afin, lui dirent-ils, de réparer le mal qu'il avait fait par l'impression des *Nouvelles ecclésiastiques*.

Dans la comédie de d'Allainval, Voltaire figure sous le nom de Momus; un personnage appelé Kafener est évidemment Falkener, à qui est dédiée *Zaïre*; voyez tome III, page 151.

Beaucoup d'épigrammes furent lancées contre *le Temple du Goût*. Boindin, qui se reconnut dans Bardus ou Bardou, avait aussi fait une comédie qu'il intitula *Polichinelle sur le Parnasse*, et qu'il lut en plein café. Boindin voulait aussi faire graver un dessin où tous les personnages du *Temple du Goût* figuraient. Polichinelle est au milieu, Rollin est immédiatement au-dessous, ayant à ses côtés les demoiselles Le Couvreur et Sallé; Voltaire était représenté en malade. Le lieu de la scène est orné de seringues et autres instruments des apothicaires.

J'ai mis au bas des pages les notes de Voltaire: ces notes ont des lettrines. Quant aux variantes et notes d'éditeurs, je les ai rejetées à la fin de l'ouvrage. Les notes de variantes qui sont de Voltaire ont aussi des lettrines. B.

pour éviter apparemment qu'on lui reprochât de les avoir ôtés : mais il a supprimé,

> Donnez plus d'intrigue à Brutus,
> Plus de vraisemblance à Zaïre ;

parceque ces conseils de la critique étaient moins l'expression de son jugement qu'un sacrifice qu'il fesait à l'opinion publique du moment.

Il a supprimé également quelques louanges qui n'étaient que des compliments de société, et qui, dans un ouvrage lu par toute l'Europe et destiné pour la postérité, auraient contrasté avec les jugements sévères, mais justes, que contient le reste du poëme.

Il n'a pas cru devoir conserver non plus les éloges qu'il avait donnés d'abord au cardinal de Fleury, parceque le cardinal se rendit, peu de temps après, l'instrument de la haine des cagots contre M. de Voltaire, quoiqu'il les méprisât autant que M. de Voltaire lui-même pouvait les mépriser.

Toutes les fois qu'un homme de lettres loue un ministre ou un prince, il conserve le droit d'effacer ses éloges, s'ils cessent de les mériter.

LETTRE A M. CIDEVILLE
SUR LE TEMPLE DU GOUT.

Monsieur, vous avez vu et vous pouvez rendre témoignage comment cette bagatelle fut conçue et exécutée. C'était une plaisanterie de société. Vous y avez eu part comme un autre: chacun fournissait ses idées, et je n'ai guère eu d'autre fonction que celle de les mettre par écrit.

M. de *** disait que c'était dommage que Bayle eût enflé son dictionnaire de plus de deux cents articles de ministres et de professeurs luthériens ou calvinistes; qu'en cherchant l'article de César, il n'avait rencontré que celui de Jean Césarius[2], professeur à Cologne; et qu'au lieu de Scipion, il avait trouvé six grandes pages sur Gaspard Scioppius. De là on concluait, à la pluralité des voix, à réduire Bayle en un seul tome dans la bibliothèque du Temple du Goût.

Vous m'assuriez tous que vous aviez été assez ennuyés en lisant l'*Histoire de l'académie française*; que vous vous intéressiez fort peu à tous les détails des ouvrages de Balesdens, de Porchères, de Bardin, de Baudoin, de Faret, de Colletet, et d'autres pareils grands hommes, et je vous en crus sur votre parole. On ajoutait qu'il n'y a guère aujourd'hui de femmes d'esprit qui n'écrivent de meilleures lettres que Voiture; on disait que Saint-Évremond n'aurait jamais dû faire de vers, et qu'on ne devait pas imprimer toute sa prose. C'est le sentiment du public éclairé : et moi, qui trouve toujours tous les livres trop longs, et surtout les miens, je réduisais aussitôt tous ces volumes à très peu de pages.

Je n'étais en tout cela que le secrétaire du public. Si ceux qui perdent leur cause se plaignent, ils ne doivent pas s'adresser à celui qui a écrit l'arrêt.

Je sais que des politiques ont regardé cette innocente plaisanterie du *Temple du Goût* comme un grave attentat. Ils prétendent qu'il n'y a qu'un mal intentionné qui puisse avancer que le château de Versailles n'a que sept croisées de face sur la cour, et soutenir que Le Brun, qui était premier peintre du roi, a manqué de coloris.

Des rigoristes disent qu'il est impie de mettre des filles de l'opéra, Lucrèce, et des docteurs de Sorbonne, dans *le Temple du Goût*.

Des auteurs auxquels on n'a point pensé crient à la satire, et se plaignent que leurs défauts sont désignés, et leurs grandes beautés passées sous silence ; crime irrémissible qu'ils ne pardonneront de leur vie ; et ils appellent *le Temple du Goût* un libelle diffamatoire.

On ajoute qu'il est d'une ame noire de ne louer personne sans un petit correctif, et que, dans cet ouvrage dangereux, nous n'avons jamais manqué de faire quelque égratignure à ceux que nous avons caressés.

Je répondrai en deux mots à cette accusation : Qui loue tout n'est qu'un flatteur ; celui-là seul sait louer, qui loue avec restriction.

Ensuite, pour mettre de l'ordre dans nos idées, comme il convient dans ce siècle éclairé, je dirai qu'il faudrait un peu distinguer entre la critique, la satire, et le libelle.

Dire que *le Traité des Études*[3] est un livre à jamais utile, et que par cette raison même il en faut retrancher quelques plaisanteries et quelques familiarités peu convenables à ce sérieux ouvrage ; dire que *les Mondes*[4] est un livre charmant et unique, et qu'on est fâché d'y trouver que le jour est une beauté blonde, et la nuit une beauté brune, et d'autres petites douceurs : voilà, je crois, de la critique.

Que Despréaux ait écrit[5],

> Si je pense exprimer un auteur sans défaut,
> La raison dit Virgile, et la rime Quinault ;

c'est de la satire, et de la satire même assez injuste en tous sens (avec le respect que je lui dois) ; car la rime de défaut n'est point assez belle pour rimer avec Quinault ; et il est aussi peu vrai de dire que Virgile est sans défaut, que de dire que Quinault est sans naturel et sans graces.

Les Couplets de Rousseau[6], *le Masque de Laverne*[7], et telle autre horreur, certains ouvrages de Gacon; voilà ce qui s'appelle un libelle diffamatoire.

Tous les honnêtes gens qui pensent sont critiques, les malins sont satiriques, les pervers font des libelles; et ceux qui ont fait avec moi *le Temple du Goût* ne sont assurément ni malins ni méchants.

Enfin voilà ce qui nous amusa pendant plus de quinze jours. Les idées se succédaient les unes aux autres; on changeait tous les soirs quelque chose; et cela a produit sept ou huit Temples du Goût absolument différents[8].

Un jour nous y mettions les étrangers, le lendemain nous n'admettions que les Français. Les Maffei, les Pope, les Bononcini, ont perdu à cela plus de cinquante vers, qui ne sont pas fort à regretter. Quoi qu'il en soit, cette plaisanterie n'était point du tout faite pour être publique.

Une des plus mauvaises et des plus infidèles copies d'un des plus négligés brouillons de cette bagatelle, ayant couru dans le monde, a été imprimée sans mon aveu; et celui qui l'a donnée, quel qu'il soit, a très grand tort.

Peut-être fait-on plus mal encore de donner cette nouvelle édition; il ne faut jamais prendre le public pour confident de ses amusements : mais la sottise est faite, et c'est un des cas où l'on ne peut faire que des fautes.

Voici donc une faute nouvelle; et le public aura une petite esquisse (si cela même peut en mériter le nom), telle qu'elle a été faite dans une société où l'on savait s'amuser sans la ressource du jeu, où l'on cultivait les belles-lettres sans esprit de parti, où l'on aimait la vérité plus que la satire, et où l'on savait louer sans flatterie.

S'il avait été question de faire un traité du Goût, on aurait prié les de Cotte et les Boffrand de parler d'architecture, les Coypel de définir leur art avec esprit, les Destouches de dire quelles sont les graces de la musique, les Crébillon de peindre la terreur qui doit animer le théâtre : pour peu que chacun d'eux eût voulu dire ce qu'il sait, cela aurait fait un gros in-folio. Mais on s'est contenté de mettre en général les sentiments du public dans un petit écrit sans conséquence, et je me suis chargé uniquement de tenir la plume.

Il me reste à dire un mot sur notre jeune noblesse, qui emploie l'heureux loisir de la paix à cultiver les lettres et les arts; bien différente en cela des augustes Visigoths, leurs ancêtres, qui ne savaient pas signer leurs noms. S'il y a encore dans notre nation si polie quelques barbares et quelques mauvais plaisants qui osent désapprouver des occupations si estimables, on peut assurer qu'ils en feraient autant s'ils le pouvaient. Je suis très persuadé que quand un homme ne cultive point un talent, c'est qu'il ne l'a pas; qu'il n'y a personne qui ne fît des vers s'il était né poëte, et de la musique s'il était né musicien.

Il faut seulement que les graves critiques, aux yeux desquels il n'y a d'amusement honorable dans le monde que le lansquenet et le biribi, sachent que les courtisans de Louis XIV, au retour de la conquête de Hollande, en 1672, dansèrent à Paris sur le théâtre de Lulli, dans le jeu de paume de Belleaire, avec les danseurs de l'opéra, et que l'on n'osa pas en murmurer. A plus forte raison doit-on, je crois, pardonner à la jeunesse d'avoir eu de l'esprit dans un âge où l'on ne connaissait que la débauche.

Omne tulit punctum qui miscuit utile dulci 9.

Je suis, etc.

NOTES

DE LA LETTRE SUR LE TEMPLE DU GOUT.

1 Voltaire, dans sa lettre à Cideville, du 12 avril 1733, qualifiant de *Préface du Temple du Goût* la *Lettre* qui le précède, j'ai dû la laisser à cette place, et non la porter dans la *Correspondance*. B.

2 La manière dont Bayle a écrit ces deux noms les lui a fait placer à quelque distance l'un de l'autre, c'est ce que n'a pas aperçu Voltaire. Cæsarius est le premier article de la lettre C; César est le soixante-douzième. B.

3 Par Rollin. B.

4 *Entretiens sur la pluralité des mondes*, *par Fontenelle*, publiés pour la première fois en 1686. B.

5 Satire II, vers 19-20. B.

6 Voyez tome XXXVII, page 491. B.

7 C'est le titre d'une des Allégories de J.-B. Rousseau, qui, dans plusieurs éditions, est intitulée *La Francinade* (voyez tome XXXVII, pages 490-91). B.

8 Voyez les variantes. B.

9 Horace, *De Arte poetica*, vers 343. B.

LE TEMPLE DU GOUT[a].

> Le cardinal oracle de la France [1],
> Non ce Mentor qui gouverne aujourd'hui,
> Mais ce Nestor qui du Pinde est l'appui,
> Qui des savants a passé l'espérance,
> Qui les soutient, qui les anime tous,
> Qui les éclaire, et qui règne sur nous
> Par les attraits de sa douce éloquence ;
> Ce cardinal qui sur un nouveau ton
> En vers latins fait parler la sagesse,
> Réunissant Virgile avec Platon,
> Vengeur du ciel, et vainqueur de Lucrèce [b];

ce cardinal, enfin, que tout le monde doit reconnaître à ce portrait, me dit un jour qu'il voulait que j'allasse avec lui au Temple du Goût. C'est un séjour, me dit-il, qui ressemble au *Temple de l'Amitié* [2], dont tout le monde parle, où peu de gens vont, et que la plupart de ceux qui y voyagent n'ont presque jamais bien examiné.

[a] Cet ouvrage fut composé en 1731. Il en a été fait plusieurs éditions; celle-ci est incomparablement la meilleure, la plus ample et la plus correcte (édition de 1748). — Voyez ma note, page 317. B.

[b] *L'Anti-Lucrèce* n'avait point encore été imprimé; mais on en connaissait quelques morceaux, et cet ouvrage avait une très grande réputation (1752).

— Lorsque Voltaire appela le cardinal de Polignac *vainqueur de Lucrèce*, ce fut après avoir entendu seulement vingt vers que l'auteur de l'*Anti-Lucrèce* lui avait lus, et qui semblaient fort beaux à l'auditeur. Voyez la lettre à madame Du Deffand, du 13 octobre 1759, où *l'Anti-Lucrèce* est appelé poëme sans poésie et philosophie sans raison. La première édition de *l'Anti-Lucrèce* est de 1745. B.

Je répondis avec franchise :
Hélas ! je connais assez peu
Les lois de cet aimable dieu;
Mais je sais qu'il vous favorise.
Entre vos mains il a remis
Les clefs de son beau paradis ;
Et vous êtes, à mon avis,
Le vrai pape de cette église :
Mais de l'autre pape et de vous
(Dût Rome se mettre en courroux)
La différence est bien visible;
Car la Sorbonne ose assurer
Que le saint-père peut errer,
Chose, à mon sens, assez possible;
Mais pour moi, quand je vous entends
D'un ton si doux et si plausible
Débiter vos discours brillants,
Je vous croirais presque infaillible.

Ah! me dit-il, l'infaillibilité est à Rome pour les choses qu'on ne comprend point, et dans le Temple du Goût pour les choses que tout le monde croit entendre. Il faut absolument que vous veniez avec moi [3]. Mais, insistai-je encore, si vous me menez avec vous, je m'en vanterai à tout le monde.

Sur ce petit pélerinage
Aussitôt on demandera
Que je compose un gros ouvrage.
Voltaire simplement fera
Un récit court, qui ne sera
Qu'un très frivole badinage.
Mais son récit on frondera;
A la cour on murmurera ;
Et dans Paris on me prendra
Pour un vieux conteur de voyage
Qui vous dit d'un air ingénu
Ce qu'il n'a ni vu ni connu,
Et qui vous ment à chaque page.

Cependant, comme il ne faut jamais se refuser un plaisir honnête, dans la crainte de ce que les autres en pourront penser, je suivis le guide qui me fesait l'honneur de me conduire.

> Cher Rothelin[a], vous fûtes du voyage,
> Vous que le goût ne cesse d'inspirer,
> Vous dont l'esprit si délicat, si sage,
> Vous dont l'exemple a daigné me montrer
> Par quels chemins on peut sans s'égarer
> Chercher ce goût, ce dieu que dans cet âge
> Maints beaux-esprits font gloire d'ignorer.

Nous rencontrâmes en chemin bien des obstacles. D'abord nous trouvâmes MM. Baldus, Scioppius, Lexicocrassus, Scriblerius; une nuée de commentateurs qui restituaient des passages, et qui compilaient de gros volumes à propos d'un mot qu'ils n'entendaient pas.

> Là j'aperçus les Dacier, les Saumaises[b],
> Gens hérissés de savantes fadaises,

---

[a] L'abbé de Rothelin, de l'académie française (1752).

— Charles d'Orléans de Rothelin, descendant de Dunois, était aussi de l'académie des inscriptions. Né en 1691, il est mort en 1744. B.

[b] Dacier avait une littérature fort grande : il connaissait tout des anciens, hors la grace et la finesse : ses commentaires ont partout de l'érudition, et jamais de goût; il traduit grossièrement les délicatesses d'Horace. Si Horace (I, 5) dit à sa maitresse :

> Miseri, quibus
> Intentata nites !

Dacier dit : « Malheureux ceux qui se laissent attirer par cette bonace, sans vous connaître ! » Il traduit,

> Nunc est bibendum, nunc pede libero
> Pulsanda tellus (I, 37),

« C'est à présent qu'il faut boire, et que sans rien craindre il faut danser de toute sa force; »

> Mox juniores quærit adulteros (III, 6),

> Le teint jauni, les yeux rouges et secs,
> Le dos courbé sous un tas d'auteurs grecs,
> Tout noircis d'encre, et coiffés de poussière.
> Je leur criai de loin par la portière :
> N'allez-vous pas dans le Temple du Goût
> Vous décrasser? Nous, messieurs? point du tout;
> Ce n'est pas là, grace au ciel, notre étude :
> Le goût n'est rien; nous avons l'habitude
> De rédiger au long de point en point
> Ce qu'on pensa; mais nous ne pensons point.

Après cet aveu ingénu, ces messieurs voulurent absolument nous faire lire certains passages de Dictys de Crète et de Métrodore de Lampsaque, que Scaliger avait estropiés. Nous les remerciâmes de leur courtoisie, et nous continuâmes notre chemin. Nous n'eûmes pas fait cent pas, que nous trouvâmes un homme entouré de peintres, d'architectes, de sculpteurs, de doreurs, de faux connaisseurs, de flatteurs. Ils tournaient le dos au Temple du Goût.

> D'un air content l'orgueil se reposait,
> Se pavanait sur son large visage;
> Et mon Crassus tout en ronflant disait :
> J'ai beaucoup d'or, de l'esprit davantage;
> Du goût, messieurs, j'en suis pourvu sur tout [4];
> Je n'appris rien, je me connais à tout;
> Je suis un aigle en conseil, en affaires;

« Elles ne sont pas plus tôt mariées qu'elles cherchent de nouveaux galants. » Mais quoiqu'il défigure Horace, et que ses notes soient d'un savant peu spirituel, son livre est plein de recherches utiles, et on loue son travail en voyant son peu de génie (1733).

Saumaise est un auteur savant qu'on ne lit plus guère. Il commence ainsi sa défense du roi d'Angleterre Charles Ier : « Anglais, qui vous ren-
« voyez les têtes des rois comme des *balles de paume*, qui jouez à la *boule*
« avec des *couronnes*, et qui vous servez de *sceptres* comme de *marottes* »
(1742).

Malgré les vents, les rocs, et les corsaires,
J'ai dans le port fait aborder ma nef :
Partant il faut qu'on me bâtisse en bref
Un beau palais fait pour moi, c'est tout dire,
Où tous les arts soient en foule entassés,
Où tout le jour je prétends qu'on m'admire.
L'argent est prêt; je parle, obéissez.
Il dit, et dort. Aussitôt la canaille
Autour de lui s'évertue et travaille.
Certain maçon, en Vitruve érigé,
Lui trace un plan d'ornements surchargé,
Nul vestibule, encor moins de façade;
Mais vous aurez une longue enfilade;
Vos murs seront de deux doigts d'épaisseur,
Grands cabinets, salon sans profondeur,
Petits trumeaux, fenêtres à ma guise,
Que l'on prendra pour des portes d'église;
Le tout boisé, verni, blanchi, doré,
Et des badauds à coup sûr admiré.

    Réveillez-vous, monseigneur, je vous prie,
Criait un peintre; admirez l'industrie
De mes talents; Raphaël n'a jamais
Entendu l'art d'embellir un palais:
C'est moi qui sais ennoblir la nature;
Je couvrirai plafonds, voûte, voussure,
Par cent magots travaillés avec soin,
D'un pouce ou deux, pour être vus de loin.

    Crassus s'éveille; il regarde, il rédige,
A tort, à droit, règle, approuve, corrige.
A ses côtés un petit curieux,
Lorgnette en main, disait : Tournez les yeux,
Voyez ceci, c'est pour votre chapelle;
Sur ma parole achetez ce tableau,
C'est Dieu le père en sa gloire éternelle,
Peint galamment dans le goût de Wateau[a].

---

[a] Wateau est un peintre flamand qui a travaillé à Paris, où il est mort il y a quelques années. Il a réussi dans les petites figures qu'il a dessinées, et qu'il a très bien groupées; mais il n'a jamais rien fait de grand, il en était incapable (1733). — Il est mort à Nogent-sur-Marne en 1721. B.

> Et cependant un fripon de libraire [5],
> Des beaux-esprits écumeur mercenaire,
> Tout Bellegarde à ses yeux étalait,
> Gacon, Le Noble, et jusqu'à Desfontaines,
> Recueils nouveaux, et journaux à centaines :
> Et monseigneur voulait lire, et bâillait.

Je crus en être quitte pour ce petit retardement, et que nous allions arriver au temple sans autre mauvaise fortune: mais la route est plus dangereuse que je ne pensais. Nous trouvâmes bientôt une nouvelle embuscade.

> Tel un dévot infatigable,
> Dans l'étroit chemin du salut,
> Est cent fois tenté par le diable
> Avant d'arriver à son but.

C'était un concert [6] que donnait un homme de robe, fou de la musique, qu'il n'avait jamais apprise, et encore plus fou de la musique italienne, qu'il ne connaissait que par de mauvais airs inconnus à Rome, et estropiés en France par quelques filles de l'opéra.

Il fesait exécuter alors un long récitatif français, mis en musique par un Italien qui ne savait pas notre langue. En vain on lui remontra que cette espèce de musique, qui n'est qu'une déclamation notée, est nécessairement asservie au génie de la langue, et qu'il n'y a rien de si ridicule que des scènes françaises chantées à l'italienne, si ce n'est de l'italien chanté dans le goût français.

> La nature féconde, ingénieuse, et sage,
> Par ses dons partagés ornant cet univers,
> Parle à tous les humains, mais sur des tons divers.

Ainsi que son esprit tout peuple a son langage,
Ses sons et ses accents à sa voix ajustés,
Des mains de la nature exactement notés :
L'oreille heureuse et fine en sent la différence.
Sur le ton des Français il faut chanter en France.
Aux lois de notre goût Lulli sut se ranger ;
Il embellit notre art, au lieu de le changer.

A ces paroles judicieuses, mon homme répondit en secouant la tête. Venez, venez, dit-il, on va vous donner du neuf. Il fallut entrer, et voilà son concert qui commence.

Du grand Lulli vingt rivaux fanatiques,
Plus ennemis de l'art et du bon sens,
Défiguraient sur des tons glapissants
Des vers français en fredons italiques.
Une bégueule en lorgnant se pâmait ;
Et certain fat, ivre de sa parure,
En se mirant chevrotait, fredonnait,
Et, de l'index battant faux la mesure,
Criait bravo lorsque l'on détonnait.

Nous sortîmes au plus vite : ce ne fut qu'au travers de bien des aventures pareilles que nous arrivâmes enfin au Temple du Goût.

Jadis en Grèce on en posa
Le fondement ferme et durable,
Puis jusqu'au ciel on exhaussa
Le faîte de ce temple aimable :
L'univers entier l'encensa.
Le Romain, long-temps intraitable,
Dans ce séjour s'apprivoisa 7 ;
Le musulman, plus implacable,
Conquit le temple, et le rasa[a].

[a] Quand Mahomet II prit Constantinople en 1453, tous les Grecs qui cultivaient les arts se réfugièrent en Italie. Ils y furent principalement accueillis par les maisons de Médicis, d'Est et de Bentivoglio, à qui l'Italie doit sa politesse et sa gloire (1733).

En Italie on ramassa
Tous les débris que l'infidèle
Avec fureur en dispersa.
Bientôt François premier osa
En bâtir un sur ce modèle ;
Sa postérité méprisa
Cette architecture si belle.
 Richelieu vint, qui répara
Le temple abandonné par elle.
Louis-le-Grand le décora :
Colbert, son ministre fidèle,
Dans ce sanctuaire attira
Des beaux-arts la troupe immortelle.
L'Europe jalouse admira
Ce temple en sa beauté nouvelle ;
Mais je ne sais s'il durera.

Je pourrais décrire ce temple,
Et détailler les ornements
Que le voyageur y contemple ;
Mais n'abusons point de l'exemple
De tant de feseurs de romans ;
Sur-tout fuyons le verbiage
De monsieur de Félibien [a],
Qui noie éloquemment un rien
Dans un fatras de beau langage.
Cet édifice précieux
N'est point chargé des antiquailles
Que nos très gothiques aïeux
Entassaient autour des murailles
De leurs temples, grossiers comme eux [b] :
Il n'a point les défauts pompeux
De la chapelle de Versaille [c],

---

[a] Félibien a fait, sur la peinture, cinq volumes, où on trouve moins de choses que dans le seul volume de Piles (édition d'Amsterdam).

[b] Le portail de Notre-Dame est chargé de plus d'ornements qu'on n'en voit dans tous les bâtiments de Michel-Ange, de Palladio et du vieux Mansard (1733).

[c] La chapelle de Versaille n'est dans aucune proportion : elle est longue et étroite à un excès ridicule (1733).

> Ce colifichet fastueux,
> Qui du peuple éblouit les yeux,
> Et dont le connaisseur se raille.

Il est plus aisé de dire⁹ ce que ce temple n'est pas, que de faire connaître ce qu'il est. J'ajouterai seulement, en général, pour éviter la difficulté :

> Simple en était la noble architecture;
> Chaque ornement, à sa place arrêté,
> Y semblait mis par la nécessité :
> L'art s'y cachait sous l'air de la nature;
> L'œil satisfait embrassait sa structure,
> Jamais surpris, et toujours enchanté [a].

Le temple était environné d'une foule de virtuoses, d'artistes, et de juges de toute espèce, qui s'efforçaient d'entrer, mais qui n'entraient point;

> Car la Critique, à l'œil sévère et juste,
> Gardant les clefs de cette porte auguste,
> D'un bras d'airain fièrement repoussait
> Le peuple goth qui sans cesse avançait.

¹⁰ Oh! que d'hommes considérables, que de gens du bel air, qui président si impérieusement à de petites sociétés, ne sont point reçus dans ce temple, malgré les dîners qu'ils donnent aux beaux-esprits, et malgré les louanges qu'ils reçoivent dans les journaux!

> On ne voit point dans ce pourpris
> Les cabales toujours mutines
> De ces prétendus beaux-esprits

---

[a] Quand on entre dans un édifice bâti selon les véritables règles de l'architecture, toutes les proportions étant observées, rien ne paraît ni trop grand, ni trop petit, et le tout semble s'agrandir insensiblement à mesure qu'on le considère; il arrive tout le contraire dans les monuments gothiques (1733).

> Qu'on vit soutenir dans Paris
> Les Pradons et les Scudéris [a]
> Contre les immortels écrits
> Des Corneilles et des Racines.

¹¹ On repoussait aussi rudement ces ennemis obscurs de tout mérite éclatant, ces insectes de la société, qui ne sont aperçus que parcequ'ils piquent. Ils auraient envié également Rocroy au grand Condé, Denain à Villars, et *Polyeucte* à Corneille; ils auraient exterminé Le Brun pour avoir fait le tableau de la famille de Darius. Ils ont forcé le célèbre Le Moine à se tuer pour avoir fait l'admirable salon d'Hercule. Ils ont toujours dans les mains la ciguë que leurs pareils firent boire à Socrate.

> L'Orgueil les engendra dans les flancs de l'Envie.
> L'Intérêt, le Soupçon, l'infame Calomnie,
> Et souvent les dévots, monstres plus odieux,
> Entr'ouvrent en secret d'un air mystérieux
> Les portes des palais à leur cabale impie.
> C'est là que d'un Midas ils fascinent les yeux;
> Un fat leur applaudit, un méchant les appuie ¹² :
> Le mérite indigné, qui se tait devant eux,
> Verse en secret des pleurs, que le temps seul essuie.

Ces lâches persécuteurs s'enfuirent en voyant paraître mes deux guides. Leur fuite précipitée fit place

---

[a] Scudéri était, comme de raison, ennemi déclaré de Corneille. Il avait une cabale qui le mettait fort au-dessus de ce père du théâtre. Il y a encore un mauvais ouvrage de Sarrasin fait pour prouver que je ne sais quelle pièce de Scudéri, nommée *l'Amour tyrannique,* était le chef-d'œuvre de la scène française. Ce Scudéri se vantait qu'il y avait eu quatre portiers tués à une de ses pièces, et il disait qu'il ne céderait à Corneille qu'en cas qu'on eût tué cinq portiers au *Cid* et aux *Horaces*.

A l'égard de Pradon, on sait que sa *Phèdre* fut d'abord beaucoup mieux reçue que celle de Racine, et qu'il fallut du temps pour faire céder la cabale au mérite (1733).

à un spectacle plus plaisant : c'était une foule d'écrivains de tout rang, de tout état, et de tout âge, qui grattaient à la porte, et qui priaient la Critique de les laisser entrer. L'un apportait un roman mathématique, l'autre une harangue à l'académie; celui-ci venait de composer une comédie métaphysique, celui-là tenait un petit recueil de ses poésies, imprimé depuis long-temps incognito, avec une longue approbation[a] et un privilége. Cet autre venait présenter un mandement en style précieux, et était tout surpris qu'on se mît à rire au lieu de lui demander sa bénédiction. Je suis le révérend P. [13] Albertus Garassus, disait un moine noir; je prêche mieux que Bourdaloue : car jamais Bourdaloue ne fit brûler de livres; et moi j'ai déclamé avec tant d'éloquence contre Pierre Bayle, dans une petite province toute pleine d'esprit, j'ai touché tellement les auditeurs, qu'il y en eut six qui brûlèrent chacun leur Bayle. Jamais l'éloquence n'obtint un si beau triomphe. — Allez, frère Garassus, lui dit la Critique, allez, barbare; sortez du Temple du Goût; sortez de ma présence, Visigoth moderne, qui avez insulté celui que j'ai inspiré. — J'apporte ici *Marie Alacoque*, disait un homme fort grave [14]. — Allez souper avec elle, répondit la déesse.

[a] La plupart des mauvais livres sont imprimés avec des approbations pleines d'éloges. Les censeurs des livres manquent en cela de respect au public. Leur devoir n'est pas de dire si un livre est bon, mais s'il n'y a rien contre l'état (1733). — Dans l'édition de 1742, l'auteur réduisit sa note à ces mots : « Beaucoup de mauvais livres sont imprimés avec des approbations pleines d'éloges. » B.

> Un raisonneur avec un fausset aigre
> Criait : Messieurs, je suis ce juge intègre
> Qui toujours parle, arguë, et contredit;
> Je viens siffler tout ce qu'on applaudit.
> Lors la Critique apparut, et lui dit :
> Ami Bardou, vous êtes un grand maître,
> Mais n'entrerez en cet aimable lieu;
> Vous y venez pour fronder notre dieu :
> Contentez-vous de ne le pas connaître.

M. Bardou [15] se mit alors à crier : Tout le monde est trompé et le sera; il n'y a point de dieu du Goût, et voici comme je le prouve. Alors il proposa, il divisa, il subdivisa, il distingua, il résuma; personne ne l'écouta, et l'on s'empressait à la porte plus que jamais.

> Parmi les flots de la foule insensée
> De ce parvis obstinément chassée,
> Tout doucement venait La Motte-Houdard,
> Lequel disait d'un ton de papelard :
> Ouvrez, messieurs, c'est mon OEdipe en prose.
> Mes vers sont durs, d'accord, mais forts de chose [16] :
> De grace, ouvrez; je veux à Despréaux
> Contre les vers dire avec goût deux mots.

La Critique le reconnut à la douceur de son maintien et à la dureté de ses derniers vers, et elle le laissa quelque temps entre Perrault et Chapelain, qui assiégeaient la porte depuis cinquante ans, en criant contre Virgile.

[a] Houdard de La Motte fit, en 1728, un OEdipe en prose et un OEdipe en vers. A l'égard de son OEdipe en prose, personne, que je sache, n'a pu le lire. Son OEdipe en vers fut joué trois fois. Il est imprimé avec ses autres œuvres dramatiques, et l'auteur a eu soin de mettre dans un avertissement que cette pièce a été interrompue au milieu du plus grand succès (1733). Cet auteur a fait d'autres ouvrages estimés, quelques odes très belles, de jolis opéra, et des dissertations très bien écrites (1739).

Dans le moment arriva un autre versificateur [17], soutenu par deux petits satyres, et couvert de lauriers et de chardons.

> Je viens, dit-il [a], pour rire et pour m'ébattre,
> Me rigolant, menant joyeux déduit,
> Et jusqu'au jour fesant le diable à quatre.

Qu'est-ce que j'entends là? dit la Critique. C'est moi, reprit le rimeur. J'arrive d'Allemagne pour vous voir, et j'ai pris la saison du printemps :

> Car les jeunes zéphyrs, de leurs chaudes haleines,
> Ont fondu l'écorce des eaux [b].

Plus il parlait ce langage, moins la porte s'ouvrait. Quoi! l'on me prend donc, dit-il,

> Pour [c] une grenouille aquatique,
> Qui du fond d'un petit thorax
> Va chantant, pour toute musique,
> Brekeke, kake, koax, koax, koax?

[18] Ah, bon Dieu! s'écria la Critique, quel horrible jargon! Elle ne put d'abord reconnaître celui qui s'exprimait ainsi. On lui dit que c'était Rousseau, dont les muses avaient changé la voix, en punition de ses méchancetés : elle ne pouvait le croire, et refusait d'ouvrir.

Elle ouvrit pourtant en faveur de ses premiers vers; mais elle s'écria :

> O vous, messieurs les beaux-esprits,
> Si vous voulez être chéris

---

[a] Vers de Rousseau (1739). — Ces vers sont dans *l'Épithalame* qui fait partie de ses Œuvres. B.

[b] Vers de Rousseau (1739). — Livre III, ode vii, strophe 1. B.

[c] Vers de Rousseau (1739). — Dans la fable intitulée *le Rossignol et la Grenouille*. B.

Du dieu de la double montagne,
Et que toujours dans vos écrits
Le dieu du goût vous accompagne,
Faites tous vos vers à Paris,
Et n'allez point en Allemagne.

Puis, me fesant approcher, elle me dit tout bas : Tu le connais; il fut ton ennemi, et tu lui rends justice.

Tu vis sa muse indifférente,
Entre l'autel et le fagot,
Manier d'une main savante
De David la harpe imposante,
Et le flageolet de Marot.
Mais n'imite pas la faiblesse
Qu'il eut de rimer trop long-temps :
Les fruits des rives du Permesse
Ne croissent que dans le printemps,
Et la froide et triste vieillesse
N'est faite que pour le bon sens.

Après m'avoir donné cet avis, la Critique décida que Rousseau passerait devant La Motte en qualité de versificateur, mais que La Motte aurait le pas toutes les fois qu'il s'agirait d'esprit et de raison.

Ces deux hommes si différents n'avaient pas fait quatre pas, que l'un pâlit de colère et l'autre tressaillit de joie à l'aspect d'un homme qui était depuis long-temps dans ce temple, tantôt à une place, tantôt à une autre.

C'était le discret Fontenelle,
Qui, par les beaux-arts entouré,
Répandait sur eux, à son gré,
Une clarté douce et nouvelle.
D'une planète, à tire-d'aile,
En ce moment il revenait
Dans ces lieux où le Goût tenait

Le siége heureux de son empire :
Avec Quinault il badinait ;
Avec Mairan il raisonnait ;
D'une main légère il prenait
Le compas, la plume, et la lyre.

Eh quoi ! cria Rousseau, je verrai ici cet homme contre qui j'ai fait tant d'épigrammes ! Quoi ! le bon Goût souffrira dans son temple l'auteur des *Lettres du ch. d'Her....*, d'une Passion d'automne, d'un Clair de lune, d'un Ruisseau amant de la prairie, de la tragédie d'*Aspar*, d'Endymion, etc. ! — Hé ! non, dit la Critique : ce n'est pas l'auteur de tout cela que tu vois ; c'est celui des *Mondes*, livre qui aurait dû t'instruire ; de *Thétis et Pélée*, opéra qui excite inutilement ton envie ; de l'Histoire de l'académie des sciences, que tu n'es pas à portée d'entendre.

Rousseau alla faire une épigramme ; et Fontenelle le regarda avec cette compassion philosophique qu'un esprit éclairé et étendu ne peut s'empêcher d'avoir pour un homme qui ne sait que rimer ; et il alla prendre tranquillement sa place entre Lucrèce et Leibnitz[a]. Je demandai pourquoi Leibnitz était là : on me répondit que c'était pour avoir fait d'assez

---

[a] Leibnitz, né à Leipsick le 23 juin 1646, mort à Hanovre le 14 novembre 1716. Nul homme de lettres n'a fait tant d'honneur à l'Allemagne. Il était plus universel que Newton, quoiqu'il n'ait peut-être pas été si grand mathématicien. Il joignait à une profonde étude de toutes les parties de la physique un grand goût pour les belles-lettres ; il fesait même des vers français. Il a paru s'égarer en métaphysique ; mais il a cela de commun avec tous ceux qui ont voulu faire des systèmes. Au reste, il dut sa fortune à sa réputation. Il jouissait de grosses pensions de l'empereur d'Allemagne, de celui de Moscovie, du roi d'Angleterre, et de plusieurs autres souverains (1733).

bons vers latins, quoiqu'il fût métaphysicien et géomètre, et que la Critique le souffrait en cette place pour tâcher d'adoucir, par cet exemple, l'esprit dur de la plupart de ses confrères.

Cependant la Critique, se tournant vers l'auteur des *Mondes*, lui dit : Je ne vous reprocherai pas certains ouvrages de votre jeunesse, comme font ces cyniques jaloux; mais je suis la Critique, vous êtes chez le dieu du Goût, et voici ce que je vous dis de la part de ce dieu, du public, et de la mienne; car nous sommes à la longue toujours tous trois d'accord :

> Votre muse sage et riante
> Devrait aimer un peu moins l'art :
> Ne la gâtez point par le fard ;
> Sa couleur est assez brillante.

[19] A l'égard de Lucrèce, il rougit d'abord en voyant le cardinal son ennemi; mais à peine l'eut-il entendu parler, qu'il l'aima ; il courut à lui, et lui dit en très beaux vers latins ce que je traduis ici en assez mauvais vers français :

> Aveugle que j'étais ! je crus voir la nature ;
> Je marchai dans la nuit, conduit par Épicure ;
> J'adorai comme un dieu ce mortel orgueilleux
> Qui fit la guerre au ciel, et détrôna les dieux.
> L'ame ne me parut qu'une faible étincelle
> Que l'instant du trépas dissipe dans les airs.
> Tu m'as vaincu : je cède; et l'ame est immortelle,
> Aussi bien que ton nom, mes écrits, et tes vers.

Le cardinal répondit à ce compliment très flatteur dans la langue de Lucrèce. Tous les poëtes latins qui étaient là le prirent pour un ancien Romain, à son air et à son style; mais les poëtes français sont fort fâchés qu'on fasse des vers dans une langue qu'on ne parle plus, et disent que, puisque Lucrèce, né à Rome, embellissait Épicure en latin, son adversaire, né à Paris, devait le combattre en français. Enfin, après beaucoup de ces retardements agréables, nous arrivâmes jusqu'à l'autel et jusqu'au trône du dieu du Goût.

>Je vis ce dieu qu'en vain j'implore,
>Ce dieu charmant que l'on ignore
>Quand on cherche à le définir ;
>Ce dieu qu'on ne sait point servir
>Quand avec scrupule on l'adore ;
>Que La Fontaine fait sentir,
>Et que Vadius cherche encore.
>Il se plaisait à consulter
>Ces graces simples et naïves
>Dont la France doit se vanter ;
>Ces graces piquantes et vives
>Que les nations attentives
>Voulurent souvent imiter ;
>Qui de l'art ne sont point captives ;
>Qui régnaient jadis à la cour,
>Et que la nature et l'amour
>Avaient fait naitre sur nos rives.
>Il est toujours environné
>De leur troupe tendre et légère ;
>C'est par leurs mains qu'il est orné,
>C'est par leurs charmes qu'il sait plaire ;
>Elles-mêmes l'ont couronné
>D'un diadème qu'au Parnasse
>Composa jadis Apollon
>Du laurier du divin Maron,
>Du lierre et du myrte d'Horace,
>Et des roses d'Anacréon.
> Sur son front règne la sagesse [20] ;
>Le sentiment et la finesse
>Brillent tendrement dans ses yeux ;
>Son air est vif, ingénieux :

Il vous ressemble enfin, Sylvie,
A vous que je ne nomme pas,
De peur des cris et des éclats
De cent beautés que vos appas
Font dessécher de jalousie.
  Non loin de lui, Rollin dictait.[a]
Quelques leçons à la jeunesse;
Et, quoique en robe, on l'écoutait [21],
Chose assez rare à son espèce.
Près de là, dans un cabinet
Que Girardon et le Puget [b]
Embellissaient de leur sculpture,
Le Poussin sagement peignait [c],

---

[a] Charles Rollin, ancien recteur de l'université et professeur royal, est le premier homme de l'université qui ait écrit purement en français pour l'instruction de la jeunesse, et qui ait recommandé l'étude de notre langue, si nécessaire, et cependant si négligée dans les écoles. Son livre du *Traité des études* respire le bon goût et la saine littérature presque partout. On lui reproche seulement de descendre dans des minuties. Il ne s'est guère éloigné du bon goût que quand il a voulu plaisanter (t. III, liv. VI, part. III, chap. 2, art. I, sect. I) en parlant de Cyrus : « Aussitôt, dit-il, on équipe « le petit Cyrus en échanson ; il s'avance gravement, la serviette sur l'é- « paule, et tenant la coupe délicatement entre trois doigts... J'ai appré- « hendé, dit le petit Cyrus, que cette liqueur ne fût du poison. — Du poi- « son ! et comment cela ? — Oui, mon papa. » En un autre endroit (liv. VII, part. I, art. II), en parlant des jeux qu'on peut permettre aux enfants : « Une balle, un ballon, un sabot, sont fort de leur goût... » Et liv. VII, part. II, ch. 2, art. IV : « Depuis le toit jusqu'à la cave, tout parlait latin « chez Robert Estienne. » Il serait à souhaiter qu'on corrigeât ces mauvaises plaisanteries dans la première édition qu'on fera de ce livre, si estimable d'ailleurs (1752).

[b] Girardon mettait dans ses statues plus de grace, et le Puget plus d'expression. Les bains d'Apollon sont de Girardon, ainsi que le mausolée du cardinal de Richelieu en Sorbonne, l'un des chefs-d'œuvre de la sculpture moderne. Le Milon et l'Andromède sont du Puget (1733).

[c] Le Poussin, né aux Andelys en 1594, n'eut de maître que son génie et quelques estampes de Raphaël qui lui tombèrent entre les mains. Le desir de consulter la belle nature dans les antiques le fit aller à Rome, malgré les obstacles qu'une extrême pauvreté mettait à ce voyage. Il y fit beaucoup de chefs-d'œuvre, qu'il ne vendait que sept écus pièce. Appelé en France par

Le Brun fièrement dessinait ª;
Le Sueur entre eux se plaçait ᵇ :
On l'y regardait sans murmure;
Et le dieu, qui de l'œil suivait
Les traits de leur main libre et sûre,
En les admirant se plaignait
De voir qu'à leur docte peinture,
Malgré leurs efforts, il manquait
Le coloris de la nature :
Sous ses yeux, des Amours badins
Ranimaient ces touches savantes
Avec un pinceau que leurs mains
Trempaient dans les couleurs brillantes
De la palette ᶜ de Rubens [22].

Je fus fort étonné de ne pas trouver dans le sanctuaire bien des gens qui passaient, il y a soixante ou quatre-vingts ans, pour être les plus chers favoris du dieu du Goût. Les Pavillon, les Benserade, les

---

le secrétaire d'état Des Noyers, il y établit le bon goût de la peinture; mais, persécuté par ses envieux, il s'en retourna à Rome, où il mourut avec une grande réputation, et sans fortune. Il a sacrifié le coloris à toutes les autres parties de la peinture. Ses sacrements sont trop gris : cependant il y a dans le cabinet de M. le duc d'Orléans un ravissement de saint Paul, du Poussin, qui fait pendant avec la vision d'Ézéchiel, de Raphaël, et qui est d'un coloris assez fort. Ce tableau n'est point déparé du tout par celui de Raphaël, et on les voit tous deux avec un égal plaisir (1733).

ª Le Brun, disciple de Vouet, n'a péché que dans le coloris. Son tableau de la famille d'Alexandre est beaucoup mieux colorié que ses batailles. Ce peintre n'a pas un si grand goût de l'antique que le Poussin et Raphaël, mais il a autant d'invention que Raphaël et plus de vivacité que le Poussin. Les estampes des batailles d'Alexandre sont plus recherchées que celles des batailles de Constantin par Raphaël et par Jules Romain (1733).

ᵇ Eustache Le Sueur était un excellent peintre, quoiqu'il n'eût point été en Italie. Tout ce qu'il a fait était dans le grand goût; mais il manquait encore de beau coloris.

Ces trois peintres sont à la tête de l'école française (1733).

ᶜ Rubens égale le Titien pour le coloris; mais il est fort au-dessous de nos peintres français pour la correction du dessin (1733).

Pellisson, les Segrais[a], les Saint-Évremond, les Balzac, les Voiture, ne me parurent pas occuper les premiers rangs. Ils les avaient autrefois, me dit un de mes guides; ils brillaient avant que les beaux jours des belles-lettres fussent arrivés; mais peu-à-peu ils ont cédé aux véritablement grands hommes: ils ne font plus ici qu'une assez médiocre figure. En effet, la plupart n'avaient guère que l'esprit de leur temps, et non cet esprit qui passe à la dernière postérité.

>Déjà de leurs faibles écrits
>Beaucoup de graces sont ternies :
>Ils sont comptés encore au rang des beaux-esprits,
>Mais exclus du rang des génies.

Segrais voulut un jour entrer dans le sanctuaire, en récitant ce vers de Despréaux,

« Que Segrais dans l'églogue en charme les forêts; »

mais la Critique, ayant lu par malheur pour lui quelques pages de son *Énéide* en vers français, le

---

[a] Segrais est un poëte très faible; on ne lit point ses églogues, quoique Boileau les ait vantées. Son *Énéide* est du style de Chapelain. Il y a un opéra de lui, c'est Roland et Angélique, sous le titre de *l'Amour guéri par le temps*. On voit ces vers dans le prologue:

>Pour couronner leur tête
>En cette fête,
>Allons dans nos jardins,
>Avec les lis de Charlemagne,
>Assembler les jasmins
>Qui parfument l'Espagne.

La *Zaïde* est un roman purement écrit, et entre les mains de tout le monde (1733); mais il n'est pas de lui (1739). — Il le disait lui-même : « La *Princesse de Clèves*, dit-il dans le *Segraisiana*, page 9, est de madame « de La Fayette.... *Zaïde*, qui a paru sous mon nom, est aussi d'elle: il est « vrai que j'y ai eu quelque part, mais seulement pour la disposition du « roman. » B.

renvoya assez durement, et laissa venir à sa place madame de La Fayette[a], qui avait mis sous le nom de Segrais le roman aimable de *Zaïde* et celui de *la Princesse de Clèves.*

On ne pardonne pas à Pellisson d'avoir dit gravement tant de puérilités dans son *Histoire de l'académie française*, et d'avoir rapporté comme des bons mots des choses assez grossières[b]. Le doux mais faible Pavillon fait sa cour humblement à madame Deshoulières, qui est placée fort au-dessus de lui. L'inégal[c] Saint-Évremond n'ose parler de vers à per-

---

[a] Voici ce que M. Huet, évêque d'Avranches, rapporte, page 204 de ses Commentaires, édition d'Amsterdam : « Madame de La Fayette négligea « si fort la gloire qu'elle méritait, qu'elle laissa *Zaïde* paraître sous le nom « de Segrais ; et lorsque j'eus rapporté cette anecdote, quelques amis de Se-« grais, qui ne savaient pas la vérité, se plaignirent de ce trait, comme « d'un outrage fait à sa mémoire. Mais c'était un fait dont j'avais long-temps « été témoin oculaire, et c'est ce que je suis en état de prouver par plu-« sieurs lettres de madame de La Fayette, et par l'original du manuscrit de « la *Zaïde*, dont elle m'envoyait les feuilles à mesure qu'elle les compo-« sait » (1733).

[b] Voici ce que Pellisson rapporte comme des bons mots : « Sur ce qu'on parlait de marier Voiture, fils d'un marchand de vin, à la fille d'un pourvoyeur de chez le roi :

> Oh ! que ce beau couple d'amants
> Va goûter de contentements !
> Que leurs délices seront grandes !
> Ils seront toujours en festins ;
> Car si La Prou fournit les viandes,
> Voiture fournira les vins. »

Il ajoute que madame Desloges, jouant au jeu des proverbes, dit à Voiture : « Celui-ci ne vaut rien, percez-nous-en d'un autre » (1733). Son *Histoire de l'académie* est remplie de pareilles minuties, écrites languissamment : et ceux qui lisent ce livre sans prévention sont bien étonnés de la réputation qu'il a eue. Mais il y avait alors quarante personnes intéressées à le louer (1739).

[c] On sait à quel point Saint-Évremond était mauvais poète. Ses comédies

sonne. Balzac assomme de longues phrases hyperboliques Voiture[a] et Benserade, qui lui répondent par des pointes et des jeux de mots dont ils rougissent eux-mêmes le moment d'après. Je cherchais le fameux comte de Bussy. Madame de Sévigné, qui est aimée de tous ceux qui habitent le temple, me dit que son cher cousin, homme de beaucoup d'esprit, un peu trop vain, n'avait jamais pu réussir à don-

sont encore plus mauvaises. Cependant il avait tant de réputation qu'on lui offrit cinq cents louis pour imprimer sa comédie de *Sir Politik* (1733).

[a] Voiture est celui de tous ces illustres du temps passé qui eut le plus de gloire, et celui dont les ouvrages le méritent le moins, si vous en exceptez quatre ou cinq petites pièces de vers, et peut-être autant de lettres. Il passait pour écrire des lettres mieux que Pline, et ses lettres ne valent guère mieux que celles de Le Pays et de Boursault. Voici quelques uns de ses traits : « Lorsque vous me déchirez le cœur et que vous le mettez en mille « pièces, il n'y en a pas une qui ne soit à vous, et un de vos souris confit « mes plus amères douleurs. Le regret de ne vous plus voir me coûte, sans « mentir, plus de cent mille larmes. Sans mentir, je vous conseille de vous « faire roi de Madère. Imaginez-vous le plaisir d'avoir un royaume tout de « sucre ! A dire le vrai, nous y vivrions avec beaucoup de douceur. »

Il écrit à Chapelain : « Et notez, quand il me vient en la pensée que c'est « au plus judicieux homme de notre siècle, au père de *la Lionne* et de *la* « *Pucelle* que j'écris, les cheveux me dressent si fort à la tête qu'il semble « d'un hérisson. »

Souvent rien n'est si plat que sa poésie.

> Nous trouvâmes près Sercotte,
> Cas étrange, et vrai pourtant,
> Des bœufs qu'on voyait broutant
> Dessus le haut d'une motte,
> Et plus bas quelques cochons,
> Et bon nombre de moutons.

Cependant Voiture a été admiré, parcequ'il est venu dans un temps où l'on commençait à sortir de la barbarie, et où l'on courait après l'esprit sans le connaître. Il est vrai que Despréaux l'a comparé à Horace; mais Despréaux était jeune alors. Il payait volontiers ce tribut à la réputation de Voiture, pour attaquer celle de Chapelain, qui passait alors pour le plus grand génie de l'Europe (1733); et Despréaux a rétracté depuis ces éloges (1752).

ner au dieu du Goût cet excès de bonne opinion que le comte de Bussy avait de messire Roger de Rabutin.

> Bussy, qui s'estime et qui s'aime
> Jusqu'au point d'en être ennuyeux,
> Est censuré dans ces beaux lieux
> Pour avoir, d'un ton glorieux,
> Parlé trop souvent de lui-même [a].
> Mais son fils, son aimable fils,
> Dans le temple est toujours admis,
> Lui qui, sans flatter, sans médire,
> Toujours d'un aimable entretien,
> Sans le croire, parle aussi bien
> Que son père croyait écrire.
> Je vis arriver en ce lieu
> Le brillant abbé de Chaulieu,
> Qui chantait en sortant de table.
> Il osait caresser le dieu
> D'un air familier, mais aimable.
> Sa vive imagination
> Prodiguait, dans sa douce ivresse,
> Des beautés sans correction [b],

[a] Il écrivit au roi : « Sire, un homme comme moi, qui a de la naissance, « de l'esprit, et du courage.... J'ai de la naissance, et l'on dit que j'ai de « l'esprit pour faire estimer ce que je dis » (1733).

[b] L'abbé de Chaulieu, dans une épître au marquis de La Fare, connue dans le public sous le titre du *Déiste*, dit :

> J'ai vu de près le Styx, j'ai vu les Euménides ;
> Déjà venaient frapper mes oreilles timides
> Les affreux cris du chien de l'empire des morts.

Le moment d'après il fait le portrait d'un confesseur, et parle du Dieu d'Israël.

> Lorsqu'au bord de mon lit une voix menaçante,
> Des volontés du ciel interprète lassante...

Voilà bien le confesseur. Dans une autre pièce sur la Divinité, il dit :

> D'un Dieu, moteur de tout, j'adore l'existence :
> Ainsi l'on doit passer avec tranquillité
> Les ans que nous départ l'*aveugle destinée*.

Ces remarques sont exactes, et M. de Saint-Marc s'est trompé en disant

Qui choquaient un peu la justesse,
Mais respiraient la passion.
La Fare [a], avec plus de mollesse,
En baissant sa lyre d'un ton,
Chantait auprès de sa maîtresse
Quelques vers sans précision,
Que le plaisir et la paresse
Dictaient sans l'aide d'Apollon.
Auprès d'eux le vif Hamilton [b],
Toujours armé d'un trait qui blesse,
Médisait de l'humaine espèce,
Et même d'un peu mieux, dit-on.
L'aisé, le tendre Saint-Aulaire [c],
Plus vieux encor qu'Anacréon,
Avait une voix plus légère;
On voyait les fleurs de Cythère
Et celles du sacré vallon
Orner sa tête octogénaire.

Le dieu aimait fort tous ces messieurs, et surtout

dans son édition de Chaulieu qu'elles ne l'étaient pas. On trouve dans ses poésies beaucoup de contradictions pareilles. Il n'y a pas trois pièces écrites avec une correction continue; mais les beautés de sentiment et d'imagination qui y sont répandues en rachètent les défauts.

L'abbé de Chaulieu mourut en 1720, âgé de près de quatre-vingts ans, avec beaucoup de courage d'esprit (1733).

[a] Le marquis de La Fare, auteur des mémoires qui portent son nom, et de quelques pièces de poésie qui respirent la douceur de ses mœurs, était plus aimable homme qu'aimable poëte. Il est mort en 1718. Ses poésies sont imprimées à la suite des œuvres de l'abbé de Chaulieu, son intime ami (1733), avec une préface très partiale et pleine de défauts (1739). — Toutes les éditions du *Temple du Goût*, depuis 1733 jusqu'en 1817, portent ici 1718. Je me suis permis le premier, et peut-être ai-je eu tort, de mettre 1713, non que cette date soit la véritable date de la mort de La Fare, mais parceque c'est celle que Voltaire a mise dans son *Siècle de Louis XIV*; c'était corriger Voltaire par lui-même. La Fare est mort en 1712. B.

[b] Le comte Antoine Hamilton, né à Caen en Normandie, a fait des vers pleins de feu et de légèreté. Il était fort satirique (1739).

[c] M. de Saint-Aulaire, à l'âge de plus de quatre-vingt-dix ans, fesait encore des chansons aimables (1742).

ceux qui ne se piquaient de rien : il avertissait Chaulieu de ne se croire que le premier des poëtes négligés, et non pas le premier des bons poëtes.

Ils fesaient conversation avec quelques uns des plus aimables hommes de leur temps. Ces entretiens n'ont ni l'affectation de l'hôtel de Rambouillet[a], ni le tumulte qui règne parmi nos jeunes étourdis.

> On y sait fuir également
> Le précieux, le pédantisme,
> L'air empesé du syllogisme,
> Et l'air fou de l'emportement.
> C'est là qu'avec grace on allie
> Le vrai savoir à l'enjouement,
> Et la justesse à la saillie ;
> L'esprit en cent façons se plie ;
> On sait lancer, rendre, essuyer
> Des traits d'aimable raillerie ;
> Le bon sens, de peur d'ennuyer,
> Se déguise en plaisanterie [23].

Là se trouvait Chapelle, ce génie plus débauché encore que délicat, plus naturel que poli, facile dans ses vers, incorrect dans son style, libre dans ses idées. Il parlait toujours au dieu du Goût sur les mêmes rimes. On dit que ce dieu lui répondit un jour :

> Réglez mieux votre passion
> Pour ces syllabes enfilées,
> Qui, chez Richelet étalées,
> Quelquefois sans invention,
> Disent avec profusion
> Des riens en rimes redoublées.

---

[a] Despréaux alla réciter ses ouvrages à l'hôtel de Rambouillet. Il y trouva Chapelain, Cotin, et quelques gens de pareil goût, qui le reçurent fort mal (1733).

Ce fut parmi ces hommes aimables que je rencontrai le président de Maisons, homme très éloigné de dire des riens, homme aimable et solide, qui avait aimé tous les arts.

> O transports! ô plaisirs! ô moments pleins de charmes!
> Cher Maisons! m'écriai-je en l'arrosant de larmes,
> C'est toi que j'ai perdu, c'est toi que le trépas,
> A la fleur de tes ans, vint frapper dans mes bras.
> La mort, l'affreuse mort fut sourde à ma prière.
> Ah! puisque le destin nous voulait séparer,
> C'était à toi de vivre, à moi seul d'expirer.
> Hélas! depuis le jour où j'ouvris la paupière,
> Le ciel pour mon partage a choisi les douleurs;
> Il sème de chagrins ma pénible carrière :
> La tienne était brillante, et couverte de fleurs.
> Dans le sein des plaisirs, des arts, et des honneurs,
> Tu cultivais en paix les fruits de ta sagesse;
> Ma vertu n'était point l'effet de ta faiblesse;
> Je ne te vis jamais offusquer ta raison
> Du bandeau de l'exemple et de l'opinion.
> L'homme est né pour l'erreur : on voit la molle argile
> *Sous la main du potier moins souple et moins docile*
> Que l'ame n'est flexible aux préjugés divers,
> Précepteurs ignorants de ce faible univers.
> Tu bravas leur empire, et tu ne sus te rendre
> Qu'aux paisibles douceurs de la pure amitié;
> Et dans toi la nature avait associé
> A l'esprit le plus ferme un cœur facile et tendre.

Parmi ces gens d'esprit nous trouvâmes quelques jésuites. Un janséniste dira que les jésuites se fourrent partout; mais le dieu du Goût reçoit aussi leurs ennemis, et il est assez plaisant de voir dans ce temple Bourdaloue qui s'entretient avec Pascal sur le grand art de joindre l'éloquence au raisonnement. Le père Bouhours est derrière eux, marquant sur des tablettes toutes les fautes de langage et toutes les négligences qui leur échappent.

Le cardinal ne put s'empêcher de dire au père Bouhours :

> Quittez d'un censeur pointilleux
> La pédantesque diligence ;
> Aimons jusqu'aux défauts heureux
> De leur mâle et libre éloquence :
> J'aime mieux errer avec eux
> Que d'aller, censeur scrupuleux,
> Peser des mots dans ma balance.

Cela fut dit avec beaucoup plus de politesse que je ne le rapporte ; mais nous autres poëtes, nous sommes souvent très impolis, pour la commodité de la rime [24].

[25] Je ne m'arrêtai pas dans ce temple à voir les seuls beaux-esprits.

> Vers enchanteurs, exacte prose,
> Je ne me borne point à vous ;
> N'avoir qu'un goût est peu de chose :
> Beaux-arts, je vous invoque tous ;
> Musique, danse, architecture,
> Que vous m'inspirez de desirs !
> Art de graver, docte peinture,
> Beaux-arts, vous êtes des plaisirs ;
> Il n'en est point qu'on doive exclure.

Je vis les muses présenter tour-à-tour, sur l'autel du dieu, des livres, des dessins, et des plans de toute espèce. On voit sur cet autel le plan de cette belle façade du Louvre, dont on n'est point redevable au cavalier Bernini, qu'on fit venir inutilement en France avec tant de frais, et qui fut construite par Perrault et par Louis Le Vau, grands artistes trop peu connus. Là est le dessin de la porte Saint-Denis, dont la plupart des Parisiens ne connaissent pas plus la beauté que le nom de François Blondel, qui acheva ce monument; cette admirable fontaine[a], qu'on regarde si peu, et qui est ornée des précieuses sculptures de Jean Goujon, mais qui le cède en tout à l'admirable fontaine de Bouchardon, et qui semble accuser la grossière rusticité de toutes les autres; le portail de Saint-Gervais, chef-d'œuvre d'architecture, auquel il manque une église, une place, et des admirateurs, et qui devrait immortaliser le nom de Desbrosses, encore plus que le palais du Luxembourg, qu'il a aussi bâti. Tous ces monuments, négligés par un vulgaire toujours barbare, et par les gens du monde toujours légers, attirent souvent les regards du dieu.

On nous fit voir ensuite la bibliothèque de ce palais enchanté : elle n'était pas ample. On croira bien que nous n'y trouvâmes pas

>L'amas curieux et bizarre
>De vieux manuscrits vermoulus,
>Et la suite inutile et rare
>D'écrivains qu'on n'a jamais lus.
>Le dieu daigna de sa main même
>En leur rang placer ces auteurs
>Qu'on lit, qu'on estime, et qu'on aime,
>Et dont la sagesse suprême
>N'a ni trop ni trop peu de fleurs.

Presque tous les livres [26] y sont corrigés et retranchés de la main des muses. On y voit entre autres

---

[a] La fontaine Saint-Innocent. L'architecture est de Lescot, abbé de Claigny, et les sculptures de Jean Goujon (1733 et 1748).

l'ouvrage de Rabelais, réduit tout au plus à un demi-quart.

Marot, qui n'a qu'un style, et qui chante du même ton les psaumes de David et les merveilles d'Alix, n'a plus que huit ou dix feuillets. Voiture et Sarrasin n'ont pas à eux deux plus de soixante pages.

Tout l'esprit de Bayle se trouve dans un seul tome, de son propre aveu; car ce judicieux philosophe, ce juge éclairé de tant d'auteurs et de tant de sectes, disait souvent qu'il n'aurait pas composé plus d'un in-folio, s'il n'avait écrit que pour lui, et non pour les libraires [a].

27. Enfin on nous fit passer dans l'intérieur du sanctuaire. Là, les mystères du dieu furent dévoilés; là, je vis ce qui doit servir d'exemple à la postérité : un petit nombre de véritablement grands hommes s'occupait à corriger ces fautes de leurs écrits excellents, qui seraient des beautés dans les écrits médiocres.

L'aimable auteur du *Télémaque* retranchait des répétitions et des détails inutiles dans son roman moral, et rayait le titre de poëme épique que quelques zélés indiscrets lui donnent; car il avoue sincèrement qu'il n'y a point de poëme en prose [b].

L'éloquent Bossuet [28] voulait bien rayer quelques

---

[a] C'est ce que Bayle lui-même écrivit au sieur des Maizeaux (1742).

[b] Jamais l'illustre Fénelon n'avait prétendu que son *Télémaque* fût un poëme; il connaissait trop les arts pour les confondre ainsi : lisez sur ce sujet une Dissertation de l'abbé Fraguier, imprimée dans les *Mémoires de l'académie des inscriptions* (1733). — C'est dans le tome VI de ces *Mémoires*, page 265, qu'est le *Discours pour établir qu'il ne peut y avoir de poëme en prose*. B.

familiarités échappées à son génie vaste, impétueux, et facile, lesquelles déparent un peu la sublimité de ses Oraisons funèbres; et il est à remarquer qu'il ne garantit point tout ce qu'il a dit de la prétendue sagesse des anciens Égyptiens.

  Ce grand, ce sublime Corneille,
Qui plut bien moins à notre oreille
Qu'à notre esprit, qu'il étonna;
Ce Corneille, qui crayonna [a]
L'ame d'Auguste et de Cinna,
De Pompée et de Cornélie,
Jetait au feu sa *Pulchérie,*
Agésilas, et *Suréna,*
Et sacrifiait sans faiblesse
Tous ces enfants infortunés,
Fruits languissants de sa vieillesse,
Trop indignes de leurs aînés.
  Plus pur, plus élégant, plus tendre,
Et parlant au cœur de plus près,
Nous attachant sans nous surprendre,
Et ne se démentant jamais,
Racine observe les portraits
De Bajazet, de Xipharès,
De Britannicus, d'Hippolyte.
A peine il distingue leurs traits:
Ils ont tous le même mérite,
Tendres, galants, doux, et discrets;
Et l'amour, qui marche à leur suite,
Les croit des courtisans français.
  Toi, favori de la nature,
Toi, La Fontaine, auteur charmant,
Qui, bravant et rime et mesure,
Si négligé dans ta parure,
N'en avais que plus d'agrément,
Sur tes écrits inimitables
Dis-nous quel est ton sentiment;

---

[a] Terme dont Corneille se sert dans une de ses épitres (1739).

Éclaire notre jugement
Sur tes contes et sur tes fables.

La Fontaine, qui avait conservé la naïveté de son caractère, et qui, dans le temple du Goût, joignait un sentiment éclairé à cet heureux et singulier instinct qui l'inspirait pendant sa vie, retranchait quelques unes de ses fables. Il accourcissait presque tous ses contes, et déchirait les trois quarts d'un gros recueil d'œuvres posthumes, imprimées par ces éditeurs qui vivent des sottises des morts.

Là régnait Despréaux, leur maître en l'art d'écrire,
Lui qu'arma la raison des traits de la satire,
Qui, donnant le précepte et l'exemple à-la-fois,
Établit d'Apollon les rigoureuses lois.
Il revoit ses enfants avec un œil sévère :
De la triste *Équivoque* il rougit d'être père ;
Et rit des traits manqués du pinceau faible et dur
Dont il défigura le vainqueur de Namur [29].
Lui-même il les efface, et semble encor nous dire :
Ou sachez vous connaître, ou gardez-vous d'écrire.

Despréaux, par un ordre exprès du dieu du Goût, se réconciliait avec Quinault, qui est le poëte des graces, comme Despréaux est le poëte de la raison.

Mais le sévère satirique
Embrassait encore en grondant
Cet aimable et tendre lyrique,
Qui lui pardonnait en riant.

Je ne me réconcilie point avec vous, disait Despréaux, que vous ne conveniez qu'il y a bien des fadeurs dans ces opéra si agréables. Cela peut bien être, dit Quinault; mais avouez aussi que vous n'eussiez jamais fait *Atys* ni *Armide*.

Dans vos scrupuleuses beautés
Soyez vrai, précis, raisonnable ;
Que vos écrits soient respectés :
Mais permettez-moi d'être aimable.

Après avoir salué Despréaux, et embrassé tendrement Quinault, je vis l'inimitable Molière, et j'osai lui dire :

Le sage, le discret Térence
Est le premier des traducteurs ;
Jamais dans sa froide élégance
Des Romains il n'a peint les mœurs :
Tu fus le peintre de la France :
Nos bourgeois à sots préjugés,
Nos petits marquis rengorgés,
Nos robins toujours arrangés,
Chez toi venaient se reconnaître ;
Et tu les aurais corrigés,
Si l'esprit humain pouvait l'être.

Ah! disait-il, pourquoi ai-je été forcé d'écrire quelquefois pour le peuple? Que n'ai-je toujours été le maître de mon temps! j'aurais trouvé des dénoûments plus heureux ; j'aurais moins fait descendre mon génie au bas comique.

C'est ainsi que tous ces maîtres de l'art montraient leur supériorité, en avouant ces erreurs auxquelles l'humanité est soumise, et dont nul grand homme n'est exempt.

Je connus alors que le dieu du Goût est très difficile à satisfaire, mais qu'il n'aime point à demi. Je vis que les ouvrages qu'il critique le plus en détail sont ceux qui en tout lui plaisent davantage.

Nul auteur avec lui n'a tort
Quand il a trouvé l'art de plaire ;
Il le critique sans colère,

Il l'applaudit avec transport.
  Melpomène, étalant ses charmes,
Vient lui présenter ses héros ;
Et c'est en répandant des larmes
Que ce dieu connait leurs défauts.
  Malheur à qui toujours raisonne,
Et qui ne s'attendrit jamais !
Dieu du Goût, ton divin palais
Est un séjour qu'il abandonne.

Quand mes conducteurs s'en retournèrent, le dieu leur parla à peu près dans ce sens ; car il ne m'est pas donné de dire ses propres mots :

  Adieu, mes plus chers favoris :
Comblés des faveurs du Parnasse,
Ne souffrez pas que dans Paris
Mon rival usurpe ma place.
  Je sais qu'à vos yeux éclairés
Le faux goût tremble de paraître ;
Si jamais vous le rencontrez,
Il est aisé de le connaître :
  Toujours accablé d'ornements,
Composant sa voix, son visage,
Affecté dans ses agréments,
Et précieux dans son langage.
  Il prend mon nom, mon étendard :
Mais on voit assez l'imposture ;
Car il n'est que le fils de l'art ;
Moi, je le suis de la nature.

FIN DU TEMPLE DU GOUT.

NOTES ET VARIANTES
DU TEMPLE DU GOUT.

¹ VARIANTE. Premières éditions :

> Le cardinal oracle de la France,
> Non ce Mentor qui gouverne aujourd'hui,
> Juste à la cour, humble dans sa puissance,
> Maître de tout, et plus maître de lui ;
> Mais ce Nestor, etc.

² Voltaire a fait un ouvrage sous ce titre ; voyez page 33 du présent volume. B.

³ VAR. Premières éditions :

Il est bon que vous observiez de près un dieu que vous voulez servir.

> Vous l'avez pris pour votre maître,
> Il l'est, ou du moins le doit être ;
> Mais vous l'encensez de trop loin,
> Et nous allons prendre le soin
> De vous le faire mieux connaitre.

Je remerciai son éminence de sa bonté, et je lui dis : Monseigneur, je suis extrêmement indiscret : si vous me menez avec vous, je m'en vanterai à tout le monde.

> Et si, dans son malin vouloir,
> Quelque critique veut savoir
> En quels lieux, en quel coin du monde,
> Est bâti ce divin manoir,
> Que faudra-t-il que je réponde ?

Le cardinal me répliqua que le temple était dans le pays des beaux-arts, qu'il voulait absolument que je l'y suivisse, et que je fisse ma relation avec sincérité ; que s'il arrivait qu'on se moquât un peu de moi, il n'y aurait pas grand mal à cela, et que je le rendrais bien, si je voulais. J'obéis, et nous partîmes.

⁴ VAR. Une édition d'Amsterdam, J. Desbordes, 1733, porte :

> On me prendrait pour le vrai dieu du goût.   B.

⁵ Var. Édition de 1733 :

> Et cependant un fripon de libraire,
> Des beaux-esprits écumeur mercenaire,
> Vendeur adroit de sottise et de vent,
> En souriant d'une mine matoise,
> Lui mesurait des livres à la toise ;
> Car monseigneur est surtout fort savant.

⁶ Var. C'était un concert que l'on donnait dans une maison de campagne bizarrement située, et bâtie de même. Le maître de la maison voyant de loin le carrosse du cardinal, et sachant que son éminence venait d'Italie, vint le prier du concert. Il lui dit en peu de mots beaucoup de mal de Lulli, de Destouches, et de Campra, et l'assura qu'à son concert il n'y aurait point de musique française. Le cardinal lui remontra en vain que la musique italienne, la française, et la latine, étaient fort bonnes, chacune dans leur genre ; qu'il n'y a rien de si ridicule que de l'italien chanté à la française, si ce n'est peut-être le français chanté à l'italienne : car, lui dit-il avec ce ton de voix aimable fait pour orner la raison,

> La nature féconde, ingénieuse, et sage, etc.

⁷ L'édition d'Amsterdam, J. Desbordes, contient ici deux vers de plus :

> Doux vainqueur, il y déposa
> Sa barbarie insupportable.   B.

⁸ L'édition d'Amsterdam, après le vers,

> Mais je ne sais s'il durera,

contient ce qui suit :

« Ce serait ici le lieu de m'étendre sur la structure de cet édifice, et de parler d'architrave et d'archivolte, si j'avais formé le dessein de n'être pas lu :

> Évitons le long verbiage
> De monsieur de Félibien,
> Qui noie, etc. »

' Les éditions de Kehl donnent cette autre variante :

« C'est cela même, dit le cardinal ; mais, puisqu'il est question de goût, défiez-vous un peu des rimes redoublées : elles ont l'air de la facilité, elles soutiennent l'harmonie, elles charment l'oreille ;

mais il faut qu'elles disent quelque chose à l'esprit, sans quoi ce
n'est plus qu'un abus de la rime; c'est un arbre couvert de feuilles,
qui n'aurait point de fruits. L'aimable Chapelle est tombé lui-même
quelquefois dans ce défaut; et plusieurs de ses petites pièces n'ont
d'autre mérite que celui de beaucoup de familiarité, et du retour
des mêmes rimes,

>   Qui chez Richelet étalées,
>   Et des esprits sages sifflées,
>   Bien souvent sans invention,
>   Disent avec profusion, etc. » B.

9 VAR. Il est plus aisé de dire ce que ce temple n'est pas que de
faire connaître ce qu'il est. Je n'ose en faire une longue description, et épuiser les termes d'architecture; car c'est surtout en parlant du temple du Goût qu'il ne faut pas ennuyer :

>   Dieu nous garde du verbiage
>   De monsieur de Félibien,
>   Qui noie éloquemment un rien
>   Dans un fatras de beau langage.

Il vaut mieux éviter le détail, qui serait ici très hors d'œuvre. Je
me bornerai donc à dire :

>   Simple en était la noble architecture, etc.

10 VAR. Là ne sont point reçus les petits-maîtres, qui assistent
à un spectacle sans l'entendre, ou qui n'écoutent les meilleures
choses que pour en faire de froides railleries. Bien des gens qui
ont brillé dans de petites sociétés, qui ont régné chez certaines
femmes, et qui se sont fait appeler grands hommes, sont tout
surpris d'être refusés : ils restent à la porte, et adressent en vain
leurs plaintes à quelques seigneurs, ou soi-disant tels, ennemis
jurés du vrai mérite, qui les néglige, et protecteurs ardents des
esprits médiocres, dont ils sont encensés. On repousse aussi très
rudement tous ces petits satiriques obscurs qui, dans la démangeaison de se faire connaître, insultent les auteurs connus, qui
font secrètement une mauvaise critique d'un bon ouvrage; petits
insectes dont on ne soupçonne l'existence que par les efforts qu'ils
font pour piquer. Heureux encore les véritables gens de lettres,
s'ils n'avaient pour ennemis que cette engeance ! Mais, à la honte
de la littérature et de l'humanité, il y a des gens qui s'animent
d'une vraie fureur contre tout mérite qui réussit; qui s'acharnent
à le décrier et à le perdre; qui vont dans les lieux publics, dans

les maisons des particuliers, dans les palais des princes, semer les rumeurs les plus fausses avec l'air de vérité; calomniateurs de profession, monstres ennemis des arts et de la société. Ces lâches persécuteurs s'enfuirent en voyant paraître le cardinal de Polignac et l'abbé de Rothelin: ils n'ont jamais pu avoir accès auprès de ces deux hommes; ils ont pour eux cette haine timide que les cœurs corrompus ont pour les cœurs droits et pour les esprits justes.

11 Premières éditions :

On repoussait plus fièrement ces hommes injustes et dangereux, ces ennemis de tout mérite, qui haïssent sincèrement ce qui réussit, de quelque nature qu'il puisse être. Leurs bouches distillent la médisance et la calomnie[a]. Ils disent que *Télémaque* est un libelle contre Louis XIV, et *Esther* une satire contre le ministère : ils donnent de nouvelles clefs de La Bruyère, ils infectent tout ce qu'ils touchent.

12 VAR. Un fat leur applaudit, un méchant les appuie;
    Et le mérite en pleurs, persécuté par eux,
    Renonce en soupirant aux beaux-arts qu'on décrie.

Ces lâches persécuteurs s'enfuirent en voyant paraître le cardinal de Polignac et l'abbé de Rothelin : ils n'ont jamais pu avoir accès auprès de ces deux hommes; ils ont pour eux cette haine timide que les cœurs corrompus ont pour les cœurs droits et pour les esprits justes. Leur fuite précipitée, etc.

13 Les premières éditions portent: « Je suis le révérend père...., criait l'un; faites un peu place à monseigneur, disait l'autre.

    Un raisonneur avec un fausset aigre, etc. »

Le texte actuel parut, pour la première fois, en 1756. Par les noms d'Albertus Garassus, Voltaire désigne un brave Iroquois jésuite nommé Aubert, qui (vers 1750) prêcha si vivement contre Bayle à Colmar, que sept personnes apportèrent chacune leur Bayle, et le brûlèrent. Voyez lettres à d'Argens, du 3 mars 1754, tome LVI, page 410, et dans le même volume pages 403 et 405. B.

---

[a] On a fait réellement ces reproches à Fénelon et à Racine, dans de misérables libelles que personne ne lit plus aujourd'hui, et auxquels la malignité donna de la vogue dans leur temps (1733).

¹⁴ Languet de Gergy (Jean-Joseph), évêque de Soissons en 1715, et archevêque de Sens en 1730, auteur de *la Vie de la vénérable mère Marguerite-Marie* (née Alacoque), 1729, in-4°. B.

¹⁵ Bardou est le nom d'un méchant poëte ridiculisé par Boileau. Voltaire, dans son *Siècle de Louis XIV* (Catalogue des écrivains, article La Motte), apprend que sous le nom de Bardou c'est Boindin qu'il a voulu peindre. B.

¹⁶ Fontenelle avait appelé La Motte un poëte fort de choses; voyez ma note, tome XLVI, page 26. B.

¹⁷ Édition de 1733 :

Rousseau parut en revenant d'Allemagne : il avait été autrefois dans le temple; mais quand il voulut y rentrer,

> Il eut beau tristement redire
> Ses vers durement façonnés,
> Hérissés de traits de satire,
> On lui ferma la porte au nez.

Rousseau se fâcha d'autant plus que la déesse avait raison : elle lui disait des vérités; il répondit par des injures, et lui cria :

> Ah! je connais votre cœur équivoque;
> Respect le cabre, amour ne l'adoucit,
> Et ressemblez à l'œuf cuit dans sa coque :
> Plus on l'échauffe, et plus il se durcit.

Il vomit plusieurs de ses nouvelles épigrammes, qui sont toutes dans ce goût. La Motte les entendit : il en rit, mais point trop fort, et avec discrétion. Rousseau, furieux, lui reprocha à son tour tous les mauvais vers que cet académicien avait faits en sa vie; et cette dispute aurait duré long-temps entre eux, si la Critique ne leur avait imposé silence, et ne leur avait dit : Écoutez : vous, La Motte, brûlez votre *Iliade*, vos tragédies, et toutes vos dernières odes, les trois quarts de vos fables et de vos opéra; prenez à la main vos premières odes, quelques morceaux de prose dans lesquels vous avez presque toujours raison, hors quand vous parlez de vous et de vos vers. Je vous demande surtout une demi-douzaine de vos fables, *l'Europe galante*; avec cela, entrez hardiment.

Vous, Rousseau, brûlez vos opéra, vos comédies, vos dernières allégories, odes, épigrammes germaniques, ballades, sonnets : jurez de ne plus écrire, et venez vous mettre au-dessus de La Motte en qualité de versificateur : mais toutes les fois qu'il s'agira d'esprit et de raisonnement, vous vous placerez fort au-dessous de lui. La Motte fit la révérence, Rousseau tourna la bouche, et tous deux entrèrent à ces conditions.

Dans une autre édition de 1733, après ce vers,

    On lui ferma la porte au nez,

on lisait,

Il fut fort étonné de ce procédé, et jura de s'en venger par quelque nouvelle allégorie contre le genre humain, qu'il hait par représailles. Il s'écriait en rougissant :

  Adoucissez cette rigueur extrême :
  Je viens chercher Marot mon compagnon ;
  J'eus comme lui quelque peu de guignon.
  Le dieu qui rime est le seul dieu qui m'aime :
  Connaissez-moi ; je suis toujours le même.
  Voici des vers contre l'abbé Bignon [a] ;
  J'ai tout frondé, Vienne, Paris, Versailles;
  J'ai rétracté l'éloge de Noailles [b].
  Du dieu Pluton lisez le jugement [c],

[a] Il faut apprendre au lecteur qu'il y a dans les OEuvres de Rousseau une mauvaise épigramme contre M. l'abbé Bignon, qui est regardé dans l'Europe, depuis quarante ans, comme le protecteur le plus zélé des lettres. Rousseau a tâché, dans cette épigramme, de tourner en ridicule une vertu si respectable; et voici comme il définit ce sage prélat, bibliothécaire du roi :

  C'est celui qui sous Apollon
  Prend soin des haras du Parnasse,
  Et qui fait provigner la race
  Des bidets du sacré vallon (1733).

[b] Il avait autrefois fait des vers pour M. le duc de Noailles, où il avait dit :

  Oh ! qu'il chansonne bien !
  Serait-ce point Apollon delphien ?
  Venez, voyez : tant a beau le corsage, etc.

Mais dans le même temps, ayant écrit une lettre contre M. le duc de Noailles, qui songeait à lui faire avoir un emploi, ce seigneur lui retira sa protection. Rousseau étant banni de France, fit depuis une pièce qu'il intitula *la Palinodie*, ouvrage généralement méprisé. (*Ibid.*)

[c] *Le jugement de Pluton*, allégorie de Rousseau, dans laquelle il se répand en invectives contre le parlement, qui ne l'avait pourtant condamné qu'au

Où j'ai *sanglé* messieurs du parlement.
O vous, Critique! ô vous, déesse utile!
C'était par vous que j'étais inspiré:
En tout pays, en tout temps abhorré,
Je n'ai que vous désormais pour asile.

La Critique entendit ces paroles, rouvrit la porte, et parla ainsi :

Rousseau, connais mieux la critique :
Je suis juste, et ne fus jamais
Semblable à ce monstre caustique
Qui t'arma de ses lâches traits,
Trempés au poison satirique
Dont tu t'enivres à longs traits.
Autrefois de ta félonie
Thémis te donna le guerdon :
Par arrêt ta muse est bannie
Pour certains couplets de chanson,
Et pour un fort mauvais facton
Que te dicta la calomnie.
Mais par l'équitable Apollon
Ta rage fut bien mieux punie :
Il t'ôta le peu de génie
Dont tu dis qu'il t'avait fait don :
Il te priva de l'harmonie;
Et tu n'as plus rien aujourd'hui
Que la fureur et la manie
De rimer encor malgré lui
Des vers tudesques qu'il renie.
O vous, messieurs les beaux-esprits,
Si vous voulez être chéris
Du dieu de la double montagne,

bannissement. Cette pièce est d'un style dur et rebutant. Il y a encore je ne sais quelle épigramme de lui sur cet *auguste corps*.

Si de Noé l'un des enfants maudit,
De son seigneur perdit la sauvegarde,
Ce ne fut point pour avoir, comme on dit,
Surpris son père en posture gaillarde;
Mais c'est qu'ayant fait cacher sa guimbarde
Au fond de l'arche, en guise de relais,
Il en tira cette espèce bâtarde
Qu'on nomme gens de robe et de palais (1733).

> Et que dans vos galants-écrits
> Le dieu du Goût vous accompagne,
> Faites tous vos vers à Paris,
> Et n'allez point en Allemagne.

¹⁸ Édition de 1733 :

Ah, bon Dieu! s'écria la Critique, quel horrible jargon! Elle fit ouvrir la porte pour voir l'animal qui avait un cri si singulier. Quel fut son étonnement quand tout le monde lui dit que c'était Rousseau! elle lui ferma la porte au plus vite. Le rimeur désespéré lui criait dans son style marotique :

> Eh! montrez-vous un peu moins difficile.
> J'ai près de vous mérité d'être admis;
> Reconnaissez mon humeur et mon style :
> Voici des vers contre tous mes amis.
> O vous, Critique! ô vous, déesse utile!
> C'était par vous que j'étais inspiré :
> En tout pays, en tout temps abhorré,
> Je n'ai que vous désormais pour asile.

A ces paroles, la Critique fit ouvrir le temple, parut d'un air de juge, et parla ainsi au cynique :

> Rousseau, tu m'as trop méconnue :
> Jamais ma candeur ingénue
> A tes écrits n'a présidé.
> Ne prétends pas qu'un dieu t'inspire,
> Quand ton esprit n'est possédé
> Que du démon de la satire.
> Pour certains couplets de chanson,
> Et pour un fort mauvais facton,
> Ta mordante muse est bannie[a] :
> Mais par l'équitable Apollon
> Ta rage est encor mieux punie :
> Il t'ôta le peu de génie
> Dont tu dis qu'il t'avait fait don :
> Il te priva de l'harmonie;
> Et tu n'as plus rien aujourd'hui
> Que la faiblesse et la manie

[a] Voyez le factum de M. Saurin, de l'académie des sciences, contre Rousseau, avec l'arrêt qui condamne ce dernier comme calomniateur. (Édition d'Amsterdam.)

De forger encor malgré lui
Des vers tudesques, qu'il renie.

La Motte entendait tout cela; il riait, mais point trop fort, et avec discrétion: Rousseau lui reprochait avec fureur tous les mauvais vers que cet académicien avait faits en sa vie. Souviens-toi du *cornet fatidique*[a], disait Rousseau avec un sourire amer. Eh! n'oubliez pas l'*œuf cuit dans sa coque*[b], répondait doucement La Motte. La dispute aurait duré long-temps, si la Critique ne leur avait imposé silence, et ne leur avait dit : Écoutez : prenez tous deux à la main vos premières œuvres, et brûlez les dernières. Rousseau, placez-vous au-dessus de La Motte en qualité de versificateur ; mais toutes les fois qu'il s'agira d'esprit et de raison, vous vous mettrez fort au-dessous de lui. Ni l'un ni l'autre ne fut content de sa décision.

J'étais présent à cette scène; la Critique m'aperçut : Ah! ah! me dit-elle, vous êtes bien hardi d'entrer. Je lui répondis humblement : Dangereuse déesse, je ne suis ici que parceque ces messieurs l'ont voulu; je n'aurais jamais osé y venir seul. Je veux bien, dit-elle, vous y souffrir à leur considération; mais tâchez de profiter de tout ce qui se fait ici.

Surtout gardez-vous bien de rire
Des auteurs que vous avez vus;
Cent petits rimeurs ingénus
Crieraient bien vite à la satire.
Corrigez-vous sans les instruire:
Donnez plus d'intrigue à *Brutus*,
Plus de vraisemblance à *Zaïre*;
Et, croyez-moi, n'oubliez plus
Que vous avez fait *Artémire*.

Je vis bien qu'elle allait en dire davantage; elle me parlait déjà

a
    Plus loin une main frénétique
    Chasse du cornet fatidique
    L'oracle roulant du destin.   LAMOTTE. (1733.)

— Ces vers de Lamotte terminent la 5ᵉ strophe de son ode intitulée *La fuite de soi-même.* B.

b
    Ah! je connais votre cœur équivoque;
    ....
    Et ressemblez à l'œuf cuit dans sa coque. (1733.)

— Voyez les Œuvres de J.-B. Rousseau, liv. II, épigramme 5. B.

d'un certain Philoctète : je m'esquivai, et je laissai avancer un homme qui valait mieux que Rousseau, La Motte, et moi.

C'était le sage Fontenelle,
Qui, par les beaux-arts entouré, etc.

Autre variante :

Ah, bon Dieu! s'écria la Critique, quel horrible jargon! On lui dit que c'était Rousseau, dont les dieux avaient changé la voix en ce cri ridicule, pour punition de ses méchancetés ; elle lui ferma la porte au nez au plus vite. Il fut fort étonné de ce procédé, et jura de s'en venger par quelque nouvelle allégorie contre le genre humain, qu'il hait par représailles ; il s'écriait en rougissant :

Adoucissez cette rigueur extrême ;
Je viens chercher Marot mon compagnon ;
J'eus comme lui quelque peu de guignon :
Le dieu qui rime est le seul dieu qui m'aime.
Connaissez-moi; je suis toujours le même:
Voici des vers contre l'abbé Bignon [a].
O vous, Critique ! ô vous, déesse utile !
C'était par vous que j'étais inspiré :
En tout pays, en tout temps abhorré,
Je n'ai que vous désormais pour asile.

La Critique entendit ces paroles, rouvrit la porte, et parla ainsi :

Rousseau, connais mieux la Critique :
Je suis juste, et ne fus jamais
Semblable à ce monstre caustique
Qui t'arma de ses lâches traits,
Trempés au poison satirique
Dont tu t'enivres à longs traits.
Autrefois de ta félonie
Thémis te donna le guerdon :
Par arrêt ta muse est bannie [b]

[a] Conseiller d'état, homme d'un mérite reconnu dans l'Europe, et protecteur des sciences. Rousseau avait fait contre lui quelques mauvais vers (1733).

[b] Rousseau fut condamné à l'amende honorable, et au bannissement perpétuel, pour des couplets infames faits contre ses amis, et dont il accusa M. Saurin, de l'académie des sciences, d'être l'auteur. Le factum de Rousseau passe pour être extrêmement mal écrit; celui de M. Saurin est un chef-d'œuvre d'esprit et d'éloquence (1733). Rousseau, banni de France, s'est

Pour certains couplets de chanson,
Et pour un fort mauvais facton
Que te dicta la calomnie.
Mais par l'équitable Apollon
Ta rage fut bientôt punie :
Il t'ôta le peu de génie
Dont tu dis qu'il t'avait fait don :
Il te priva de l'harmonie ;
Et tu n'as plus rien aujourd'hui
Que la faiblesse et la manie
De rimer encor malgré lui
Des vers tudesques, qu'il renie.

19 Édition de 1733 :

A l'égard de Lucrèce, il fut embarrassé en voyant son ennemi ; il le regarda d'un œil un peu fâché, surtout quand il vit combien il est aimable, et comme il paraît fait pour avoir raison.

Son rival charmant lui parla
Avec sa grace naturelle,
Et cependant il y mêla
Un peu de catholique zèle.
Çà, dit-il, puisque vous voilà,
L'ame a bien l'air d'être immortelle :
Que répondez-vous à cela ?
Ah ! laissons ces disputes-là,
Dit le vieux chantre d'Épicure.
J'ai fort mal connu la nature :
Mais ne me poussez point à bout ;
Que votre muse me pardonne :
Vous êtes chez le dieu du Goût,
Non sur les bancs de la Sorbonne.

Ces messieurs n'argumentèrent donc point, et épargnèrent une dispute aux gens de goût, qui n'aiment pas volontiers l'argument.

brouillé avec tous ses protecteurs, et a continué de déclamer inutilement contre ceux qui fesaient honneur à la France par leurs ouvrages, comme MM. de Fontenelle, Crébillon, Destouches, Dubos, etc., etc. (1739.) — Quant aux vers qu'il fit depuis sa sortie de France, il est constant qu'ils ne sont pas de la force des autres. Son style est dur, corrompu, et plein des défauts mêmes qu'il avait tant reprochés à La Motte. Quant à son bannissement de France, il est absurde de penser que le châtelet et le parlement l'aient unanimement condamné sans des preuves convaincantes (1752).

Lucrèce récita seulement quelques uns de ses beaux vers, qui ne prouvent rien; le cardinal dit aussi des siens, ce qui lui arrive trop rarement à Paris : on leur applaudit également à tous deux. De rapporter ce qui fut dit à cette occasion par les Grecs et les Latins qui étaient là et qui les entendaient, cela serait beaucoup trop long; il n'est ici question que des Français.

La Critique m'aperçut : Ah! ah! me dit-elle, vous êtes bien hardi d'entrer. Je lui répondis humblement : Dangereuse déesse, je ne suis ici que parceque ces messieurs l'ont voulu; je n'aurais jamais osé y venir seul. Je veux bien, dit-elle, vous y souffrir à leur considération; mais tâchez de profiter de tout ce qui se fait ici.

> Surtout gardez-vous bien de rire
> Des auteurs que vous avez vus;
> Cent petits rivaux inconnus
> Crieraient bientôt à la satire.
> Corrigez-vous, sans les instruire.
> Donnez plus d'intrigue à *Brutus*,
> Plus de vraisemblance à *Zaïre*;
> Et, croyez-moi, n'oubliez plus
> Que vous avez fait *Artémire*.

Je vis bien qu'elle en allait dire davantage; elle me parlait déjà d'un certain Philoctète : je m'esquivai, etc.

Après « il n'est ici question que des Français, » on lisait dans une autre édition :

Cependant le cardinal et l'abbé étaient arrivés à l'autel du dieu, et je m'y glissai sous leur protection.

> Je vis ce dieu tout à mon aise;
> Je vis ses naïves beautés,
> Ses élégantes propretés.
> Ses atours n'ont rien qui ne plaise;
> Mais s'il est mis à la française,
> Si par nos mains il est orné,
> Ce dieu toujours est couronné
> D'un diadème qu'au Parnasse, etc.

2° Premières éditions :

> Sur son front règne la sagesse,
> Son air est tendre, ingénieux;
> Les amours ont mis dans ses yeux
> Le sentiment et la finesse.

Le Maure à ses autels chantait [a];
Pélissier près d'elle exprimait
De Lulli toute la tendresse;
Légère et forte en sa souplesse,
La vive Camargo [b] sautait
A ces sons brillants d'allégresse
Et de Rebel et de Mouret;
Le Couvreur [c] plus loin récitait
Avec cette grace divine
Dont autrefois elle ajoutait
De nouveaux charmes à Racine.

Colbert, l'amateur et le protecteur de tous les arts, rassemblait autour de lui les connaisseurs. Tous félicitaient le cardinal de Polignac [d] sur ce salon de Marius qu'il a déterré dans Rome, et dont il vient d'orner la France.

Colbert attachait souvent sa vue sur cette belle façade du Louvre, dont Perrault et Le Vau se disputent encore l'invention. Il soupirait de ce qu'un si beau monument périssait sans être achevé. Ah! disait-il, pourquoi a-t-on forcé la nature pour faire du château de Versailles un favori sans mérite, tandis qu'on pour-

---

[a] Mesdemoiselles Le Maure et Pélissier, célèbres chanteuses de l'Opéra (1733).

[b] Mademoiselle Camargo, la première qui ait dansé comme un homme. (1733.)

[c] Adrienne Le Couvreur, la meilleure actrice qu'ait jamais eue, avant elle, la Comédie française pour le tragique; et la première qui ait introduit au théâtre la déclamation naturelle. (1733.)

— Dans une autre édition de 1733, la note est conçue ainsi:

« Adrienne Le Couvreur, la meilleure actrice que le Théâtre-Français ait jamais eue et aura peut-être jamais, est enterrée sur le bord de la Seine, à la Grenouillère, près d'un terrain appartenant à M. le comte de Maurepas. On l'y porta à minuit dans un fiacre, avec une escouade de guet, au lieu de prêtres.»

Sur le lieu de la sépulture de mademoiselle Le Couvreur, voyez ma note tome XXXVII, page 95. B.

M. de Polignac ayant conjecturé qu'un certain terrain de Rome avait été autrefois la maison de Marius, fit fouiller dans cet endroit. L'on trouva, à plusieurs pieds sous terre, un salon entier, avec plusieurs statues très bien conservées. Parmi ces statues, il y en a dix qui font une suite complète, et qui représentent Achille déguisé en fille à la cour de Lycomède, et reconnu par l'artifice d'Ulysse. Cette collection est unique dans l'Europe par la rareté et la beauté (1733). A la mort du cardinal de Polignac, le roi de Prusse en fit l'acquisition (1761).

rait, en achevant le Louvre, égaler en bon goût Rome ancienne et moderne?

On voyait sur un autel le plan du Luxembourg, de ce portail si noble [1] auquel il manque une place, une église, et des admirateurs; de cette fontaine qui fut un chef-d'œuvre du goût dans un temps d'ignorance; de cet arc de triomphe qu'on admirerait dans Rome, et auquel le nom vulgaire de la porte Saint-Denys ôte tout son mérite auprès de la plupart des Parisiens. Cependant le dieu s'amusait à faire construire le modèle d'un palais parfait. Il joignait l'architecture du palais de Maisons au dedans de l'hôtel de Lassay, dont il a conseillé lui-même la situation, les proportions, et les embellissements, au maître aimable de cet édifice, et auquel il ajoutait quelques commodités.

Je demandais tout bas pourquoi il y a eu, à proportion, moins de bons architectes en France que de bons sculpteurs. Le cardinal, qui connaît tous les arts, daigna répondre ainsi: Premièrement, les sculpteurs et les peintres ont toute la liberté de leur génie, au lieu que les architectes sont souvent gênés par le terrain, et encore plus par le caprice du maître. En second lieu, les sculpteurs et les peintres, fesant beaucoup plus d'ouvrages, ont bien plus d'occasions de se corriger. Cent particuliers étaient en état d'employer le pinceau du Poussin, de Jouvenet, de Santerre, de Boulogne, de Wateau, et même aujourd'hui nos peintres modernes travaillent presque tous pour de simples citoyens; mais il faut être roi ou surintendant pour exercer le génie d'un Mansard ou d'un Desbrosses. Enfin le succès du peintre est dans le dessin de son tableau, celui du sculpteur est dans son modèle en terre; le modèle de l'architecte, au contraire, est trompeur, parceque le bâtiment, regardé ensuite à une plus grande distance, fait un effet tout différent, et que la perspective aérienne en change les proportions: en un mot, il en est souvent du plan en relief d'un édifice comme de la plupart des machines, qui ne réussissent qu'en petit.

[2] Édition de 1733:

> Mais, malgré l'austère sagesse
> De la morale qu'il prêchait,
> Pélissier en ces lieux chantait;
> Et cependant, avec mollesse,

[1] Saint-Gervais. B.

Sallé[a] le temple parcourait
D'un pas guidé par la justesse.

[22] Édition de 1733 :

C'est ce dieu qu'implore et révère
Toute la troupe des acteurs
Qui représentent sur la terre,
Et ceux qui viennent dans la chaire
Endormir leurs chers auditeurs,
Et ceux qui livrent les auteurs
Aux sifflets bruyants du parterre.

C'est là que je vous vis, aimable Le Couvreur;
Vous, fille de l'amour, fille de Melpomène;
Vous dont le souvenir règne encor sur la scène,
Et dans tous les esprits, et surtout dans mon cœur.
Ah! qu'en vous revoyant une volupté pure,
Un bonheur sans mélange enivra tous mes sens!
Qu'à vos pieds en ces lieux je fis fumer d'encens!
Car, il faut le redire à la race-future,
Si les saintes fureurs d'un préjugé cruel
Vous ont pu dans Paris priver de sépulture,
Dans le temple du Goût vous avez un autel.

Mes deux guides disaient qu'ils ne pouvaient en conscience donner à une actrice le même encens que moi ; mais ils avaient trop de justice pour me désapprouver.

[23] VAR. On y examine si les arts se plaisent mieux dans une monarchie que dans une république, si l'on peut se passer aujourd'hui du secours des anciens, si les livres ne sont point trop multipliés, si la comédie et la tragédie ne sont point épuisées. On examine quelle est la vraie différence entre l'homme de talent et l'homme d'esprit, entre le critique et le satirique, entre l'imitateur et le plagiaire.

Quelquefois même on laisse parler long-temps la même personne, mais ce cas arrive très rarement; heureusement pour moi on se rassemblait en ce moment autour de la fameuse Ninon Lenclos.

Ninon, cet objet si vanté,
Qui si long-temps sut faire usage

[a] Mademoiselle Sallé, excellente danseuse, qui exprime les passions (1733).

De son esprit, de sa beauté,
Et du talent d'être volage,
Fesait alors, avec gaîté,
A ce charmant aréopage,
Un discours sur la volupté.
Dans cet art elle était maîtresse :
L'auditoire était enchanté,
Et tout respirait la tendresse.
Mes deux guides, en vérité,
Auraient volontiers écouté ;
Mais, hélas! ils sont d'une espèce
Qui leur ôte la liberté,
Et les condamne à la sagesse.

Ils me laissèrent entendre le sermon de Ninon. Je courus ensuite vers la Le Couvreur, et mes conducteurs s'amusèrent à parler de littérature avec quelques jésuites qu'ils rencontrèrent. Un janséniste dira que les jésuites se fourrent partout ; mais la vérité est que de tous les religieux les jésuites sont ceux qui entendent le mieux les belles-lettres, et qu'ils ont toujours réussi dans l'éloquence et dans la poésie. Le dieu voit de très bon œil beaucoup de ces pères, mais à condition qu'ils ne diront plus tant de mal de Despréaux, et qu'ils avoueront que les *Lettres provinciales* sont la plus ingénieuse, aussi bien que la plus cruelle, et, en quelques endroits, la plus injuste satire qu'on ait jamais faite.

On se doute assez que les bienfaiteurs du temple y ont une place honorable : mais croirait-on que Colbert y est mieux traité que le cardinal de Richelieu ? C'est que Colbert protégea tous les beaux-arts sans être jaloux des artistes, et qu'il ne favorisa que de grands hommes ; car il se dégoûta bien vite de Chapelain, et encouragea Despréaux. Le cardinal de Richelieu, au contraire, fut jaloux du grand Corneille ; et au lieu de s'en tenir, comme il le devait, à protéger les beaux vers, il s'amusa à en faire de mauvais avec Chapelain, Desmarets, et Colletet [a]. Je m'aperçus même que ce

---

[a] Non seulement le cardinal de Richelieu fit quelquefois travailler Chapelain à des ouvrages de théâtre, mais il s'appropria un mauvais prologue de ce Chapelain ; c'était le prologue d'un très ridicule poëme dramatique intitulé *les Tuileries*. Ce cardinal fit bâtir la salle du Palais-Royal pour représenter la tragédie de *Mirame*, dont il avait donné le sujet, et dans laquelle il avait fait plus de cinq cents vers. Il se servait de Desmarets, de Colletet, de Faret, pour composer des tragédies dont il leur donnait le plan. Il admit

grand ministre était moins gracieusement accueilli par le dieu du Goût qu'un certain duc son neveu, qui vient très souvent dans le temple. Les connaisseurs en belles-lettres disent pour raison

> Que dans ce charmant sanctuaire
> L'honneur de protéger les beaux-arts qu'on chérit,
> Mais auxquels on ne s'entend guère,
> L'autorité du ministère,
> L'éclat, l'intrigue, et le crédit,
> Ne sauraient égaler les charmes de l'esprit,
> Et le don fortuné de plaire.

Les connaisseurs en galanterie ajoutent que son éminence [a] fit jadis l'amour en vrai pédant, et que son neveu s'y prend d'une manière assurément tout opposée. Il y a dans cette demeure bien des habitants qui, comme lui, n'ont fait aucun ouvrage;

> Qui, sagement livrés aux douceurs du loisir,
> Ont passé de leurs jours les moments délectables
> A recevoir, à donner du plaisir.
> De chanter et d'écrire ils ont été capables;
> Mais pour être en ce temple, et pour y réussir,
> Qu'ont-ils fait? ils étaient aimables.

C'est entre ces voluptueux et les artistes qu'on trouve le facile, le sage, l'agréable La Faye : heureux qui pourrait, comme lui, passer les dernières années de sa vie tantôt en composant des vers aisés et pleins de grace, tantôt écoutant ceux des autres sans envie et sans mépris; ouvrant son cabinet à tous les arts, et sa maison

---

quelque temps le grand Corneille dans cette troupe; mais le mérite de Corneille se trouva incompatible avec ces poètes, et il fut aussitôt exclu. Ce cardinal avait si peu de goût, qu'il récompensa ces vers impertinents de Colletet :

> La canne s'humecter de la bourbe de l'eau,
> D'une voix enrouée et d'un battement d'aile
> Animer le canard qui languit auprès d'elle.

Il voulait seulement, pour rendre ces vers parfaits, qu'on mît *barboter* au lieu d'*humecter* (1733).

[a] Le cardinal de Richelieu fit soutenir des thèses sur l'*amour* chez sa nièce la duchesse d'Aiguillon : il y avait un président, un répondant, et des argumentants. Il y a à Paris une copie de ces thèses chez un curieux; elles sont divisées en plusieurs positions, comme les thèses de collége : la première position est « qu'il ne faut point parler d'un véritable amour après sa fin, « parcequ'un véritable amour est sans fin » (1733).

aux seuls hommes de bonne compagnie! Combien de particuliers dans Paris pourraient lui ressembler dans l'usage de leur fortune! mais le goût leur manque; ils jouissent insipidement, ils ne savent qu'être riches.

Devant le dieu est un grand autel, où les muses viennent présenter tour-à-tour des livres, des dessins, et des ornements de toute espèce : on y voyait tous les opéra de Lulli, et plusieurs opéra de Destouches et de Campra. Le dieu eût désiré quelquefois, dans Destouches, une musique plus forte; souvent, dans Campra, un récitatif mieux déclamé; et de temps en temps, dans Lulli, quelques airs moins froids. Tantôt les muses, tantôt les Pélissier et les Le Maure chantent ces opéra charmants : le temple résonne de leurs voix touchantes; tout ce qui est dans ces beaux lieux applaudit par un léger murmure, plus flatteur que ne le seraient les acclamations emportées du peuple. Les mauvais auteurs et leurs amis prêtent l'oreille autour du temple, entendent à peine quelques sons, et sifflent pour se venger.

Le dessin de Versailles se trouve, à la vérité, sur l'autel; mais il est accompagné d'un arrêt du dieu, qui ordonne qu'on abatte au moins tout le côté de la cour, afin qu'on n'ait point à-la-fois en France un chef-d'œuvre de mauvais goût et de magnificence. Par le même arrêt, le dieu ordonne que les grands morceaux d'architecture très déplacés et très cachés dans les bosquets de Versailles soient transportés à Paris pour orner des édifices publics.

Une des choses que le dieu aime davantage, c'est un recueil d'estampes d'après les plus grands maîtres; entreprise utile au genre humain, qui multiplie à peu de frais le mérite des meilleurs peintres, qui fait revivre à jamais dans tous les cabinets de l'Europe des beautés qui périraient sans le secours de la gravure, et qui peut faire connaître toutes les écoles à un homme qui n'aura jamais vu de tableaux.

> Crozat préside à ce dessin ;
> Il conduit le docte burin
> De la gravure scrupuleuse,
> Qui, d'une main laborieuse,
> Immortalise sur l'airain
> Du Carrache la touche heureuse,
> Et la belle ame du Poussin.

Dans le temps que nous arrivâmes, le dieu s'amusait à faire élever en relief le modèle d'un palais parfait; il joignait l'architecture extérieure du château de Maisons avec les dedans de l'hôtel de Lassay, lequel, par sa situation, ses proportions, et ses embellissements, est digne du maître aimable qui l'occupe, et qui lui-même a conduit l'ouvrage.

Tous les amateurs considéraient ce modèle avec attention. Parmi eux était le président de Maisons, qui, depuis le moment fatal où il a été enlevé à ses amis et aux beaux-arts dont il fesait les délices, jouit auprès du dieu du Goût de l'immortalité qu'il mérite[a]. Quelle fut ma félicité de le revoir, de pouvoir prendre encore de ses leçons, et de jouir de son utile entretien !

  O transport ! ô plaisirs, etc.

24 VAR. Permettez que je continue mes petites observations, répondit le P. Bouhours. Ce sont les grands hommes qu'il faut critiquer, de peur que les fautes qu'ils font contre les règles ne servent de règles aux petits écrivains; ce sont les défauts du Poussin et de Le Sueur qu'il faut relever, et non ceux de Rouet et de Vignon ; et dès que votre *Anti-Lucrèce* sera imprimé, soyez sûr de ma critique.

Eh bien, examinez, vétillez tant qu'il vous plaira, dit en passant un jeune duc qui revenait du sermon de Ninon, et qui en paraissait tout pénétré : pour moi, je n'ai pas la force de rien censurer d'aujourd'hui.

Cet homme que Ninon avait rendu si indulgent,

 C'est lui qui, d'un esprit vif, aimable, et facile,
 D'un vol toujours brillant sut passer tour-à-tour
 Du temple des beaux-arts au temple de l'Amour,
 Mais qui fut plus content de ce dernier asile.
  Des mains des Graces présenté,
  En Allemagne, en Italie,

---

[a] René de Longueil de Maisons, président du parlement, mort à Paris en 1731, à l'âge de 30 ans, et n'ayant laissé pour héritier qu'un enfant de quelques mois, mort l'année suivante. Il avait eu du goût pour tous les arts dès sa première jeunesse ; il avait un jardin de plantes plus complet et mieux entretenu que celui du roi ne l'était alors. Il commençait un cabinet de tableaux. Il s'amusait quelquefois à faire des vers et même de la musique ; il était excellent critique, peu aimé de ceux qui ne le connaissaient pas, et chéri avec la plus vive tendresse de ses amis, qui en parlent encore les larmes aux yeux (1733).

> Il charma l'Europe adoucie,
> Dont son oncle fut redouté.

Il est même encore mieux reçu dans le temple du Goût que cet oncle si vanté, qui rétablit les beaux-arts en France de la même main dont il abaissa ou perdit tous ses ennemis. Ce terrible ministre, craint, haï, envié, admiré à l'excès de toutes les cours et de la sienne, est redouté jusque dans le temple du Goût, dont il est restaurateur : on craint à tout moment qu'il ne lui prenne fantaisie d'y faire entrer Chapelain, Colletet, Faret, et Desmarets, avec lesquels il fesait autrefois de méchants vers.

Quand je vis que le cardinal de Richelieu n'avait pas toutes les préférences, je m'écriai : C'est donc ici comme ailleurs, et l'inclination l'emporte partout sur les bienfaits ! Alors j'entendis quelqu'un qui me dit :

> Établir, conserver, mouvoir, arrêter tout,
> Donner la paix au monde, ou fixer la victoire,
> C'est ce qui m'a conduit au temple de la Gloire
> Bien plutôt qu'au temple du Goût.

[25] Édition de 1733 :

Ce qui me charmait davantage dans cette demeure délicieuse, c'était de voir avec quelle heureuse agilité l'esprit se promène sur différents plaisirs, en parcourant de suite les arts, et caressant tant de beautés diverses.

> On y passe facilement
> De la musique à la peinture,
> De la physique au sentiment;
> Du tragique au simple agrément,
> De la danse à l'architecture.
> Tel Homère peignait ses dieux
> Planant sur la terre et sur l'onde,
> Et, cent fois plus prompt que nos yeux,
> S'élançant du centre des cieux
> Jusqu'au bout de l'axe du monde.

Aussi serais-je trop long si je disais tout ce que je vis dans ce temple. Grace au siècle de Louis XIV, une foule de grands hommes en tout genre, qui avaient honoré ce beau siècle, s'étaient rangés avec mes deux guides autour du grand Colbert. Je n'ai exécuté, disait ce ministre, que la moindre partie de ce que je méditais ; j'aurais voulu que Louis XIV eût employé aux embellissements nécessaires de sa capitale les trésors ensevelis dans Versailles, et prodigués pour forcer la nature. Si j'avais vécu plus long-temps, Paris aurait pu surpasser Rome en magnificence et en bon goût, comme il la surpasse en grandeur : ceux qui viendront après moi feront ce que j'ai seulement imaginé. Alors le royaume sera rempli des monuments de tous les beaux-arts. Déjà les grands chemins qui conduisent à la capitale sont des promenades délicieuses, ombragées de grands arbres l'espace de plusieurs milles, et ornées même de fontaines [a] et de statues. Un jour vous n'aurez plus de temples gothiques; les salles [b] de vos spectacles seront dignes des ouvrages immortels qu'on y représente; de nouvelles places, et des marchés publics construits sous des colonnades, décoreront Paris comme l'ancienne Rome ; les eaux seront distribuées dans toutes les maisons comme à Londres ; les inscriptions de Santeul ne seront plus la seule chose que l'on admirera dans vos fontaines ; la sculpture étalera partout ses beautés [c] durables, et annoncera aux étrangers la gloire de la nation, le bonheur du peuple, la sagesse et le goût de ses conducteurs. Ainsi parlait ce grand ministre.

Qui n'aurait applaudi? quel cœur français n'eût été ému à de tels discours? On finit par donner de justes éloges et par souhaiter un succès heureux aux grands desseins que le magistrat [d] de la ville de Paris a formés pour la décoration de cette capitale.

[a] Sur le chemin de Juvisi on a élevé deux fontaines dont l'eau retombe dans de grands bassins : des deux côtés du chemin sont deux morceaux de sculpture; l'un est de *Coustou*, et est fort estimé : il est triste que son ouvrage ne soit pas de marbre, mais seulement de pierre (1733).

[b] Les salles de tous les spectacles de Paris sont sans magnificence, sans goût, sans commodités, ingrates pour la voix, incommodes pour les acteurs et pour les spectateurs : ce n'est qu'en France qu'on a l'impertinente coutume de faire tenir debout la plus grande partie de l'auditoire (1733).

[c] C'était en effet le dessein de ce grand homme. Un de ses projets était de faire une grande place de l'hôtel de Soissons; on aurait creusé au milieu de la place un vaste bassin qu'on aurait rempli des eaux qu'il devait faire venir par de nouveaux aqueducs. Du milieu de ce bassin, entouré d'une balustrade de marbre, devait s'élever un rocher sur lequel quatre fleuves de marbre auraient répandu l'eau, qui eût retombé en nappe dans le bassin, et qui de là se serait distribuée dans les maisons des citoyens. Le marbre destiné à cet incomparable monument était acheté ; mais ce dessein fut oublié avec M. Colbert, qui mourut trop tôt pour la France (1733).

[d] M. Turgot, président au parlement, prevôt des marchands, qui a déjà embelli cette capitale, a fait marché avec des entrepreneurs pour agrandir le

Enfin, après une conversation utile, dans laquelle on louait avec justice ce que nous avons, et dans laquelle on regrettait, avec non moins de justice, ce que nous n'avons pas, il fallut se séparer. J'entendis le dieu qui disait à ses deux amis, en les embrassant :

> Adieu, mes plus chers favoris,
> Par qui ma gloire est établie;
> Tant que vous serez dans Paris,
> Je n'ai pas peur que l'on m'oublie :
> Mais prêchez, je vous en supplie,
> Certains prétendus beaux-esprits,
> Qui, du faux goût toujours épris,
> Et toujours me fesant insulte,
> Ont tout l'air d'avoir entrepris
> De traiter mes lois et mon culte
> Comme l'on traite leurs écrits.

Il les pria de faire ses compliments à un jeune prince qu'il aime tendrement; et s'échauffant à son nom avec un peu d'enthousiasme, que ce dieu ne dédaigne pas quelquefois, mais qu'il sait toujours modérer, il prononça ces vers avec vivacité :

> Que toujours Clermont[a] s'illumine
> Des vives clartés de ma loi;
> Lui, sa sœur, les Amours, et moi,
> Nous sommes de même origine.
> Conti, sachez à votre tour
> Que vous êtes né pour me plaire
> Aussi bien qu'au dieu de l'amour.
> J'aimai jadis votre grand-père;
> Il fut le charme de ma cour :
> De ce héros suivez l'exemple;
> Que vos beaux jours me soient soumis;

quai derrière le Palais, le continuer jusqu'au pont de l'île, et joindre l'île au reste de la ville par un beau pont de pierre : il n'y a point de citoyen dans Paris qui ne doive s'empresser à contribuer de tout son pouvoir à l'exécution de pareils desseins, qui servent à notre commodité, à nos plaisirs, et à notre gloire (1733). — Sur Turgot, voyez ma note, t. LIII, p. 400. B.

[a] M. le comte de Clermont, prince du sang, a fondé, à l'âge de vingt ans, une académie des arts, composée de cent personnes qui s'assemblent chez lui, et il donne une protection marquée aux gens de lettres. On ne saurait trop proposer un tel exemple aux jeunes princes (1733).

Croyez-moi, venez dans ce temple,
Où peu de princes sont admis.
Vous, noble jeunesse de France,
Secondez les chants des beaux-arts,
Tandis que les foudres de Mars
Se reposent dans le silence ;
Que dans ces fortunés loisirs
L'esprit et la délicatesse,
Nouveaux guides de la jeunesse,
Soient l'ame de tous vos plaisirs.
Je vois Thalie et Melpomène [a]
Vous suivre en secret quelquefois,
Et quitter Gaussin et Dufresne
Pour venir entendre vos voix,
Et vous applaudir sur la scène.
Que des muses à vos genoux
Les lauriers à jamais fleurissent ;
Que ces arbres s'enorgueillissent
De se voir cultivés par vous.
Transportez le Pinde à Cythère :
Brassac [b], chantez ; gravez, Caylus [c] :

[a] Il y a plus de vingt maisons dans Paris dans lesquelles on représente des tragédies et des comédies : on a fait même beaucoup de pièces nouvelles pour ces sociétés particulières. On ne saurait croire combien est utile cet amusement, qui demande beaucoup de soin et d'attention : il forme le goût de la jeunesse, il donne de la grace au corps et à l'esprit, il contribue au talent de la parole, il retire les jeunes gens de la débauche, en les accoutumant aux plaisirs purs de l'esprit (1733).

[b] M. le chevalier de Brassac non seulement a le talent très rare de faire la musique d'un opéra, mais il a le courage de le faire jouer, et de donner cet exemple à la jeune noblesse française. Il y a déjà long-temps que les Italiens, qui ont été nos maîtres en tout, ne rougissent pas de donner leurs ouvrages au public. Le marquis Maffei vient de rétablir la gloire du théâtre italien ; le baron d'Astorga, et le prélat qui est aujourd'hui archevêque de Pise, ont fait plusieurs opéra fort estimés (1733). — L'opéra de Brassac était intitulé *Le triomphe de l'amour*, et fut représenté sans succès le 14 avril 1733. Les paroles étaient de Moncrif. On croit que Brassac n'y a fait que deux ou trois airs, et que le reste de la musique est de Rebel fils, maître d'orchestre, et de Francœur cadet, violon à l'Opéra. Aussi disait-on que l'ouvrage était des quatre fils Aymon. B.

[c] M. le comte de Caylus est célèbre par son goût pour les arts, et par la faveur qu'il donne à tous les bons artistes ; il grave lui-même, et met une

Ne craignez point, jeune Surgère [a],
D'employer des soins assidus
Aux beaux vers que vous savez faire ;
Et que tous les sots confondus,
A la cour et sur la frontière,
Désormais ne prétendent plus
Qu'on déroge et qu'on dégénère
En suivant Minerve et Phébus.

Dans une des premières éditions on lisait :

Se reposent dans le silence.
Brassac, sois toujours mon soutien ;
Sous tes doigts j'accordai ta lyre :
De l'amour tu chantes l'empire,
Et tu composes dans le mien.
Caylus, tous les arts te chérissent [1] ;
Je conduis tes brillants dessins,
Et les Raphaëls s'applaudissent
De se voir gravés par tes mains.
Jeune d'Étampe [b], et vous, Surgère,
Employez vos soins assidus [2]
Aux beaux vers que vous savez faire, etc.

expression singulière dans ses dessins. Les cabinets des curieux sont pleins de ses estampes. M. de Saint-Maurice, officier des gardes, grave aussi, et se sert avec avantage du burin : il a fait une estampe d'après Le Nain, qui est un chef-d'œuvre (1733).

[a] M. de La Rochefoucauld, marquis de Surgères, a fait une comédie intitulée *l'École du monde*. Cette pièce est sans contredit bien écrite, et pleine de traits que le célèbre duc de La Rochefoucauld, auteur des *Maximes*, aurait approuvés (1733). — Son *Voyage à Surgères* (en prose et en vers) a été imprimé dans un volume de *Lettres inédites* publié par Serieys, 1802, in-8°.

[1] Ce fut M. de Caylus qui demanda la suppression des quatre vers qui le concernent : voyez tome LI, page 407. B.

[b] M. le marquis d'Étampes, qu'on nomme M. de La Ferté-Imbault, permettra, malgré son extrême modestie, qu'on dise qu'il a fait, à l'âge de dix-huit ans, une tragédie dont les vers sont très harmonieux, dans le temps que de vieux poëtes de profession étaient assez déraisonnables pour écrire contre l'harmonie (1733).

[2] Dans les versions avant l'impression on lisait :

Ne craignez point, jeune Surgère,
D'employer des soins assidus
Aux beaux vers que vous voulez faire. R.

²⁶ Dans l'édition de Desbordes, 1733, on lit :

« Presque toutes les éditions sont corrigées et retranchées de la main des muses. Les trois quarts de Rabelais au moins sont renvoyés à la *Bibliothèque bleue* ; et le reste, tout bizarre qu'il est, ne laisse pas de faire rire quelquefois le dieu du goût. Marot, etc.

Voltaire est bien revenu de sa sévérité envers Rabelais : voyez sa lettre à madame du Deffand, du 12 avril 1760 (tome LVIII, p. 357), et les *Lettres à S. A. Mgr. le prince de* *** (t. XLIII, p. 366.)

²⁷ Dans l'édition de Desbordes on lit :

« Saint-Évremond, qui parle si délicatement de religion, si solidement de bagatelles, et qui écrit de si longues lettres à la belle madame Mazarin, est confiné dans un très petit volume ; encore n'y trouve-t-on pas la *Conversation du P. Canaye*, qui appartient à Charleval. *La Conjuration de Venise*, seul ouvrage qui puisse donner un nom à l'abbé de Saint-Réal, est à côté de Salluste. Il n'y a point encore d'écrivain français que les muses aient pu mettre à côté de Tacite. Enfin l'on nous fit passer, etc. »

J'ai parlé, tome XXXIX, page 480, de la *Conversation du maréchal d'Hocquincourt*. Le P. Canaye est l'un des interlocuteurs. Voyez, aussi t. XIX, p. 79. B.

²⁸ Dans l'édition de Desbordes, 1733, dont j'ai déjà parlé, on lisait :

« Bossuet, le seul Français véritablement éloquent entre tant de bons écrivains en prose qui pour la plupart ne sont qu'élégants, Bossuet voulait bien retrancher quelques familiarités échappées à son génie vaste et docile, qui déparent la beauté de ses *Oraisons funèbres*. »

Une édition antérieure à celle de Desbordes portait seulement :

« Bossuet ennoblissait beaucoup de familiarités qui avilissent quelquefois ses sublimes *Oraisons funèbres*. Pierre Corneille joignait enfin l'esprit de discernement à son vaste génie, et il convenait que *Suréna* n'est point égal à *Polyeucte*. »

La tirade sur Racine n'était alors aussi qu'en prose. B.

²⁹ Voltaire a répété ce vers en 1769, dans son *Épître à Boileau* ; voyez tome XIII. B.

VOYAGE A BERLIN[1].

A MADAME DENIS.

A Clèves, juillet 1750.

C'est à vous, s'il vous plaît, ma nièce,
Vous, femme d'esprit sans travers,
Philosophe de mon espèce,
Vous qui, comme moi, du Permesse
Connaissez les sentiers divers ;
C'est à vous qu'en courant j'adresse
Ce fatras de prose et de vers,
Ce récit de mon long voyage :
Non tel que j'en fis autrefois
Quand, dans la fleur de mon bel âge,
D'Apollon je suivais les lois;
Quand j'osai, trop hardi peut-être,
Aller consulter à Paris,
En dépit de nos beaux-esprits,
Le dieu du goût[2], mon premier maître.

Ce voyage-ci n'est que trop vrai, et ne m'éloigne que trop de vous. N'allez pas vous imaginer que je veuille égaler Chapelle, qui s'est fait, je ne sais comment, tant de réputation pour avoir été de Paris à Montpellier, et en terre papale, et en avoir rendu compte à un gourmand[3].

Ce n'était pas peut-être un emploi difficile
De railler monsieur d'Assoucy :
Il faut une autre plume, il faut un autre style,
Pour peindre ce Platon, ce Solon, cet Achille
Qui fait des vers à Sans-Souci.
Je pourrais vous parler de ce charmant asile,
Vous peindre ce héros philosophe et guerrier,

> Si terrible à l'Autriche, et pour moi si facile;
> Mais je pourrais vous ennuyer.

D'ailleurs, je ne suis pas encore à sa cour, et il ne faut rien anticiper: je veux de l'ordre jusque dans mes lettres. Sachez donc que je partis de Compiègne le 25 juillet[4], prenant ma route par la Flandre, et qu'en bon historiographe et en bon citoyen j'allai voir en passant les champs de Fontenoy, de Raucoux, et de Laufeldt. Il n'y paraissait pas; tout cela était couvert des plus beaux blés du monde; les Flamands et les Flamandes dansaient comme si de rien n'eût été.

> Durez, jeux innocents de ces peuples grossiers;
> Régnez, belle Cérès, où triompha Bellone.
> Campagnes qu'engraissa le sang de nos guerriers,
> J'aime mieux vos moissons que celles des lauriers;
> La vanité les cueille, et le hasard les donne.
> O que de grands projets par le sort démentis!
> O victoires sans fruit! ô meurtres inutiles!
> Français, Anglais, Germains, aujourd'hui si tranquilles,
> Fallait-il s'égorger pour être bons amis?

J'ai été à Clèves, comptant y trouver des relais que tous les bailliages fournissent, moyennant un ordre du roi de Prusse, à ceux qui vont philosopher à Sans-Souci auprès du Salomon du Nord, et à qui le roi accorde la faveur de voyager à ses dépens: mais l'ordre du roi de Prusse était resté à Vesel entre les mains d'un homme qui l'a reçu, comme les Espagnols reçoivent les bulles des papes, avec le plus profond respect, et sans en faire aucun usage. Je me suis donc arrêté quelques jours dans le château de cette princesse que madame de La Fayette a rendue si fameuse[5].

Mais de cette héroïne et du duc de Nemours
On ignore en ces lieux la galante aventure.
Ce n'est pas ici, je vous jure,
Le pays des romans, ni celui des amours.

C'est dommage, car le pays semble fait pour des Princesses de Clèves : c'est le plus beau lieu de la nature, et l'art a encore ajouté à sa situation. C'est une vue supérieure à celle de Meudon; c'est un terrain planté comme les Champs-Élysées et le bois de Boulogne; c'est une colline couverte d'allées d'arbres en pente douce. Un grand bassin reçoit les eaux de cette colline : au milieu s'élève une statue de Minerve. L'eau de ce premier bassin est reçue dans un second, qui la renvoie à un troisième, et le bas de la colline est terminé par une cascade ménagée dans une vaste grotte en demi-cercle; la cascade laisse tomber ses eaux dans un canal qui va arroser une vaste prairie, et se joindre à un bras du Rhin. Mademoiselle de Scudéri et La Calprenède auraient rempli de cette description un tome de leurs romans; mais moi, historiographe, je vous dirai seulement qu'un certain prince, Maurice de Nassau, gouverneur, de son vivant, de cette belle solitude, y fit presque toutes ces merveilles. Il s'est fait enterrer au milieu des bois, dans un grand diable de tombeau de fer, environné de tous les plus vilains bas-reliefs du temps de la décadence de l'empire romain, et de quelques monuments gothiques plus grossiers encore. Mais le tout serait quelque chose de fort respectable pour ces esprits profonds qui tombent en extase à la vue d'une pierre mal taillée, pour peu qu'elle ait deux mille ans d'antiquité.

Un autre monument antique; c'est le reste d'un grand chemin pavé, construit par les Romains, qui allait à Francfort, à Vienne, et à Constantinople. Le Saint-Empire, dévolu à l'Allemagne, est un peu déchu de sa magnificence; on s'embourbe aujourd'hui en été dans l'auguste Germanie. De toutes les nations modernes, la France et le petit pays des Belges sont les seuls qui aient des chemins dignes de l'antiquité. Nous pouvons surtout nous vanter de passer les anciens Romains en cabarets, et il y a encore certains points dans lesquels nous les valons bien; mais enfin, pour les monuments durables, utiles, magnifiques, quel peuple approche d'eux? quel monarque fait dans son royaume ce qu'un proconsul fesait dans Nîmes et dans Arles?

>Parfaits dans le petit, sublimes en bijoux,
>Grands inventeurs de riens, nous fesons des jaloux.
>Élevons nos esprits à la hauteur suprême
>   Des fiers enfants de Romulus:
>Ils fesaient plus cent fois pour des peuples vaincus
>   Que nous ne fesons pour nous-même.

Enfin, malgré la beauté de la situation de Clèves, malgré le chemin des Romains; en dépit d'une tour qu'on prétend bâtie par Jules César, ou au moins par Germanicus; en dépit des inscriptions d'une vingt-sixième légion qui était ici en quartier d'hiver; en dépit des belles allées plantées par le prince Maurice, et de son grand tombeau de fer; en dépit enfin des eaux minérales découvertes ici depuis peu, il n'y a guère d'affluence à Clèves. Les eaux y sont cependant aussi bonnes que celles de Spa et de Forges, et on ne peut avaler de petits atomes de fer dans un plus beau lieu. Mais il ne suffit pas, comme vous savez, d'avoir du mérite pour avoir la vogue : l'utile et l'agréable sont ici; mais ce séjour délicieux n'est fréquenté que par quelques Hollandais que le voisinage et le bas prix des vivres et des maisons y attirent, et qui viennent admirer et boire.

J'y ai retrouvé avec une très grande satisfaction un célèbre poëte hollandais qui nous a fait l'honneur de traduire élégamment en batave, et même vers pour vers, nos tragédies bonnes ou mauvaises. Peut-être un jour viendra que nous serons réduits à traduire les tragédies d'Amsterdam : chaque peuple a son tour.

Les dames romaines qui allaient lorgner leurs amants au théâtre de Pompée ne se doutaient pas qu'un jour au milieu des Gaules, dans un petit bourg nommé Lutèce, on ferait de meilleures pièces de théâtre qu'à Rome.

L'ordre du roi pour les relais vient enfin de me parvenir : voilà mon enchantement chez la Princesse de Clèves fini, et je pars pour Berlin.

J'ai d'abord passé par Vesel, qui n'est plus ce qu'elle était quand Louis XIV la prit en deux jours, en 1672, sur les Hollandais. Elle appartient aujourd'hui au roi de Prusse, et c'est une des plus fortes places de l'Europe. C'est là qu'on commence à voir de ces belles troupes que Frédéric II forma sans vouloir s'en servir, et que Frédéric-le-Grand a rendues si utiles à ses intérêts et à sa gloire. Le premier coup d'œil surprend toujours.

> D'un regard étonné j'ai vu sur ces remparts
> Ces géants court-vêtus, automates de Mars,
> Ces mouvements si prompts, ces démarches si fières,
> Ces moustaches, ces grands bonnets,
> Ces habits retroussés, montrant de gros derrières
> Que l'ennemi ne vit jamais.

Bientôt après j'ai traversé les vastes, et tristes, et stériles, et détestables campagnes de la Vestphalie.

> De l'âge d'or jadis vanté
> C'est la plus fidèle peinture :
> Mais toujours la simplicité
> Ne fait pas la belle nature.

Dans de grandes huttes qu'on appelle maisons, on voit des animaux qu'on appelle hommes, qui vivent le plus cordialement du monde pêle-mêle avec d'autres animaux domestiques. Une certaine pierre dure, noire, et gluante, composée, à ce qu'on dit, d'une espèce de seigle, est la nourriture des maîtres de la maison. Qu'on plaigne après cela nos paysans, ou plutôt qu'on ne plaigne personne ; car, sous ces cabanes enfumées, et avec cette nourriture détestable, ces hommes des premiers temps sont sains, vigoureux, et gais. Ils ont tout juste la mesure d'idées que comporte leur état.

> Ce n'est pas que je les envie :
> J'aime fort nos lambris dorés ;
> Je bénis l'heureuse industrie·
> Par qui nous furent préparés
> Cent plaisirs par moi célébrés,
> Frondés par la cagoterie,

Et par elle encor savourés.
Mais sur les huttes des sauvages
La nature épand ses bienfaits;
On voit l'empreinte de ses traits
Dans les moindres de ses ouvrages.
L'oiseau superbe de Junon,
L'animal chez les Juifs immonde,
Ont du plaisir à leur façon ;
Et tout est égal en ce monde.

Si j'étais un vrai voyageur, je vous parlerais du Véser et de l'Elbe, et des campagnes fertiles de Magdebourg, qui étaient autrefois le domaine de plusieurs saints archevêques, et qui se couvrent aujourd'hui des plus belles moissons (à regret sans doute) pour un prince hérétique; je vous dirais que Magdebourg est presque imprenable; je vous parlerais de ses belles fortifications, et de sa citadelle construite dans une île entre deux bras de l'Elbe, chacun plus large que la Seine ne l'est vers le pont Royal. Mais comme ni vous ni moi n'assiégerons jamais cette ville, je vous jure que je ne vous en parlerai jamais.

Me voici enfin dans Postdam. C'était sous le feu roi la demeure de Pharasmane [6]; une place d'armes et point de jardin, la marche du régiment des gardes pour toute musique, des revues pour tout spectacle, la liste des soldats pour bibliothèque. Aujourd'hui c'est le palais d'Auguste, des légions et des beaux-esprits, du plaisir et de la gloire, de la magnificence et du goût, etc.

FIN DU VOYAGE A BERLIN.

NOTES

DU VOYAGE A BERLIN.

1. Voltaire était parti de Compiègne le 28 juin. Après avoir visité Fontenoy, Raucoux, et Laufeldt, il resta quinze jours à Clèves, et n'en sortit que vers la mi-juillet. Quatre à cinq jours après il était à Berlin.

On trouve un *Voyage aux environs de Berlin, ou Lettres à M. R.* (en prose et en vers), dans *le Recueil de pièces fugitives par madame Reclam-Stosch*, Berlin, 1777, in-8°, pages 1-70. Marie-Henriette-Charlotte Reclam-Stosch naquit à Ruppin le 18 mai 1739, et mourut le 26 février 1799. B.

2. Allusion au *Temple du Goût*. B.

3. Broussin; voyez tome XXXII, page 285. B.

4. On a vu ci-dessus, note première, que Voltaire était parti de Compiègne le 28 juin. B.

5. Madame de La Fayette a fait un roman intitulé *la Princesse de Clèves*. B.

6. Pharasmane, dans le *Rhadamiste et Zénobie* de Crébillon, dit, acte II, scène 2 :

> La nature marâtre, en ces affreux climats,
> Ne produit, au lieu d'or, que du fer, des soldats.   B.

ODES.

AVIS DU NOUVEL ÉDITEUR.

Il m'a été impossible de ranger les Odes dans l'ordre chronologique, j'ai rectifié quelques dates : mais je ne l'ai fait que lorsque déjà des renvois imprimés donnaient les numéros de quelques unes de ces odes. Je n'ai pu me déterminer à rendre faux ces renvois ; cela eût été trop incommode pour les lecteurs.

BEUCHOT.

ODES.

ODE I.

SUR SAINTE GENEVIÈVE.

IMITATION D'UNE ODE LATINE

PAR LE R. P. LEJAI.

1709[1].

Qu'aperçois-je! est-ce une déesse
Qui s'offre à mes regards surpris?
Son aspect répand l'allégresse,
Et son air charme mes esprits.
Un flambeau brillant de lumière,
Dont sa chaste main nous éclaire,
Jette un feu nouveau dans les airs.
Quels sons, quelles douces merveilles,
Viennent de frapper mes oreilles
Par d'inimitables concerts?

Un chœur d'esprits saints l'environne,
Et lui prodigue des honneurs;
Les uns soutiennent sa couronne,
Les autres la parent de fleurs.
O miracle! ô beautés nouvelles!
Je les vois, déployant leurs ailes,
Former un trône sous ses pieds.
Ah! je sais qui je vois paraître!

France, pouvez-vous méconnaître
L'héroïne que vous voyez?

Oui, c'est vous que Paris révère
Comme le soutien de ses lis :
Geneviève, illustre bergère,
Quel bras les a mieux garantis?
Vous qui, par d'invisibles armes,
Toujours au fort de nos alarmes
Nous rendîtes victorieux,
Voici le jour où la mémoire
De vos bienfaits, de votre gloire,
Se renouvelle dans ces lieux.

Du milieu d'un brillant nuage
Vous voyez les humbles mortels
Vous rendre à l'envi leur hommage,
Prosternés devant vos autels;
Et les puissances souveraines
Remettre entre vos mains les rênes
D'un empire à vos lois soumis.
Reconnaissant et plein de zèle,
Que n'ai-je su, comme eux fidèle,
Acquitter ce que j'ai promis!

Mais, hélas! que ma conscience
M'offre un souvenir douloureux!
Une coupable indifférence
M'a pu faire oublier mes vœux.
Confus, j'en entends le murmure.
Malheureux! je suis donc parjure!

Mais non ; fidèle désormais,
Je jure ces autels antiques,
Parés de vos saintes reliques,
D'accomplir les vœux que j'ai faits [2].

Vous, tombeau sacré que j'honore,
Enrichi des dons de nos rois,
Et vous, bergère que j'implore,
Écoutez ma timide voix.
Pardonnez à mon impuissance,
Si ma faible reconnaissance
Ne peut égaler vos faveurs.
Dieu même, à contenter facile,
Ne croit point l'offrande trop vile
Que nous lui fesons de nos cœurs.

Les Indes, pour moi trop avares,
Font couler l'or en d'autres mains :
Je n'ai point de ces meubles rares
Qui flattent l'orgueil des humains.
Loin d'une fortune opulente,
Aux trésors que je vous présente
Ma seule ardeur donne du prix ;
Et si cette ardeur peut vous plaire,
Agréez que j'ose vous faire
Un hommage de mes écrits.

Eh quoi ! puis-je dans le silence
Ensevelir ces nobles noms
De protectrice de la France
Et de ferme appui des Bourbons ?

Jadis nos campagnes arides,
Trompant nos attentes timides,
Vous durent leur fertilité;
Et, par votre seule prière,
Vous désarmâtes la colère
Du ciel contre nous irrité.

La Mort même, à votre présence,
Arrêtant sa cruelle faux,
Rendit des hommes à la France,
Qu'allaient dévorer les tombeaux.
Maîtresse du séjour des ombres,
Jusqu'au plus profond des lieux sombres.
Vous fîtes révérer vos lois.
Ah! n'êtes-vous plus notre mère,
Geneviève? ou notre misère
Est-elle moindre qu'autrefois?

Regardez la France en alarmes,
Qui de vous attend son secours!
En proie à la fureur des armes,
Peut-elle avoir d'autre recours?
Nos fleuves, devenus rapides
Par tant de cruels homicides,
Sont teints du sang de nos guerriers;
Chaque été forme des tempêtes
Qui fondent sur d'illustres têtes,
Et frappent jusqu'à nos lauriers.

Je vois en des villes brûlées
Régner la mort et la terreur;

Je vois des plaines désolées
Aux vainqueurs mêmes faire horreur.
Vous qui pouvez finir nos peines,
Et calmer de funestes haines,
Rendez-nous une aimable paix !
Que Bellone, de fers chargée
Dans les enfers soit replongée,
Sans espoir d'en sortir jamais !

NOTES.

[a] La première édition est in-4°, et ne porte point de date; mais on lit au bas, FRANÇOIS AROUET, *étudiant en rhétorique, et pensionnaire au collége de Louïs-le-Grand;* ce qui indique l'époque de sa composition. Mercier de Saint-Léger la réimprima en 1759, dans le recueil A, B, C, tome III, page 203. Cette ode n'est pas dans les éditions de Kehl. C'est en 1817, dans l'édition en douze volumes in-8°, qu'elle fut admise dans les *OEuvres de Voltaire*. B.

[2] Lors de la réimpression faite en 1759, Fréron (*Année littéraire*, 1759, tome VI, page 137) fit sur cette strophe la singulière remarque que voici : « Ces vœux sont de faire hommage de tous ses écrits à sainte Geneviève, qu'il appelle sa bergère. Croyez-vous que tous ses ouvrages méritent en effet d'être dédiés à cette sainte? » B.

ODE II.

SUR LE VOEU DE LOUIS XIII[1].

1712.

Du Roi des rois la voix puissante
S'est fait entendre dans ces lieux.
L'or brille, la toile est vivante,
Le marbre s'anime à mes yeux.
Prêtresses de ce sanctuaire,
La Paix, la Piété sincère,
La Foi, souveraine des rois,
Du Très-Haut filles immortelles,
Rassemblent en foule autour d'elles
Les Arts animés par leurs voix.

O Vierges, compagnes des justes,
Je vois deux héros prosternés[a]
Dépouiller leurs bandeaux augustes
Par vos mains tant de fois ornés.
Mais quelle puissance céleste
Imprime sur leur front modeste
Cette suprême majesté,
Terrible et sacré caractère
Dans qui l'œil étonné révère
Les traits de la Divinité?

[a] Les statues de Louis XIII et de Louis XIV sont aux deux côtés de l'autel.

L'un voua ces fameux portiques ;
Son fils vient de les élever.
Oh ! que de projets héroïques
Seul il est digne d'achever !
C'est lui, c'est ce sage intrépide
Qui triompha du sort perfide
Contre sa vertu conjuré;
Et de la discorde étouffée
Vint dresser un nouveau trophée
Sur l'autel qu'il a consacré[a].

Telle autrefois la cité sainte
Vit le plus sage des mortels
Du Dieu qu'enferma son enceinte
Dresser les superbes autels ;
Sa main, redoutable et chérie,
Loin de sa paisible patrie
Écartait les troubles affreux ;
Et son autorité tranquille
Sur un peuple à lui seul docile
Fesait luire des jours heureux.

O toi, cher à notre mémoire,
Puisque Louis te doit le jour,
Descends du pur sein de la gloire,
Des bons rois éternel séjour ;
Revois les rivages illustres
Où ton fils depuis tant de lustres

[a] La paix faite avec l'empereur, dans le temps que le chœur a été achevé.

Porte ton sceptre dans ses mains;
Reconnais-le aux vertus suprêmes
Qui ceignent de cent diadèmes
Son front respectable aux humains.

Viens: la Chicane insinuante,
Le Duel armé par l'Affront,
La Révolte pâle et sanglante,
Ici ne lèvent plus le front.
Tu vis leur cohorte effrénée
De leur haleine empoisonnée
Souffler leur rage sur tes lis;
Leurs dents, leurs flèches sont brisées,
Et sur leurs têtes écrasées
Marche ton invincible fils.

Viens sous cette voûte nouvelle,
De l'art ouvrage précieux;
Là brûle, allumé par son zèle,
L'encens que tu promis aux cieux.
Offre au Dieu que son cœur révère
Ses vœux ardents, sa foi sincère,
Humble tribut de piété.
Voilà les dons que tu demandes:
Grand Dieu! ce sont là les offrandes
Que tu reçois dans ta bonté.

Les rois sont les vives images
Du Dieu qu'ils doivent honorer.
Tous lui consacrent des hommages;
Combien peu savent l'adorer!

Dans une offrande fastueuse
Souvent leur piété pompeuse
Au ciel est un objet d'horreur;
Sur l'autel que l'Orgueil lui dresse
Je vois une main vengeresse
Montrer l'arrêt de sa fureur[a].

Heureux le roi que la couronne
N'éblouit point de sa splendeur;
Qui, fidèle au Dieu qui la donne,
Ose être humble dans sa grandeur;
Qui, donnant aux rois des exemples,
Au Seigneur élève des temples,
Des asiles aux malheureux;
Dont la clairvoyante justice
Démêle et confond l'artifice
De l'hypocrite ténébreux!

Assise avec lui sur le trône,
La Sagesse est son ferme appui.
Si la Fortune l'abandonne,
Le Seigneur est toujours à lui :
Ses vertus seront couronnées
D'une longue suite d'années,
Trop courte encore à nos souhaits;
Et l'Abondance dans ses villes
Fera germer ses dons fertiles,
Cueillis par les mains de la Paix.

---

[a] « Apparuerunt digiti quasi manus hominis scribentis. » (Daniel, chap. v, vers. 5.)

PRIÈRE POUR LE ROI[2].

Toi qui formas Louis de tes mains salutaires,
Pour augmenter ta gloire, et pour combler nos vœux,
Grand Dieu, qu'il soit encor l'appui de nos neveux,
Comme il fut celui de nos pères!

NOTES DE L'ODE II.

[1] Ce fut Louis XIV qui accomplit le vœu de son père, en fesant construire le chœur de l'église Notre-Dame de Paris.

Cette ode, faite en 1712, concourut pour le prix de poésie de l'académie française, adjugé en 1714. L'auteur à dix-huit ans fut vaincu par l'abbé Du Jarry, qui en avait soixante-cinq, et dont le poëme commençait ainsi :

> Enfin le jour paraît où le saint tabernacle
> D'ornements enrichi nous offre un beau spectacle, etc.

Le reste était dans ce goût. Ces vers-ci étaient surtout fort remarquables :

> Pôles glacés, brûlants, où sa gloire connue
> Jusqu'aux bornes du monde est chez vous parvenue, etc.   K.

— La pièce de l'abbé Du Jarry a été le sujet d'observations de Voltaire; voyez tome XXXVII, page 1. B.

[2] Toutes les pièces de concours devaient finir par une prière pour le roi. K.

ODE III.

SUR LES MALHEURS DU TEMPS.

1713.

Aux maux les plus affreux le ciel nous abandonne :
Le désespoir, la mort, la faim [1] nous environne ;
Et les dieux, contre nous soulevés tant de fois,
Équitables vengeurs des crimes de la terre,
      Ont frappé du tonnerre
      Les peuples et les rois.

Des plaines de Tortose [2] aux bords du Borysthène
Mars a conduit son char, attelé par la Haine :
Les vents contagieux ont volé sur ses pas ;
Et, soufflant de la mort les semences funestes,
      Ont dévoré les restes
      Échappés aux combats.

D'un monarque puissant la race fortunée
Remplissait de son nom l'Europe consternée :
Je n'ai fait que passer, ils étaient disparus [3] ;
Et le peuple abattu, que ce malheur étonne,
      Les cherche auprès du trône,
      Et ne les trouve plus.

Peuples, reconnaissez la main qui vous accable ;
Ce n'est point du destin l'arrêt irrévocable,
C'est le courroux des dieux, mais facile à calmer :

Méritez d'être heureux, osez quitter le vice;
C'est par ce sacrifice
Qu'on peut le désarmer.

Rome, en sages héros autrefois si fertile;
Rome, jadis des rois la terreur ou l'asile;
Rome fut vertueuse et dompta l'univers:
Mais l'Orgueil et le Luxe, enfants de la Victoire,
Du comble de la gloire
L'ont mise dans les fers [4].

Quoi! verra-t-on toujours de ces tyrans serviles,
Oppresseurs insolents des veuves, des pupilles,
Élever des palais dans nos champs désolés?
Verra-t-on cimenter leurs portiques durables
Du sang des misérables
Devant eux immolés?

Élevés dans le sein d'une infame avarice,
Leurs enfants ont sucé le lait de l'Injustice,
Et dans les tribunaux vont juger les humains:
Malheur à qui, fondé sur la seule innocence,
A mis son espérance
En leurs indignes mains!

Des nobles cependant l'ambition captive
S'endort entre les bras de la Mollesse oisive,
Et ne porte aux combats que des corps languissants,
Cédez, abandonnez à des mains plus vaillantes
Ces piques trop pesantes
Pour vos bras impuissants.

Voyez cette beauté sous les yeux de sa mère [5];
Elle apprend en naissant l'art dangereux de plaire,
Et d'exciter en nous de funestes penchants ;
Son enfance prévient le temps d'être coupable :
      Le Vice trop aimable
      Instruit ses premiers ans.

Bientôt, bravant les yeux de l'époux qu'elle outrage,
Elle abandonne aux mains d'un courtisan volage
De ses trompeurs appas le charme empoisonneur :
Que dis-je ! cet époux, à qui l'hymen la lie,
      Trafiquant l'infamie,
      La livre au déshonneur.

Ainsi vous outragez les dieux et la nature !
Oh ! que ce n'était pas de cette source impure
Qu'on vit naître les Francs, des Scythes successeurs,
Qui, du char d'Attila détachant la Fortune,
      De la cause commune
      Furent les défenseurs !

Le citoyen alors savait porter les armes ;
Sa fidèle moitié, qui négligeait ses charmes,
Pour son retour heureux préparait des lauriers,
Recevait de ses mains sa cuirasse sanglante,
      Et sa hache fumante
      Du trépas des guerriers.

Au travail endurci leur superbe courage
Ne prodigua jamais un imbécile hommage
A de vaines beautés, à leurs yeux sans appas ;

Et d'un sexe timide et né pour la mollesse
      Ils plaignaient la faiblesse,
      Et ne l'adoraient pas.

De ces sauvages temps l'héroïque rudesse
Leur dérobait encor [6] la délicate adresse
D'excuser leurs forfaits par un subtil détour;
Jamais on n'entendit leur bouche peu sincère
      Donner à l'adultère
      Le tendre nom d'amour.

Mais insensiblement l'adroite Politesse,
Des cœurs efféminés souveraine maîtresse,
Corrompit de nos mœurs l'austère pureté,
Et, du subtil Mensonge empruntant l'artifice,
      Bientôt à l'injustice
      Donna l'air d'équité.

Le Luxe à ses côtés marche avec arrogance;
L'or qui naît sous ses pas s'écoule en sa présence :
Le fol Orgueil le suit : compagnon de l'Erreur,
Il sape des états la grandeur souveraine,
      De leur chute certaine
      Brillant avant-coureur.

NOTES ET VARIANTES DE L'ODE III.

1   Le désespoir, la faim, la mort.....
2   Des rivages de l'Èbre.....
3   J'ai passé : de la terre ils étaient disparus,

Et le peuple abattu que sa misère étonne
    Les cherche près du trône.

Racine a dit dans *Esther,* acte III, scène 9 :

Je n'ai fait que passer, il n'était déjà plus.

Voltaire, dans son épître à Villette, intitulée *Les adieux du Vieillard* (voyez tome XIII, année 1778), a replacé le premier des trois vers que je donne ici en variante. B.

⁴   La plongèrent aux fers.

⁵ Cette strophe a quelque rapport avec les vers d'Horace (livre III, ode 6) :

Motus doceri gaudet Ionios
Matura virgo.   B.

⁶ Leur laissait ignorer....

ODE IV.

LE VRAI DIEU[1].

Se peut-il que dans ses ouvrages
L'homme aveugle ait mis son appui,
Et qu'il prodigue ses hommages
A des dieux moins divins que lui?
Jusqu'à quand, par d'affreux blasphèmes,
Rendrons-nous des honneurs suprêmes
Aux métaux qu'ont formés nos mains?
Jusqu'à quand l'encens de la terre
Ira-t-il grossir le tonnerre
Prêt à tomber sur les humains?

Descends des demeures divines,
Grand Dieu: les temps sont accomplis;
L'Erreur enfin sur ses ruines
Va voir des temples rétablis.
Un jour pur commence à paraître;
Sur la terre un Dieu vient de naître
Pour nous arracher au tombeau.
De l'enfer les monstres terribles,
Abaissant leurs têtes horribles,
Tremblent au pied de son berceau.

Mais l'homme, constant dans sa rage,
S'oppose à sa félicité;
Amoureux de son esclavage,
Il s'endort dans l'iniquité.
Je vois ses mains infortunées,
Aux palmes du ciel destinées,
S'offrir à des fers odieux.
Il boit dans la coupe infernale,
Et l'épais venin qu'elle exhale
Dérobe le jour à ses yeux.

Ne peut-il des nuages sombres
Percer la longue obscurité?
Son Dieu porte à travers les ombres
Le flambeau de la vérité.
Ouvre les yeux, homme infidèle;
Suis le Dieu puissant qui t'appelle:
Mais tu te plais à l'ignorer.
Affermi dans l'ingratitude,

Tu voudrais que l'incertitude
Te dispensât de l'adorer.

Mets le comble à tes injustices,
Il n'est plus temps de reculer ;
Ses vertus condamnent tes vices :
Il faut le suivre, ou l'immoler.
L'Erreur, la Colère, l'Envie,
Tout s'est armé contre sa vie.
Que tardes-tu ? perce son flanc.
De ses jours il t'a rendu maître ;
Et qui l'a bien pu méconnaître
Craindra-t-il de verser son sang ?

Ciel ! déjà ta rage exécute
Ce qu'a présagé ma douleur ;
Ton juge, à tous les maux en butte,
Va succomber sous ta fureur.
Je vous vois, victime innocente,
Sous le faix d'une croix pesante,
Vous traîner jusqu'au triste lieu.
Tout est prêt pour le sacrifice :
Vous semblez, de vos maux complice,
Oublier que vous êtes Dieu.

O toi dont la course céleste
Annonce aux hommes ton auteur,
Soleil ! en cet état funeste
Reconnais-tu ton Créateur ?
C'est à toi de punir la terre :
Si le ciel suspend son tonnerre,

Ta clarté doit s'évanouir.
Va te cacher au sein de l'onde :
Peux-tu donner le jour au monde,
Quand ton Dieu cesse d'en jouir?

Mais quel prodige me découvre
Les flambeaux obscurs de la nuit?
Le voile du temple s'entr'ouvre,
Le ciel gronde, le jour s'enfuit.
La terre, en abîmes ouverte,
Avec regret se voit couverte
Du sang d'un Dieu qui la forma ;
Et la Nature consternée
Semble à jamais abandonnée
Du feu divin qui l'anima.

Toi seul, insensible à tes peines,
Tu chéris l'instant de ta mort.
Grand Dieu! grace aux fureurs humaines,
L'univers a changé de sort.
Je vois des palmes éternelles
Croître en ces campagnes cruelles
Qu'arrosa ton sang précieux.
L'homme est heureux d'être perfide,
Et, coupables d'un déicide,
Tu nous fais devenir des dieux.

NOTE DE L'ODE IV.

[1] C'est sous le nom d'Arouet que cette ode est imprimée dans le *Nouveau choix de pièces de poésie*, 1715, deux parties, petit in-8°. Elle fait aussi partie du *Portefeuille trouvé*, ou *Tablettes d'un curieux*, 1757, deux volumes in-12. Elle a même été admise dans *la Collection complète des OEuvres de M. de Voltaire*, 1770-75, 48 volumes in-8°; c'est au tome XXIII qu'elle se trouve, ainsi que l'ode *Sur sainte Geneviève*.

En 1773, Voltaire, dans sa note quatrième du *Dialogue de Pégase et du Vieillard*, désavoua l'ode intitulée *Le vrai Dieu*, et dit que l'auteur était un jésuite, nommé Lefèvre; mais il ne parle pas de l'ode *Sur sainte Geneviève*, qu'on ne peut lui contester.

Le *Mercure* de janvier 1773, tome I, pages 5-10, contient une ode signée Lefèvre, et intitulée *le Triomphe de la Religion*.

Voltaire désavoue encore l'ode sur *le vrai Dieu* dans sa *Lettre de M. de La Visclède* (voyez tome XLVIII, page 271). L'édition des *OEuvres de Voltaire*, Paris, Lefèvre et Déterville, 1817, 42 volumes in-8° (y compris la table), est la première qui contienne l'ode intitulée *Le vrai Dieu*. B.

ODE V.

LA CHAMBRE DE JUSTICE

ÉTABLIE AU COMMENCEMENT DE LA RÉGENCE,
EN 1715 [1].

Toi dont le redoutable Alcée
Suivait les transports et la voix,
Muse, viens peindre à ma pensée
La France réduite aux abois.
Je me livre à ta violence;
C'est trop, dans un lâche silence,

Nourrir d'inutiles douleurs.
Je vais, dans l'ardeur qui m'enflamme,
Flétrir le tribunal infame
Qui met le comble à nos malheurs.

Une tyrannique industrie
Épuise aujourd'hui son savoir;
Son implacable barbarie
Se mesure sur son pouvoir.
Le délateur, monstre exécrable,
Est orné d'un titre honorable,
A la honte de notre nom;
L'esclave fait trembler son maître;
Enfin nous allons voir renaître
Les temps de Claude et de Néron.

En vain l'Auteur de la nature
S'est réservé le fond des cœurs,
Si l'orgueilleuse créature
Ose en sonder les profondeurs.
Une ordonnance criminelle
Veut qu'en public chacun révèle
Les opprobres de sa maison;
Et, pour couronner l'entreprise,
On fait d'un pays de franchise
Une immense et vaste prison.

Quel gouffre sous mes pas s'entr'ouvre!
Quels spectres me glacent d'effroi!
L'enfer ténébreux se découvre:
C'est Tysiphone, je la voi.

La Terreur, l'Envie, et la Rage,
Guident son funeste passage:
Des foudres partent de ses yeux;
Elle tient dans ses mains perfides
Un tas de glaives homicides
Dont elle arme des furieux.

Déjà la troupe meurtrière
Commence ses sanglants exploits;
Elle ouvre l'affreuse carrière
Par le renversement des lois.
Contre la force et l'imposture
La foi, la candeur, la droiture,
Sont des asiles impuissants.
Tout cède à l'horrible tempête;
S'il tombe une coupable tête,
On égorge mille innocents.

Tel, sortant du mont de Sicile,
Un torrent de soufre enflammé
Engloutit un terrain fertile
Et son habitant alarmé;
Tel un loup, fumant de carnage,
Enveloppe dans son ravage
Les bergers avec les troupeaux;
Telle était, moins terrible encore,
La fatale boîte où Pandore
Cachait à nos yeux tous les maux.

Dans cet odieux parallèle
Ne rencontrez-vous pas vos traits,

Magistrats d'un nouveau modèle,
Que l'enfer en courroux a faits;
Vils partisans de la Fortune,
Que le cri du faible importune,
Par qui les bons sont abattus,
Chez qui la Cruauté farouche,
Les Préjugés au regard louche,
Tiennent la place des Vertus?

Nous périssons : tout se dérange;
Tous les états sont confondus.
Partout règne un désordre étrange:
On ne voit qu'hommes éperdus;
Leurs cœurs sont fermés à la joie;
Leurs biens vont devenir la proie
De leurs ennemis triomphants.
O désespoir! notre patrie
N'est plus qu'une mère en furie
Qui met en pièces ses enfants.

Je sens que mes craintes redoublent;
Le ciel s'obstine à nous punir.
Que d'objets affligeants me troublent!
Je lis dans le sombre avenir.
Bientôt les guerres intestines,
Les massacres, et les rapines,
Deviendront les jeux des mortels.
On souillera le sanctuaire;
Les dieux d'une terre étrangère
Vont déshonorer nos autels.

Vieille erreur, respect chimérique,
Sortez de nos cœurs mutinés;
Chassons le sommeil léthargique
Qui nous a tenus enchaînés.
Peuple! que la flamme s'apprête;
J'ai déja, semblable au prophète,
Percé le mur d'iniquité :
Volez, détruisez l'Injustice;
Saisissez au bout de la lice
La desirable Liberté.

NOTE DE L'ODE V.

[1] P.-A. de Laplace, né à Calais en 1707, mort à Paris en 1793, avait, sur un exemplaire de cette pièce, écrit : « M. de Querlon m'a assuré que cette ode était de M. de Voltaire. » C'est sur cette seule autorité que, depuis 1817, *la Chambre de Justice* a été imprimée dans les *OEuvres de Voltaire*. L'édition Lefèvre et Déterville, déja citée page 411, est la première des *OEuvres de Voltaire* qui contienne *la Chambre de Justice*. B.

ODE VI.

A M. LE DUC DE RICHELIEU.

SUR L'INGRATITUDE[1].

1736.

O toi, mon support et ma gloire,
Que j'aime à nourrir ma mémoire
Des biens que ta vertu m'a faits,
Lorsqu'en tous lieux l'ingratitude
Se fait une pénible étude
De l'oubli honteux des bienfaits!

Doux nœuds de la reconnaissance,
C'est par vous que dès mon enfance
Mon cœur à jamais fut lié;
La voix du sang, de la nature,
N'est rien qu'un languissant murmure
Près de la voix de l'amitié.

Eh! quel est en effet mon père?
Celui qui m'instruit, qui m'éclaire,
Dont le secours m'est assuré;
Et celui dont le cœur oublie
Les biens répandus sur sa vie,
C'est là le fils dénaturé.

Ingrats, monstres que la nature
A pétris d'une fange impure
Qu'elle dédaigna d'animer,
Il manque à votre ame sauvage
Des humains le plus beau partage;
Vous n'avez pas le don d'aimer [2]

Nous admirons le fier courage
Du lion fumant de carnage,
Symbole du dieu des combats.
D'où vient que l'univers déteste
La couleuvre bien moins funeste?
Elle est l'image des ingrats [3].

Quel monstre plus hideux s'avance?
La Nature fuit et s'offense
A l'aspect de ce vieux giton;
Il a la rage de Zoïle,
De Gacon [a] l'esprit et le style,
Et l'ame impure de Chausson.

C'est Desfontaines, c'est ce prêtre
Venu de Sodome à Bicêtre,
De Bicêtre au sacré vallon:
A-t-il l'espérance bizarre

---

[a] Gacon était un misérable écrivain satirique, universellement méprisé (1752): Chausson a laissé un nom immortel (1775).

— Dans les éditions de 1752, 1756, etc., après le mot *méprisé*, on lisait: « Chausson fut brûlé publiquement pour le même crime pour lequel l'abbé Desfontaines fut mis à Bicêtre. » B.

Que le bûcher qu'on lui prépare
Soit fait des lauriers d'Apollon [4]?

Il m'a dû l'honneur et la vie,
Et, dans son ingrate furie,
De Rousseau lâche imitateur,
Avec moins d'art et plus d'audace,
De la fange où sa voix coasse
Il outrage son bienfaiteur.

Qu'un Hibernois [a], loin de la France,
Aille ensevelir dans Bysance
Sa honte à l'abri du croissant;
D'un œil tranquille et sans colère,
Je vois son crime et sa misère;
Il n'emporte que mon argent.

Mais l'ingrat dévoré d'envie,
Trompette de la calomnie,
Qui cherche à flétrir mon honneur,

---

[a] Un abbé irlandais, fils d'un chirurgien de Nantes, qui se disait de l'ancienne maison de Macarti, ayant subsisté long-temps des bienfaits de notre auteur, et lui ayant emprunté deux mille livres en 1732, s'enfuit aussitôt avec un Écossais, nommé Ramsay, qui se disait aussi des bons Ramsay, et avec un officier français, nommé Mornay; ils passèrent tous trois à Constantinople, et se firent circoncire chez le comte de Bonneval (1752). Remarquez qu'aucun de ces folliculaires, de ces trompettes de scandale qui fatiguaient Paris de leurs brochures, n'a écrit contre cette apostasie; mais ils ont jeté feu et flamme contre les Bayle, les Montesquieu, les Diderot, les Dalembert, les Helvétius, les Buffon, contre tous ceux qui ont éclairé le monde (1775).

— Une note du second chant de *la Guerre civile de Genève* (voyez ci-dessus, page 269) est consacrée à l'abbé Macarti. B.

Voilà le ravisseur coupable,
Voilà le larcin détestable
Dont je dois punir la noirceur.

Pardon, si ma main vengeresse
Sur ce monstre un moment s'abaisse
A lancer ces utiles traits,
Et si de la douce peinture
De ta vertu brillante et pure
Je passe à ces sombres portraits.

Mais lorsque Virgile et le Tasse
Ont chanté dans leur noble audace
Les dieux de la terre et des mers,
Leur muse, que le ciel inspire,
Ouvre le ténébreux empire,
Et peint les monstres des enfers [5].

NOTES ET VARIANTES DE L'ODE VI.

[1] Cette ode doit être de 1736. On trouve quatre strophes de même mesure dans la lettre de Voltaire à Tressan, du 21 octobre 1736. On peut croire que ces quatre strophes et l'ode ont été faites en même temps, pendant que Voltaire était en veine sur le sujet. La correspondance de l'année 1736 ne contient aucune lettre à Richelieu. Il est probable cependant qu'en envoyant l'ode, Voltaire y aura joint une lettre. La première édition des *Œuvres de Voltaire* qui contienne cette pièce est celle de Dresde, 1752, 7 vol. in-12. Les douze strophes y sont telles qu'on les lit aujourd'hui, mais il doit y avoir eu des éditions antérieures. B.

² L'auteur a supprimé la strophe suivante, qui était la cinquième dans la première édition :

> Je crois voir ces plaines stériles
> Dont nos cultures inutiles
> N'ont pu fertiliser le sein ;
> Ou le bronze informe et rebelle,
> Indocile à la main fidèle
> Qui conduit les traits du burin.

³ La première édition contenait les strophes suivantes, que l'auteur a fait disparaître :

> Tel fut ce plagiaire habile
> Et de Marot et de d'Ouville,
> Connu par ses viles chansons :
> Semblable à l'infame Locuste,
> Qui, sous les successeurs d'Auguste,
> Fut illustre par ses poisons.
>
> Dis-nous, Rousseau, quel premier crime
> Entraîna tes pas dans l'abime
> Où j'ai vu Saurin te plonger ?
> Ah ! ce fut l'oubli des services :
> Tu fus ingrat, et tous les vices
> Vinrent en foule t'assiéger.
>
> Aussitôt le dieu qui m'inspire
> T'arracha le luth et la lyre
> Qu'avaient déshonorés tes mains :
> Tu n'es plus qu'un reptile immonde,
> Rebut du Parnasse et du monde,
> Rongé de tes propres venins.
>
> En vain la triste Hypocrisie,
> Des fureurs de ta frénésie
> Veut couvrir les traits odieux ;
> Ton cœur n'en est que plus coupable,
> Et, dans la noirceur qui t'accable,
> Ton esprit moins ingénieux.
>
> Des forêts le tyran sauvage,
> Vieux, languissant, et plein de rage,
> Périssant de faim dans les bois,
> Pour tromper les troupeaux paisibles,

Prétendit par ses cris horribles
Des pasteurs imiter la voix.

Les faibles troupeaux en gémirent;
Mais quand les pasteurs entendirent
Ses détestables hurlements,
On écrasa dans son repaire
Cet hypocrite sanguinaire,
Pour prix de ses déguisements.

Oh! qu'en sa fureur impuissante
Une ame abattue et tremblante
Donne de mépris et d'horreur,
Quand le style, glacé par l'âge,
En vain ranimé par la rage,
Languit énervé de froideur!

Il faut que ma main vengeresse
Sur ce monstre un moment s'abaisse
A lancer ces utiles traits;
Il faut de la douce peinture
De la vertu brillante et pure
Passer à d'horribles portraits.

Quel monstre plus hideux s'avance, etc.

4 Après cette strophe, on lit dans les premières éditions :

Vieux, languissant, et sans courage,
Souvent, dans un accès de rage.
Qui l'enflamme et dont il périt,
Un chien, de sa gueule édentée,
Horrible, écumante, empestée,
Poursuit la main qui le nourrit.

Il me dut l'honneur et la vie;
Et dans son ingrate furie,
De Rousseau lâche imitateur,
Ami traître, ennemi timide,
Des flots de sa bile insipide
Il veut couvrir son bienfaiteur.

Pardon si ma main vengeresse, etc.

⁵ La strophe qui suit, et que l'auteur a supprimée, terminait l'ode :

>Raphaël, Rubens, Michel-Ange,
>Sous les pieds du divin archange
>Ont montré le diable abattu ;
>Et, par un heureux artifice,
>Massillon peint l'horreur du vice
>Pour mieux embellir la vertu.

ODE VII.

SUR LE FANATISME[1].

Charmante et sublime Émilie[a],
Amante de la Vérité,
Ta solide philosophie
T'a prouvé la Divinité.
Ton ame, éclairée et profonde [2],
Franchissant les bornes du monde,
S'élance au sein de son auteur.
Tu parais son plus bel ouvrage ;
Et tu lui rends un digne hommage,
Exempt de faiblesse et d'erreur.

[a] Cette ode est de l'année 1732. Elle est adressée à l'illustre marquise du Châtelet, qui s'est rendue par son génie l'admiration de tous les vrais savants et de tous les bons esprits de l'Europe (1748).
— Dans les éditions antérieures à 1751, et données du vivant de madame du Châtelet, au lieu d'*Émilie*, le premier vers portait *Aspasie*. La substitution d'un nom à l'autre rend presque inutile la note. B.

Mais si les traits de l'Athéisme
Sont repoussés par ta raison,
De la coupe du Fanatisme
Ta main renverse le poison :
Tu sers la justice éternelle,
Sans l'âcreté de ce faux zèle
De tant de dévots malfesants ⁱ,
Tel qu'un sujet sincère et juste
Sait approcher d'un trône auguste
Sans les vices des courtisans.

Ce Fanatisme sacrilége
Est sorti du sein des autels ;
Il les profane, il les assiége,
Il en écarte les mortels.
O Religion bienfesante,
Ce farouche ennemi se vante
D'être né dans ton chaste flanc !
Mère tendre, mère adorable,
Croira-t-on qu'un fils si coupable
Ait été formé de ton sang ?

On a vu souvent des athées [3]
Estimables dans leurs erreurs ;
Leurs opinions infectées
N'avaient point corrompu leurs mœurs.
Spinosa fut toujours fidèle
A la loi pure et naturelle
Du Dieu qu'il avait combattu ;

---

[a] Faux dévots (1742).

Et ce Desbarreaux qu'on outrage[a],
S'il n'eut pas les clartés du sage,
En eut le cœur et la vertu.

Je sentirais quelque indulgence
Pour un aveugle audacieux
Qui nierait l'utile existence
De l'astre qui brille à mes yeux.
Ignorer ton être suprême,
Grand Dieu! c'est un moindre blasphème,
Et moins digne de ton courroux,
Que de te croire impitoyable,
De nos malheurs insatiable,
Jaloux, injuste comme nous.

Lorsqu'un dévot atrabilaire,
Nourri de superstition,
A, par cette affreuse chimère,
Corrompu sa religion,
Le voilà stupide et farouche[4];
Le fiel découle de sa bouche,
Le Fanatisme arme son bras;
Et, dans sa piété profonde,
Sa rage immolerait le monde
A son Dieu, qu'il ne connaît pas.

---

[a] Il était conseiller au parlement : il paya à des plaideurs les frais de leur procès qu'il avait trop différé de rapporter (1742). — Dans les éditions de Kehl et suivantes, au lieu de cette note on lit : « Dans le temps qu'il était conseiller au parlement, les parties pressant le jugement d'un procès dont il était rapporteur, il brûla les pièces, et donna la somme pour laquelle on plaidait. » Voltaire a parlé de ce trait dans son *Siècle de Louis XIV* (voyez tome XIX, page 96). B.

Ce sénat proscrit dans la France,
Cette infame Inquisition,
Ce tribunal où l'ignorance
Traîna si souvent la raison ;
Ces Midas en mitre, en soutane [5],
Au philosophe de Toscane
Sans rougir ont donné des fers.
Aux pieds de leur troupe aveuglée,
Abjurez, sage Galilée,
Le système de l'univers.

Écoutez ce signal terrible
Qu'on vient de donner dans Paris [6] ;
Regardez ce carnage horrible,
Entendez ces lugubres cris ;
Le frère est teint du sang du frère,
Le fils assassine son père,
La femme égorge son époux ;
Leurs bras sont armés par des prêtres.
O ciel ! sont-ce là les ancêtres
De ce peuple léger et doux ?

Jansénistes et molinistes,
Vous qui combattez aujourd'hui
Avec les raisons des sophistes,
Leurs traits, leur bile, et leur ennui,
Tremblez qu'enfin votre querelle
Dans vos murs un jour ne rappelle
Ces temps de vertige et d'horreur ;
Craignez ce zèle qui vous presse :

On ne sent pas dans son ivresse
Jusqu'où peut aller sa fureur.

Malheureux, voulez-vous entendre 7
La loi de la religion?
Dans Marseille il fallait l'apprendre
Au sein de la contagion,
Lorsque la tombe était ouverte,
Lorsque la Provence, couverte
Par les semences du trépas,
Pleurant ses villes désolées
Et ses campagnes dépeuplées,
Fit trembler tant d'autres états.

Belsunce[a], pasteur vénérable,
Sauvait son peuple périssant;
Langeron, guerrier secourable,
Bravait un trépas renaissant;
Tandis que vos lâches cabales
Dans la mollesse et les scandales
Occupaient votre oisiveté
De la dispute ridicule 8
Et sur Quesnel et sur la bulle,
Qu'oubliera la postérité.

Pour instruire la race humaine
Faut-il perdre l'humanité?
Faut-il le flambeau de la Haine

---

[a] M. de Belsunce, évêque de Marseille, et M. de Langeron, commandant, allaient porter eux-mêmes les secours et les remèdes aux pestiférés moribonds, dont les médecins et les prêtres n'osaient approcher (1748).

Pour nous montrer la Vérité?
Un ignorant, qui de son frère
Soulage en secret la misère,
Est mon exemple et mon docteur;
Et l'esprit hautain qui dispute,
Qui condamne, qui persécute,
N'est qu'un détestable imposteur.

NOTES ET VARIANTES DE L'ODE VII.

¹ Cette ode est mentionnée dans la lettre à Cideville, du 30 mai 1736; elle était alors intitulée *Ode sur la superstition.* C'est le titre qu'elle a encore dans les éditions de 1740 et 1741. B.

² VARIANTE. Tu connais cet Être suprême;
Dans ton cœur est sa bonté même;
Dans ton esprit est sa grandeur.
Tu parais, etc.

3   On a vu souvent des athées
Sociables dans leurs erreurs;
Leurs opinions infectées
N'avaient point corrompu leurs mœurs.
Spinosa fut doux, simple, aimable;
Le Dieu que son esprit coupable
Avait follement combattu,
Prenant pitié de sa faiblesse,
Lui laissa l'humaine sagesse,
Et les ombres de la vertu.

Au vaste empire de la Chine
Il est un peuple de lettrés
Qui de la nature divine
Combat les attributs sacrés ¹.

¹ M. de Voltaire croyait alors, d'après quelques ouvrages de moines, que les lettrés chinois étaient athées : il a depuis été le premier qui nous ait désabusés de cette erreur. K. — Voyez tome XXVIII, page 46. B.

O vous! qui de notre hémisphère
Portez le flambeau salutaire
A ces faux sages d'Orient,
Parlez; est-il plus de justice,
Plus de candeur, et moins de vice,
Chez nos dévots de l'Occident?

Je sentirais, etc.

— La strophe *On a vu souvent des athées*, est citée par Voltaire dans le XVIe article de son *Fragment sur l'Histoire générale* (voyez tome XLVII, page 604), avec quelques différences.

4 Var. Son ame alors est endurcie;
Sa raison s'enfuit obscurcie;
Rien n'a plus sur lui de pouvoir:
Sa justice est folle et cruelle;
Il est dénaturé par zèle,
Et sacrilége par devoir.

5 Var. Cette troupe folle, inhumaine,
Qui tient le bon sens à la gêne
Et l'innocence dans les fers,
Par son zèle absurde aveuglée
Osa condamner Galilée
Pour avoir connu l'univers.

Ce Bacon, qui fut de la poudre
L'innocent et sage inventeur,
Ne put jamais se faire absoudre
Au consistoire de l'erreur.
Les chrétiens ont vu sur la terre
Le trouble, un concile, et la guerre,
Pour la forme d'un capuchon;
Et leurs églises divisées
Du sang des pasteurs arrosées,
Pour les sophismes de Platon.

6 Le rédacteur de *la Bigarrure*, en reproduisant, en 1752, dans son tome XIX, page 76, quelques strophes de l'ode sur *le Fanatisme*, y ajouta une note de sa façon sur les massacres de la Saint-Barthélemi. Il dit que le nombre des victimes fut de 30,000. Voltaire porte le compte un peu plus haut; voyez tome XLVII, page 592. B.

7 Var. Vous riez des sages d'Athènes
Que la terre a trop respectés,
Vous dissipez leurs ombres vaines
Par vos immortelles clartés.
Mais au moins, dans leur nuit profonde,
Conducteurs aveugles du monde,
Ils n'étaient point persécuteurs.
Imitez l'esprit pacifique
Et du Lycée et du Portique,
Quand vous condamnez leurs erreurs.

Enfants ingrats d'un même père,
Si vous prétendez le servir,
Si vous aspirez à lui plaire,
Est-ce à force de vous haïr?
Est-ce en déchirant l'héritage
Qu'un père si tendre et si sage
Du haut des cieux nous a transmis?
L'amour était votre partage;
Cruels! auriez-vous plus de rage,
Si vous étiez nés ennemis?

8 Var. De ces disputes furieuses
Sur des chimères épineuses
* Qu'oubliera la postérité.

Dans votre pédantesque audace,
Digne de votre faux savoir,
Vous argumentez sur la grace,
Et vous êtes loin de l'avoir.
* Un ignorant, qui de son frère
* Soulage en secret la misère,
Qui fuit la cour et les flatteurs,
Doux, clément, sans être timide:
Voilà mon apôtre et mon guide;
Les autres sont des imposteurs.

ODE VIII.

A MM. DE L'ACADÉMIE DES SCIENCES,

Qui ont été sous l'équateur et au cercle polaire
mesurer des degrés de latitude [1].

O Vérité sublime! ô céleste Uranie!
Esprit né de l'esprit qui forma l'univers,
Qui mesures des cieux la carrière infinie,
  Et qui pèses les airs :

Tandis que tu conduis sur les gouffres de l'onde
Ces voyageurs savants, ministres de tes lois,
De l'ardent équateur ou du pôle du monde,
  Entends ma faible voix.

Que font tes vrais enfants? Vainqueurs de la nature,
Ils arrachent son voile; et ces rares esprits
Fixent la pesanteur, la masse, et la figure,
  De l'univers surpris.

Les enfers sont émus au bruit de leur voyage :
Je vois paraître au jour les ombres des héros,
De ces Grecs renommés qu'admira le rivage
  De l'antique Colchos.

Argonautes fameux, demi-dieux de la Grèce,
Castor, Pollux, Orphée, et vous, heureux Jason,
Vous de qui la valeur, et l'amour, et l'adresse,
    Ont conquis la toison ;

En voyant les travaux et l'art de nos grands hommes,
Que vous êtes honteux de vos travaux passés !
Votre siècle est vaincu par le siècle où nous sommes :
    Venez, et rougissez.

Quand la Grèce parlait, l'univers en silence
Respectait le mensonge ennobli par sa voix ;
Et l'Admiration, fille de l'Ignorance,
    Chanta de vains exploits [a].

Heureux qui les premiers marchent dans la carrière !
N'y fassent-ils qu'un pas, leurs noms sont publiés ;
Ceux qui trop tard venus la franchissent entière
    Demeurent oubliés.

Le Mensonge réside au temple de Mémoire ;
Il y grava, des mains de la Crédulité [2],
Tous ces fastes des temps destinés pour l'histoire
    Et pour la vérité.

---

[a] En effet, il n'y a pas un de nos capitaines de vaisseau, pas un seul de nos pilotes, qui ne soit cent fois plus instruit que tous les Argonautes. Hercule, Thésée, et tous les héros de la guerre de Troie, n'auraient pas tenu devant six bataillons commandés par le grand Condé, ou Turenne, ou Marlborough. Thalès et les Pythagore n'étaient pas dignes d'étudier sous Newton. *Alcine* et *Armide* valent mieux que toutes les poésies grecques ensemble. Mais les premiers venus s'emparent du temple de la Gloire, le temps les y affermit, et les derniers trouvent la place prise (1775).

Uranie, abaissez ces triomphes des fables ;
Effacez tous ces noms qui nous ont abusés ;
Montrez aux nations les héros véritables
    Que vous seule instruisez.

Le Génois qui chercha, qui trouva l'Amérique,
Cortez qui la vainquit par de plus grands travaux,
En voyant des Français l'entreprise héroïque,
    Ont prononcé ces mots :

« L'ouvrage de nos mains n'avait point eu d'exemples,
Et par nos descendants ne peut être imité ;
Ceux à qui l'univers a fait bâtir des temples
    L'avaient moins mérité.

« Nous avons fait beaucoup, vous faites davantage ;
Notre nom doit céder à l'éclat qui vous suit.
Plutus guida nos pas dans ce monde sauvage ;
    La vertu vous conduit. »

Comme ils parlaient ainsi, Newton dans l'empyrée,
Newton les regardait, et du ciel entr'ouvert :
« Confirmez, disait-il, à la terre éclairée
    Ce que j'ai découvert.

« Tandis que des humains le troupeau méprisable,
Sous l'empire des sens indignement vaincu,
De ses jours indolents traînant le fil coupable,
    Meurt sans avoir vécu,

« Donnez un digne essor à votre ame immortelle ;
Éclairez des esprits nés pour la vérité.
Dieu vous a confié la plus vive étincelle
   De la Divinité.

« De la raison qu'il donne il aime à voir l'usage ;
Et le plus digne objet des regards éternels,
Le plus brillant spectacle, est l'ame du vrai sage
   Instruisant les mortels.

« Mais surtout écartez ces serpents détestables,
Ces enfants de l'Envie, et leur souffle odieux ;
Qu'ils n'empoisonnent pas ces ames respectables
   Qui s'élèvent aux cieux.

« Laissez un vil Zoïle aux fanges du Parnasse
De ses coassements [3] importuner le ciel,
Agir avec bassesse, écrire avec audace,
   Et s'abreuver de fiel.

« Imitez ces esprits, ces fils de la lumière,
Confidents du Très-Haut, qui vivent dans son sein,
Qui jettent comme lui sur la nature entière
   Un œil pur et serein. »

NOTES ET VARIANTES DE L'ODE VIII.

[1] La date de 1735, que les éditeurs de Kehl avaient mise à cette ode, est celle de l'expédition. C'est le 16 mai 1735 que s'étaient embarqués à La Rochelle, pour le Pérou, Bouguer, Godin, et La Condamine. Leur opération dura long-temps ; et un écrit de Bou-

guer ne parut qu'en 1749, in-4°. Dès 1738 Maupertuis avait publié le résultat des observations faites au pôle. L'ode de Voltaire n'est donc que de 1738. Frédéric l'en remercie dans sa lettre du 14 septembre 1738 (voyez tome LIII, page 256). *Le Pour et Contre* (de l'abbé Prévost), tome XVI, daté de 1738, donne comme une nouveauté l'*Ode* pour *messieurs de l'académie des sciences*, etc. Les éditions de Kehl sont les premières où elle est intitulée *Ode à messieurs de l'académie des sciences*, etc.

²   Ses mains ont tout écrit, et la postérité
      N'aura plus désormais de place pour l'histoire
         Et pour la vérité.

³ Toutes les éditions données du vivant de l'auteur et les éditions de Kehl portent *croassement*. L'édition Desoër, en 12 volumes in-8° (plus un de table), est la première où l'on ait mis *coassement*: c'est le cri des grenouilles. *Croassement* est le cri des corbeaux. Cette faute est probablement des imprimeurs des pays étrangers, à qui Voltaire était obligé de faire imprimer ses OEuvres. Les trois dernières strophes de l'ode ne sont pas dans le tome XVI de *Pour et Contre*. B.

ODE IX.

SUR LA PAIX DE 1736.

L'Etna renferme le tonnerre¹
Dans ses épouvantables flancs;
Il vomit le feu sur la terre,
Il dévore ses habitants.
Fuyez, Dryades gémissantes,
Ces campagnes toujours brûlantes,
Ces abîmes toujours ouverts,

Ces torrents de flamme et de soufre,
Échappés du sein de ce gouffre
Qui touche aux voûtes des enfers.

Plus terrible dans ses ravages,
Plus fier dans ses débordements,
Le Pô renverse ses rivages
Cachés sous ses flots écumants :
Avec lui marchent la Ruine,
L'Effroi, la Douleur, la Famine,
La Mort, les Désolations ;
Et, dans les fanges de Ferrare,
Il entraîne à la mer avare
Les dépouilles des nations.

Mais ces débordements de l'onde,
Et ces combats des éléments,
Et ces secousses qui du monde
Ont ébranlé les fondements,
Fléaux que le ciel en colère
Sur ce malheureux hémisphère
A fait éclater tant de fois,
Sont moins affreux, sont moins sinistres,
Que l'ambition des ministres,
Et que les discordes des rois.

De l'Inde aux bornes de la France [2],
Le soleil, en son vaste tour,
Ne voit qu'une famille immense,
Que devrait gouverner l'Amour.
Mortels, vous êtes tous des frères ;

Jetez ces armes mercenaires :
Que cherchez-vous dans les combats?
Quels biens poursuit votre imprudence?
En aurez-vous la jouissance
Dans la triste nuit du trépas?

Encor si pour votre patrie
Vous saviez vous sacrifier!
Mais non; vous vendez votre vie
Aux mains qui daignent la payer.
Vous mourez pour la cause inique
De quelque tyran politique
Que vos yeux ne connaissent pas;
Et vous n'êtes, dans vos misères,
Que des assassins mercenaires
Armés pour des maîtres ingrats.

Tels sont ces oiseaux de rapine,
Et ces animaux malfesants,
Apprivoisés pour la ruine
Des paisibles hôtes des champs :
Aux sons d'un instrument sauvage,
Animés, ardents, pleins de rage,
Ils vont, d'un vol impétueux,
Sans choix, sans intérêt, sans gloire,
Saisir une folle victoire
Dont le prix n'est jamais pour eux.

O superbe, ô triste Italie!
Que tu plains ta fécondité!
Sous tes débris ensevelie,

Que tu déplores ta beauté!
Je vois tes moissons dévorées
Par les nations conjurées
Qui te flattaient de te venger :
Faible, désolée, expirante,
Tu combats d'une main tremblante
Pour le choix d'un maître étranger.

Que toujours armés pour la guerre
Nos rois soient les dieux de la paix;
Que leurs mains portent le tonnerre,
Sans se plaire à lancer ses traits.
Nous chérissons un berger sage,
Qui, dans un heureux pâturage,
Unit les troupeaux sous ses lois.
Malheur au pasteur sanguinaire
Qui les expose en téméraire
A la dent du tyran des bois!

Eh! que m'importe la victoire
D'un roi qui me perce le flanc,
D'un roi dont j'achète la gloire
De ma fortune et de mon sang!
Quoi! dans l'horreur de l'indigence,
Dans les langueurs, dans la souffrance,
Mes jours seront-ils plus sereins
Quand on m'apprendra que nos princes
Aux frontières de nos provinces
Nagent dans le sang des Germains?

Colbert, toi qui dans ta patrie

Amenas les arts et les jeux ;
Colbert, ton heureuse industrie
Sera plus chère à nos neveux
Que la vigilance inflexible [3]
De Louvois, dont la main terrible
Embrasait le Palatinat,
Et qui, sous la mer irritée,
De la Hollande épouvantée
Voulait anéantir l'état.

Que Louis jusqu'au dernier âge
Soit honoré du nom de *Grand ;*
Mais que ce nom s'accorde au sage,
Qu'on le refuse au conquérant.
C'est dans la paix que je l'admire,
C'est dans la paix que son empire
Florissait sous de justes lois,
Quand son peuple aimable et fidèle
Fut des peuples l'heureux modèle,
Et lui le modèle des rois.

NOTES ET VARIANTES DE L'ODE IX.

[1] Dans les éditions de 1742 et 1748 cette pièce est intitulée *Ode sur la paix de* 1737. Dans les éditions antérieures on lisait seulement *Ode sur la paix.* L'édition de 1751 est la première qui donne à cette ode son titre actuel. Le traité de paix ne fut signé que le 18 novembre 1738 ; mais les préliminaires sont du 3 octobre 1735 la déclaration est du 15 mai 1736. Voltaire, le 18 octobre 1736 (voyez tome LII, page 322), soumettait à d'Olivet quelques pas-

sages de cette pièce, et donnait cette version des six derniers vers de la première strophe :

> Le tigre, acharné sur sa proie,
> Sent d'une impitoyable joie
> Son ame horrible s'enflammer.
> Notre cœur n'est point né sauvage :
> Grands dieux! si l'homme est votre image,
> Il n'était fait que pour aimer.

Ces six derniers vers furent ensuite reportés dans une strophe qui fut retranchée depuis ; voyez la variante suivante. B.

² Cette strophe et la suivante ont remplacé celles-ci :

> Que de nations fortunées
> Reposaient au sein des beaux-arts,
> Avant qu'au haut des Pyrénées
> Tonnât la trompette de Mars!
> Des Jeux la troupe enchanteresse,
> Les Plaisirs, les chants d'allégresse,
> Régnaient dans nos brillants palais,
> Tandis que les flûtes champêtres
> Mollement, à l'ombre des hêtres,
> Vantaient les charmes de la paix.

> Paix aimable, éternel partage
> Des heureux habitants des cieux,
> Vous étiez l'unique avantage
> Qui pouviez nous approcher d'eux.
> Ce tigre, acharné sur sa proie,
> Sent d'une impitoyable joie
> Son ame horrible s'enflammer ;
> Notre cœur n'est point né sauvage :
> Grand Dieu! si l'homme est ton image,
> C'est qu'il était fait pour aimer.

³ Dans sa lettre à d'Olivet, du 18 octobre 1736, Voltaire proposait cette autre version :

> Que la politique inflexible
> De Louvois prudent et terrible,
> Qui brûlait le Palatinat.   B.

ODE X.

AU ROI DE PRUSSE,

SUR SON AVÉNEMENT AU TRÔNE [1].

1740.

Est-ce aujourd'hui le jour le plus beau de ma vie [2]?
Ne me trompé-je point dans un espoir si doux?
Vous régnez. Est-il vrai que la philosophie
  Va régner avec vous?

Fuyez loin de son trône, imposteurs fanatiques,
Vils tyrans des esprits, sombres persécuteurs,
Vous dont l'ame implacable et les mains frénétiques
  Ont tramé tant d'horreurs.

Quoi! je t'entends encore, absurde Calomnie!
C'est toi, monstre inhumain, c'est toi qui poursuivis
Et Descartes, et Bayle, et ce puissant génie [a]
  Successeur de Leibnitz.

---

[a] Wolff, chancelier de l'université de Halle. Il fut chassé sur la dénonciation d'un théologien, et rétabli ensuite. Voyez la Préface de l'*Histoire de Brandebourg*, où il est dit « qu'il a noyé le système de Leibnitz dans un « fatras de volumes, et dans un déluge de paroles » (1756).

— On avait fait accroire à Frédéric-Guillaume Ier que la doctrine de Wolff sur le libre arbitre était cause que plusieurs de ses soldats avaient déserté. Wolff était un homme très savant, métaphysicien obscur, et géomètre médiocre; mais ses ouvrages, faits avec méthode, supérieurs à ce qu'on avait eu en Allemagne avant lui, formant enfin un cours complet de philoso-

Tu prenais sur l'autel un glaive qu'on révère,
Pour frapper saintement les plus sages humains.
Mon roi va te percer du fer que le vulgaire
    Adorait dans tes mains.

Il te frappe, tu meurs; il venge notre injure;
La vérité renaît, l'erreur s'évanouit;
La terre élève au ciel une voix libre et pure;
    Le ciel se réjouit.

Et vous, de Borgia détestables maximes,
Science d'être injuste à la faveur des lois,
Art d'opprimer la terre, art malheureux des crimes,
    Qu'on nomme l'art des rois;

Périssent à jamais vos leçons tyranniques [3] !
Le crime est trop facile, il est trop dangereux.
Un esprit faible est fourbe; et les grands politiques
    Sont les cœurs généreux.

Ouvrons du monde entier les annales fidèles,
Voyons-y les tyrans, ils sont tous malheureux;
Les foudres qu'ils portaient dans leurs mains criminelles
    Sont retombés sur eux.

phie (ce que personne n'avait encore osé entreprendre), lui avaient fait une réputation prodigieuse. On le comparait à Leibnitz, parcequ'il avait développé et fait connaître dans les écoles quelques unes de ses opinions. Aussi fut-il accusé d'athéisme, quoiqu'il eût prouvé l'existence d'un Dieu aussi bien et plus longuement qu'aucun philosophe. K.

Ils sont morts dans l'opprobre, ils sont morts dans la rage ;
Mais Antonin, Trajan, Marc-Aurèle, Titus,
Ont eu des jours sereins, sans nuit et sans orage,
    Purs comme leurs vertus.

Tout siècle eut ses guerriers; tout peuple a dans la guerre[4]
Signalé des exploits par le sage ignorés.
Cent rois que l'on méprise ont ravagé la terre :
    Régnez, et l'éclairez.

On a vu trop long-temps l'orgueilleuse ignorance,
Écrasant sous ses pieds le mérite abattu,
Insulter aux talents, aux arts, à la science,
    Autant qu'à la vertu.

Avec un ris moqueur, avec un ton de maître,
Un esclave de cour, enfant des Voluptés,
S'est écrié souvent : Est-on fait pour connaître ?
    Est-il des vérités ?

Il n'en est point pour vous, ame stupide et fière ;
Absorbé dans la nuit, vous méprisez les cieux.
Le Salomon du Nord apporte la lumière ;
    Barbare, ouvrez les yeux.

NOTES ET VARIANTE DE L'ODE X.

[1] Frédéric-le-Grand était devenu roi de Prusse le 31 mai 1740, jour de la mort de son père. L'ode sur son avénement était composée douze jours après; voyez la lettre à d'Argental, du 12 juin 1740, tome LIV, page 123. B.

² Voici la pièce telle qu'elle a été envoyée au roi :

>Enfin voici le jour le plus beau de ma vie,
>Que le monde attendait et que vous seul craignez,
>Le grand jour où la terre est par vous embellie,
>   Le jour où vous régnez.

>Fuyez, disparaissez, révérends fanatiques,
>Sous le nom de dévots lâches persécuteurs,
>Séducteurs insolents, dont les mains frénétiques
>   Ont tramé tant d'horreurs.

>J'entends, je vois trembler la sombre Hypocrisie;
>C'est toi, monstre inhumain, etc.

³ VAR. Politique imprudente autant que tyrannique,
>De votre faux éclat cachez le jour affreux;
>Redoutez un héros de qui la politique
>   Est d'être vertueux.

⁴ Au lieu des quatre dernières strophes, l'auteur avait mis celles-ci :

>Ils renaîtront en vous ces vrais héros de Rome;
>A les remplacer tous vous êtes destiné :
>Régnez, vivez heureux; que le plus honnête homme
>   Soit le plus fortuné.

>Un philosophe règne. Ah ! le siècle où nous sommes
>Le desirait sans doute, et n'osait l'espérer.
>Seul il a mérité de gouverner les hommes :
>   Il sait les éclairer.

>On voit des souverains vieillis dans l'ignorance,
>Idoles sans vertus, sans oreilles, sans yeux,
>Que sur l'autel du vice un vil flatteur encense,
>   Images des faux dieux.

>Quelle est du Dieu vivant la véritable image ?
>Vous, des talents, des arts, et des vertus l'appui;
>Vous, Salomon du Nord, plus savant et plus sage,
>   Et moins faible que lui.

ODE XI.

SUR LA MORT DE L'EMPEREUR CHARLES VI[1].

1740.

Il tombe pour jamais ce cèdre dont la tête
Défia si long-temps les vents et la tempête,
Et dont les grands rameaux ombrageaient tant d'états.
   En un instant frappée,
   Sa racine est coupée
   Par la faux du trépas.

Voilà ce roi des rois et ses grandeurs suprêmes :
La mort a déchiré ses trente diadèmes,
D'un front chargé d'ennuis dangereux ornement..
   O race auguste et fière !
   Un reste de poussière
   Est ton seul monument.

Son nom même est détruit, le tombeau le dévore ;
Et si le faible bruit s'en fait entendre encore,
On dira quelquefois : « Il régnait, il n'est plus [2] ! »
   Éloges funéraires
   De tant de rois vulgaires
   Dans la foule perdus.

Ah ! s'il avait lui-même, en ces plaines fumantes
Qu'Eugène ensanglanta de ses mains triomphantes,

Conduit de ses Germains les nombreux armements,
Et raffermi l'Empire,
De qui la gloire expire
Sous les fiers Ottomans!

S'il n'avait pas langui dans sa ville alarmée,
Redoutable en sa cour aux chefs de son armée,
Punissant ses guerriers par lui-même avilis;
S'il eût été terrible
Au sultan invincible,
Et non pas à Wallis [3]!

Ou si, plus sage encore, et détournant la guerre,
Il eût par ses bienfaits ramené sur la terre
Les beaux jours, les vertus, l'abondance, et les arts,
Et cette paix profonde
Que sut donner au monde
Le second des Césars!

La Renommée alors, en étendant ses ailes,
Eût répandu sur lui les clartés immortelles
Qui de la nuit du temps percent les profondeurs;
Et son nom respectable
Eût été plus durable
Que ceux de ses vainqueurs.

Je ne profane point les dons de l'harmonie:
Le sévère Apollon défend à mon génie
De verser, en bravant et les mœurs et les lois,
Le fiel de la satire

Sur la tombe où respire
La majesté des rois.

Mais, ô Vérité sainte! ô juste Renommée!
Amour du genre humain dont mon ame enflammée
Reçoit avidement les ordres éternels!
    Dictez à la mémoire
    Les leçons de la gloire,
    Pour le bien des mortels.

Rois, la Mort vous appelle au tribunal auguste
Où vous êtes pesés aux balances du juste.
Votre siècle est témoin; le juge est l'avenir:
    Demi-dieux mis en poudre,
    Lui seul peut vous absoudre,
    Lui seul peut vous punir.

NOTES DE L'ODE XI.

[1] L'empereur Charles VI avait conclu, peu de temps avant sa mort, une paix désavantageuse avec les Turcs : il punit ses généraux qui n'avaient été que malheureux, quelques officiers qui avaient rendu des places qu'ils étaient chargés de défendre, et fit faire le procès aux plénipotentiaires qui avaient signé cette paix. Sa mort les sauva. On a prétendu qu'ils avaient reçu des ordres secrets de la grande-duchesse, depuis impératrice-reine. Il est du moins certain qu'ils l'avaient servie. Il était aisé de prévoir la mort prochaine de l'empereur, l'orage qui allait s'élever contre sa fille, et la nécessité de s'assurer de la paix avec les Turcs, beaucoup moins politiques, mais souvent plus fidèles observateurs des traités, que les princes chrétiens. K. — Le traité de paix entre le sultan et l'empereur est du 1er septembre 1739; Charles VI mourut dans

la nuit du 19 au 20 octobre 1740 (voyez tome XXI, page 58; et XL, 56). Dans quelques éditions la pièce est intitulée : « *Ode sur la mort de l'empereur Charles VI*, 2 novembre 1740. » Cette date du 2 novembre ne peut être que la date de la composition de l'ode. B.

² C'est à peu près l'épitaphe de Colas, qui est dans les poésies de Gombaud :

>Colas est mort de maladie :
>On veut que je plaigne son sort.
>Que diable veut-on que j'en die ?
>Colas vivait, Colas est mort.   B.

³ Le comte de Wallis avait perdu, le 21 juillet 1739, la bataille de Croska. B.

ODE XII.

A LA REINE DE HONGRIE
MARIE-THÉRÈSE D'AUTRICHE¹.

1742.

Fille de ces héros que l'Empire eut pour maîtres,
Digne du trône auguste où l'on vit tes ancêtres,
Toujours près de leur chute et toujours affermis;
  Princesse magnanime,
  Qui jouis de l'estime
  De tous tes ennemis :

Le Français généreux, si fier et si traitable,
Dont le goût pour la gloire est le seul goût durable,
Et qui vole en aveugle où l'honneur le conduit,

Inonde ton empire,
Te combat et t'admire,
T'adore et te poursuit.

Par des nœuds étonnants l'altière Germanie,
A l'empire français malgré soi réunie,
Fait de l'Europe entière un objet de pitié;
    Et leur longue querelle
    Fut cent fois moins cruelle
    Que leur triste amitié.

Ainsi de l'équateur et des antres de l'Ourse
Les vents impétueux emportent dans leur course
Des nuages épais l'un à l'autre opposés;
    Et, tandis qu'ils s'unissent,
    Les foudres retentissent
    De leurs flancs embrasés.

Quoi! des rois bienfesants ordonnent ces ravages!
Ils annoncent le calme, ils forment les orages!
Ils prétendent conduire à la félicité
    Les nations tremblantes,
    Par les routes sanglantes
    De la calamité!

O vieillard vénérable[a], à qui les destinées
Ont de l'heureux Nestor accordé les années,
Sage que rien n'alarme et que rien n'éblouit,
    Veux-tu priver le monde

[a] Le cardinal de Fleury (1748).

De cette paix profonde
Dont ton ame jouit?

Ah! s'il pouvait encore, au gré de sa prudence,
Tenant également le glaive et la balance,
Fermer, par des ressorts aux mortels inconnus,
  De sa main respectée,
  La porte ensanglantée
  Du temple de Janus!

Si de l'or des Français les sources égarées,
Ne fertilisant plus de lointaines contrées,
Rapportaient l'abondance au sein de nos remparts,
  Embellissaient nos villes,
  Arrosaient les asiles
  Où languissent les arts!

Beaux-Arts, enfants du Ciel, de la Paix, et des Grâces,
Que Louis en triomphe amena sur ses traces,
Ranimez vos travaux, si brillants autrefois,
  Vos mains découragées,
  Vos lyres négligées,
  Et vos tremblantes voix.

De l'immortalité vos succès sont le gage.
Tous ces traités rompus et suivis du carnage,
Ces triomphes d'un jour, si vains, si célébrés,
  Tout passe, et tout retombe
  Dans la nuit de la tombe;
  Et vous seuls demeurez [2].

NOTES DE L'ODE XII.

¹ Dans plusieurs éditions, après l'intitulé de la pièce, on lit : « Faite le 30 juin de 1742. » B.

² Dans une ancienne édition on trouve une strophe de plus, qui terminait l'ode :

>   Le ciel entend mes vœux, un nouveau jour m'éclaire ;
>   L'ame du grand Armand¹, qui vous servit de père,
>   Pour ranimer nos chants reparaît aujourd'hui :
>   Rois, suivez son exemple ;
>   Vous, prêtres de son temple²,
>   Soyez dignes de lui.   K.

— Je n'ai pas vu l'ancienne édition dont les éditeurs de Kehl parlent dans la note qu'on vient de lire. Je n'ai pas trouvé la strophe dans les éditions de 1746, 1748, 1751, 1752, 1756, etc. B.

---

¹ Le cardinal de Richelieu. K.

² La Sorbonne, au lieu de profiter de cet avis, s'est empressée de censurer et de dénoncer, comme des ennemis publics, tous ceux qui cultivaient les lettres avec quelque succès. Heureusement ces libelles étaient écrits dans un latin barbare, traduit, pour la commodité des dévotes, dans un français tel que les docteurs avaient pu l'apprendre dans leurs antichambres.

Voyez, tome XIV, la satire intitulée *Les trois empereurs en Sorbonne*. K.

ODE XIII.

LA CLÉMENCE

DE LOUIS XIV ET DE LOUIS XV

DANS LA VICTOIRE[1].

Devoir des rois, leçon des sages,
Vertu digne des immortels,
Clémence, de quelles images
Dois-je décorer tes autels?
Dans les débris du Capitole
Irai-je chercher ton symbole?
Rome seule a-t-elle un Titus?
Les Trajans et les Marc-Aurèles
Sont-ils les stériles modèles
Des inimitables vertus?

Ce monarque brillant, illustre,
Digne en effet du nom de grand,
Louis, ne dut-il tant de lustre
Qu'aux triomphes du conquérant?
Il le doit à ces arts utiles
Dont Colbert enrichit nos villes,
Aux bienfaits versés avec choix,
A ses vaisseaux maîtres de l'onde,

A la paix qu'il donnait au monde,
Aux exemples qu'il donne aux rois.

Imitez, maîtres de la terre,
Et sa justice et sa bonté;
Que les maux cruels de la guerre
Soient ceux de la nécessité;
Que dans les horreurs du carnage
Le vainqueur généreux soulage
L'ennemi que son bras détruit.
Héros entourés de victimes,
Vos exploits sont autant de crimes,
Si la paix n'en est pas le fruit.

La Paix est fille de la Guerre.
Ainsi les rapides éclairs
Par les vents et par le tonnerre
Épurent les champs et les airs;
Ainsi les alcyons paisibles,
Après les tempêtes horribles,
Sur les eaux chantent leurs amours;
Ainsi quand Nimègue étonnée
Vit par Louis la paix donnée [2],
L'Europe entière eut de beaux jours.

Telle est la brillante carrière
Qu'ouvrit le dernier de nos rois;
Son fils la remplit tout entière
Par sa clémence et ses exploits:
Comme lui bienfaiteur du monde,
Son cœur est la source féconde

De la publique utilité ;
Comme lui conquérant et sage,
Il sait combattre avec courage,
Et secourir avec bonté.

Adorateurs de la Clémence,
Transportez-vous à Fontenoy.
Le jour luit, le combat commence ;
Bellone admire votre roi.
Voyez cette phalange altière,
Dans sa marche tranquille et fière,
En tous nos rangs porter la mort ;
Et Louis, plus inébranlable,
Par son courage inaltérable
Changer et maîtriser le sort.

Ce jour est le jour de la gloire,
Il est celui de la vertu :
Louis, au sein de la victoire,
Pleure son rival abattu.
Les succès n'ont rien qui l'enivre,
Il sait qu'un héros ne doit vivre
Que pour le bonheur des humains ;
Parmi les feux qui l'environnent,
Sous les lauriers qui le couronnent,
L'olive est toujours dans ses mains.

Guerriers frappés de son tonnerre
Et secourus par ses bienfaits,
Dans les bras sanglants de la Guerre
Il daigne demander la paix.

Par quelles maximes funestes
Préférez-vous aux dons célestes
Les fléaux qu'il veut détourner?
O victimes de sa justice,
Quoi! vous voulez qu'il vous punisse,
Quand il ne veut que pardonner!

NOTES DE L'ODE XIII.

[1] La première édition des OEuvres de Voltaire qui contienne cette pièce est l'édition de Kehl. Elle y est sans date, et à la place où je l'ai laissée. Je la crois de 1745. B.

[2] La paix de Nimègue est du 10 auguste 1678; voyez tome XIX page 439. B.

ODE XIV.

LA FÉLICITÉ DES TEMPS,

OU L'ÉLOGE DE LA FRANCE[1].

1746.

Est-il encor des satiriques
Qui, du présent toujours blessés,
Dans leurs malins panégyriques
Exaltent les siècles passés;
Qui, plus injustes que sévères,
D'un crayon faux peignent leurs pères

Dégénérant de leurs aïeux,
Et leurs contemporains coupables,
Suivis d'enfants plus condamnables,
Menacés de pires neveux [2] ?

Silence, imposture outrageante [3] ;
Déchirez-vous, voiles affreux ;
Patrie auguste et florissante,
Connais-tu des temps plus heureux ?
De la cime des Pyrénées
Jusqu'à ces rives étonnées
Où la Mort vole avec l'Effroi,
Montre ta gloire et ta puissance ;
Mais pour mieux connaître la France,
Qu'on la contemple dans son roi.

Quelquefois la grandeur trop fière [4],
Sur son front portant les dédains,
Foule aux pieds, dans sa marche altière,
Les rampants et faibles humains.
Les Prières humbles, tremblantes,
Pâles, sans force, chancelantes,
Baissant leurs yeux mouillés de pleurs,
Abordent ce monstre farouche,
Un indigne éloge à la bouche,
Et la haine au fond de leurs cœurs.

Favori du dieu de la guerre [5],
Héros dont l'éclat nous surprend,
De tous les vainqueurs de la terre
Le plus modeste est le plus grand.

O modestie! ô douce image
De la belle ame du vrai sage!
Plus noble que la majesté,
Tu relèves le diadème,
Tu décores la valeur même,
Comme tu pares la beauté [6].

Nous l'avons vu ce roi terrible
Qui, sur des remparts foudroyés,
Présentait l'olivier paisible
A ses ennemis effrayés :
Tel qu'un dieu guidant les orages,
D'une main portant les ravages
Et les tonnerres destructeurs,
De l'autre versant la rosée
Sur la terre fertilisée,
Couverte de fruits et de fleurs.

L'airain gronde au loin sur la Flandre,
Il n'interrompt point nos loisirs,
Et quand sa voix se fait entendre,
C'est pour annoncer nos plaisirs;
Les muses en habit de fêtes,
De lauriers couronnant leurs têtes,
Éternisent ces heureux temps;
Et, sous le bonheur qui l'accable,
La Critique est inconsolable
De ne plus voir de mécontents.

Venez, enfants des Charlemagnes,
Paraissez, ombres des Valois;

Venez contempler ces campagnes
Que vous désoliez autrefois :
Vous verrez cent villes superbes
Aux lieux où d'inutiles herbes
Couvraient la face des déserts,
Et sortir d'une nuit profonde
Tous les arts, étonnant le monde
De miracles toujours divers.

Au lieu des guerres intestines
De quelques brigands forcenés,
Qui se disputaient les ruines
De leurs vassaux infortunés,
Vous verrez un peuple paisible,
Généreux, aimable, invincible;
Un prince au lieu de cent tyrans;
Le joug porté sans esclavage;
Et la concorde heureuse et sage
Du roi, des peuples, et des grands.

Souvent un laboureur habile,
Par des efforts industrieux,
Sur un champ rebelle et stérile
Attira les faveurs des cieux;
Sous ses mains la terre étonnée
Se vit de moissons couronnée
Dans le sein de l'aridité;
Bientôt une race nouvelle
De ces champs préparés pour elle
Augmenta la fécondité.

Ainsi Pyrrhus après Achille
Fit encore admirer son nom;
Ainsi le vaillant Paul-Émile
Fut suivi du grand Scipion;
Virgile, au-dessus de Lucrèce,
Aux lieux arrosés du Permesse
S'éleva d'un vol immortel;
Et Michel-Ange vit paraître,
Dans l'art que sa main fit renaître,
Les prodiges de Raphaël.

Que des vertus héréditaires
A jamais ornent ce séjour!
Vous avez imité vos pères;
Qu'on vous imite à votre tour.
Loin ce discours lâche et vulgaire [7],
Que toujours l'homme dégénère,
Que tout s'épuise et tout finit:
La nature est inépuisable,
Et le Travail infatigable
Est un dieu qui la rajeunit.

NOTES ET VARIANTES DE L'ODE XIV.

[1] Voltaire, reçu à l'académie française le 9 mai 1746, lut, dans la séance publique du 25 août, cette ode, qu'on imprime ordinairement sans titre. Celui que j'ai mis est celui que donne le *Mercure* de septembre 1746, où il est rendu compte de la séance. B.

[2] Traduction de ces vers d'Horace (livre III, ode VI):

Ætas parentum, pejor avis, tulit

> Nos nequiores, mox daturos
> Progeniem vitiosiorem.

M. de Voltaire est un des premiers philosophes qui aient osé prononcer cette vérité si consolante, que depuis plusieurs siècles le genre humain en Europe a fait des pas très sensibles vers la sagesse et le bonheur, et qu'il doit ces avantages aux progrès des sciences et de la philosophie.

On trouvera, à la fin de l'opuscule intitulé *Des conspirations contre les peuples* (voyez tome XLII, page 514), une parodie de ces mêmes vers d'Horace. K.

3 Var. Patrie aimable et triomphante,
Confondez ces traits pleins d'horreur;
De votre splendeur éclatante
Percez les voiles de l'erreur.
De la cime, etc.

4 Var. Dans l'Asie esclave et guerrière
La majesté des souverains,
Toujours sombre, toujours altière,
Foule aux pieds les faibles humains.
Les prières, etc.

5 Var. Rois puissants, foudres de la guerre,
Héros dont l'éclat, etc.

6 Après la quatrième strophe, on lisait :

Mais, sous cette aimable apparence,
Souvent on nourrit dans son cœur
La froide et dure indifférence,
Funeste fille du bonheur.
Du haut d'un trône inaccessible,
Qu'il est aisé d'être insensible
Aux voix plaintives des douleurs,
Aux cris de la misère humaine,
Qui percent avec tant de peine
Dans le tumulte des grandeurs!

C'est au faîte des grandeurs même,
C'est sur un trône de lauriers,
Que l'heureux vainqueur qui vous aime
Gémit sur ses braves guerriers,
Sur ces victimes de sa gloire,

Qui, dans les bras de la victoire,
Et dans les horreurs du tombeau,
Formaient ce mélange terrible
Du carnage le plus horrible
Et du triomphe le plus beau.

La Discorde, avec épouvante,
Le voit sur des murs foudroyés
Offrir l'olive bienfesante
* A ses ennemis effrayés, etc.

7 Voltaire cité les six derniers vers de cette strophe (mais avec quelques variantes) dans l'article HÉMISTICHE de l'*Encyclopédie* (voyez tome XXX, page 167). Dans un des volumes du *Lycée ou Cours de littérature* de La Harpe (dix-huitième siècle, chap. VIII, sect. 1re), ces six vers sont donnés comme *les seuls qu'on ait retenus d'une ode de la jeunesse* de l'auteur. C'est peut-être la citation qu'avait faite Voltaire qui a induit La Harpe en erreur. B.

ODE XV.

SUR LA MORT

DE S. A. S. Mme LA PRINCESSE DE BAREITH*¹.

1759.

Lorsqu'en des tourbillons de flamme et de fumée
Cent tonnerres d'airain, précédés des éclairs,
De leurs globes brûlants renversent une armée,
Quand de guerriers mourants les sillons sont couverts,
  Tous ceux qu'épargna la foudre,
  Voyant rouler dans la poudre
  Leurs compagnons massacrés,
  Sourds à la Pitié timide,

*¹ Voyez la note, page 466; et la note 1, page 474.

Marchent d'un pas intrépide
Sur leurs membres déchirés.

Ces féroces humains, plus durs, plus inflexibles
Que l'acier qui les couvre au milieu des combats,
S'étonnent à la fin de devenir sensibles,
D'éprouver la pitié qu'ils ne connaissaient pas [2],
　　Lorsque la Mort en silence
　　D'un pas terrible s'avance
　　Vers un objet plein d'attraits,
　　Quand ces yeux qui dans les ames
　　Lançaient les plus douces flammes
　　Vont s'éteindre pour jamais.

Une famille entière, interdite, éplorée,
Se presse en gémissant vers un lit de douleurs;
La victime l'attend, pâle, défigurée,
Tendant une main faible à ses amis en pleurs.
　　Tournant en vain la paupière
　　Vers un reste de lumière
　　Qu'elle gémit de trouver [3],
　　Elle présente sa tête;
　　La faux redoutable est prête,
　　Et la Mort va la lever.

Le coup part, tout s'éteint: c'en est fait, il ne reste
De tant de dons heureux, de tant d'attraits si chers,
De ces sens animés d'une flamme céleste,
Qu'un cadavre glacé, la pâture des vers.
　　Ce spectacle lamentable,
　　Cette perte irréparable

Vous frappe d'un coup plus fort
Que cent mille funérailles
De ceux qui, dans les batailles,
Donnaient et souffraient la mort.

O Bareith! ô vertus! ô graces adorées!
Femme sans préjugés, sans vice, et sans erreur,
Quand la mort t'enleva de ces tristes contrées,
De ce séjour de sang, de rapine, et d'horreur,
Les nations acharnées
De leurs haines forcenées
Suspendirent les fureurs;
Les discordes s'arrêtèrent;
Tous les peuples s'accordèrent
A t'honorer de leurs pleurs [4].

De la douce Vertu tel est le sûr empire;
Telle est la digne offrande à tes mânes sacrés.
Vous qui n'êtes que grands, vous qu'un flatteur admire,
Vous traitons-nous ainsi lorsque vous expirez?
La mort que Dieu vous envoie
Est le seul moment de joie
Qui console nos esprits.
Emportez, ames cruelles,
Ou nos haines éternelles,
Ou nos éternels mépris.

Mais toi dont la vertu fut toujours secourable,
Toi dans qui l'héroïsme égala la bonté,
Qui pensais en grand homme, en philosophe aimable,
Qui de ton sexe enfin n'avais que la beauté,

Si ton insensible cendre
Chez les morts pouvait entendre
Tous ces cris de notre amour,
Tu dirais dans ta pensée:
Les dieux m'ont récompensée,
Quand ils m'ont ôté le jour.

C'est nous, tristes humains, nous qui sommes à plaindre,
Dans nos champs désolés et sous nos boulevarts,
Condamnés à souffrir, condamnés à tout craindre
Des serpents de l'Envie et des fureurs de Mars.
Les peuples foulés gémissent,
Les arts, les vertus périssent,
On assassine les rois;
Tandis que l'on ose encore,
Dans ce siècle que j'abhorre,
Parler de mœurs et de lois [5] !

Hélas! qui désormais dans une cour paisible
Retiendra sagement la Superstition,
Le sanglant Fanatisme, et l'Athéisme horrible,
Enchaînés sous les pieds de la Religion?
Qui prendra pour son modèle
La loi pure et naturelle
Que Dieu grava dans nos cœurs?
Loi sainte, aujourd'hui proscrite
Par la fureur hypocrite
D'ignorants persécuteurs!

Des tranquilles hauteurs de la philosophie
Ta pitié contemplait avec des yeux sereins

Ces fantômes changeants du songe de la vie,
Tant de travaux détruits, tant de projets si vains;
  Ces factions indociles
  Qui tourmentent dans nos villes
  Nos citoyens obstinés;
  Ces intrigues si cruelles
  Qui font des cours les plus belles
  Un séjour d'infortunés.

Du temps qui fuit toujours tu fis toujours usage :
O combien tu plaignais l'infame oisiveté
De ces esprits sans goût, sans force, et sans courage,
Qui meurent pleins de jours, et n'ont point existé !
  La vie est dans la pensée :
  Si l'ame n'est exercée,
  Tout son pouvoir se détruit;
  Ce flambeau sans nourriture
  N'a qu'une lueur obscure,
  Plus affreuse que la nuit.

Illustres meurtriers, victimes mercenaires,
Qui, redoutant la honte et maîtrisant la peur,
L'un par l'autre animés aux combats sanguinaires,
Fuiriez si vous l'osiez, et mourez par honneur;
  Une femme, une princesse,
  Dans sa tranquille sagesse
  Du sort dédaignant les coups,
  Souffrant ses maux sans se plaindre,
  Voyant la mort sans la craindre,
  Était plus brave que vous [6].

Mais qui célébrera l'amitié courageuse,
Première des vertus, passion des grands cœurs,
Feu sacré dont brûla ton ame généreuse,
Qui s'épurait encore au creuset des malheurs?
   Rougissez, ames communes,
   Dont les diverses fortunes
   Gouvernent les sentiments,
   Frêles vaisseaux sans boussole,
   Qui tournez au gré d'Éole,
   Plus légers que ses enfants.

Cependant elle meurt, et Zoïle respire!
Et des lâches Séjans un lâche imitateur
A la vertu tremblante insulte avec empire;
Et l'hypocrite en paix sourit au délateur!
   Le troupeau faible des sages,
   Dispersé par les orages,
   Va périr sans successeurs;
   Leurs noms, leurs vertus s'oublient,
   Et les enfers multiplient
   La race des oppresseurs.

Tu ne chanteras plus, solitaire Sylvandre,
Dans ce palais des arts où les sons de ta voix
Contre les préjugés osaient se faire entendre,
Et de l'humanité fesaient parler les droits;
   Mais, dans ta noble retraite,
   Ta voix, loin d'être muette,
   Redouble ses chants vainqueurs,
   Sans flatter les faux critiques,

Sans craindre les fanatiques,
Sans chercher des protecteurs.

Vils tyrans des esprits, vous serez mes victimes,
Je vous verrai pleurer à mes pieds abattus;
A la postérité je peindrai tous vos crimes
De ces mâles crayons dont j'ai peint les vertus.
    Craignez ma main raffermie :
    A l'opprobre, à l'infamie,
    Vos noms seront consacrés,
    Comme le sont à la gloire
    Les enfants de la Victoire
    Que ma muse a célébrés [7].

NOTE DE M. MORZA [1]

SUR L'ODE PRÉCÉDENTE.

La princesse [2] à qui on a élevé ce monument en méritait un plus beau, et les monstres dont on daigne parler à la fin de cette ode méritent une punition plus sévère.

Dans les beaux jours de la littérature, il y avait, à la vérité, de plats critiques comme aujourd'hui. Claveret écrivait contre Corneille; Subligny et Visé attaquaient toutes les pièces de Racine; chaque siècle a eu ses Zoïles et ses Garasses : mais on ne vit jamais que dans nos jours une troupe infame de délateurs vomir hardiment leurs impostures, et en inventer encore de nouvelles quand les premières ont été confondues; cabaler insolemment, attaquer jusque dans les tribunaux les gens de lettres dont ils ne peuvent attaquer la gloire; porter l'audace de la calomnie jusqu'à les accuser de penser en secret tout le contraire de ce qu'ils écrivent en public; et vouloir rendre odieux, par leurs imputations, le nom respectable de philosophe.

La manie de ces délations a été poussée au point de dire et d'imprimer que les philosophes sont dangereux dans un état.

Et qui sont ces hardis délateurs? tantôt c'est un pédant jésuite [3] qui compromet la société dont il est, et qui ose parler de morale, tandis que ses confrères sont accusés et punis d'un parricide; tantôt c'est le factieux auteur d'une gazette nommée *Ecclésiastique*, qui, pour quelques écus par mois, a calomnié les Buffon, les Montesquieu, et jusqu'à un ministre d'état (M. d'Argenson), auteur d'un livre excellent sur une partie du droit public. C'est une troupe d'écrivains affamés qui se vantent de défendre le christianisme à quinze sous par tome, qui accusent d'irréligion le sage et savant auteur des *Essais sur Paris*, et qui enfin sont forcés de lui demander pardon juridiquement [4].

C'est surtout le misérable auteur d'un libelle intitulé *l'Oracle des philosophes* [5], qui prétend avoir été admis à la table d'un homme qu'il n'a jamais vu, et dans l'antichambre duquel il ne serait pas souffert; qui se vante d'avoir été dans un château, lequel n'a jamais existé; et qui, pour prix du bon accueil qu'il dit avoir reçu dans cette seule maison en sa vie, divulgue les secrets qu'il suppose lui avoir été confiés dans cette maison... Ce polisson, nommé Guyon, se donne ainsi lui-même de gaîté de cœur pour un malhonnête homme. N'ayant point d'honneur à perdre, il ne songe qu'à regagner par le débit d'un mauvais libelle l'argent qu'il a perdu à l'impression de ses mauvais livres. L'opprobre le couvre, et il ne le sent pas; il ne sent que le dépit honteux de n'avoir pu même vendre son libelle. C'est donc à cet excès de turpitude qu'on est parvenu dans le métier d'écrivain !

Ces valets de libraires, gens de la lie du peuple et la lie des auteurs, les derniers des écrivains inutiles, et par conséquent les derniers des hommes, sont ceux qui ont attaqué le roi, l'état, et l'Église, dans leurs feuilles scandaleuses écrites en faveur des convulsionnaires. Ils fabriquent leurs impostures, comme les filous commettent leurs larcins, dans les ténèbres de la nuit, changeant continuellement de nom et de demeure, associés à des recéleurs, fuyant à tout moment la justice, et, pour comble d'horreur, se couvrant du manteau de la religion, et, pour comble de ridicule, se persuadant qu'ils lui rendent service.

Ces deux partis, le janséniste et le moliniste, si fameux long-temps dans Paris, et si dédaignés dans l'Europe, fournissent des deux côtés les plumes vénales dont le public est si fatigué; ces champions de la folie, que l'exemple des sages et les soins paternels du souverain n'ont pu réprimer, s'acharnent l'un contre l'autre avec toute l'absurdité de nos siècles de barbarie, et tout le raffinement d'un temps également éclairé dans la vertu et dans le crime; et après s'être ainsi déchirés, ils se jettent sur les philosophes: ils attaquent la raison, comme des brigands réunis volent un honnête homme pour partager ses dépouilles.

Qu'on me montre dans l'histoire du monde entier un philosophe qui ait ainsi troublé la paix de sa patrie: en est-il un seul, depuis Confucius jusqu'à nos jours, qui ait été coupable, je ne dis pas de cette rage de parti et de ces excès monstrueux, mais de la moindre cabale contre les puissances, soit séculières, soit ecclésiastiques? Non, il n'y en eut jamais, et il n'y en aura jamais. Un philosophe fait son premier devoir d'aimer son prince et sa patrie; il est attaché à sa religion, sans s'élever outrageusement contre celles des autres peuples; il gémit de ces disputes insensées et fatales qui ont coûté autrefois tant de sang, et qui excitent aujourd'hui tant de haines. Le fanatique allume la discorde, et le philosophe l'éteint. Il étudie en paix la nature; il paie gaîment les contributions nécessaires à l'état; il regarde ses *maîtres* comme les *députés* de Dieu sur la terre, et ses concitoyens comme ses frères: bon mari, bon père, bon maître, il cultive l'amitié; il sait que, si l'amitié est *un besoin de l'ame,* c'est le plus noble besoin des ames les plus belles, que c'est un contrat entre les cœurs, contrat plus sacré que s'il était écrit, et qui nous impose les obligations les plus chères : il est persuadé que les méchants ne peuvent aimer.

Ainsi le philosophe, fidèle à tous ses devoirs, se repose sur l'innocence de sa vie. S'il est pauvre, il rend la pauvreté respectable; s'il est riche, il fait de ses richesses un usage utile à la société. S'il fait des fautes, comme tous les hommes en font, il s'en repent, et il se corrige. S'il a écrit librement dans sa jeunesse, comme Platon, il cultive la sagesse comme lui dans un âge avancé; il meurt en pardonnant à ses ennemis, et en implorant la miséricorde de l'Être suprême.

Qu'il soit du sentiment de Leibnitz sur les monades et sur les indiscernables, ou du sentiment de ses adversaires; qu'il admette les idées innées, avec Descartes, ou qu'il voie tout dans le Verbe, avec Malebranche; qu'il croie au plein, qu'il croie au vide, ces innocentes spéculations exercent son esprit, et ne peuvent nuire en aucun temps à aucun homme. Mais plus il est éclairé, plus les esprits contentieux et absurdes redoutent son mépris; et voilà la source secrète et véritable de cette persécution qu'on a suscitée quelquefois aux plus pacifiques et aux plus estimables des mortels. Voilà pourquoi les factieux, les enthousiastes, les fourbes, les pédants orgueilleux, ont si souvent étourdi le monde de leurs clameurs; ils ont frappé à toutes les portes; ils ont pénétré chez les personnes les plus respectables; ils les ont séduites, ils ont animé la vertu même contre la vertu; et un sage a été quelquefois tout étonné d'avoir persécuté un sage.

Quand l'évêque irlandais Berkeley se fut trompé sur le calcul différentiel, et que le célèbre Jurin eut confondu son erreur, Berkeley écrivit que les géomètres n'étaient pas chrétiens; quand Descartes eut trouvé de nouvelles preuves de l'existence de Dieu, Descartes fut accusé juridiquement d'athéisme; dès que ce même philosophe eut adopté les idées innées, nos théologiens l'anathématisèrent pour s'être écarté de l'opinion d'Aristote et de l'axiome de l'école, *Que rien n'est dans l'entendement qui n'ait été dans les sens.* Cinquante ans après, la mode changea; ils traitèrent de matérialistes ceux qui revinrent à l'ancienne opinion d'Aristote et de l'école.

A peine Leibnitz eut-il proposé son système, rédigé depuis dans *la Théodicée*, que mille voix crièrent qu'il introduisait le fatalisme, qu'il renversait la créance de la chute de l'homme, qu'il détruisait les fondements de la religion chrétienne. D'autres philosophes ont-ils combattu le système de Leibnitz, on leur a dit : Vous insultez la Providence.

Lorsque milord Shaftesbury assura que l'homme était né avec l'instinct de la bienveillance pour ses semblables, on lui imputa de nier le péché originel. D'autres [6] ont-ils écrit que l'homme est né avec l'instinct de l'amour-propre, on leur a reproché de détruire toute vertu.

Ainsi, quelque parti qu'ait pris un philosophe, il a toujours été en butte à la calomnie, fille de cette jalousie secrète dont tant d'hommes sont animés, et que personne n'avoue. Enfin de quoi pourra-t-on s'étonner depuis que le jésuite Hardouin [7] a traité d'athées les Pascal, les Nicole, les Arnauld, et les Malebranche?

Qu'on fasse ici une réflexion. Les Romains, ce peuple le plus religieux de la terre, nos vainqueurs, nos maîtres, et nos législateurs, ne connurent jamais la fureur absurde qui nous dévore; il n'y a pas dans l'histoire romaine un seul exemple d'un citoyen romain opprimé pour ses opinions; et nous, sortis à peine de la barbarie, nous avons commencé à nous acharner les uns contre les autres, dès que nous avons appris, je ne dis pas à penser, mais à balbutier les pensées des anciens. Enfin depuis les combats des réalistes et des nominaux, depuis Ramus assassiné par les écoliers de l'université de Paris pour venger Aristote, jusqu'à Galilée emprisonné, et jusqu'à Descartes banni d'une ville batave, il y a de quoi gémir sur les hommes, et de quoi se déterminer à les fuir.

Ces coups ne paraissent d'abord tomber que sur un petit nombre de sages obscurs dédaignés ou écrasés pendant leur vie par ceux qui ont acheté des dignités à prix d'or ou à prix d'honneur; mais il est trop certain que si vous rétrécissez le génie, vous abâtardissez bientôt une nation entière. Qu'était l'Angleterre avant la reine Élisabeth, dans le temps qu'on employait l'autorité sur la prononciation de l'*epsilon?* L'Angleterre était alors la dernière des nations policées en fait d'arts utiles et agréables, sans aucun bon livre, sans manufactures, négligeant jusqu'à l'agriculture, et très faible même dans sa marine; mais dès qu'on laissa un libre essor au génie, les Anglais eurent des Spenser, des Shakespeare, des Bacon, et enfin des Locke et des Newton.

On sait que tous les arts sont frères, que chacun d'eux en éclaire un autre, et qu'il en résulte une lumière universelle. C'est par ces mutuels secours que le génie de l'invention s'est communiqué de proche en proche; c'est par là qu'enfin la philosophie a secouru la politique, en donnant de nouvelles vues pour les manufactures, pour les finances, pour la construction des vaisseaux. C'est par là que les Anglais sont parvenus à mieux cultiver la terre qu'aucune nation, et à s'enrichir par la science de l'agriculture comme par celle de la marine; le même génie entreprenant et persévérant, qui leur fait fabriquer des draps plus forts que les nôtres, leur fait aussi écrire des livres de philosophie plus profonds. La devise du célèbre ministre d'état Walpole, *fari quæ sentiat*, est la devise des philosophes anglais. Ils marchent plus ferme et plus loin que nous dans la même carrière; ils creusent à cent pieds le sol que nous effleurons. Il y a tel livre français qui nous étonne par sa hardiesse, et qui paraîtrait écrit avec timidité, s'il était confronté avec ce que vingt auteurs anglais ont écrit sur le même sujet.

Pourquoi l'Italie, la mère des arts, de qui nous avons appris à lire, a-t-elle langui près de deux cents ans dans une décadence déplorable? C'est qu'il n'a pas été permis jusqu'à nos jours à un philosophe italien d'oser regarder la vérité à travers son télescope; de dire, par exemple, que le soleil est au centre de notre monde, et que le blé ne pourrit point dans la terre pour y germer[8]. Les Italiens ont dégénéré jusqu'au temps de Muratori et de ses illustres contemporains. Ces peuples ingénieux ont craint de penser; les Français n'ont osé penser qu'à demi; et les Anglais, qui ont volé jusqu'au ciel, parcequ'on ne leur a point coupé les ailes, sont devenus les précepteurs des nations. Nous leur devons tout, depuis les lois primitives de la gravitation, depuis le calcul de l'infini, et la connaissance précise de la lumière, si vainement combattue, jusqu'à la nouvelle charrue et à l'insertion de la petite-vérole, combattues encore.

Il faudrait savoir un peu mieux distinguer le dangereux et l'utile, la licence et la sage liberté, abandonner l'école à son ridicule, et respecter la raison. Il a été plus facile aux Hérules, aux Vandales, aux Goths, et aux Francs, d'empêcher la raison de naître, qu'il ne le serait aujourd'hui de lui ôter sa force quand elle est née. Cette raison épurée, soumise à la religion et à la loi, éclaire enfin ceux qui abusent de l'une et de l'autre; elle pénètre lentement, mais sûrement; et au bout d'un demi-siècle une nation est surprise de ne plus ressembler à ses barbares ancêtres.

Peuple nourri dans l'oisiveté et dans l'ignorance, peuple si aisé à enflammer et si difficile à instruire, qui courez des farces du cimetière de Saint-Médard aux farces de la foire; qui vous passionnez tantôt pour un Quesnel, tantôt pour une actrice de la Comédie italienne; qui élevez une statue en un jour, et le lendemain la couvrez de boue; peuple qui dansez et chantez en murmurant, sachez que vous vous seriez égorgé sur la tombe du diacre ou sous-diacre Pâris, et dans vingt autres occasions aussi belles, si les philosophes n'avaient, depuis environ soixante ans, adouci un peu les mœurs, en éclairant les esprits par degrés; sachez que ce sont eux (et eux seuls) qui ont éteint enfin les bûchers, et détruit les échafauds où l'on immolait autrefois et le prêtre Jean Hus, et le moine Savonarole, et le chancelier Thomas Morus, et le conseiller Anne du Bourg, et le médecin Michel Servet, et l'avocat général de Hollande Barneveldt, et la maréchale d'Ancre, et le pauvre Morin, qui n'était qu'un imbécile, et Vanini même, qui n'était qu'un fou argumentant contre Aristote, et tant d'autres victimes enfin dont les noms seuls feraient un immense volume : registre sanglant de la plus infernale superstition et de la plus abominable démence [9] (1761 et 1759).

Addition nouvelle de M. Morza sur ce vers de la huitième strophe : On assassine les rois.

On se souvient de ceux qui, aux pieds d'une Vierge Marie très fêtée en Pologne, et dont il est difficile à un Français de prononcer le nom, firent serment, en 1771, d'assassiner le roi ; ils remplirent leur serment autant qu'ils purent, avec le secours de la bonne mère.

Les philosophes qui avaient obtenu du révérend père Malagrida, du révérend père Mathos, et du révérend père Alexandre, en confession, la permission de tirer des coups de fusil par derrière au roi de Portugal, n'étaient-ils pas aussi de très savants hommes, et qui savaient leur Lucrèce par cœur ?

Si Damiens n'étudia point en philosophie, il est avéré du moins qu'il étudia en théologie, car il répondit dans ses interrogatoires, page 135 : «Quel motif l'a déterminé? A dit, La religion;» et page 405 : « Qu'il a cru faire une œuvre méritoire; que c'étaient tous ces prêtres qu'il entendait qui le disaient dans le palais. »

Voilà les mêmes réponses qu'ont faites tous les assassins de tant de princes, en remontant depuis Damiens jusqu'au pieux Aod, qui vint enfoncer de la main gauche un poignard jusqu'au manche dans le ventre de son roi Églon, de la part du Seigneur.

Et, après ces exemples, de pauvres philosophes oseraient se plaindre que de petits abbés leur disent des sottises (1773)!

— Voltaire a parlé de l'attentat contre le roi de Pologne, tome XLIII, page 465. B.

NOTES ET VARIANTES

DE L'ODE XV.

1 Frédérique-Sophie-Wilhelmine, sœur de Frédéric II, roi de Prusse, née le 3 juillet 1709, est morte le 14 octobre 1758. Frédéric, qui avait la plus grande amitié pour la margrave, écrivit à Voltaire : « Rassemblez, je vous prie, toutes vos forces pour élever un monument à son honneur. » Voltaire envoya au roi les vers qui sont dans la lettre de décembre 1758 (voyez tome LVII, page 638).

Ces vers ne satisfirent pas Frédéric. « Je desire, écrivait-il à Voltaire, le 23 janvier 1759, quelque chose de plus éclatant et de public. Il faut que toute l'Europe pleure avec moi une vertu trop peu connue; il ne faut point que mon nom partage cet éloge; il faut que tout le monde sache qu'elle est digne de l'immortalité, et c'est à vous de l'y placer. On dit qu'Apelle était le seul digne de peindre Alexandre : je crois votre plume la seule digne de rendre ce service à celle qui sera le sujet éternel de mes larmes. »

Ce fut alors que Voltaire envoya son ode, datée du 4 février 1759. Le roi de Prusse, dans sa lettre du 22 avril 1759, fait quelques observations sur cette pièce (voyez tome LVIII, page 74). B.

2   D'éprouver la pitié qu'ils ne connaissaient pas.
      Quand la Mort, qu'ils ont bravée,
      Dans cette foule abreuvée
      Du sang qu'ils ont répandu,
      Vient, d'un pas lent et tranquille,
      Seule aux portes d'un asile
      Où repose la vertu.

Une famille, etc.

3 Virgile (*Æn.*, IV, v. 692) a dit :

Quæsivit cœlo lucem, ingemuitque repertam.   B.

4 Après la cinquième strophe, on lisait la suivante, que l'auteur a retranchée :

Des veuves, des enfants, sur ces rives funestes,

Au milieu des débris des murs et des remparts,
Cherchant de leurs parents les pitoyables restes,
Ramassaient en tremblant leurs ossements épars.
>   Ton nom seul est dans leur bouche,
>   C'est ta perte qui les touche,
>   Ta perte est leur seul effroi ;
>   Et ces familles errantes,
>   Dans la misère expirantes,
>   Ne gémissent que sur toi.

5 L'auteur a retranché cette strophe, qui était après la huitième :

Beaux-arts, où fuirez-vous ? troupe errante et céleste,
De l'Olympe usurpé chassés par des Titans ;
Beaux-arts ! elle adoucit votre destin funeste :
Puisqu'elle eut du génie, elle aima les talents ;
>   Ces talents que Dieu dispense,
>   Avilis sous l'ignorance,
>   Gémissant sous l'oppresseur ;
>   Ces enfants de la lumière
>   Que l'imposture grossière
>   Offusque de sa noirceur.

6 Dans sa lettre au roi de Prusse, du 30 mars 1759, Voltaire donne une autre version de cette strophe. B.

7 Après cette strophe, on en lisait, dans la première édition, encore une autre que l'auteur a retranchée, et que voici :

Auguste et cher objet d'intarissables larmes,
Une main plus illustre, un crayon plus heureux,
Peindra tes grands talents, tes vertus, et tes charmes,
Et te fera régner chez nos derniers neveux.
>   Pour moi, dont la voix tremblante
>   Dans ma vieillesse pesante
>   Peut à peine s'exprimer,
>   Ma main tremblante, accablée,
>   Grave sur ton mausolée :
>   Ci-gît qui savait aimer.

NOTES DE LA NOTE DE M. MORZA.

1 Morza est un des noms sous lesquels Voltaire se cacha quelquefois, croyant ne pas être reconnu et pouvoir dire plus librement la vérité. C'est sous ce nom qu'il donna les notes sur la tragédie des *Lois de Minos* (voyez tome IX, page 276), et celles sur les *Cabales* ainsi que sur le *Dialogue de Pégase et du Vieillard*, satires qui sont dans le tome XIV. Jusqu'en 1771, la note était sans intitulé à la suite de l'ode. Dans l'édition in-4° (tome XVIII, daté de 1771), elle est à la même place, mais intitulée *Réflexions*. Ce ne fut qu'en 1773, en réimprimant l'*Ode* dans le même volume que les *Lois de Minos*, qu'il donna la *note* comme étant *de M. de Morza*. Dès 1761 il en avait changé le début. L'*Addition nouvelle* qui est à la fin est de 1773. B.

2 Dans la première édition, cette note (qui n'était pas donnée sous le nom de Morza) commençait ainsi :

L'auguste famille de madame la margrave de Bareith a ordonné expressément qu'on publiât ce faible éloge d'une princesse qui en méritait un plus beau. Je l'expose au public, c'est-à-dire au très petit nombre des amateurs de la poésie et des véritables connaisseurs, qui savent que cet art est encore plus difficile qu'infructueux ; ils pardonneront la langueur de cet ouvrage à celle de mon âge et de mes talents. Mon cœur, qui m'a toujours conduit, m'a fait répandre plus de larmes que de fleurs sur la tombe de cette princesse ; la reconnaissance est le premier des devoirs, je ne m'en suis écarté avec personne. Son altesse royale n'avait cessé en aucun temps de m'honorer de sa bienveillance et de son commerce ; elle envoya son portrait à ma nièce, et à moi quinze jours avant sa mort, lorsqu'elle ne pouvait plus écrire. Jamais une si belle ame ne sut mieux faire les choses décentes et nobles, et réparer les désagréables. Sujets, étrangers, amis, et ennemis, tous lui ont rendu justice, tous honorent sa mémoire : pour moi, si je n'ai pas vécu auprès d'elle, c'est que la liberté est un bien qu'on ne doit sacrifier à personne, surtout dans la vieillesse.

J'avoue donc hautement ce petit ouvrage, et je déclare en même temps (non pas à l'univers, à qui le P. Castel s'adressait toujours, mais à quelques gens de lettres, qui font la plus petite partie de l'univers) que je ne suis l'auteur d'aucun des ouvrages que l'ignorance et la mauvaise foi m'attribuent depuis long-temps.

Un jeune homme, connu dans son pays par son esprit et par ses talents, fit imprimer l'année passée une ode sur les victoires du roi de Prusse; et comme le nom de ce jeune étranger commence par un V, ainsi que le mien, cette ode fut réimprimée à Ratisbonne, à Nuremberg, sous mon nom. On la traduisit à Londres, on m'en fit honneur partout : c'est un honneur qu'assurément je ne mérite pas. Chaque auteur a son style; celui de cette ode n'est pas le mien; mais ce qui est encore plus contraire à mon état, à mon devoir, à ma place, à mon caractère, c'est que la pièce sort du profond respect qu'on doit aux couronnes avec qui le roi de Prusse est en guerre; il n'est permis à personne de s'exprimer comme on fait dans cet écrit. On doit d'ailleurs avertir tous les auteurs que nous ne sommes plus dans un temps où l'usage permettait à l'enthousiasme de la poésie de louer un prince aux dépens d'un autre. L'ode sur la prise de Namur, dans laquelle Boileau raille très indiscrètement le roi d'Angleterre Guillaume III, ne réussirait pas aujourd'hui; et La Motte fut très blâmé de n'avoir pas rendu justice à l'immortel prince Eugène dans une ode au duc de Vendôme.

> On ne peut trop louer trois sortes de personnes,
> Les dieux, sa maîtresse, et son roi.

C'est la maxime d'Ésope et de La Fontaine : mais il ne faut dire d'injures ni aux autres dieux, ni aux autres rois, ni aux autres femmes.

On m'a imputé encore je ne sais quel poëme sur *la Religion naturelle*, imprimé dans Paris, avec le titre de Berlin, par ces imprimeurs qui impriment tout, et publié aussi sous la première lettre de mon nom. Les brouillons et les délateurs ont beau faire, je n'ai jamais écrit ni en vers ni en prose sur la religion naturelle ou révélée; mais je composai, dans le palais d'un roi et sous ses yeux, en 1751, un poëme sur *la Loi naturelle*, principe de toute religion, sur cette loi primitive que Dieu a gravée dans nos cœurs, et qui nous enseigne à frémir du mal que nous fesons à nos semblables; ouvrage très inférieur à son sujet, mais dont tout homme doit chérir la morale pure, et dans lequel il doit respecter le nom qui est à la tête.

Que nous nous éloignons tous tant que nous sommes de cette

loi naturelle, et de la raison qui en est la source! Je ne parle pas ici des guerres qui inondent de sang le monde entier depuis qu'il est peuplé; je parle de nous autres gens paisibles qui l'inondons de nos mauvais écrits, de nos plates disputes, et de nos sottes querelles; je parle de ces graves fous qui enseignent que quatre et quatre font neuf, de nous qui sommes encore plus fous qu'eux quand nous perdons notre temps à vouloir leur faire entendre que quatre et quatre font huit, et des maîtres fous qui, pour nous mettre d'accord, décident que quatre et quatre font dix.

D'autres fous mourant de faim composent tous les matins dans leur grenier une des cent mille feuilles qui s'impriment journellement dans notre Europe, croyant fermement, avec frère Castel, que toute la terre a les yeux sur eux, et ne se doutant pas que le soir leurs belles productions périssent à jamais, tout comme les miennes.

Pendant que ces infatigables araignées font partout leurs toiles, il y en a deux ou trois cents autres qui recueillent soigneusement ces fils qu'on a balayés, et qui en composent ce qu'on appelle des journaux; de façon que, depuis l'an 1666, nous avons environ dix mille journaux au moins, dans lesquels on a conservé près de trois cent mille extraits de livres inconnus: et, ce qui est fort à l'honneur de l'esprit humain, c'est que tout cela se fait pour gagner dix écus, pendant que ces messieurs auraient pu en gagner cent à labourer la terre.

Il faut excepter sans doute le *Journal des Savants*, uniquement dicté par l'amour des lettres, et le judicieux Bayle, l'éternel honneur de la raison humaine, et quelques uns de ses sages imitateurs. J'excepte encore mes amis; mais je ne puis excepter frère Berthier, principal auteur du *Journal de Trévoux*, qui n'est point du tout mon ami.

Il faut savoir qu'il y a non seulement un *Journal de Trévoux*, mais encore un *Dictionnaire de Trévoux*: par conséquent il y a eu un peu de jalousie de métier entre les ignorants qui ont fait pour de l'argent le *Dictionnaire de Trévoux*, et les savants qui ont entrepris le *Dictionnaire de l'Encyclopédie*, je ne sais pourquoi. Outre ces terribles savants, nous sommes une cinquantaine d'empoisonneurs, lieutenants généraux des armées du roi, commandants d'artillerie, prélats, magistrats, professeurs, académiciens, de belles dames même, et moi, cultivateur de la terre et partisan séditieux de la nouvelle charrue, qui tous avons conspiré contre l'état, en envoyant au magasin encyclopédique d'énormes articles. Quelques uns sont remplis de longues déclamations qui n'apprennent rien; et beaucoup de nos méchants confrères ont manqué à la principale règle d'un dictionnaire, qui est de se contenter d'une définition courte et juste, d'un précepte clair et vrai, et de deux ou trois exemples utiles. Notre fureur de dire plus qu'il ne faut a enflé le dictionnaire, et en a fait un objet de papier et d'encre de plus de trois cent mille écus.

Aussitôt les adverses parties ont soulevé la ville et la cour contre les entrepreneurs; on les a accablés des plus horribles injures. On a poussé la cruauté jusqu'à dire à Versailles qu'ils étaient des philosophes. Qu'est-ce que des philosophes? a dit une grande dame. Un homme grave a répondu : Madame, ce sont des gens de sac et de corde, qui examinent, dans quelques lignes d'un livre en vingt volumes in-folio, si les atomes sont insécables ou sécables, si on pense toujours quand on dort, si l'ame est dans la glande pinéale ou dans le corps calleux, si l'ânesse de Balaam était animée par le diable, selon le sentiment du révérend père Bougeant, et autres choses semblables, capables de mettre le trouble dans les consciences timorées des tailleurs scrupuleux de Paris, et des pieuses revendeuses à la toilette, qui ne manqueront pas d'acheter ce livre, et de le lire assidument. On a fourni des mémoires par lesquels on démontre que si le venin n'est pas expressément dans les tomes imprimés, il se trouvera dans les articles des autres tomes, qu'il en résultera infailliblement des séditions et la ruine du royaume, et qu'enfin rien n'a jamais été plus dangereux dans un état que des philosophes.

Pour dire le vrai, la cabale la plus acharnée a osé accuser d'une cabale des hommes qui ne se sont jamais vus, et qui, dispersés à une grande distance les uns des autres, cultivent en paix la raison et les lettres.

Hélas! quel temps l'auteur du *Journal de Trévoux* et ceux de son parti prennent-ils pour accuser les philosophes d'être dangereux dans un état! Quelques philosophes auraient-ils donc trempé dans ces détestables attentats qui ont saisi d'horreur l'Europe étonnée? Auraient-ils eu part aux ouvrages innombrables de ces théologiens d'enfer, qui ont mis plus d'une fois le couteau dans des mains parricides? Attisèrent-ils autrefois les feux de la Ligue et de la Fronde? Ont-ils... Je m'arrête. Que le gazetier de Trévoux ne force point les hommes éclairés à une récrimination juste et terrible; que ses supérieurs mettent un frein à son audace. J'estime et j'aime plusieurs de ses confrères ; c'est avec regret que je lui fais sentir son imprudence, qui lui attire de dures vérités. Quel emploi pour un prêtre, pour un religieux, de vendre tous les mois à un libraire un recueil de médisances et de jugements téméraires !

Si le *Journal de Trévoux* excite le mépris et l'indignation, ce n'est pas qu'on ait moins d'horreur pour ses adversaires les auteurs de la *Gazette ecclésiastique*, eux qui ont outragé si souvent le célèbre Montesquieu, et tant d'honnêtes gens ; eux qui, dans leurs libelles séditieux, ont attaqué le roi, l'état, et l'Église ; qui fabriquent cette gazette scandaleuse comme les filous exécutent leurs larcins, dans les ténèbres de la nuit ; changeant continuellement de nom et de demeure, associés à des recéleurs ; fuyant à tout moment la justice ; et pour comble d'horreur se couvrant du manteau de la religion, et pour comble de ridicule se persuadant qu'ils lui rendent service.

Ces deux partis, le janséniste et le moliniste, etc. (Le reste comme ci-dessus, page 468).

³ Le P. Berthier, qui est le sujet de la *Relation de la maladie, de la confession, etc., du jésuite Berthier* (voyez tome XL, page 12), ayant, dans les *Mémoires de Trévoux*, rendu compte de l'*Ode sur la mort de la princesse de Bareith*, s'était surtout attaché à défendre la religion révélée et le *Journal de Trévoux*, deux choses qu'on ne peut dire homogènes. Il paraît que Voltaire répliqua par un *Avis à frère Berthier et à monsieur le rédacteur des Nouvelles ecclésiastiques*. Voltaire en parle dans sa lettre à d'Argental, du 3 juin 1759 (voyez tome LVIII, page 108). Quelques personnes ont cru, et j'ai beaucoup trop légèrement adopté cette opinion, que cet *Avis à frère Berthier*, etc., n'était autre que la *Note* qui est à la suite de l'*Ode*. Mais je crois que l'*Avis* est autre que la *Note*.

Montjoye, auteur d'un *Éloge de Berthier*, 1817, in-8°, regrette de ne pouvoir lire à ses auditeurs la *Réponse de Voltaire*, parceque *malheureusement elle est souillée de sales obscénités*. Montjoye a été plus heureux que moi s'il a vu cette réponse ; mais Montjoye n'est pas toujours exact. Ainsi, dans son *Éloge*, page 136, à l'occasion de la pension que, le 9 décembre 1782, l'assemblée du clergé accorda à Berthier, Montjoye s'écrie : « Le croirez-vous, messieurs, et oserai-je vous le révéler ? cette modique pension, si justement méritée, si tard accordée, souleva l'âme haineuse de Voltaire, si près lui-même du terme de sa carrière. Ce fut pour lui une occasion de lancer de nouveaux sarcasmes et contre celui qui avait été honoré de cette faveur, et contre ceux qui l'avaient décernée. » Malheureusement pour ces exclamations, Voltaire était mort depuis quatre ans et demi quand la pension fut accordée à Berthier. Cette circonstance fait, ce me semble, sentir la nécessité qu'il y avait de restituer les notes à chacun, ou du moins d'en donner les dates. B.

4 Voyez tome XLII, page 651; et LVIII, 559. B.

5 L'abbé Guyon; voyez tome XLII, page 695. B.

6 François, duc de La Rochefoucauld, auteur des *Maximes*. B.

7 Voyez tome XXVII, page 183. B.

8 Dans sa première aux Corinthiens, chapitre xv, verset 36, saint Paul dit : « Quod seminas non vivificatur, nisi prius moriatur. » B.

9 Dans la première édition on lisait, par forme de postscriptum :

« *P. S.* Sur une lettre reçue du roi de Prusse, je suis en droit de réfuter ici quelques mensonges imprimés. J'en choisirai trois dans la foule. La première erreur est celle d'un homme qui malheureusement a employé tout son esprit et toutes ses lumières à pallier dans un livre plein de recherches savantes les suites de la révocation de l'édit de Nantes, suites plus funestes que ne le voulait un monarque sage; il a voulu encore (qui le croirait!) diminuer, excuser les horreurs de la Saint-Barthélemi, que l'enfer ne pourrait approuver, s'il s'assemblait pour juger les hommes.

« Cet écrivain avance dans son livre [a] que les mémoires de Brandebourg n'ont pas été écrits par le roi de Prusse. Je suis obligé de dire à la face de l'Europe, sans crainte d'être démenti par personne, que ce monarque seul a été l'historien de ses états. L'honneur qu'on veut me faire d'avoir part à son ouvrage ne m'est point dû ; je n'ai servi qu'à lui aplanir les difficultés de notre langue,

---

[a] Page 84 de l'Apologie de la révocation de l'édit de Nantes et des massacres de la Saint-Barthélemi. — L'ouvrage de Cavayrac est intitulé : *Apologie de Louis XIV et de son conseil sur la révocation de l'édit de Nantes, avec une dissertation sur la journée de la Saint-Barthélemi*, 1758, in-8°. B.

dans un temps où je la parlais mieux qu'aujourd'hui, parceque les instructions des académiciens mes confrères étaient plus fraîches dans ma mémoire. Je n'ai été que son grammairien ; s'il m'arracha à ma patrie, à ma famille, à mes amis, à mes emplois, à ma fortune, si je lui sacrifiai tout, j'en fus récompensé en étant le confident de ses ouvrages ; et quant à l'honneur qu'il daigna me faire de me demander à mon roi pour être au nombre de ses chambellans, ceux qui me l'ont reproché ne savent pas que cette dignité était nécessaire à un étranger dans sa cour.

« Le même auteur [a] accuse d'infidélité les mémoires de Brandebourg, sur ce que l'illustre auteur dit que le roi son grand-père recueillit vingt mille Français dans ses états : rien n'est plus vrai. Le critique ignore que celui qui a fait l'histoire de sa patrie connaît le nombre de ses sujets comme celui de ses soldats.

« A qui doit-on croire, ou à celui qui écrit au hasard qu'il n'y eut pas dix mille Français réfugiés dans les provinces de la maison de Prusse, ou au souverain qui a dans ses archives la liste des vingt mille personnes auxquelles on donna des secours, et qui les méritèrent si bien en apportant chez lui tant d'arts utiles ?

« Ce critique ajoute qu'il n'y a pas eu cinquante familles françaises réfugiées à Genève. Je connais cette ville florissante, voisine de mes terres ; je certifie, sur le rapport unanime de tous ses citoyens que j'ai eu l'honneur de voir à ma campagne, magistrats, professeurs, négociants, qu'il y a eu beaucoup au-delà de mille familles françaises dans Genève ; et, de ces familles à qui l'auteur reproche leur *misère vagabonde*, j'en connais plusieurs qui ont acquis de très grandes richesses par des travaux honorables.

« La plupart des calculs de cet auteur ne sont pas moins erronnés. Celui qui a eu le malheur d'être l'apologiste de la Saint-Barthélemi, celui qui a été forcé de falsifier toute l'histoire ancienne pour établir la persécution, celui-là, dis-je, méritait-il de trouver la vérité ?

« S'il y a eu parmi les catholiques un homme capable de préconiser les massacres de la Saint-Barthélemi, nous venons de voir dans le parti opposé un écrivain anonyme qui, avec beaucoup moins d'esprit et de connaissances, et non moins d'inhumanité, a essayé de justifier les meurtres que son parti commettait autrefois,

---

[a] Page 84.

lorsque des fanatiques errants immolaient d'autres fanatiques qui ne rêvaient pas de la même manière qu'eux.

« Quel est le plus condamnable, ou d'un siècle ignorant et barbare dans lequel on commettait de telles cruautés, ou d'un siècle éclairé et poli dans lequel on les approuve?

« C'est ainsi que des ennemis de l'humanité écrivent sur plus d'une matière depuis quelques années ; et ce sont ces livres qu'on tolère! Il semble que des démons aient conspiré pour étouffer en nous toute pitié, et pour nous ravir la paix dans tous les genres et dans toutes les conditions.

« Ce n'est pas assez que le fléau de la guerre ensanglante et bouleverse une partie de l'Europe, et que ses secousses se fassent sentir aux extrémités de l'Asie et de l'Amérique, il faut encore que le repos des villes soit continuellement troublé par des misérables qui veulent se venger de leur obscurité en se déchaînant contre toute espèce de mérite. Ces taupes, qui soulèvent un pied de terre dans leurs trous, tandis que les puissances du siècle ébranlent le monde, ne seront pas éclairées par la lumière qu'on leur présente ici, mais on se croira trop heureux si ce peu de vérités peut germer dans l'esprit de ceux qui, étant appelés aux emplois publics, doivent aimer la modération, et avoir le fanatisme en horreur. »

— Une réponse à ce *P. S.* parut longues années après. Elle est intitulée *Post-scriptum d'un morceau de prose que M. de Voltaire avait fait imprimer à la suite de la première édition qu'il donna de son Ode sur la mort de la princesse de Bareith*, et est imprimé dans une brochure ayant pour titre : *Lettre du docteur Chlévalès à M. de Voltaire*, 1772, in-8°, et qu'on réimprima sous ce titre : *Qu'on y réponde, ou Lettre du docteur Chlévalès à M. de Voltaire*, 1772, in-8°.

Voltaire avait supprimé son *P. S.* dès 1761. B.

ODE XVI.

A LA VÉRITÉ[1].

Vérité, c'est toi que j'implore;
Soutiens ma voix, dicte mes vers.
C'est toi qu'on craint et qu'on adore,
Toi qui fais trembler les pervers.
Tes yeux veillent sur la justice;
Sous tes pieds tombe l'artifice,
Par la main du Temps abattu :
Témoin sacré, juge inflexible,
Tu mis ton trône incorruptible
Entre l'audace et la vertu.

Qu'un autre[2] en sa fougue hautaine,
Insultant aux travaux de Mars,
Soit le flatteur du prince Eugène,
Et le Zoïle des Césars;
Qu'en adoptant l'erreur commune,
Il n'impute qu'à la fortune
Les succès des plus grands guerriers,
Et que du vainqueur du Granique
Son éloquence satirique
Pense avoir flétri les lauriers.

Illustres fléaux de la terre,
Qui dans votre cours orageux

Avez renversé par la guerre
D'autres brigands moins courageux,
Je vous hais; mais je vous admire :
Gardez cet éternel empire
Que la gloire a sur nos esprits;
Ce sont les tyrans sans courage
A qui je ne dois pour hommage
Que de l'horreur et du mépris.

Kouli-Kan ravage l'Asie,
Mais en affrontant le trépas :
Tout mortel a droit sur sa vie;
Qu'il expire sous mille bras;
Que le brave immole le brave.
Le guerrier qui frappa Gustave
Ailleurs eût rampé sous ses lois;
Et, dans ces fameuses journées
Au droit du glaive destinées,
Tout soldat est égal aux rois.

Mais que ce fourbe sanguinaire,
De Charles-Quint l'indigne fils,
Cet hypocrite atrabilaire,
Entouré d'esclaves hardis,
Entre les bras de sa maîtresse
Plongé dans la flatteuse ivresse
De la volupté qui l'endort,
Aux dangers dérobant sa tête,
Envoie en cent lieux la tempête,
Les fers, la discorde, et la mort :

Que Borgia, sous sa tiare
Levant un front incestueux,
Immole à sa fureur avare
Tant de citoyens vertueux,
Et que la sanglante Italie
Tremble, se taise, et s'humilie
Aux pieds de ce tyran sacré :
O terre! ô peuples qu'il offense!
Criez au ciel, criez vengeance;
Armez l'univers conjuré.

O vous tous qui prétendez être
Méchants avec impunité,
Vous croyez n'avoir point de maître :
Qu'est-ce donc que la Vérité?
S'il est un magistrat injuste,
Il entendra la voix auguste
Qui contre lui va prononcer;
Il verra sa honte éternelle
Dans les traits d'un burin fidèle
Que le temps ne peut effacer.

Quel est parmi nous le barbare?
Ce n'est point le brave officier
Qui de Champagne ou de Navarre
Dirige le courage altier :
C'est un pédant morne et tranquille,
Gonflé d'un orgueil imbécile,
Et qui croit avoir mérité
Mieux que les Molé vénérables

Le droit de juger ses semblables,
Pour l'avoir jadis acheté.

Arrête, ame atroce, ame dure,
Qui veux dans tes graves fureurs
Qu'on arrache par la torture
La vérité du fond des cœurs.
Torture! usage abominable
Qui sauve un robuste coupable,
Et qui perd le faible innocent,
Du faîte éternel de son temple
La Vérité qui vous contemple
Détourne l'œil en gémissant.

Vérité, porte à la Mémoire,
Répète aux plus lointains climats
L'éternelle et fatale histoire
Du supplice affreux des Calas;
Mais dis qu'un monarque propice,
En foudroyant cette injustice,
A vengé tes droits violés.
Et vous, de Thémis interprètes,
Méritez le rang où vous êtes;
Aimez la justice, et tremblez.

Qu'il est beau, généreux d'Argence [3],
Qu'il est digne de ton grand cœur
De venger la faible innocence
Des traits du calomniateur!
Souvent l'Amitié chancelante
Resserre sa pitié prudente;

Son cœur glacé n'ose s'ouvrir;
Son zèle est réduit à tout craindre:
Il est cent amis pour nous plaindre,
Et pas un pour nous secourir.

Quel est ce guerrier intrépide?
Aux assauts je le vois voler;
A la cour je le vois timide:
Qui sait mourir n'ose parler.
La Germanie et l'Angleterre
Par cent mille coups de tonnerre
Ne lui font pas baisser les yeux:
Mais un mot, un seul mot l'accable;
Et ce combattant formidable
N'est qu'un esclave ambitieux.

Imitons les mœurs héroïques
De ce ministre des combats [4],
Qui de nos chevaliers antiques
A le cœur, la tête, et le bras;
Qui pense et parle avec courage,
Qui de la Fortune volage
Dédaigne les dons passagers,
Qui foule aux pieds la calomnie,
Et qui sait mépriser l'envie,
Comme il méprisa les dangers.

NOTES DE L'ODE XVI.

[1] Lorsque cette pièce fut imprimée, en 1771, page 363 d'un volume intitulé *Épîtres, Satires, Contes, Odes, et Pièces fugitives du*

poëte philosophe, on mit en note : « Cette ode est de l'année 1762, dans le temps de l'affreuse aventure des Calas. » Les éditeurs de Kehl disent qu'elle est de 1765, *dans le temps de la réhabilitation des Calas.* La réhabilitation des Calas est du 9 mars 1765 (voyez tome XL, page 501). Mais l'*Ode à la vérité* est de 1766, si une lettre du 8 décembre a été bien classée, par les éditeurs de Kehl, à l'année 1766. B.

2 J.-B. Rousseau, dans son *Ode à la Fortune*, « si vantée dans les colléges, » disent les éditeurs de Kehl. B.

3 Le marquis d'Argence avait écrit de son château de Dirac, près d'Angoulême, le 20 juillet 1765, une lettre par laquelle il réfutait les assertions affreuses de l'*Année littéraire* contre les Calas (voyez cette lettre dans une note, tome LXII, pages 413-415). Si, comme on a raison de le présumer, ce fut cette lettre qui donna naissance à l'ode, c'est une raison de croire que la lettre de Voltaire, classée au 8 décembre 1766, est du 8 décembre 1765. B.

4 Le duc de Choiseul-Stainville, ministre de la guerre, et qui, pendant quelque temps, eut aussi le ministère des affaires étrangères et celui de la marine. B.

ODE XVII.

GALIMATIAS PINDARIQUE

SUR UN CARROUSEL DONNÉ PAR L'IMPÉRATRICE DE RUSSIE.

1766[1].

Sors du tombeau, divin Pindare,
Toi qui célébras autrefois
Les chevaux de quelques bourgeois
Ou de Corinthe ou de Mégare ;
Toi qui possédas le talent
De parler beaucoup sans rien dire ;

Toi qui modulas savamment
Des vers que personne n'entend,
Et qu'il faut toujours qu'on admire.

Mais commence par oublier
Tes petits vainqueurs de l'Élide ;
Prends un sujet moins insipide ;
Viens cueillir un plus beau laurier.
Cesse de vanter la mémoire
Des héros dont le premier soin
Fut de se battre à coups de poing
Devant les juges de la Gloire.

La Gloire habite de nos jours
Dans l'empire d'une amazone ;
Elle la possède, et la donne² :
Mars, Thémis, les Jeux, les Amours,
Sont en foule autour de son trône.
Viens chanter cette Thalestris [a]
Qu'irait courtiser Alexandre.
Sur tes pas je voudrais m'y rendre,
Si je n'étais en cheveux gris.

Sans doute, en dirigeant ta course
Vers les sept étoiles de l'Ourse,
Tu verras, dans ton vol divin,
Cette France si renommée

---

[a] Thalestris, reine des Amazones, sortit de ses états pour venir voir Alexandre-le-Grand, auquel elle avoua de bonne foi qu'elle desirait avoir des enfants de lui, se croyant digne de donner des héritiers à son empire. *Quinte-Curce* (1770).

Qui brille encor dans son déclin ;
Car ta muse est accoutumée
A se détourner en chemin.

Tu verras ce peuple volage,
De qui la mode et le langage
Règnent dans vingt climats divers ;
Ainsi que ta brillante Grèce,
Par ses arts, par sa politesse,
Servit d'exemple à l'univers.

Mais il est encor des barbares
Jusque dans le sein de Paris ;
Des bourgeois pesants et bizarres,
Insensibles aux bons écrits ;
Des fripons aux regards austères,
Persécuteurs atrabilaires
Des grands talents et des vertus ;
Et, si dans ma patrie ingrate
Tu rencontres quelque Socrate,
Tu trouveras vingt Anitus[a].

Je m'aperçois que je t'imite.
Je veux aux campagnes du Scythe
Chanter les jeux, chanter les prix
Que la nouvelle Thalestris
Accorde aux talents, au mérite ;
Je veux célébrer la grandeur,
Les généreuses entreprises,

---

[a] Anitus fut le délateur et l'accusateur calomnieux de Socrate (1770).

L'esprit, les graces, le bonheur,
Et j'ai parlé de nos sottises.

NOTES DE L'ODE XVII.

[1] Le titre que je donne à cette pièce est celui qu'elle a dans les éditions données du vivant de l'auteur, en 1770, 1771, 1775. Quant à la date, c'est celle que lui donnent les éditions de Kehl. Mais je remarquerai que dans les éditions de 1770, 1771, 1775, au lieu de 1766, on lit 1768, date qui me paraît plus probable, soit pour époque du carrousel, soit pour époque de la composition de la pièce. Voltaire a fait l'éloge de la magnificence de ce carrousel de Catherine II (dans le chapitre xcix de l'*Essai sur les mœurs*; voyez tome XVII, page 25). Mais le passage où il en parle n'existait pas encore dans l'édition in-4°, qui est de 1768: nouvelle raison pour rejeter la date de 1766. B.

[2] Chénier a dit depuis:

Et Gallais, qui n'a pas et qui donne la gloire. B.

ODE XVIII.

SUR LA GUERRE DES RUSSES
CONTRE LES TURCS,

EN 1768.

L'homme n'était pas né pour égorger ses frères;
Il n'a point des lions les armes sanguinaires:
La nature en son cœur avait mis la pitié.
De tous les animaux seul il répand des larmes,

Seul il connaît les charmes
D'une tendre amitié.

Il naquit pour aimer : quel infernal usage
De l'enfant du Plaisir fit un monstre sauvage?
Combien les dons du ciel ont été pervertis!
Quel changement, ô dieux ! la Nature étonnée,
Pleurante et consternée,
Ne connaît plus son fils.

Heureux cultivateurs de la Pensylvanie,
Que par son doux repos votre innocente vie
Est un juste reproche aux barbares chrétiens !
Quand, marchant avec ordre au bruit de leur tonnerre,
Ils ravagent la terre,
Vous la comblez de biens.

Vous leur avez donné d'inutiles exemples.
Jamais un Dieu de paix ne reçut dans vos temples
Ces horribles tributs d'étendards tout sanglants :
Vous croiriez l'offenser, et c'est dans nos murailles
Que le dieu des batailles
Est le dieu des brigands.

Combattons, périssons, mais pour notre patrie.
Malheur aux vils mortels qui servent la furie
Et la cupidité des rois déprédateurs !
Conservons nos foyers; citoyens sous les armes,
Ne portons les alarmes
Que chez nos oppresseurs.

Où sont ces conquérants que le Bosphore enfante?
D'un monarque abruti la milice insolente
Fait avancer la Mort aux rives du Tyras [1];
C'est là qu'il faut marcher, Roxelans invincibles;
  Lancez vos traits terribles,
  Qu'ils ne connaissent pas.

Frappez, exterminez les cruels janissaires,
D'un tyran sans courage esclaves téméraires;
Du malheur des mortels instruments malheureux,
Ils voudraient qu'à la fin, par le sort de la guerre,
  Le reste de la terre
  Fût esclave comme eux.

La Minerve du Nord vous enflamme et vous guide;
Combattez, triomphez sous sa puissante égide.
Gallitzin vous commande, et Bysance en frémit;
Le Danube est ému, la Tauride est tremblante;
  Le sérail s'épouvante,
  L'univers applaudit.

NOTE DE L'ODE XVIII.

[1] Fleuve de la Sarmatie d'Europe, aujourd'hui le Niester ou Dniester. K.

ODE XIX.

ODE PINDARIQUE

A PROPOS DE LA GUERRE PRÉSENTE EN GRÈCE[1].

Au fond d'un sérail inutile
Que fait parmi ses icoglans
Le vieux successeur imbécile
Des Bajazets et des Orcans?
Que devient cette Grèce altière,
Autrefois savante et guerrière,
Et si languissante aujourd'hui;
Rampante aux genoux d'un Tartare,
Plus amollie, et plus barbare,
Et plus méprisable que lui?

Tels n'étaient point ces Héraclides,
Suivants de Minerve et de Mars,
Des Persans vainqueurs intrépides,
Et favoris de tous les arts;
Eux qui, dans la paix, dans la guerre,
Furent l'exemple de la terre
Et les émules de leurs dieux,
Lorsque Jupiter et Neptune
Leur asservirent la fortune,
Et combattirent avec eux.

Mais quand sous les deux Théodoses
Tous ces héros dégénérés
Ne virent plus d'apothéoses
Que de vils pédants tonsurés,
Un délire théologique
Arma leur esprit frénétique
D'anathèmes et d'arguments;
Et la postérité d'Achille,
Sous la règle de saint Basile,
Fut l'esclave des Ottomans.

Voici le vrai temps des croisades.
Français, Bretons, Italiens,
C'est trop supporter les bravades
Des cruels vainqueurs des chrétiens.
Un ridicule fanatisme
Fit succomber votre héroïsme
Sous ces tyrans victorieux.
Écoutez Pallas qui vous crie:
« Vengez-moi ! vengez ma patrie !
Vous irez après aux saints lieux [2].

« Je veux ressusciter Athènes.
Qu'Homère chante vos combats,
Que la voix de cent Démosthènes
Ranime vos cœurs et vos bras.
Sortez, renaissez, Arts aimables,
De ces ruines déplorables
Qui vous cachaient sous leurs débris;
Reprenez votre éclat antique,

Tandis que l'opéra comique
Fait les triomphes de Paris.

« Que des badauds la populace
S'étouffe à des processions,
Que des imposteurs à besace
Président aux convulsions,
Je rirai de cette manie ;
Mais je veux que dans Olympie
Phidias, Pigal, ou Vulcain,
Fassent admirer à la terre
Les noirs sourcils du Dieu mon père,
Et mettent la foudre en sa main.

« C'est par moi que l'on peut connaître
Le monde antique et le nouveau ;
Je suis la fille du grand Être,
Et je naquis de son cerveau.
C'est moi qui conduis Catherine
Quand cette étonnante héroïne,
Foulant à ses pieds le turban,
Réunit Thémis et Bellone,
Et rit avec moi, sur son trône,
De la Bible et de l'Alcoran.

« Je dictai l'*Encyclopédie*,
Cet ouvrage qui n'est pas court,
A Dalembert, que j'étudie,
A mon Diderot, à Jaucourt ;
J'ordonne encore au vieux Voltaire
De percer de sa main légère

Les serpents du sacré vallon ;
Et, puisqu'il m'aime et qu'il me venge,
Il peut écraser dans la fange
Le lourd Nonotte et l'abbé Guion [3]. »

NOTES ET VARIANTES DE L'ODE XIX.

[1] Le titre que j'ai restitué à cette pièce est celui qu'elle a dans la dix-neuvième partie des *Nouveaux mélanges*, publiée en 1774; dans l'édition in-4° (tome XX, daté de 1774), et dans le tome XII de l'édition encadrée de 1775; elle y est sans date. Elle a celle de 1768 dans les éditions de Kehl et les réimpressions faites depuis lors.

Fréron l'imprima dans l'*Année littéraire*, 1770, t. VI, p. 113, et l'intitule *Ode Pindar-Eutraphique au sujet de la guerre présente en Grèce, par le secrétaire du prince Dolgorouki, juin 1770*. Il est à croire que ce titre est celui que porte l'édition originale. Mais n'ayant pu me procurer cette édition originale, je n'ai pas osé m'appuyer de l'autorité de Fréron.

L'*Année littéraire* contient six notes, dont quelques unes peuvent être de Voltaire, mais que je n'ai pas reproduites, par la raison que je ne les ai pas vues ailleurs.

La version donnée par Fréron contient une strophe de plus que je rapporte dans la note suivante, et présente une variante pour le dernier vers de toute la pièce.

Quant à la date, j'adopte très volontiers celle de 1770, d'après Fréron. B.

[2] Après cette quatrième strophe, l'*Année littéraire* donne celle que voici :

« La voix de Jupiter mon père
A déjà fait changer le sort ;
Calisto, qui lui fut si chère,
Vient d'armer les enfants du Nord.
Neptune sur la mer Égée
A conduit vers Sparte affligée

ODES.

Un peuple nouveau de soldats.
Joignez vos troupes invincibles
A ces Roxelans plus terribles
Que les vengeurs de Ménélas.

« Je veux, etc. »   B.

3 Dans l'*Année littéraire* le dernier vers se lit ainsi :

C****, La B********, et F*****;

ce qui, d'après le nombre des étoiles, signifie évidemment,

Coger, La Beaumelle, et Fréron.   B.

ODE XX.

L'ANNIVERSAIRE DE LA SAINT-BARTHÉLEMI,

POUR L'ANNÉE 1772.

Tu reviens après deux cents ans,
Jour affreux, jour fatal au monde:
Que l'abîme éternel du temps
Te couvre de sa nuit profonde!
Tombe à jamais enseveli
Dans le grand fleuve de l'oubli,
Séjour de notre antique histoire!
Mortels, à souffrir condamnés,
Ce n'est que des jours fortunés
Qu'il faut conserver la mémoire.

C'est après le triumvirat
Que Rome devint florissante.
Un poltron, tyran de l'état,
L'embellit de sa main sanglante.

C'est après les proscriptions
Que les enfants des Scipions
Se croyaient heureux sous Octave.
Tranquille et soumis à sa loi,
On vit danser le peuple-roi
En portant des chaînes d'esclave.

Virgile, Horace, Pollion,
Couronnés de myrte et de lierre,
Sur la cendre de Cicéron
Chantaient les baisers de Glycère ;
Ils chantaient dans les mêmes lieux
Où tombèrent cent demi-dieux
Sous des assassins mercenaires ;
Et les familles des proscrits
Rassemblaient les Jeux et les Ris
Entre les tombeaux de leurs pères.

Bellone a dévasté nos champs
Par tous les fléaux de la guerre :
Cérès par ses dons renaissants
A bientôt consolé la terre.
L'enfer engloutit dans ses flancs
Les déplorables habitants
De Lisbonne aux flammes livrée ;
Abandonna-t-on son séjour ?...
On y revint, on fit l'amour,
Et la perte fut réparée.

Tout mortel a versé des pleurs ;
Chaque siècle a connu les crimes ;

Ce monde est un amas d'horreurs,
De coupables, et de victimes.
Des maux passés le souvenir
Et les terreurs de l'avenir
Seraient un poids insupportable :
Dieu prit pitié du genre humain;
Il le créa frivole et vain,
Pour le rendre moins misérable.

NOTES DE L'ODE XX.

¹ Ce titre est celui que porte la pièce dans la XIVe partie des *Nouveaux mélanges*, publiée en 1774; dans le tome XX de l'édition in-4°, daté de 1774; dans le tome XIII de l'édition encadrée ou de 1775, et dans toutes les réimpressions faites depuis. L'édition originale est intitulée *Stances pour le 24 août 1772, par M. de V****, in-8° de 4 pages; réimprimées peu après à la suite des *Réflexions philosophiques sur le procès de mademoiselle Camp;* elles ont en tête ces mots : *Pour le 24 auguste ou aoust 1772.*

Les *Mémoires secrets* en parlent dès le 28, et cela n'est pas étonnant. Voltaire écrivait à madame du Deffand, le 10 auguste 1772 : « Nous voici bientôt à l'anniversaire centenaire de la Saint-Barthélemi. J'ai envie de faire un bouquet pour le jour de cette belle fête. » Le 14, il envoya les stances à madame d'Épinay, en lui écrivant : « Voici un bouquet pour la Saint-Barthélemi; une bonne ame m'a fait ce présent quelques jours à l'avance. »

Le 14 mai, date de l'assassinat de Henri IV, et le 24 auguste, anniversaire de la Saint-Barthélemi, n'étaient pas des jours ordinaires pour le philosophe de Ferney. « J'ai toujours, écrivait-il à M. de Schomberg le 31 auguste 1769, la fièvre vers le 24 de ce mois, comme vers le 14 mai. » « Je ne sais, écrivait-il à d'Argental le 5 septembre 1774, par quelle fatalité singulière j'ai la fièvre tous les ans... le 24, jour de la Saint-Barthélemi. B.

² C'est une imitation du passage de Stace : *Excidat illa dies*, etc.; voyez tome XLVII, page 588. B.

ODE XXI.

SUR LE PASSÉ ET LE PRÉSENT[1].

JUIN 1775.

Si la main des rois et des prêtres
Ébranla le monde en tout temps,
Et si nos coupables ancêtres
Ont eu de coupables enfants,
O triste muse de l'histoire,
Ne grave plus à la mémoire
Ce qui doit périr à jamais!
Tu n'as vu qu'horreur et délire.
Les annales de chaque empire
Sont les archives des forfaits[2].

La fable est encor plus funeste;
Ses mensonges sont plus cruels.
Tantale, Atrée, Égisthe, Oreste,
N'épouvantez plus les mortels.
Que je hais le divin Achille,
Sa colère en malheurs fertile,
Et tous ces ridicules dieux
Que vers le ruisseau du Scamandre
Du haut du ciel on fait descendre
Pour inspirer un furieux!

Josué, je hais davantage
Tes sacrifices inhumains.
Quoi! trente rois [3] dans un village
Pendus par tes dévotes mains!
Quoi! ni le sexe, ni l'enfance,
De ton exécrable démence
N'ont pu désarmer la fureur!
Quoi! pour contempler ta conquête,
A ta voix le soleil s'arrête!
Il devait reculer d'horreur.

Mais de ta horde vagabonde
Détournons mes yeux éperdus.
O Rome! ô maîtresse du monde!
Verrai-je en toi quelques vertus?
Ce n'est pas sous l'infame Octave;
Ce n'est pas lorsque Rome esclave
Succombait avec l'univers,
Ou quand le sixième Alexandre [4]
Donnait dans l'Italie en cendre
Des indulgences et des fers.

L'innocence n'a plus d'asile:
Le sang coule à mes yeux surpris,
Depuis les vêpres de Sicile
Jusqu'aux matines de Paris [5].
Est-il un peuple sur la terre
Qui dans la paix ou dans la guerre
Ait jamais vu des jours heureux?
Nous pleurons ainsi que nos pères,

Et nous transmettons nos misères
A nos déplorables neveux.

C'est ainsi que mon humeur sombre
Exhalait ses tristes accents;
La nuit, me couvrant de son ombre,
Avait appesanti mes sens :
Tout-à-coup un trait de lumière
Ouvrit ma débile paupière,
Qui cherchait en vain le repos;
Et, des demeures éternelles,
Un génie étendant ses ailes
Daigna me parler en ces mots :

« Contemple la brillante aurore
Qui t'annonce enfin les beaux jours :
Un nouveau monde est près d'éclore;
Até[6] disparaît pour toujours.
Vois l'auguste Philosophie,
Chez toi si long-temps poursuivie,
Dicter ses triomphantes lois.
La Vérité vient avec elle
Ouvrir la carrière immortelle
Où devaient marcher tous les rois.

« Les cris affreux du fanatique
N'épouvantent plus la raison;
L'insidieuse politique
N'a plus ni masque ni poison.
La douce, l'équitable Astrée
S'assied, de graces entourée,

Entre le trône et les autels;
Et sa fille, la Bienfesance,
Vient de sa corne d'abondance
Enrichir les faibles mortels. »

Je lui dis : « Ange tutélaire,
Quels dieux répandent ces bienfaits? »
— « C'est un seul homme⁷. » — Et le vulgaire
Méconnaît les biens qu'il a faits!
Le peuple, en son erreur grossière,
Ferme les yeux à la lumière,
Il n'en peut supporter l'éclat.
Ne recherchons point ses suffrages :
Quand il souffre, il s'en prend aux sages;
Est-il heureux, il est ingrat.

On prétend que l'humaine race,
Sortant des mains du Créateur,
Osa, dans son absurde audace,
S'élever contre son auteur.
Sa clameur fut si téméraire,
Qu'à la fin Dieu, dans sa colère,
Se repentit de ses bienfaits.
O vous que l'on voit de Dieu même
Imiter la bonté suprême,
Ne vous en repentez jamais.

NOTES DE L'ODE XXI.

[1] La date de juin 1775 est donnée à cette pièce dans une note de l'édition encadrée, tome XIII, page 410. B.

² Henri Grégoire, conventionnel, ancien évêque de Blois, etc., mort le 28 mai 1831, disait plus énergiquement : « L'histoire des rois est le martyrologe des peuples. » B.

³ Il y en eut même trente et un de pendus; voyez tome XLIX, page 198. B.

⁴ Borgia, pape sous le nom d'Alexandre VI; voyez tome XVII, pages 65, 94 et suiv. B.

⁵ La Saint-Barthélemi; le signal fut donné à minuit. B.

⁶ Até, fille de Jupiter, était la déesse du mal; voyez *Iliade*, chant VII. B.

⁷ M. Turgot. K.

FIN DES ODES.

STANCES.

STANCES.

I.

STANCES SUR LES POËTES ÉPIQUES[1].

A MADAME

LA MARQUISE DU CHATELET.

Plein de beautés et de défauts,
Le vieil Homère a mon estime;
Il est, comme tous ses héros,
Babillard, outré, mais sublime.

Virgile orne mieux la raison,
A plus d'art, autant d'harmonie;
Mais il s'épuise avec Didon,
Et rate à la fin Lavinie.

De faux brillants, trop de magie,
Mettent le Tasse un cran plus bas;
Mais que ne tolère-t-on pas
Pour Armide et pour Herminie?

Milton, plus sublime qu'eux tous,
A des beautés moins agréables;
Il semble chanter pour les fous,
Pour les anges, et pour les diables.

Après Milton, après le Tasse,
Parler de moi serait trop fort;
Et j'attendrai que je sois mort,
Pour apprendre quelle est ma place.

Vous en qui tant d'esprit abonde,
Tant de grace et tant de douceur,
Si ma place est dans votre cœur,
Elle est la première du monde.

---

[1] Les cinq premières stances sont, pour le plus tard, de 1731. La cinquième est citée comme déjà connue dans la lettre de Voltaire à Cideville, du 13 août 1731 (voyez tome LI, page 232). Je crois que la sixième est de 1733. B.

II.

A M. DE FORCALQUIER[1].

Vous philosophe! ah, quel projet!
N'est-ce pas assez d'être aimable?
Aurez-vous bien l'air en effet
D'un vieux raisonneur vénérable?

D'inutiles réflexions
Composent la philosophie.
Eh! que deviendra votre vie
Si vous n'avez des passions?

C'est un penible et vain ouvrage
Que de vouloir les modérer;
Les sentir et les inspirer
Est à jamais votre partage.

L'esprit, l'imagination,
Les graces, la plaisanterie,
L'amour du vrai, le goût du bon,
Voilà votre philosophie.

Si quelque secte a le mérite
De fixer votre esprit divin,
C'est l'école de Démocrite,
Qui se moquait du genre humain.

---

[1] Ce doit être celui qui eut les cheveux coupés par un boulet de canon au siége de Kehl, et à qui, à cette occasion, Voltaire adressa dix vers qui sont dans les *Poésies mêlées*, tome XIV. B.

III.

AU MÊME.

AU NOM DE MADAME LA MARQUISE DU CHATELET,

A QUI IL AVAIT ENVOYÉ UNE PAGODE CHINOISE.

Ce gros Chinois en tout diffère
Du Français qui me l'a donné;
Son ventre en tonne est façonné,
Et votre taille est bien légère.

Il a l'air de s'extasier
En admirant notre hémisphère;
Vous aimez à vous égayer
Pour le moins sur la race entière
Que Dieu s'avisa d'y créer.

Le cou penché, clignant les yeux,
Il rit aux anges d'un sot rire;
Vous avez de l'esprit comme eux :
Je le crois, et je l'entends dire.

Peut-être, en vous parlant ainsi,
C'est vous donner trop de louanges :
Mais il se pourrait bien aussi
Que je fais trop d'honneur aux anges.

IV.

A MONSEIGNEUR LE PRINCE DE CONTI.

POUR UN NEVEU DU P. SANADON, JÉSUITE[1].

Votre ame, à la vertu docile,
Eut de moi plus d'une leçon;
Je fus autrefois le Chiron
Qui guidait cet aimable Achille.

Mon pauvre neveu Sanadon,
Connu de vous dans votre enfance,

STANCES.

N'a pour ressource que mon nom,
Vos bontés, et son espérance.

A vos pieds je voudrais bien fort
L'amener pour vous rendre hommage;
Mais j'ai le malheur d'être mort,
Ce qui s'oppose à mon voyage.

Votre cœur n'est point endurci,
Et sur vous mon espoir se fonde :
Je ne peux rien dans l'autre monde,
Vous pouvez tout dans celui-ci.

Je pourrais me faire un mérite
D'avoir pour vous bien prié Dieu :
Mais jeune prince aime fort peu
Les *oremus* d'un vieux jésuite.

Je ne sais d'où dater ma lettre.
Si par vous mes vœux sont reçus,
En paradis vous m'allez mettre,
Mais en enfer par un refus.

Non, mon neveu seul misérable
Est seul à souffrir condamné;
Car qui n'a rien se donne au diable :
Empêchez qu'il ne soit damné.

---

[1] Le P. Sanadon est supposé parler lui-même de l'autre monde.

K.

V.

AU PRÉSIDENT HÉNAULT,

EN LUI ENVOYANT LE MANUSCRIT DE MÉROPE.

Juin 1740.

Lorsqu'à la ville un solitaire envoie
Des fruits nouveaux, honneur de ses jardins,
Nés sous ses yeux et plantés de ses mains,
Il les croit bons, et prétend qu'on le croie.

Quand par le don de son portrait flatté
La jeune Aminte à ses lois vous engage,
Elle ressemble à la Divinité
Qui veut vous faire adorer son image.

Quand un auteur, de son œuvre entêté,
Modestement vous en fait une offrande,
Que veut de vous sa fausse humilité?
C'est de l'encens que son orgueil demande.

Las! je suis loin de tant de vanité.
A tous ces traits gardez de reconnaître
Ce qui par moi vous sera présenté:
C'est un tribut, et je l'offre à mon maître.

VI.

AU ROI DE PRUSSE.

SUR M. HONY, MARCHAND DE VIN.

A Bruxelles, le 26 auguste 1740.

Le voilà ce monsieur Hony
Que Bacchus a comblé de gloire;
Il prétend qu'il sera honni,
S'il ne peut vous donner à boire.

Il garde un mépris souverain
Pour Phébus et pour sa fontaine,
Et dit qu'un verre de son vin
Vaut le Permesse et l'Hippocrène.

Je crois que quelques rois jaloux,
Et quelques princes de l'Empire,
Pour essayer de vous séduire,
Ont député Hony vers vous.

Comme on leur dit que la Sagesse
A grand soin de vous éclairer,
Ils ont voulu vous enivrer,
Pour vous réduire à leur espèce.

Cher Hony, cette trahison
Est un bien faible stratagème;

Jamais Bacchus et l'Amour même
Ne pourront rien sur sa raison.

Le dieu des amours et le vôtre,
Hony, sont les dieux du plaisir;
Tous deux sont faits pour le servir:
Mais il ne sert ni l'un ni l'autre.

Sans doute Bacchus et l'Amour
Ne sont point ennemis du sage;
Il les reçoit sur son passage,
Sans leur permettre un long séjour.

---

¹ Frédéric écrivait à Voltaire, le 16 mai 1739 : « Mon marchand de vin, Hony, vous rendra cette lettre. » Ce n'est donc pas, comme on l'a dit trop souvent, Voltaire qui adressa Hony au roi de Prusse, en 1740. La réponse de Frédéric à ces stances fait partie de sa lettre du 5 septembre 1740; voyez tome LIV, page 192. B.

VII.

AU MÊME.

A Berlin, ce 2 décembre 1740.

Adieu, grand homme; adieu, coquette,
Esprit sublime et séducteur,
Fait pour l'éclat, pour la grandeur,
Pour les muses, pour la retraite.

STANCES.

Adieu, vainqueur ou protecteur
Du reste de la Germanie,
De moi très chétif raisonneur,
Et de la noble poésie.

Adieu, trente ames dans un corps
Que les dieux comblèrent de grace,
Qui réunissez les trésors
Qu'on voit divisés au Parnasse.

Adieu, vous dont l'auguste main,
Toujours au travail occupée,
Tient, pour l'honneur du genre humain,
La plume, la lyre, et l'épée.

Vous qui prenez tous les chemins
De la gloire la plus durable,
Avec nous autres si traitable,
Si grand avec les souverains!

Vous qui n'avez point de faiblesse,
Pas même celle de blâmer
Ceux qu'on voit un peu trop aimer
Ou leurs erreurs ou leur maîtresse!

Adieu; puis-je me consoler
Par votre amitié noble et pure?
Le roi me fait un peu trembler;
Mais le grand homme me rassure.

VIII.

A MADAME DU CHATELET[1].

1741.

Si vous voulez que j'aime encore,
Rendez-moi l'âge des amours ;
Au crépuscule de mes jours
Rejoignez, s'il se peut, l'aurore.

Des beaux lieux où le dieu du vin
Avec l'Amour tient son empire,
Le Temps, qui me prend par la main,
M'avertit que je me retire.

De son inflexible rigueur[2]
Tirons au moins quelque avantage.
Qui n'a pas l'esprit de son âge
De son âge a tout le malheur.

Laissons à la belle jeunesse
Ses folâtres emportements :
Nous ne vivons que deux moments ;
Qu'il en soit un pour la sagesse.

Quoi ! pour toujours vous me fuyez,
Tendresse, illusion, folie,

Dons du ciel, qui me consoliez
Des amertumes de la vie!

On meurt deux fois, je le vois bien [3] :
Cesser d'aimer et d'être aimable,
C'est une mort insupportable ;
Cesser de vivre, ce n'est rien.

Ainsi je déplorais la perte
Des erreurs de mes premiers ans ;
Et mon ame, aux desirs ouverte,
Regrettait ses égarements [4].

Du ciel alors daignant descendre,
L'Amitié vint à mon secours ;
Elle était peut-être aussi tendre,
Mais moins vive que les Amours.

Touché de sa beauté nouvelle,
Et de sa lumière éclairé,
Je la suivis ; mais je pleurai
De ne pouvoir plus suivre qu'elle.

---

[1] Huit de ces stances furent envoyées à Cideville le 11 juillet 1741 ; voyez tome LIV, page 376. B.

[2] Au lieu de cette strophe et de la suivante, on lisait d'abord :

> Que le matin touche à la nuit!
> Je n'eus qu'une heure; elle est finie.
> Nous passons : la race qui suit
> Déjà par une autre est suivie.

³ **La Motte-Houdard a dit :**

>On meurt deux fois dans ce bas monde ;
>La première en perdant les faveurs de Vénus.
>J'ai bien moins peur de la seconde :
>C'est un bien quand on n'aime plus.   B.

⁴ Var.   Rappelait ses enchantements.

IX.

A M. VAN-HAREN[1],

DÉPUTÉ DES ÉTATS-GÉNÉRAUX.

1743.

Démosthène au conseil, et Pindare au Parnasse,
L'auguste Vérité marche devant tes pas ;
Tyrtée a dans ton sein répandu son audace,
Et tu tiens sa trompette, organe des combats.

Je ne puis t'imiter ; mais j'aime ton courage.
Né pour la liberté, tu penses en héros :
Mais qui naquit sujet ne doit penser qu'en sage,
Et vivre obscurément, s'il veut vivre en repos.

Notre esprit est conforme aux lieux qui l'ont vu naître :
A Rome on est esclave ; à Londres, citoyen.
La grandeur d'un Batave est de vivre sans maître ;
Et mon premier devoir est de servir le mien.

---

[1] Voyez ma note, tome LIV, page 480. Une longue critique des douze vers de Voltaire est imprimée dans la *Bibliothèque française*, tome XXXVII, pages 111-118. B.

X.

A FRÉDÉRIC, ROI DE PRUSSE,

Pour en obtenir la grace d'un Français détenu depuis long-temps dans les prisons de Spandau.

1743¹.

Génie universel, ame sensible et ferme,
Grand homme, il est sous vous de malheureux mortels;
Mais quand à ses vertus on n'a point mis de terme,
On en met aux tourments des plus grands criminels.

Depuis vingt ans entiers faut-il qu'on abandonne
Un étranger mourant au poids affreux des fers?
Pluton punit toujours, mais Jupiter pardonne :
N'imiterez-vous plus que le dieu des enfers ?

Voyez autour de vous les Prières tremblantes,
Filles du Repentir, maîtresses des grands cœurs,
S'étonner d'arroser de larmes impuissantes
La généreuse main qui sécha tant de pleurs.

Ah! pourquoi m'étaler avec magnificence
Ce spectacle brillant où triomphe Titus?

Pour embellir la fête égalez sa clémence,
Et l'imitez en tout; ou ne le vantez plus.

---

¹ Ces stances sont déjà rapportées, mais avec quelques différences, dans les *Mémoires pour servir à la vie de M. de Voltaire*, tome XL, page 77. Le prisonnier de Spandau était un gentilhomme franc-comtois nommé Courtilz. B.

XI.

A Mme LA MARQUISE DE POMPADOUR.

A Étioles, juillet 1745.

Il sait aimer, il sait combattre;
Il envoie en ce beau séjour
Un brevet digne d'Henri quatre,
Signé Louis, Mars, et l'Amour.

Mais les ennemis ont leur tour;
Et sa valeur et sa prudence
Donnent à Gand le même jour
Un brevet de ville de France¹.

Ces deux brevets si bien venus
Vivront tous deux dans la mémoire :
Chez lui les autels de Vénus
Sont dans le temple de la Gloire.

---

¹ La ville de Gand avait été prise par l'armée française le 11 juillet 1745. B.

XII.

STANCES IRRÉGULIÈRES.

A S. A. R. LA PRINCESSE DE SUÈDE,

ULRIQUE DE PRUSSE,

SOEUR DE FRÉDÉRIC-LE-GRAND [1].

Janvier 1747.

Souvent la plus belle princesse
Languit dans l'âge du bonheur;
L'étiquette de la grandeur,
Quand rien n'occupe et n'intéresse,
Laisse un vide affreux dans le cœur.

Souvent même un grand roi s'étonne,
Entouré de sujets soumis,
Que tout l'éclat de sa couronne
Jamais en secret ne lui donne
Ce bonheur qu'elle avait promis.

On croirait que le jeu console;
Mais l'Ennui vient à pas comptés,
A la table d'un cavagnole[a],
S'asseoir entre des majestés [2].

---

[a] Jeu à la mode à la cour (1752).

On fait tristement grande chère,
Sans dire et sans écouter rien,
Tandis que l'hébété vulgaire
Vous assiége, vous considère,
Et croit voir le souverain bien.

Le lendemain, quand l'hémisphère
Est brûlé des feux du soleil,
On s'arrache aux bras du sommeil
Sans savoir ce que l'on va faire.

De soi-même peu satisfait,
On veut du monde; il embarrasse :
Le plaisir fuit; le jour se passe
Sans savoir ce que l'on a fait.

O temps! ô perte irréparable!
Quel est l'instant où nous vivons!
Quoi! la vie est si peu durable,
Et les jours paraissent [3] si longs!

Princesse au-dessus de votre âge,
De deux cours auguste ornement,
Vous employez utilement
Ce temps qui si rapidement
Trompe la jeunesse volage.

Vous cultivez l'esprit charmant
Que vous a donné la nature;
Les réflexions, la lecture,

En font le solide aliment,
Le bon usage, et la parure.

S'occuper, c'est savoir jouir :
L'oisiveté pèse et tourmente.
L'ame est un feu qu'il faut nourrir,
Et qui s'éteint s'il ne s'augmente.

---

¹ On voit par des lettres à d'Argental et à Hénault, de février 1748 (voyez tome LV, pages 176, 178), que ces stances ont été composées plus d'un an auparavant; il n'y avait point alors de dauphine. La princesse de Saxe n'arriva qu'en février 1747; l'infante d'Espagne était morte le 22 juillet 1746. C'est donc par erreur que, dans le *Nouveau magasin français*, 1751, février, page 51, et même dans quelques éditions des *OEuvres de Voltaire*, on a donné ces stances comme adressées à madame la dauphine, infante d'Espagne. Voltaire, dans sa lettre au président Hénault, dit les avoir faites « pour une princesse très aimable qui tient sa cour à quelque quatre cents lieues d'ici. » Il paraît, au reste, qu'on avait dit à la cour que les stances avaient été adressées à la dauphine, et qu'il était question d'exiler l'auteur. Voyez la lettre à d'Argental, du 14 février 1748. B.

² Dans sa lettre au président Hénault, de février 1748 (voyez tome LV, page 178), Voltaire cite ainsi cette strophe :

On croirait que le jeu console;
Mais l'Ennui vient à pas comptés
S'asseoir entre des majestés
A la table d'un cavagnole.   B.

³ Var.   Et les jours paraîtraient...

XIII.

A MADAME DU BOCAGE[1].

1748.

Milton, dont vous suivez les traces,
Vous prête ses transports divins:
Ève est la mère des humains,
Et vous êtes celle des Graces.

Comment n'eût-elle pas séduit
La raison la plus indomptable?
Vous lui donnez tout votre esprit;
Adam était bien pardonnable.

Ève le rendit criminel,
Et vous méritez des louanges;
Eve séduisit un mortel,
Et vous auriez séduit les anges.

Sa faute a perdu l'univers:
Elle ne doit plus nous déplaire;
Et son erreur nous devient chère
Dès que nous lui devons vos vers.

Ève, par sa coquetterie,
Nous a fermé le paradis;

L'Amour, les Graces, le Génie,
Nous l'ont rouvert par vos écrits.

---

1 Ces stances furent adressées par madame Denis à madame Du Bocage, qui lui avait envoyé son poëme du *Paradis terrestre*. K.

XIV.

SUR LE LOUVRE[1].

1749.

Monument imparfait de ce siècle vanté
Qui sur tous les beaux-arts a fondé sa mémoire,
Vous verrai-je toujours, en attestant sa gloire,
Faire un juste reproche à sa postérité?

Faut-il que l'on s'indigne alors qu'on vous admire,
Et que les nations qui veulent nous braver,
Fières de nos défauts, soient en droit de nous dire
Que nous commençons tout, pour ne rien achever?

Mais, ô nouvel affront! quelle coupable audace[a]
Vient encore avilir ce chef-d'œuvre divin?

---

a On élevait alors, dans le milieu de la cour du Louvre, le bâtiment que l'on y voit aujourd'hui (1752). — Ce bâtiment, bâti avant 1749, fut démoli en 1756 (voyez *l'Année littéraire*, 1756, IV, 68). Voltaire l'appelle la maison de Moletus (voyez tome XXXVIII, page 519), ainsi que je l'ai déjà dit; je ne sais qui Voltaire désigne sous ce nom de Moletus. B.

Quel sujet entreprend d'occuper une place[a]
Faite pour admirer les traits du souverain !

Louvre, palais pompeux dont la France s'honore!
Sois digne de Louis, ton maître et ton appui ;
Sors de l'état honteux où l'univers t'abhorre,
Et dans tout ton éclat montre-toi comme lui [b][2].

[a] On avait projeté, dans le plan du Louvre, de placer au milieu de la cour une statue du roi (1752).

[b] Louis XV revenait alors à Paris, victorieux, triomphant, et pacifique (1752). — La victoire de Fontenoy est de 1745 : la paix d'Aix-la-Chapelle est du 18 octobre 1748. B.

---

[1] Ces stances ont été imprimées à la page 159 de l'opuscule intitulé *l'Ombre du grand Colbert, le Louvre, et la ville de Paris*, dialogue (par La Font de Saint-Yenne), 1749, in-12 ; et c'est cette version de 1749 qui a été reproduite jusqu'ici. L'édition de 1752 de *l'Ombre du grand Colbert* contient une version différente des deux dernières strophes, que j'ai adoptée ainsi que les notes qui l'accompagnaient. B.

[2] Dans l'édition de 1749, voici quelles étaient les deux dernières strophes :

> Sous quels débris honteux, sous quel amas rustique
> On laisse ensevelis ces chefs-d'œuvre divins!
> Quel barbare a mêlé la bassesse gothique
> A toute la grandeur des Grecs et des Romains?

> Louvre, palais pompeux dont la France s'honore,
> Sois digne de ce roi, ton maître et ton appui;
> Embellis les climats que sa vertu décore,
> Et dans tout ton éclat montre-toi comme lui.

Une note sur le troisième vers de la troisième strophe disait qu'il regardait « le bâtiment neuf au milieu de la cour. » B.

XV.

IMPROMPTU

FAIT A UN SOUPER DANS UNE COUR D'ALLEMAGNE.

Il faut penser, sans quoi l'homme devient,
Malgré son ame, un vrai cheval de somme :
Il faut aimer, c'est ce qui nous soutient ;
Sans rien aimer, il est triste d'être homme.

Il faut avoir douce société
De gens savants, instruits sans suffisance,
Et de plaisirs grande variété,
Sans quoi les jours sont plus longs qu'on ne pense.

Il faut avoir un ami qu'en tout temps,
Pour son bonheur, on écoute, on consulte,
Qui puisse rendre à notre ame en tumulte
Les maux moins vifs et les plaisirs plus grands.

Il faut, le soir, un souper délectable,
Où l'on soit libre, où l'on goûte à propos
Les mets exquis, les bons vins, les bons mots ;
Et sans être ivre il faut sortir de table.

Il faut, la nuit, tenir entre deux draps
Le tendre objet que votre cœur adore,

Le caresser, s'endormir dans ses bras,
Et le matin recommencer encore [1].

Mes chers amis, avouez que voilà
De quoi passer une assez douce vie :
Or, dès l'instant que j'aimai ma Sylvie,
Sans trop chercher j'ai trouvé tout cela.

[1] Var. Il faut, la nuit, dire tout ce qu'on sent
Au tendre objet que votre cœur adore ;
Se réveiller pour en redire autant,
Se rendormir pour y songer encore.

XVI.

AU ROI DE PRUSSE.

La mère de la Mort, la Vieillesse pesante,
A de son bras d'airain courbé mon faible corps ;
Et des maux qu'elle entraîne une suite effrayante
De mon ame immortelle attaque les ressorts.

Je brave tes assauts, redoutable Vieillesse ;
Je vis auprès d'un sage, et je ne te crains pas :
  Il te prêtera plus d'appas
Que le plaisir trompeur n'en donne à la jeunesse.

Coulez, mes derniers jours, sans trouble, sans terreur;
Coulez près d'un héros dont le mâle génie
Me fait goûter en paix le songe de la vie,
Et dépouille la Mort de ce qu'elle a d'horreur.

Ma raison, qu'il éclaire, en est plus intrépide;
Mes pas par lui guidés en sont plus affermis :
Un mortel que Pallas couvre de son égide
   Ne craint point les dieux ennemis.

O philosophe-roi, que ma carrière est belle !
J'irai de Sans-Souci, par des chemins de fleurs,
Aux champs élysiens parler à Marc-Aurèle
   Du plus grand de ses successeurs.

A Salluste jaloux je lirai votre histoire;
A Lycurgue, vos lois ; à Virgile, vos vers ;
J'étonnerai les morts, ils ne pourront me croire :
Nul d'eux n'a rassemblé tant de talents divers.

Mais, lorsque j'aurai vu les ombres immortelles,
N'allez pas, après moi, confirmer mes récits.
Vivez, rendez heureux ceux qui vous sont soumis,
Et n'allez que fort tard auprès de vos modèles.

XVII.

AU MÊME[1].

1751.

Par le cerveau le souverain des dieux,
Selon ma Bible, accoucha d'une fille :
Vos six jumeaux me sont plus précieux ;
J'adorerai cette auguste famille.

On vous connaît à leur force, à leurs traits,
A leurs beautés, à leur noble harmonie ;
Les élever, cultiver leur génie,
Qui le pourra ? celui qui les a faits.

Ils sont tous nés pour instruire et pour plaire ;
Ces six enfants sont frères des neuf Sœurs ;
Et nous dirons, comme chez nos docteurs,
« Le fils est Dieu, nous l'égalons au père. »

---

[1] Ces stances furent faites en réponse à un petit billet (voyez tome LV, page 596) par lequel le roi de Prusse annonçait être accouché de *six jumeaux*, c'est-à-dire de *l'Art de la guerre*, poëme en six chants. B.

XVIII.

AU MÊME.

1751.

Jadis l'amant de Madeleine
Changea l'eau claire en mauvais vin :
Vos eaux, par un art plus divin,
Deviennent les eaux d'Hippocrène.

J'en devrais boire un verre ou deux ;
Car certaine humeur scorbutique,
Qui n'est point du tout poétique,
Rend mon esprit très langoureux.

Roi, philosophe, auteur fameux,
Grand homme, et surtout homme aimable,
Buvez, soyez toujours heureux,
Et je serai moins misérable [1].

---

[1] Dans ses vers *Sur l'usage de la vie*, qui sont à la suite de la *Défense du mondain* (voyez tome XIV), Voltaire a dit :

  Si mes amis sont heureux,
  Je serai moins misérable.   B.

XIX.

AU MÊME.

1751.

Roi des beaux vers et des guerriers,
N'allez point à bride abattue;
Je crains qu'Apollon ne vous tue
En vous couronnant de lauriers.

Que votre Pégase s'arrête;
Souffrez de moi la vérité :
Votre estomac débilité
N'est pas digne de votre tête.

Les rois sont hommes comme nous.
L'homme machine est bien fragile.
Grand roi, l'estomac est pour vous
Ce qu'est le talon pour Achille.

Hélas! chaque homme a son défaut :
J'en ai beaucoup, et je vous jure
Que je combats comme il le faut
Pour dompter en moi la nature.

Jusqu'ici j'ai mal profité :
Que le ciel, à qui je m'adresse,
Vous rende enfin votre santé,
Et m'accorde votre sagesse.

XX.

AU MÊME.

1751.

Vainqueur des préjugés, vainqueur dans les combats,
Enfant de Marc-Aurèle, et rival de Lucrèce,
Quel étonnant génie a conduit tous vos pas
Du faîte de la gloire au sein de la sagesse!

C'est de vous que j'apprends à maîtriser le sort;
Par vos grandes leçons ma raison raffermie
Fait de mes derniers jours les beaux jours de ma vie,
Et brave, ainsi que vous, les horreurs de la mort.

Dieux justes (s'il en est)! quoi! cette ame si belle
N'est-il[1] qu'un composé de vos quatre éléments?
L'esprit de ce grand homme est-il une étincelle
    Qui s'évapore avec les sens?

Rentrez, esprits communs, dans la nuit éternelle;
Périssez tout entiers, soyez anéantis.
Ame de Frédéric, vous êtes immortelle,
Ainsi que ses vertus, sa gloire, et ses écrits.

---

[1] Cette faute est dans le manuscrit. (*Note de M. Boissonade.*)

XXI.

AU MÊME.

1751.

Du bas de votre beau vallon,
Qui devient un bel hôpital,
Je renvoie à Mars-Apollon
Ses beaux vers en original.

Vous êtes le dieu d'Hélicon,
Le dieu de la société;
Et je vous dis pour oraison,
« Soyez le dieu de la santé. »

XXII.

AU MÊME,

QUI L'AVAIT INVITÉ A DÎNER.

1752.

A votre table divine
En vain je suis appelé,
Quand chez moi l'homme machine
De tourments est accablé.

Que votre philosophie,
Que votre esprit courageux,
M'inspire et me fortifie
Dans ces combats douloureux!

Que vos lumières brillantes
M'éclairent malgré mes maux,
Comme ces lampes ardentes
Qui brûlaient dans les tombeaux!

Ici, sous les yeux d'un sage,
Que je vive sagement;
Que je souffre avec courage;
Que je meure en vous aimant!

XXIII.

A MADAME DENIS[1].

Aux Délices, 1755.

L'art n'y fait rien; les beaux noms, les beaux lieux,
Très rarement nous donnent le bien-être.
Est-on heureux, hélas! pour le paraître,
Et suffit-il d'en imposer aux yeux?

J'ai vu jadis l'abbesse de La Joie,
Malgré ce titre, à la douleur en proie;
Dans Sans-Souci certain roi renommé
Fut de soucis quelquefois consumé.

Il n'en est pas ainsi de mes retraites ;
Loin des chagrins, loin de l'ambition,
De mes plaisirs elles portent le nom :
Vous le savez, car c'est vous qui les faites.

---

¹ On trouve aussi ces vers dans le tome III, page 145 des *OEuvres de Bordes*, comme ayant été adressés à cet auteur. Dans la Xe partie des *Nouveaux mélanges* ; dans l'édition in-4°, t. XVIII, p. 491 ; dans l'édition encadrée ou de 1775, ces vers sont imprimés avec l'adresse *A M....*

Les éditeurs de Kehl sont les premiers qui aient mis pour adresse *A madame Denis*. B.

XXIV.

LES TORTS¹.

1757.

Non, je n'ai point tort d'oser dire
Ce que pensent les gens de bien ;
Et le sage qui ne craint rien
A le beau droit de tout écrire.

J'ai, quarante ans, bravé l'empire
Des lâches tyrans des esprits ;
Et, dans votre petit pays,
J'aurais grand tort de me dédire.

Je sais que souvent le Malin
A caché sa queue et sa griffe
Sous la tiare d'un pontife,
Et sous le manteau d'un Calvin.

Je n'ai point tort quand je déteste
Ces assassins religieux,
Employant le fer et les feux
Pour servir le Père céleste.

Oui, jusqu'au dernier de mes jours,
Mon ame sera fière et tendre ;
J'oserai gémir sur la cendre
Et des Servets et des Dubourgs[a].

De cette horrible frénésie
A la fin le temps est passé :
Le Fanatisme est terrassé ;
Mais il reste l'Hypocrisie.

Farceurs à manteaux étriqués,
Mauvaise musique d'église,
Mauvais vers, et sermons croqués,
Ai-je tort si je vous méprise ?

[a] Dubourg, conseiller-clerc du parlement, pendu et brûlé à Paris, comme Servet à Genève (1776).

---

[1] Dans une lettre à Thieriot, du 26 mars 1757, Voltaire se vantait d'avoir fait imprimer à Genève, *avec approbation*, que Calvin avait une *ame atroce*. Cette lettre avait été imprimée dans

le *Mercure* de mai 1757. Les mots *ame atroce* n'ont jamais été dans l'*Essai sur les mœurs* (voyez ma note, tome XVII, page 280). Mais la publication de la lettre à Thieriot fit scandale à Genève, et occasiona des tracasseries à Voltaire. Un Genevois, nommé Rival, lui adressa des vers, où il lui disait :

>Quant à vous, célèbre Voltaire,
>Vous eûtes tort, c'est mon avis.
>Vous vous plaisez dans ce pays ;
>Fêtez le saint qu'on y révère, etc., etc.

C'est en réponse à la pièce de Rival (qui est tome XLVIII, page 360) que Voltaire publia ces stances, intitulées *les Torts*. B.

XXV.

A M. LE CHEVALIER DE BOUFFLERS,

QUI LUI AVAIT ENVOYÉ UNE PIÈCE DE VERS INTITULÉE
LE COEUR.

Certaine dame honnête[1], et savante, et profonde,
    Ayant lu le traité du cœur,
Disait en se pâmant : « Que j'aime cet auteur !
Ah ! je vois bien qu'il a le plus grand cœur du monde !

« De mon heureux printemps j'ai vu passer la fleur ;
    Le cœur pourtant me parle encore :
Du nom de Petit-cœur quand mon amant m'honore,
    Je sens qu'il me fait trop d'honneur. »

Hélas ! faibles humains, quels destins sont les nôtres !
    Qu'on a mal placé les grandeurs !

Qu'on serait heureux si les cœurs
Étaient faits les uns pour les autres !

Illustre chevalier, vous chantez vos combats,
Vos victoires, et votre empire ;
Et dans vos vers heureux, comme vous pleins d'appas,
C'est votre cœur qui vous inspire.

Quand Lisette vous dit, « Rodrigue, as-tu du cœur ? »
Sur l'heure elle l'éprouve, et dit avec franchise,
« Il eut encor plus de valeur
Quand il était homme d'église. »

---

[1] Madame Cramer Dellon. B.

XXVI.

A M. DEODATI DE TOVAZZI [1].

A Ferney, le 1er février 1761.

Étalez moins votre abondance,
Votre origine, et vos honneurs ;
Il ne sied pas aux grands seigneurs
De se vanter de leur naissance.

L'Italie instruisit la France ;
Mais, par un reproche indiscret,
Nous serions forcés à regret
A manquer de reconnaissance.

Dès long-temps sortis de l'enfance,
Nous avons quitté les genoux
D'une nourrice en décadence
Dont le lait n'est plus fait pour nous.

Nous pourrions devenir jaloux
Quand vous parlez notre langage :
Puisqu'il est embelli par vous,
Cessez donc de lui faire outrage.

L'égalité contente un sage.
Terminons ainsi le procès :
Quand on est égal aux Français,
Ce n'est pas un mauvais partage.

---

¹ Deodati de Tovazzi ayant publié une *Dissertation sur l'excellence de la langue italienne*, Voltaire prit la défense de la langue française dans une assez longue lettre qui est tome LIX, pages 265-274. Peu de jours après, il écrivit ces stances qu'il appelle son *Ultimatum* dans sa lettre à Damilaville, du 3 mars 1761 (voyez t. LIX, p. 328). B.

XXVII.

A M. BLIN DE SAINMORE[1].

1761.

Mon amour-propre est vivement flatté
De votre écrit; mon goût l'est davantage.

On n'a jamais, par un plus doux langage,
Avec plus d'art blessé la vérité.

Pour Gabrielle, en son apoplexie,
D'autres diront qu'elle parle long-temps[2];
Mais ses discours sont si vrais, si touchants,
Elle aime tant, qu'on la croirait guérie.

Tout lecteur sage avec plaisir verra
Qu'en expirant la belle Gabrielle
Ne pense point que Dieu la damnera,
Pour aimer trop un amant digne d'elle.

Avoir du goût pour le roi très chrétien,
C'est œuvre pie, on n'y peut rien reprendre :
Le paradis est fait pour un cœur tendre,
Et les damnés sont ceux qui n'aiment rien.

---

[1] Adrien-Michel-Hyacinthe Blin de Sainmore, né le 15 février 1733, mort le 26 septembre 1807, avait publié à la fin de 1761 une héroïde intitulée *Lettre de Gabrielle d'Estrées à Henri IV*, qu'il fit réimprimer en 1766. B.

[2] Voltaire trouvait que Blin de Sainmore avait beaucoup fait parler la belle Gabrielle; voyez sa lettre à Damilaville, du 6 décembre 1761, tome LX, page 87. B.

XXVIII.

A L'IMPÉRATRICE DE RUSSIE CATHERINE II,

A L'OCCASION DE LA PRISE DE CHOCZIM PAR LES RUSSES, EN 1769.

Fuyez, vizirs, bachas, spahis, et janissaires :
Si le nonce du pape, allié du mufti,
Se damnait en armant vos troupes sanguinaires,
Catherine a vaincu, le nonce est converti.

Il doit l'être du moins; il doit sans doute apprendre
A ne plus réunir la mitre et le turban.
Malheureux Polonais! le fer de l'Ottoman
Mettait donc par vos mains la république en cendre!

De vos vrais intérêts devenez plus jaloux.
Rome et Constantinople ont été trop fatales :
Il est temps de finir ces horribles scandales;
Vous serez désormais fortunés malgré vous.

Bientôt de Gallitzin la vigilante audace
Ira dans son sérail éveiller Moustapha,
Mollement assoupi sur son large sofa,
Au lieu même où naquit le fier dieu de la Thrace.

O Minerve du Nord! ô toi, sœur d'Apollon!
Tu vengeras la Grèce en chassant ces infames,
Ces ennemis des arts, et ces geôliers des femmes.
Je pars; je vais t'attendre aux champs de Marathon.

XXIX.

A Mᵐᴱ LA DUCHESSE DE CHOISEUL.
SUR LA FONDATION DE VERSOY.

1769.

Madame, un héros destructeur,
S'il est grand, n'est qu'un grand coupable [1];
J'aime bien mieux un fondateur :
L'un est un dieu, l'autre est un diable.

Dites bien à votre mari
Que des neuf Filles de Mémoire
Il sera le seul favori,
Si de fonder il a la gloire.

Didon, que j'aime tendrement,
Sera célèbre d'âge en âge;
Mais quand Didon fonda Carthage,
C'est qu'elle avait beaucoup d'argent.

Si le vainqueur de l'Assyrie
Avait eu pour surintendant
Un conseiller du parlement [2],
Nous n'aurions point Alexandrie.

Nos très sots aïeux autrefois
Ont fondé de pieux asiles

Pour mes moines de saint François;
Mais ils n'ont point fondé de villes.

Envoyez-nous des Amphions,
Sans quoi nos peines sont perdues;
A Versoy nous avons des rues,
Et nous n'avons point de maisons.

Sur la raison, sur la justice,
Sur les graces, sur la douceur,
Je fonde aujourd'hui mon bonheur;
Et vous êtes ma fondatrice.

---

[1] N'est à mes yeux qu'un grand coupable.

[2] L'abbé Terray, d'abord conseiller-clerc au parlement, puis contrôleur général des finances, avait fait rendre un édit portant suspension du paiement des rescriptions. On ne les recevait pas même dans les nouveaux emprunts. Voltaire avait alors en portefeuille deux cent mille francs de rescriptions. B.

XXX.

A M. SAURIN,

DE L'ACADÉMIE FRANÇAISE,

Sur ce que le général des capucins avait agrégé l'auteur à l'ordre de saint François, en reconnaissance de quelques services qu'il avait rendus à ces moines.

1770.

Il est vrai, je suis capucin ;
C'est sur quoi mon salut [1] se fonde :
Je ne veux pas, dans mon déclin,
Finir comme les gens du monde.

Mon malheur est de n'avoir plus
Dans mes nuits ces bonnes fortunes,
Ces nobles graces des élus,
Chez mes confrères si communes.

Je ne suis point frère Frapart [2],
Confessant sœur Luce [3] ou sœur Nice;
Je ne porte point le cilice
De saint Grisel, de saint Billard [4].

J'achève doucement ma vie ;
Je suis prêt à partir demain,
En communiant de la main
Du bon curé de *Mélanie* [5].

35.

Dès que monsieur l'abbé Terray [6]
A su ma capucinerie,
De mes biens il m'a délivré :
Que servent-ils dans l'autre vie?

J'aime fort cet arrangement ;
Il est leste et plein de prudence.
Plût à Dieu qu'il en fît autant
A tous les moines de la France!

---

[1] C'est d'après une copie de la main de Wagnière que j'ai mis ici *salut*. Toutes les éditions portent *bonheur*. B.

[2] Sur ce mot, voyez la note du chant V de *la Pucelle*, tome XI, page 93. B.

[3] La pièce que Saurin avait adressée à Voltaire contenait vingt et un vers, dont voici les 5ᵉ, 6ᵉ, et 7ᵉ :

> Par la grace du saint capuce,
> Tu seras près de la sœur Luce
> Aussi jeune qu'en tes écrits. B.

[4] Billard, caissier général des postes à la fin du règne de Louis XV, était renommé pour sa dévotion. Il s'approchait de la sainte table tous les trois ou quatre jours, et fit, en 1769, une banqueroute frauduleuse de plusieurs millions. Il fut, en 1772, condamné au bannissement, et mis au carcan sur la place de Grève pendant deux heures.

L'abbé Grisel, sous-pénitencier de l'église de Paris, confesseur de l'archevêque, directeur de dévotes illustres, était le confident de Billard. Plus heureux que Billard, il avait été mis en liberté en septembre 1771, était rentré dans ses fonctions à l'archevêché, et avait dit à Notre-Dame une messe où il y eut grande affluence. B.

[5] Drame de La Harpe. B.

[6] Voyez ma note, page 546. B.

XXXI.

A MADAME NECKER[1].

Quelle étrange idée est venue
Dans votre esprit sage, éclairé ?
Que vos bontés l'ont égaré !
Et que votre peine est perdue !

A moi chétif une statue !
Je serais d'orgueil enivré.
L'ami Jean-Jacque a déclaré
Que c'est à lui qu'elle était due[2].

Il la demande avec éclat.
L'univers, par reconnaissance,
Lui devait cette récompense :
Mais l'univers est un ingrat.

C'est vous que je figurerai
En beau marbre, d'après nature,
Lorsqu'à Paphos je reviendrai,
Et que j'aurai la main plus sûre.

Ah ! si jamais de ma façon
De vos attraits on voit l'image,
On sait comment Pygmalion
Traitait autrefois son ouvrage.

[1] La statue de Voltaire, dont il est question dans ces stances, ne fut achevée qu'en 1776. Voltaire alors adressa à madame Necker une épître qui est dans le tome XIII. La statue est aujourd'hui dans la Bibliothèque de l'Institut. On lit au bas :

A Monsieur De Voltaire Par Les gens De Lettres
Ses Compatriotes et Ses Contemporains 1776.

B.

[2] Voyez l'écrit intitulé *J.-J. Rousseau à Christophe de Beaumont, archevêque de Paris.* B.

XXXII.

A M. HOURCASTREMÉ.

1770.

L'amour, les plaisirs, et l'ivresse,
Respirent dans vos heureux chants ;
C'est parmi la vive jeunesse
Qu'Apollon se plut en tout temps.

Les muses, ainsi que les belles,
Dédaignent les vœux d'un vieillard ;
En vain j'irais même après elles,
Et vous les fixez d'un regard.

Elles cessent de me sourire ;
Vos accords ont su les charmer.
Eh bien! je vous cède ma lyre ;
Vos doigts sont faits pour l'animer.

XXXIII.

A M. DE ***,

En réponse à des vers que la Société de la Tolérance de Bordeaux
lui avait envoyés.

Vous voulez donc édifier
Un beau temple à la Tolérance !
Je prétends y sacrifier :
C'est ma sainte de préférence.

A vos maçons j'ai pu fournir
Des pierres pour cette entreprise ;
Les dévots s'en voulaient servir
Pour me lapider dans l'église.

Mais je sais ce qu'ont ordonné
Les maximes de l'Évangile :
En bon chrétien j'ai pardonné
Au méchant comme à l'imbécile.

XXXIV.

A MADAME LULLIN,
DE GENÈVE[1].

A Ferney, le 16 novembre 1773.

Hé quoi! vous êtes étonnée
Qu'au bout de quatre-vingts hivers
Ma muse faible et surannée
Puisse encor fredonner des vers?

Quelquefois un peu de verdure
Rit sous les glaçons de nos champs;
Elle console la nature,
Mais elle sèche en peu de temps[2].

Un oiseau peut se faire entendre
Après la saison des beaux jours;
Mais sa voix n'a plus rien de tendre,
Il ne chante plus ses amours.

Ainsi je touche encor ma lyre,
Qui n'obéit plus à mes doigts;
Ainsi j'essaie encor ma voix
Au moment même qu'elle expire.

« Je veux dans mes derniers adieux,
Disait Tibulle à son amante,

Attacher mes yeux sur tes yeux[3],
Te presser de ma main mourante. »

Mais quand on sent qu'on va passer,
Quand l'ame fuit avec la vie,
A-t-on des yeux pour voir Délie,
Et des mains pour la caresser?

Dans ce moment chacun oublie
Tout ce qu'il a fait en santé.
Quel mortel s'est jamais flatté
D'un rendez-vous à l'agonie?

Délie elle-même à son tour
S'en va dans la nuit éternelle,
En oubliant qu'elle fut belle,
Et qu'elle a vécu pour l'amour.

Nous naissons, nous vivons, bergère,
Nous mourons sans savoir comment;
Chacun est parti du néant :
Où va-t-il?... Dieu le sait, ma chère.

---

[1] Ces stances circulèrent et ont été imprimées comme adressées à madame du Deffand : ce qui blessa beaucoup cette dame, qui ne pouvait digérer qu'on l'appelât *bergère* et *ma chère*. Ce n'est que depuis 1817 qu'on leur a mis leur véritable adresse. B.

[2] Après la seconde stance, l'auteur a retranché celle-ci :

> Du sein d'un ténébreux nuage
> Un rayon s'échappe et nous luit;
> Mais bientôt il cède à l'orage
> Qui nous replonge dans la nuit.

[3] J'ai rapporté les vers de Tibulle, tome IX, page 589. B.

XXXV.

LES DÉSAGRÉMENTS DE LA VIEILLESSE.

Oui, je sais qu'il est doux de voir dans ses jardins
Ces beaux fruits incarnats et de Perse et d'Épire,
De savourer en paix la sève de ses vins,
 Et de manger ce qu'on admire.
J'aime fort un faisan qu'à propos on rôtit;
De ces perdreaux maillés le fumet seul m'attire;
Mais je voudrais encore avoir de l'appétit.

Sur le penchant fleuri de ces fraîches cascades,
Sur ces prés émaillés, dans ces sombres forêts,
Je voudrais bien danser avec quelques dryades;
 Mais il faut avoir des jarrets.

J'aime leurs yeux, leur taille, et leurs couleurs vermeilles,
Leurs chants harmonieux, leur sourire enchanteur;
Mais il faudrait avoir des yeux et des oreilles:
On doit s'aller cacher quand on n'a que son cœur.

Vous serez comme moi quand vous aurez mon âge,
Archevêques, abbés, empourprés cardinaux,
 Princes, rois, fermiers généraux;
Chacun avec le temps devient tristement sage:

Tous nos plaisirs n'ont qu'un moment.
Hélas! quel est le cours et le but de la vie?
Des fadaises, et le néant.
O Jupiter, tu fis en nous créant
Une froide plaisanterie.

XXXVI.

AU ROI DE PRUSSE,

Sur un buste en porcelaine, fait à Berlin, représentant l'auteur,
et envoyé par sa majesté, en janvier 1775 ¹.

Épictète au bord du tombeau
A reçu ce présent des mains de Marc-Aurèle.
Il a dit: «Mon sort est trop beau:
J'aurai vécu pour lui; je lui mourrai fidèle.

«Nous avons cultivé tous deux les mêmes arts
Et la même philosophie;
Moi sujet, lui monarque et favori de Mars,
Et tous les deux parfois objets d'un peu d'envie.

«Il rendit plus d'un roi de ses exploits jaloux;
Moi, je fus harcelé des gredins du Parnasse.
Il eut des ennemis, il les dissipa tous;
Et la troupe des miens dans la fange coasse.

« Les cagots m'ont persécuté ;
Les cagots à ses pieds frémissaient en silence.
Lui sur le trône assis, moi dans l'obscurité,
    Nous prêchâmes la tolérance.

« Nous adorions tous deux le Dieu de l'univers ;
    Car il en est un, quoi qu'on dise :
    Mais nous n'avions pas la sottise
De le déshonorer par des cultes pervers.

« Nous irons tous les deux dans la céleste sphère,
Lui fort tard, moi bientôt. Il obtiendra, je crois,
Un trône auprès d'Achille, et même auprès d'Homère ;
Et j'y vais demander un tabouret pour moi. »

---

[1] Ce buste était, en 1822, chez madame la marquise de Villette. B.

XXXVII.

STANCES[1]

Sur l'alliance renouvelée entre la France et les cantons helvétiques,
jurée dans l'église de Soleure, le 15 auguste 1777.

Quelle est dans ces lieux saints cette solennité
    Des fiers enfants de la Victoire ?
Ils marchent aux autels de la Fidélité,
    De la Valeur, et de la Gloire.

Tels on vit ces héros qui, dans les champs d'Ivry,
Contre la Ligue et Rome, et l'enfer, et sa rage,
>> Vengeaient les droits du grand Henri,
>> Et l'égalaient dans son courage.

C'est un dieu bienfesant, c'est un ange de paix
Qui vient renouveler cette auguste alliance.
Je vois des jours nouveaux marqués par des bienfaits,
Par de plus douces mœurs, et la même vaillance.

On joint le caducée au bouclier de Mars,
>> Sous les auspices de Vergenne.
O monts helvétiens ! vous êtes les remparts
>> Des beaux lieux qu'arrose la Seine.

Les meilleurs citoyens sont les meilleurs guerriers.
Ainsi Philadelphie étonne l'Angleterre ;
>> Elle unit l'olive aux lauriers,
Et défend son pays en condamnant la guerre.

Si le ciel la permet, c'est pour la liberté.
Dieu forma l'homme libre alors qu'il le fit naître ;
L'homme, émané des cieux pour l'immortalité,
>> N'eut que Dieu pour père et pour maître.

On est libre en effet sous d'équitables lois ;
Et la félicité, s'il en est dans ce monde,
Est d'être en sûreté, dans une paix profonde,
Avec de tels amis et le meilleur des rois.

---

[1] Ces stances ont été imprimées, pour la première fois, dans le *Journal de politique et de littérature* du 15 octobre 1777. B.

XXXVIII.

STANCES OU QUATRAINS,

POUR TENIR LIEU DE CEUX DE PIBRAC, QUI ONT UN PEU VIEILLI.

Tout annonce d'un Dieu l'éternelle existence ;
On ne peut le comprendre, on ne peut l'ignorer.
La voix de l'univers annonce sa puissance,
Et la voix de nos cœurs dit qu'il faut l'adorer.

> Mortels, tout est pour votre usage ;
> Dieu vous comble de ses présents.
> Ah ! si vous êtes son image,
> Soyez comme lui bienfesants.

Pères, de vos enfants guidez le premier âge ;
Ne forcez point leur goût, mais dirigez leurs pas.
Étudiez leurs mœurs, leurs talents, leur courage :
On conduit la nature, on ne la change pas.

Enfant, crains d'être ingrat; sois soumis, doux, sincère :
Obéis, si tu veux qu'on t'obéisse un jour.
Vois ton Dieu dans ton père; un Dieu veut ton amour.
Que celui qui t'instruit te soit un nouveau père.

> Qui s'élève trop s'avilit ;
> De la vanité naît la honte.

STANCES.

C'est par l'orgueil qu'on est petit :
On est grand quand on le surmonte.

Fuyez l'indolente Paresse ;
C'est la rouille attachée aux plus brillants métaux.
L'Honneur, le Plaisir même, est le fils des Travaux ;
Le Mépris et l'Ennui sont nés de la Mollesse.

Ayez de l'ordre en tout : la carrière est aisée
Quand la règle conduit Thémis, Phébus, et Mars ;
La règle austère et sûre est le fil de Thésée
Qui dirige l'esprit au dédale des arts.

L'esprit fut en tout temps le fils de la Nature.
Il faut dans ses atours de la simplicité ;
Ne lui donnez jamais de trop grande parure :
Quand on veut trop l'orner, on cache sa beauté.

Soyez vrai, mais discret ; soyez ouvert, mais sage ;
Et, sans la prodiguer, aimez la vérité :
Cachez-la sans duplicité ;
Osez la dire avec courage.

Réprimez tout emportement ;
On se nuit alors qu'on offense ;
Et l'on hâte son châtiment,
Quand on croit hâter sa vengeance.

La politesse est à l'esprit
Ce que la grace est au visage :
De la bonté du cœur elle est la douce image ;
Et c'est la bonté qu'on chérit.

Le premier des plaisirs et la plus belle gloire,
　　C'est de prodiguer les bienfaits :
Si vous en répandez, perdez-en la mémoire ;
Si vous en recevez, publiez-le à jamais.

La dispute est souvent funeste autant que vaine ;
A ces combats d'esprit craignez de vous livrer.
Que le flambeau divin, qui doit vous éclairer,
Ne soit pas en vos mains le flambeau de la haine.

De l'émulation distinguez bien l'envie :
L'une mène à la gloire, et l'autre au déshonneur ;
　　L'une est l'aliment du génie,
　　Et l'autre est le poison du cœur.

Par un humble maintien, qu'on estime et qu'on aime,
Adoucissez l'aigreur de vos rivaux jaloux.
　　Devant eux rentrez en vous-même,
　　Et ne parlez jamais de vous.

Toutes les passions s'éteignent avec l'âge ;
　　L'amour-propre ne meurt jamais.
Ce flatteur est tyran, redoutez ses attraits,
Et vivez avec lui sans être en esclavage.

FIN

DU TOME PREMIER DES POÉSIES.

TABLE

DES PIÈCES CONTENUES DANS LE PREMIER VOLUME

DES POÉSIES.

POËMES.

Préface du nouvel Éditeur.	Page 1
LA BASTILLE (1717).	3
Notes et Variantes.	6
LA POLICE SOUS LOUIS XIV.	7
Notes.	11
LE POUR ET LE CONTRE. — Avertissement des Éditeurs de l'édition de Kehl.	14
Le Pour et le Contre (1722).	15
Notes et Variantes.	20
APOLOGIE DE LA FABLE.	23
Notes.	25
DIVERTISSEMENT mis en musique pour une fête donnée par M. André à madame la maréchale de Villars.	26
Note et Variante.	28
LA MORT DE MADEMOISELLE LE COUVREUR, célèbre actrice (1730).	29
Notes et Variantes.	31
LE TEMPLE DE L'AMITIÉ (1732).	33
Notes et Variantes.	37
DISCOURS EN VERS SUR L'HOMME. — Avertissement.	43
Premier Discours. De l'égalité des conditions.	45
Notes et Variantes.	51
Deuxième Discours. De la Liberté.	56
Notes et Variantes.	62
Troisième Discours. De l'Envie.	63
Notes et Variantes.	69
Quatrième Discours. De la modération en tout, dans l'étude, dans l'ambition, dans les plaisirs.	71
Notes et Variantes.	77

Poésies. 1.   36

CINQUIÈME DISCOURS. Sur la nature du plaisir. 81
 Notes et Variantes. 85
SIXIÈME DISCOURS. Sur la nature de l'homme. 88
 Notes et Variantes. 95
SEPTIÈME DISCOURS. Sur la vraie vertu. 96
 Notes et Variantes. 100
SUR LES ÉVÉNEMENTS DE L'ANNÉE 1774. 105
 Notes et Variantes. 109
POËME DE FONTENOY. — Préface du nouvel Éditeur. 113
 AU ROI. 116
 DISCOURS PRÉLIMINAIRE. 117
 Note et Variante. 125
 POEME DE FONTENOY. 127
 Notes et Variantes. 140
POËME SUR LA LOI NATURELLE, en quatre parties. AU ROI DE PRUSSE (1752). — AVERTISSEMENT des Éditeurs de l'édition de Kehl sur les deux poëmes suivants. 145
 PRÉFACE. 152
 Notes. 154
 LA LOI NATURELLE, poëme. Exorde. 155
 Ire partie. — Dieu a donné aux hommes les idées de la justice, et la conscience pour les avertir, comme il leur a donné tout ce qui leur est nécessaire. C'est là cette loi naturelle sur laquelle la religion est fondée; c'est le seul principe qu'on développe ici. L'on ne parle que de la loi naturelle, et non de la religion et des augustes mystères. 157
 IIe partie. — Réponses aux objections contre les principes d'une morale universelle. Preuve de cette vérité. 160
 IIIe partie. — Que les hommes, ayant pour la plupart défiguré, par les opinions qui les divisent, le principe de la religion naturelle qui les unit, doivent se supporter les uns les autres. 167
 IVe partie. — C'est au gouvernement à calmer les malheureuses disputes de l'école qui troublent la société. 173
 Notes et Variantes. 178
POËME SUR LE DÉSASTRE DE LISBONNE EN 1775.—PRÉFACE. 185
 Notes. 190
 POEME SUR LE DÉSASTRE DE LISBONNE, ou Examen de cet axiome : TOUT EST BIEN. 191
 Notes et Variantes. 203
PRÉCIS DE L'ECCLÉSIASTE (1759). — PRÉFACE du nouvel Éditeur. 207
 ÉPÎTRE DÉDICATOIRE au roi de Prusse. 210
 AVERTISSEMENT. 211
 Notes. 212

Précis de l'Ecclésiaste.	213
Note.	224
PRÉCIS DU CANTIQUE DES CANTIQUES (1759). — Avant-propos du nouvel Éditeur.	226
Avertissement.	227
Lettre de M. Eratou à M. Clocpitre.	228
Notes.	232
Précis du Cantique des Cantiques.	233
Note.	240
LA GUERRE CIVILE DE GENÈVE, ou Les Amours de Robert Covelle, poëme héroïque, avec des notes instructives (1768). — Avertissement des Éditeurs de l'édition de Kehl.	243
Prologue.	246
Notes.	249
Premier postscript.	250
Second postscript.	ibid.
Troisième postscript.	251
Notes.	252
La Guerre civile de Genève. — Chant I.	253
Notes et Variantes.	263
Chant II.	264
Notes et Variantes.	275
Chant III.	277
Notes.	286
Chant IV.	287
Variante.	296
Chant V.	297
Notes.	304
Épilogue.	305
Notes.	309
JEAN QUI PLEURE ET QUI RIT (1772).	310
Notes.	313
LE TEMPLE DU GOUT (1731). — Avertissement des Éditeurs de l'édition de Kehl.	317
Lettre a M. Cideville sur le *Temple du Goût*.	320
Notes.	324
Le Temple du Gout.	325
Notes et Variantes.	358
VOYAGE A BERLIN. A madame Denis.	383
Notes.	390

ODES.

Avis du nouvel Éditeur.	392

I. Sur sainte Geneviève. Imitation d'une ode latine par le R. P. Lejai (1709). 393
    Notes. 397
II. Sur le Voeu de Louis XIII (1712). 398
    Notes. 402
III. Sur le Malheur du temps (1713). 403
    Notes et Variantes. 406
IV. Le vrai Dieu. 407
    Notes. 411
V. La Chambre de justice, établie au commencement de la régence, en 1715. 411
    Note. 415
VI. A M. le duc de Richelieu. Sur l'Ingratitude (1736). 416
    Notes et Variantes. 419
VII. Sur le Fanatisme. 422
    Notes et Variantes. 427
VIII. A MM. de l'Académie des Sciences, qui ont été sous l'équateur et au cercle polaire mesurer des degrés de latitude. 430
    Notes et Variantes. 433
IX. Sur la Paix de 1736. 434
    Notes et Variantes. 438
X. Au roi de Prusse. Sur son avénement au trône (1740). 440
    Notes et Variantes. 442
XI. Sur la Mort de l'empereur Charles VI (1740). 444
    Notes. 446
XII. A la reine de Hongrie Marie-Thérèse d'Autriche (1742). 447
    Notes et Variantes. 450
XIII. La Clémence de Louis XIV et de Louis XV dans la victoire. 451
    Notes. 454
XIV. La Félicité des temps, ou l'Éloge de la France (1746). 454
    Notes et Variantes. 458
XV. Sur la Mort de S. A. S. madame la princesse de Bareith (1759). 460
    Note de M. Morza sur l'ode précédente. 468
    Notes et Variantes de l'ode. 474
    Notes de la Note de M. Morza. 476
XVI. A la Vérité. 484
    Notes. 488
XVII. Galimatias pindarique sur un carrousel donné par l'impératrice de Russie (1766). 489
    Notes. 492
XVIII. Sur la Guerre des Russes contre les Turcs, en 1768. 492
    Note. 494

XIX. Ode pindarique, à propos de la guerre présente en Grèce.	495
Notes et Variantes.	498
XX. L'Anniversaire de la Saint-Barthélemi pour l'année 1772.	499
Notes.	501
XXI. Sur le Passé et le Présent. Juin 1775.	502
Notes.	505

STANCES.

I. Stances sur les poëtes épiques. A madame la marquise du Chatelet.	509
II. A M. de Forcalquier.	510
III. Au même, au nom de madame la marquise du Châtelet, à qui il avait envoyé une pagode chinoise.	511
IV. A monseigneur le prince de Conti. Pour un neveu du P. Sanadon, jésuite.	512
V. Au président Hénault, en lui envoyant le manuscrit de *Mérope*.	514
VI. Au roi de Prusse. Sur M. Hony, marchand de vin.	515
VII. Au même.	516
VIII. A madame du Chatelet (1741).	518
Notes et Variantes.	519
IX. A M. Van-Haren, député des États-Généraux (1743).	520
X. A Frédéric, roi de Prusse, pour en obtenir la grace d'un Français détenu depuis long-temps dans les prisons de Spandau (1743).	521
XI. A madame la marquise de Pompadour.	522
XII. Stances irrégulières. A S. A. R. la princesse Ulrique de Prusse, sœur de Frédéric-le-Grand.	523
XIII. A madame du Bocage (1748).	526
XIV. Sur le Louvre (1749).	527
XV. Impromptu fait à un souper dans une cour d'Allemagne.	529
XVI. Au roi de Prusse.	530
XVII. Au même (1751).	532
XVIII. Au même (1751).	533
XIX. Au même (1751).	534
XX. Au même (1751).	535
XXI. Au même (1751).	536
XXII. Au même, qui l'avait invité à dîner (1752).	ibid.
XXIII. A madame Denis.	537
XXIV. Les Torts (1757).	538
XXV. A M. le chevalier de Boufflers, qui lui avait envoyé une pièce de vers intitulée *le Cœur*.	540
XXVI. A M. Deodati de Tovazzi.	541
XXVII. A M. Blin de Sainmore (1761).	542

XXVIII. A L'IMPÉRATRICE DE RUSSIE CATHERINE II, à l'occasion de la prise de Choczim par les Russes, en 1769. 544

XXIX. A MADAME LA DUCHESSE DE CHOISEUL, sur la fondation de Versoy (1769). 545

XXX. A M. SAURIN, DE L'ACADÉMIE FRANÇAISE, sur ce que le général des capucins avait agrégé l'auteur à l'ordre de saint François, en reconnaissance de quelques services qu'il avait rendus à ces moines (1770). 547

XXXI. A MADAME NECKER. 549

XXXII. A M. HOURCASTREMÉ (1770). 550

XXXIII. A M. DE ***, en réponse à des vers que la Société de la Tolérance de Bordeaux lui avait envoyés. 551

XXXIV. A MADAME LULLIN, de Genève. 552

XXXV. LES DÉSAGRÉMENTS DE LA VIEILLESSE. 554

XXXVI. AU ROI DE PRUSSE, sur un buste en porcelaine, fait à Berlin, représentant l'auteur, et envoyé par sa majesté, en janvier 1775. 555

XXXVII. STANCES sur l'alliance renouvelée entre la France et les cantons helvétiques, jurée dans l'église de Soleure, le 15 août 1777. 556

XXXVIII. STANCES OU QUATRAINS, pour tenir lieu de ceux de Pibrac, qui ont un peu vieilli. 558

FIN DE LA TABLE.

www.ingramcontent.com/pod-product-compliance
Lightning Source LLC
Chambersburg PA
CBHW060750230426
43667CB00010B/1509